中国墨子文化研究

ZHONGGUO
MOZI
WENHUA
YANJIU

郭伟宁 / 主编

中国文联出版社

图书在版编目（C I P）数据

中国墨子文化研究 / 郭伟宁主编. -- 北京 : 中国文联出版社, 2023.5
ISBN 978-7-5190-5125-9

Ⅰ. ①中… Ⅱ. ①郭… Ⅲ. ①墨翟（前 468-前 376）－哲学思想－文集 Ⅳ. ①B224.5-53

中国国家版本馆 CIP 数据核字(2023)第 054448 号

主　　编　郭伟宁
责任编辑　王素珍
责任校对　潘传兵
装帧设计　王熙元

出版发行　中国文联出版社有限公司
社　　址　北京市朝阳区农展馆南里 10 号　　邮编　100125
电　　话　010-85923025（发行部）　　010-85923091（总编室）
经　　销　全国新华书店等
印　　刷　三河市龙大印装有限公司

开　　本　710 毫米 x 1000 毫米　1/16
印　　张　23
字　　数　347 千字
版　　次　2023 年 5 月第 1 版第 1 次印刷
定　　价　62.00 元

《中国墨子文化研究》编委会

序　言

若论中国古代最伟大的思想家，墨子绝对是一个重量级人物，是能够与孔子比肩的圣人。墨子是河南省鲁山县人。鲁山县的墨子文化，历史背景独特，遗迹遗存丰厚，典籍记载翔实，民间文化厚重鲜活，传承脉络清晰有序，是中华优秀传统历史文化资源库中的瑰宝。2013年1月，中国民间文艺家协会授予鲁山县“中国墨子文化之乡”称号，并在鲁山县建立“中国墨子文化研究中心”。

近年来，鲁山墨子文化活动成果丰硕。县文联一班人自觉强化责任担当，在县委、县政府领导下，积极联系申请，由中国民间文艺家协会（以下简称“民协”）、省民协、中国墨子文化研究中心等单位主办，开展了一系列丰富多彩的墨子文化活动。“中国思想家墨子”纪念邮票及《鲁班》特种邮票、《班墨故里　魅力鲁山》邮票珍藏册在鲁山首发，墨子军事科技文化暨“墨子奖”座谈会、墨子文化大讲堂、千名学子诵墨经等次第登场、好戏连台，在全国都产生了深远的积极的影响。此外，墨子雕像、墨子祠、著经阁、墨子商场等得以恢复、建设，4A级国家旅游景区中国墨子文化旅游区建成开放，墨子文化有形化建设取得显著成效。墨子文化活动同墨子文化有形化相得益彰，是中国文化之乡建设的典范。

我长期在省民协任职，有机会多次参加墨子故里鲁山的墨子文化活动。给我留下深刻印象的是，鲁山县委、县政府高度重视墨子文化建设，营造了全县上下重视支持墨子文化建设的浓厚氛围；中国墨子文化研究中心、鲁山县文联一班人奋发有为，开拓创新，把墨子文化系列活动开展得有声有色、丰富多彩；众多墨子文化学者，任劳任怨，默默坚守，无私奉献，墨子文化研究成果丰硕。河南是民间文化大省，民间文化之乡众多，而鲁山的中国墨子文化之乡，无疑是最具魅力的文化之乡之一。

2020年墨子诞辰2500周年之际，鲁山举办的“世界和谐与人类命运共同体”人文主题论坛共收到海内外专家学者报送论文百余篇。组委会从中精选36篇论文，结集为《中国墨子文化研究》，交由中国文联出版社出版。这些论文，围绕墨家文化在中国传统文化中的意义及地位，墨子哲学、军事、逻辑、科学思想等，进行了深入的阐述论证，鞭辟入里、科学严谨，提出了不少具有思想性、建设性的新观点、新理论。不少论文，运用科学原理和科学方法，解决了墨学领域一些长期困扰我们的问题。尤为难能可贵的是，一些地方历史文化学者，长期致力于墨子遗迹遗存、民风民俗研究，撰写的论文虽稍显粗陋，却是艰辛的田野调查成果。这些成果，进一步佐证了墨子鲁山人这一科学定论，值得学界充分关注。

值此《中国墨子文化研究》付梓出版之际，应鲁山县文联主席，也是本书主编郭伟宁女士之托，草就此文，权以为序。

程健君

2022年9月

（程健君，中国民间文艺家协会顾问、河南省民间文艺家协会名誉主席。）

目　录

兼爱逻辑论证的现代价值

孙中原[①]

一、墨家兼爱说的元性质

墨家兼爱说的元性质，指其总体超越的性质。英语构词后缀 meta-，指总体超越。内地（大陆）译为“元”，港澳台地区译为“后设”，指在对象之后设定。借鉴德国数学家希尔伯特元数学纲领的研究方法，墨家兼爱说的元性质，是把全人类看作命运共同体，由此引申普遍地爱全人类，自始至终用逻辑学的理论方法，论证爱的穷尽性、无遗漏性、交互性、平等性、整体性、不可分割性、彻底性与普遍性。兼爱是墨家显学的美好理想、善良愿望与奋斗目标。

墨家兼爱说的理论基础，是全人类的共同本性论。其理论要点有三论。第一人生论：全人类命运共同体所有个体的生命存在论，衣食住行，饮食男女。第二人权论：所有个体的人权享有论，劳动、休息与发展权。第三人格平等论：所有个体互尊彼此的独立人格。以上理论要点，贯穿于前五到前三世纪墨家显学对兼爱说的全部逻辑论证，一丝不苟，始终如一。

① 孙中原，中国人民大学哲学院教授。

二、墨家兼爱说的逻辑论证

整个战国时期，墨家从众多维度、视野与侧面，深刻论证兼爱说的元性质，反映先秦诸子百家争鸣辩论逻辑哲理的高度与深度，体现墨家逻辑学的总结创造，蕴含精深的哲学人文学智慧，对现代学者的哲学人文学研究，启示良多。

1. 不同逻辑领域：道义理想不等于现实真值

《经上》第98条说："法异，则观其宜。"《经说上》举例解释："取此择彼，问故观宜。以人之有黑者有不黑者也，止爱黑人，有爱于人有不爱于人。与以心爱人，是孰宜？"即如果法则相异，则观察分析应用哪类法则适宜。如遇到不同的推理，是应用这个法则，还是那个法则，要仔细查明原因，决定应用哪个法则适宜。

《墨经》表述的特点是浓缩。本条说"黑人"二字，孤立来看无法确知其真实语义。按"语境决定语义"的语义学原理，用现代汉语元语言表述，本条说"黑人"二字，指"所有人都是黑的"，是全称命题。

《经说上》举例解释的全句，用现代汉语元语言表述，即用论据"有人是黑的，有人不是黑的"，反驳论题"所有人都是黑的"。因为论据与被反驳的论题，都关乎事实，用逻辑论证的同一律考察，这个反驳论式成立，适宜有效。这属于真值逻辑（真势逻辑、事实逻辑）的领域。

比较而言，这里"爱人"的意涵，用现代汉语元语言表述，即"所有人应该爱所有人"。这是道义逻辑（义务逻辑）领域的命题，是墨家自始至终坚持的美好理想、善良愿望与奋斗目标。

这里语句"以有爱于人、有不爱于人，止爱人"，用现代汉语元语言表述，即用"有人被人爱""有人不被人爱"的事实论据，反驳墨家的理想论题"所有人应该爱所有人"。论敌反驳墨家兼爱说的论据，是"有人被人爱""有人不被人爱"（"以有爱于人、有不爱于人"），关乎事实。论敌反驳墨家兼爱说的论题"所有人应该爱所有人"，关乎理想。

用现实事实，不能驳倒终极理想。论敌这一反驳论式，不适宜，非有效。这属于道义逻辑（义务逻辑）的领域。真值逻辑与道义逻辑，是不同的逻辑领域，有不同的真值规律与判断标准。

2.“兼”范畴的逻辑哲学讨论：理论概括与实际应用

“兼”：墨家哲学范畴，有最高的概括性与普遍的应用性。《经上》第2条，紧接墨家哲学因果性范畴，给出专门定义：“体，分于兼也。”《经说上》举例解释：“体。若二之一、尺之端也。”兼：整体，集合。与“体”（部分，元素）相对。

第一个实例：“若二之一。”指集合“二”中的元素“一”。若，如，列举典型事例。若，《经下》格式化，演变为“说在”，指“论证的理由例证在于”。《大取》格式化，演变为“其类在”，指“论证的典型同类事例在于”。“二”，以两个“一”为元素构成的集合。“一”，集合“二”的元素。

第二个实例：“（若）尺之端。”指“线”中的“点”。“尺”，指几何学的“线”，是无数“点”（元素）的集合（整体，兼）。“端”，指几何学的“点”：线是点的集合，点是线的元素。“端”，跨学科范畴，物理学意义：物质微粒，质点，相当于“原子”（“无内”“无宇”“无久”，无限小，不可分）。光学意义：光微粒，光量子。

部分与整体的范畴，是概括世界存在和思维认知的最普遍概念，是理论认知世界之网的网上纽结。部分与整体，是标志事物可分性和统一性的普遍范畴。整体是构成事物各部分（要素、元素）的统一和集合，部分是构成整体的要素（元素）。

部分与整体的范畴，是《墨经》说的“达名”，最高类概念，有最广泛的普遍性与概括性，适用于世界存在和思维认知的全部领域，有重要的世界观、认识论、方法论与逻辑学意义。认知任何对象，都运用部分与整体范畴。部分与整体的范畴，是思维认知中分析与综合方法的基础，是逻辑推论中类属包含与排斥关系的根据，是所有人须臾不可离的思维工具。

“兼”与“体”，指整体与部分，集合与元素，全局与局部，系统与分子。兼：兼有，兼容，兼顾，整体，集合，全部，都，尽，遍，俱。全称量词。与“体”“偏”“特”“或”相对。

"兼"与"体"的范畴，应用于全世界、全人类。全世界、全人类的命运共同体，是"兼"（整体，集合）。每一地区、国别、民族、种族、肤色、年龄、性别、阶级、阶层、职业，一言以蔽之，全世界人类无限多样的群体（集团，类别），是"体"，即部分、子集合、元素。

兼，会意字，小篆字形，从又（手），从秝，字形像"一手执二禾"：一只手握两棵庄稼，引申为兼容，兼顾，兼有。《说文》："兼，并也，从手禾，兼持二禾也。"徐注："兼，会意，兼持二禾，可兼持者，莫若禾也。"段注："兼，并也，并，相从也，从又持秝，会意，兼持二禾。"《仪礼•聘礼》："兼执之以进。"注："兼，犹两也。"

《孟子•告子上》说："二者不可得兼。"《荀子•正名》说："单不足以喻则兼。"《韩非子•亡征》说："其兼天下不难。""《韩非子•难四》说："日兼照天下。"《商君书•画策》说："兼天下之众。"贾谊《过秦论》说："兼韩、魏、燕、楚、齐、赵、宋、卫、中山之众。"明李渔《闲情偶寄•种植部》说："兼百花之长。"

"兼"，《墨子》作为"兼爱"的略语，代指墨家"兼爱"说。《经下》第174条说："无穷不害兼。"即空间无穷，人无穷，不妨害兼爱。空间无穷人无穷，可一语穷尽，同一原理，以此类推，空间无穷人无穷，也可一语穷尽，说兼爱尽爱，彰显《墨经》逻辑推理，机智巧妙。

《兼爱中》说："此言禹之事，吾今行兼矣。""此言武王之事，吾今行兼矣。"《兼爱下》说："兼以易别。""别非而兼是。""使其一士者执兼。"此类例句，比比皆是，清楚说明，"兼"是墨家"兼爱"范畴的略语，是墨家彻底人道主义、人文主义意涵的积淀、浓缩与结晶。

比较而言，"别"指儒家的"偏爱"学说，即主张爱部分人。《礼记•大传》说："亲亲也，尊尊也。""此其不可得与民变革者也。"即亲近血缘近的人，尊敬宗法制尊贵的人，视为永世不可改变的法则。

《非儒》开宗明义抨击："儒者曰：亲亲有术，尊贤有等。言亲疏尊卑之异也。"即儒者提倡：亲近亲属贤者，因亲属贤者，与自己血缘关系远近不同，而有差等，表示亲疏尊卑的差异。

儒家反对墨家"爱无差等"，主张"爱有差等"，为封建宗法等级制的社会政治制度与伦理道德规范服务。儒家“别爱”说，与墨家“兼爱”说，尖锐对立，不可调和，作为两种对立的社会意识形态，从其社会基础与长久历史作用考察，优劣易见，明如观火。

《荀子·王霸》说:“役夫之道也，墨子之说也。”“圣王之道也，儒之所谨守也。”一语道破隐秘。“役夫”，指劳动者，卑贱者。“墨子之说”，代表劳动者的利益、愿望与要求，以人类命运共同体为美好理想、善良愿望与奋斗目标。“儒之所谨守”的儒家社会意识形态，在中国两千多年的历史长河中，代表封建统治者利益、愿望和要求。墨子是劳动者的圣人，墨家是劳动者的学派，墨学是劳动者的学说。

3. 空间与人类无穷，不妨害兼爱：超时空性。在墨家生活的年代，对“世界究竟有多大”这一问题，还没有实证的知识。当时哲学家，用抽象思维，追索世界有穷无穷问题，以“南方”为例讨论。《庄子·天下》载惠施论题“南方无穷而有穷”。

《经下》第174条说:“无穷不害兼，说在盈否。”《经说下》概括当时辩论说:“南者有穷则可尽，无穷则不可尽。有穷无穷未可知，则可尽不可尽未可知。人之盈之否未可知，而必人之可尽不可尽亦未可知，而必人之可尽爱也，悖。（以上引论敌诘难语，以下是墨家论证）人若不盈无穷，则人有穷也，尽有穷无难。盈无穷，则无穷尽也，尽无穷无难。”

即空间和人数的无穷都不妨害兼爱，论证理由在于，人是否充盈于空间。“南方如果是有穷的，那么就可以穷尽；南方如果是无穷的，那么就不可以穷尽。现在连南方是有穷的，还是无穷的，都还不知道，则南方是可以穷尽的，还是不可以穷尽的，也就不知道。人是否充盈于南方不知道，而必然地说人是可以尽数，还是不可以尽数，也不知道。在这种情况下，就必然地断言人可以‘尽爱’（兼爱），自相矛盾。”（以上引论敌诘难语，以下是墨家论证）

如果人不充盈于无穷的南方，则人是有穷的。尽爱有穷的人没有困难。如果人充盈于无穷的南方，则“无穷的南方”可以用一句话说尽，那么我们也可以再用一句话说:“尽爱无穷南方无穷人。”

墨家把无穷整体化为有穷处理，人个体无穷，把无穷作为一个完整的现实整体概括处理，则整体等于被穷尽。尽管无穷南方，充满无穷人，墨家仍然在理论上坚持，可普遍无遗漏地对人类施与普遍平等的“兼爱”，这是整体论逻辑哲学思考的张力与威力。

4. 不知世上人口数，不妨害兼爱：超现实性。《经下》第175条说：“不知其数而知其尽也，说在问者。”《经说下》机智论证：“不知其数，恶知爱民之尽之也？（以上是论敌对墨家兼爱说的诘难，以下是墨家的论证）或者遗乎其问也，尽问人，则尽爱其所问，若不知其数，而知爱之尽之也，无难。”

即不知道人的个数，也可以知道能够尽爱（兼爱）所有人，论证关键在于，分析对方的问题本身。“不知道人的个数，怎么知道可以尽爱所有人？”（以上是论敌对墨家兼爱说的诘难，以下是墨家的论证）对方可能是忘记自己问题本身。如果对方能够问尽所有人，那么我就可以尽爱对方所问每个人。如果不知道人的个数，也可以知道能够尽爱（兼爱）所有人，没有困难。墨家没有陷入对方设置的困境，轻而易举地用对方出的难题本身，驳倒对方，有力论证、维护与坚持“兼爱”（尽爱）论题。

5. 不知世上人处所，不妨害兼爱：超地区性。《经下》第176条说：“不知其所处不害爱之，说在丧子者。”即不知道人的处所，不妨害爱，论证理由在于，分析丢失儿子的人。如果丢失儿子，不知儿子处所，不妨害对儿子的爱，列举反例，反驳对方论点，是《墨经》止式推论的应用：“举不然者而问之。”（《经上》第99条）

论敌对墨家兼爱说的诘难，用全称肯定命题：“凡不知人处所，妨害爱。”用公式表示：“所有S是P。”墨者论题是：“凡不知其所处，不妨害爱。”这是全称否定命题，用公式表示：“所有S不是P。”与双方论点，针锋相对。

墨家在辩论中，列举事例“丧子者”，指走失孩子的父母，并不因不知孩子处所，妨害爱。这个事例，对墨家论题说，是正面事例；对于论敌论题说，是反例。这个反例可概括表达为：“有时不知人处所，不妨害爱。”这是特称否定命题，用公式表示：“有S不是P。”同论敌论题，恰相矛盾，驳倒论敌。

6. 爱人要求周爱人：普遍性。《小取》论证说："爱人，待周爱人而后为爱人。不爱人，不待周不爱人。不失周爱，因为不爱人矣。"这是强调"爱人"（兼爱）概念的整体性、普遍性与穷尽性。周，周遍，普遍。"兼爱"范畴含义，等同于"尽爱、俱爱、周爱"。"兼、尽、俱、周"，在《墨经》中是意义相同的全称量词。"兼爱"含义，适用于全人类整体的每一个体（分子、元素），反映墨家兼爱思想人道主义、人文主义本质的彻底性与墨家逻辑概念的明确性。

7. 爱人包含爱自己：超人己性。《庄子•天下》说墨子实行自我刻苦的原则，是"不爱己"，即不爱惜自己。世人竞相批评墨者主张"圣人不爱己"。《荀子•正名》说，墨家主张"圣人不爱己"的命题，是"用名以乱名"（混淆概念）的诡辩。

墨家在《大取》反思，认知别人批评有道理，自我修正观点说："爱人不外己，己在所爱之中。己在所爱，爱加于己。伦列之爱己，爱人也。"这是运用"整体包含部分"的原理与"附性法"的复杂概念直接推理（演绎推理）。

墨者认为圣人爱自己，最终还是为了爱人，实行爱人的事业。《大取》说："为天下厚爱禹，乃为禹之爱人也。"墨者承认"爱人包括自己"，是为了消除墨子议论中的逻辑矛盾，消解论敌攻击的锋芒，坚定维护墨家"兼爱"论题。

8. 爱人包含爱仆人：平等性。《小取》论证说："获，人也；爱获，爱人也。臧，人也；爱臧，爱人也。"即爱人包含爱仆人臧获。《墨经》说男仆"臧"15 次，女仆"获"7 次，都在兼爱与人格平等的意义上使用，没有儒家尊卑等级制概念的含义，主张兼爱范畴适用于奴仆。

9. 人口密度，不妨害兼爱：众世寡世爱相等。《大取》论证说："爱众众世，与爱寡世相若，兼爱之有相若。"即人口密度，不妨害兼爱。

10. 施爱过去、现在与未来：上世、后世爱相等。《大取》论证说："爱尚世与爱后世，一若今之世。"即施爱于过去、现在和未来。

11. 过去、现在爱一贯：爱人要求一贯性。《大取》论证说："昔者之爱人也，非今之爱人也。”即爱人要求一贯性，昔日爱人，今日爱人，爱人要不断立新功，有新表现。

12. 兼爱不容割裂：整体性。《大取》论证说：“兼爱相若，一爱相若，一爱相若，其类在死也。”即兼爱世人相等，不容割裂，这是针对儒家“亲亲尊尊”的“差等之爱”。

13. “兼爱”原则：对人就像对自己。《兼爱下》说：“为彼犹为己也。”即出于公心善待人，为人犹如为自己。

14. 投桃报李：对等互报交互性。论证兼爱的交互性。《兼爱下》墨子引《大雅》：“无言而不仇，无德而不报。投我以桃，报之以李。即此言爱人者必见爱也。”即说话就回应，有德就报答，你赠送我桃，我报答你李。

15. “兼爱”包括义与利：仁爱义利紧相连。《经下》第177条定义说：“仁，爱也。义，利也。”《经上》第8条定义说：“义，利也。”“仁”的实质是“爱”，“义”的实质是“利”。“仁爱”和“义利”紧密相连，可互相解释和定义。不像儒家爱利分裂，空讲仁爱词句，不讲实际功利。

墨子的“兼相爱”和“交相利”紧密结合。“爱人”就要“利人”。“兼爱”是墨子心目中“贤人”的高尚品德。做贤人的标准，即有力量就赶快帮助别人，有财富就尽量分给别人，有道理者就积极教诲别人。

墨子的兼爱思想，是手工业行会成员间互助互利原则的理想化，是农工商人朴素平等愿望的理论升华，传承中华民族的传统美德。墨家讲爱人民的实质，就是为人民造福，给人民以实际利益，全心全意为人民谋利益。

16. 兼以易别：用兼爱取代别爱。用墨家兼爱学说，取代儒家“别爱”学说。“兼”：指兼爱学说，普遍平等地爱全人类。“别”：指儒家“别爱”学说，即有区别地爱一部分人。别，分别，差别，区别。《玉篇》：“别，分别也。”

“易”即取代，代替。《兼爱下》说：“非人者，必有以易之。若非人而无以易之，譬之犹以水救水也，以火救火也，其说将必无可焉。是故子墨子曰：‘兼以易别。’”《兼爱中》说：“既以非之，何以易之？子墨子言曰，以兼相爱，交相利之法易之。”

《天志中》说：“兼者，处大国不攻小国，处大家不乱小家，强不劫弱，众不暴寡，诈不谋愚，贵不傲贱。”“别者，处大国则攻小国，处大家则乱小家，强劫弱，众暴寡，诈谋愚，贵傲贱。”《天志下》说：“兼之为道也，义正；别之为道也，力正。”

17. 兼爱用处。《兼爱下》借“天下士”的口说：“您的兼爱学说，好是好，可是有什么用？”墨子说：“如果真没用，连我也反对。世界上哪里有好的，却没有用？”墨子像编剧本，假设有两个人，一人是“兼士”即墨者，赞成兼爱学说。一人是“别士”即儒者，反对兼爱学说。

“别士”说：“我怎么能对待朋友，像对待我自己；对待朋友的父母，像对待自己的父母一样？”于是，他看见朋友肚饿，不给饭吃；身冷，不给衣穿；生病，不治疗；死，不办丧事。“兼士”说：“我对待朋友，像对待自己；对待朋友父母，像对待自己父母。”于是，他看见朋友肚饿，就给饭吃；身冷，就给衣穿；生病，就给治疗；死，就办丧事。

墨子假定第三人，披铠甲，戴头盔，要出发，参加野战，不知死活。假定第四人，受命出使，巴越齐荆，不知能否活着回来。这时，要把父母妻子，托付给朋友照管，是托付给“兼士”，还是托付给“别士”？无论是谁，尽管他不赞成兼爱学说，一定会托付给“兼士”。这种人，言论上反对兼爱，行动上却选取兼爱，是言行不一。

听了墨子的虚拟故事，“天下之士”说：“这是选择士，国君能选择吗？”墨子接着，假定一位“兼君”，一位“别君”。“别君”说：“我怎能对待百姓，像对待我自己？这不合人情。人生没有多少年，就像白驹过隙，倏忽而过，我应该把自己先照顾好。”于是，置百姓饥寒病死于不顾。“兼君”说：“我先考虑百姓，后考虑自己。”

18. 墨子智辩：归谬反驳法。《耕柱》说：“巫马子谓子墨子曰：‘我与子异，我不能兼爱。我爱邹人于越人，爱鲁人于邹人，爱我乡人于鲁人，爱我家人于乡人，爱我亲于我家人，爱我身于吾亲，以为近我也。击我则疾，击彼则不疾于我，我何故疾者之不拂，而不疾者之拂？故有我，有杀彼以利我，无杀我以利彼。’子墨子曰：‘子之义将匿邪，意将以告人乎？’巫马子曰：‘我何故匿我义？吾将以告人。’子墨子曰：‘然则一人说子，一人欲杀子以利己；十人说子，十人欲杀子以利己；天下说子，天下欲杀子以利己。一人不说子，一人欲杀子，以子为施不祥言者也；十人不说子，十人欲杀子，以子为施不祥言者也；天下不说子，天下欲杀子，以子为施不祥言者也。说子亦欲杀子，不说子亦欲杀子，是所谓经者口也，杀常之身者也。’子墨子曰：‘子之言恶利也？若无所利而不言，是荡口也。’”

即巫马子对墨子说：“我与你不同。我不能兼爱，我爱邹国人超过爱越国人，爱鲁国人超过爱邹国人，爱家乡人超过爱鲁国人，爱家里人超过爱家乡人，爱父母超过爱家里人，爱我超过爱父母，因为更切近我。打我我痛，打别人我不痛。为什么使我疼痛的，不去防卫，不疼痛的，倒去防卫？因此只会杀别人以有利于我，而不会杀我以有利于别人。”

墨子说：“你这种思想，要隐藏起来，还是要告诉别人？”巫马子说：“我为什么要把思想隐藏起来？我将要告诉别人。”墨子说：“那么，如果一个人相信你的说法，就有一个人想杀死你，来利于自己。十个人相信你的说法，就有十个人想杀死你，来利于自己。天下人都相信你的说法，天下人都想杀你，来利于自己。反之，有一个人不相信你的说法，就会有一个人想杀死你，认为你是散布不祥之言的人。十个人不相信你的说法，就会有十个人想杀你，认为你是散布不祥之言的人。天下人都不相信你的说法，天下人就会都想杀你，认为你是散布不祥之言的人。喜欢你的想杀你，不喜欢你的也想杀你，这就是轻率之言，将殃及自身！”墨子说：“你的话有何利？如果没有利，还一定要说，那就是存心胡说。”

儒家信徒巫马子，常与墨子辩伦理。墨子对巫马子的驳斥，一针见血。巫马子不忿，于是又有一场辩。巫马子对墨子说：“你兼爱天下，没有看到什么利益。我不爱天下，没有看到什么害处。都还没有实效，你为什么只认为自己对，而批评我？”墨子说：“现在假如有人在这里放火，一个人想用水灭火，一个人想浇油，让火烧得更旺，都还没有实效，你认为哪一种思想可贵？”

巫马子说："我认为，想用水灭火的人的意图，是对的，想浇油让火烧得更旺的人，意图是不对的。"墨子说："我也认为，我兼爱的用意是对的，你反对兼爱的用意是不对的。"墨子认为，宣传兼爱是善意，反对兼爱是恶意。提倡兼爱天下治，反对兼爱天下乱。巫马子坚持儒家"别爱"（偏爱，只爱部分人）说，论题错误，以失败告终。

19. 墨子痛斥子夏徒。《耕柱》载："子夏之徒问于子墨子曰：'君子有斗乎？'子墨子曰：'君子无斗。'子夏之徒曰：'狗豨犹有斗，恶有士而无斗矣？'子墨子曰：'伤矣哉！言则称于汤文，行则譬于狗豨，伤矣哉！'"

子夏学生问墨子说："君子之间有争斗吗？"墨子说："君子没有争斗。"子夏学生说："猪狗还有争斗，哪里有士而无争斗？"墨子说："可悲！言则称于商汤、周文王，行则譬于狗猪，可悲！"

鲁迅 1934 年 8 月创作历史小说《非攻》，开宗明义写道：子夏的徒弟公孙高（人名虚拟）来找墨子，已经好几回了，总是不在家，见不着。大约是第四或第五回吧，这才恰巧在门口遇见，因为公孙高刚一到，适值墨子也回家来。他们一同走进屋子里。公孙高辞让了一通之后，眼睛看着席子的破洞，和气地问道："先生是主张非战的？""不错！"墨子说。"那么，君子就不斗么？""是的！"墨子说。"猪狗尚且要斗，何况人……""唉唉，你们儒者，说话称着尧舜，做事却要学猪狗，可怜，可怜！"墨子说着，站了起来，匆匆地跑到厨下去了，一面说："你不懂我的意思……"

鲁迅描写儒墨对话，源于《耕柱》。墨子所说"君子无斗"命题，有特定含义，指在君子仁人间，应相亲相爱，互助互利，不应互相残害欺侮。《非儒》说："若皆仁人也，则无说而相与。仁人以其取舍是非之理相告，无故从有故也，弗知从有知也，无辞必服，见善必迁，何故相与？"

即仁人实行兼爱互助，无理由相互为敌。在君子暴人间，墨子主张"有斗"。因为君子为天下兴利除害，可以兴正义之师，诛讨惩罚不义之师。如对暴人不斗，纵容坏人，残害好人，是天下最大"不义"，不能称"君子"。

无论君子内部“无斗”，君子暴人间“有斗”，都不能与猪狗打斗，相提并论。子夏之徒把这两个不同问题，混为一谈，遭到墨子的痛斥。儒者言必称汤文，行动却仿效猪狗，墨子连呼“伤矣”（有伤人格）。

20. 理想教育。“兼爱”是墨子仁义学说的内容。《经说下》发挥墨子思想说：“仁，爱也。义，利也。”仁爱义利相连，互相定义。“兼相爱”和“交相利”紧密结合，“爱人”就要“利人”。“兼爱”是墨子心目中“贤人”的高尚品德。

墨子说：“为贤之道将奈何？曰：有力者疾以助人，有财者勉以分人，有道者劝以教人。”“兼爱”是墨家希望实现的道德理想、要求与愿望。墨子看到现实生活存在“不相爱”的事实，说：“凡天下祸篡怨恨，其所以起者，以不相爱生也。”由于“不相爱”，故“强必执弱，富必侮贫，贵必傲贱，诈必欺愚”，造成混乱。

墨子针对现实说：“圣人以治天下为事者也。必知乱之所自起，焉能治之。……譬之如医之攻人之疾者然，必知疾之所自起，焉能攻之。”墨子把“兼爱”理想，看成治理社会混乱的药方，孜孜不倦“劝人兼爱”，“教人兼爱”，运用教育游说手段，宣传兼爱，希望当权者“王公大人士君子”，接受实现兼爱理想。“天下之士君子”不接受墨子兼爱主张，屡屡发难抵制。

21. 兼爱实现。《兼爱下》借“天下士君子”的口说：“兼爱算是够仁义，可是能实现吗？实现兼爱，就像手提泰山过江河，不能实现。”墨子说：“你的譬喻不恰当。手提泰山过江河，自古至今，不能实现，可是古书记载，古圣先王，禹汤文武，亲自实行兼相爱，交相利。”墨子把实行兼爱，改良社会的希望，寄托于当权国君，卿大夫和士阶层，大力游说，说服他们实行兼爱主张。

22. 兼之为道。以兼爱作为治国的道理和指导思想，是墨子和墨家的政治理想。《天志下》说：“兼之为道也，义正，别之为道也，力正。曰：义正者，何若？曰：大不攻小也，强不侮弱也，众不贼寡也，诈不欺愚也，贵不傲贱也，富不骄贫也，壮不夺老也。是以天下之庶国，莫以水火毒药兵刃以相害也。”

即实行“兼”，就是以道义治国理政。实行“别”，就是以暴力治国理政。有人问：以道义治国理政是怎样？回答是：大国不攻小国，强者不欺凌弱者，势众不残害力单，乖巧不欺负愚憨，尊贵不傲视低贱，富足不鄙视贫穷，少壮不侵凌衰老。天下众多国家，不用水火毒药兵刃互相侵害，天下太平。

23. 孟子攻击，墨学中绝。孟子《孟子•滕文公下》攻击说："墨氏兼爱，是无父也，无父无君，是禽兽也。"墨子《兼爱》明说"爱父爱君"，从未提倡"无父无君"。

三、墨家兼爱说的现代价值

孙中山《三民主义》说：古时最讲爱字的莫过于墨子。墨子是世界第一平等博爱大家。[①] 英国李约瑟说："墨子早在公元前第四世纪就宣传兼爱学说，受到了人们一致的推崇。"[②] 梁启超《墨子学案》说："墨学所标纲领，其实只从一个根本观念出来，就是兼爱。"曹耀湘《墨子笺•兼爱下》说："兼爱者，墨氏之学之宗旨也。"皮嘉佑《平等说》："平等之说导源于墨子。"[③]

毛泽东读《二十四史》批注："墨子是一个劳动者，他不做官，但他是比孔子高明的圣人，孔子不耕地，墨子自己动手做桌椅子。"[④] 什么叫"圣人"？《孟子•尽心下》给出两个经典性的定义。语词定义："大而化之之为圣。"即格局伟大，融会贯通，能够教化天下，叫作圣人。作用定义："圣人，百世之师也。"即圣人可做百代人的老师。东汉赵岐注："大行其道，使天下化之，是谓圣人。"学说普遍推行，教育变化天下，叫圣人。

墨子是平民出身的文化伟人，在世时被普遍习惯称"贤人""圣

① 孙中山：《三民主义·民族主义第六讲》，北京：中华书局2011年版，第244页。

② 李约瑟：《中国科学技术史》，北京：科学出版社，1990年，第187页。

③ 皮嘉佑：《平等说》，《湘报》1898年5月，第58—60号。

④ 毛泽东：《毛泽东评点二十四史》，北京：中国档案出版社，1998年，第4页。

人”。唐余知古《渚宫旧事》引鲁阳文君对楚惠王说：“墨子，北方贤圣人。”《公孟》引墨子弟子跌鼻对墨子说：“今先生，圣人也。”

墨子是人类文明轴心时代出现的中国文化巨人。德国文化史学者雅斯贝尔斯说，以公元前五百年为中心，人类精神基础同时独立地在中国开始奠定，直到今天人类仍然依附在这一基础上。这期间所发生的精神过程，建立了一个轴心，我们把这个时期称为轴心的时代。这一时期发生了不寻常的事件，在中国诞生了墨子，产生了所有我们今天依然在思考的基本范畴。①

恩格斯评价西方文艺复兴时代：“这是一次人类从来没有经历过的最伟大的、进步的变革，是一个需要而且产生了巨人——在思维能力、热情和性格方面，在多才多艺和学识渊博方面的巨人的时代。”②

墨子活动的战国时代，经历着中华民族“从来没有经历过的最伟大的、进步的变革”，是一个需要而且产生了巨人的时代，墨子“在思维能力、热情和性格方面，在多才多艺和学识渊博方面”，是中华优秀传统文化的巨星。

梁启超形容战国学术勃兴的盛况说：“如春雷一声，万绿齐茁于广野。如火山乍裂，热石竞飞于天外。”③诸子百家，司马谈《论六家要旨》概括六家有墨家。班固《汉书·艺文志·诸子略》概括九流十家有墨家。

2015年12月16日第二届世界互联网大会开幕式习近平总书记的讲话引用墨子语“天下兼相爱则治，交相恶则乱”，提出完善全球互联网治理体系，维护网络空间秩序，必须坚持同舟共济、互信互利的理念。④

---

① 雅斯贝尔斯：《人的历史》，田汝康、金重远选编：《现代西方史学流派文选》，上海：上海人民出版社，1982年，第38—40页。

②《马克思恩格斯选集》第3卷，北京：人民出版社，1972年，第445页。

③ 梁启超：《论中国学术思想变迁之大势》，《饮冰室合集》7，北京：中华书局1989年，第11页。

④ 新华社杭州12月16日电，习近平：《在第二届世界互联网大会开幕式上的讲话》，中共中央宣传部编：《习近平论党的宣传思想工作》，北京：人民出版社，2019年第308页。

墨家兼爱说，包含对现代和未来有重要意义的人文精神与人道主义启示。在世界一体化和全球化的新时代，墨学研究现代化的目标，是兼容诸子百家精华，创造性转化，创新性发展，为振兴中华，实现中华民族伟大复兴的中国梦，构建人类命运共同体，提供锐利的思想武器和强大的精神动力。

墨学文化精神对和谐世界构建的启示

夏挽群[①]

在当前世界面临百年未遇之大变局，全球政治格局面临重新洗牌的背景下，我们来讨论和谐世界构建的问题，具有十分特殊的现实意义。因为只有在这个时候，世界人民才能够把这个问题的症结所在，把不同国家的政治战略和政治品格看得一目了然。

现在，某些国家民粹主义正在升级，全球化的时代潮流面临挑战，国家之间的正常关系遭到撕裂，世界秩序存在坍塌的风险……

人类如何加强人际之间、族群之间、国家之间的理解与合作？人类怎么去消弭相互之间的隔阂与仇恨？我们到底能不能以及怎么样去重构和谐的世界？凡此种种，成为政治家、思想家们正在严肃思考的课题。维护世界和平稳定，保障人类社会和谐有序发展，已经成为国际公认的重要议题。

翻开世界历史，人们从来都希望和睦相处，但现实却是纷争和冲突持续不断；人们祈求和平，但战火依然绵延不息。且不讲第一次世界大战和第二次世界大战，以及第二次世界大战之后的美苏冷战，即使是在今天世界经济、文化高度融合的全球化时代，人们一度认为建立相互尊重、开放互利、同舟共济、合作共赢世界格局的时机终于到来，然而我

---

① 夏挽群，中国民间文艺家协会顾问。

们看到的却是贸易战、科技战和“新冷战”的骤然上演，这不能不让所有的人极度失望。

中国历来把自己的发展与世界发展结合起来，把中国人民的利益同世界人民的共同利益结合起来，提出了构建人类命运共同体的构想，坚持建设持久和平、普遍安全、共同繁荣、开放包容的世界；坚持构建相互尊重、公平正义、合作共赢的新型国际关系；坚持全球治理观、安全观、发展观、文明观、正确义利观。这超越了一国一域的狭隘范畴，反映了世界各国追求发展进步的共同愿望，蕴含着人类共同价值，凝聚了各国人民共同建设美好世界的最大公约数，使中国站在了人类社会发展进步的制高点上。中国不仅秉持共建人类命运共同体的理念，而且创造性地传承了象征着世界人民交流合作的古代丝绸之路精神，提出共建“一带一路”的倡议，将这一人类文明历史成果转化为当前开展国际合作、促进共同发展的新型国际公共产品和国际实践。

在全球化的时代，没有哪一个国家可以独善其身，合作共赢方是人间正道。在中国人的视野里，世界是展示人类多元文明的大舞台，是百花齐放的大花园，正所谓“各美其美、美人之美、美美与共”。

中国是世界和谐坚定的倡导者和建设者。

中国的和谐世界的理想不是凭空产生出来的，也不是为了应对某种战略博弈而一时生出的聪明和技巧，她源于这个国家和民族悠久文化传统的长久积淀，是中国当代价值观和世界观对中华优秀文化传统绵延赓续和适时创新的结果。在人类命运共同体理念中，蕴含有“天下为公”“世界大同”的美好愿景；在周边外交方略中，体现着“亲仁善邻”“兼爱”“非攻”的历史传承；在全球治理改革的诉求中，借重了“和衷共济”“协和万邦”的传统智慧；在构建全球伙伴关系中，秉持了“和而不同，立己达人”的和谐理念；在义利观的价值取向中，彰显了“弘义融利”“扶危济困”的道德操守。这些中国先哲所倡导的天人合一精神、大同和合精神、民本精神、兼爱精神深刻地影响着这个民族的历史进程，影响着中华文化的发展和国家精神的塑造，尤其是在先秦时期，作为东方思想文明轴心标志的道儒墨法诸子思想，被奉为中华文化的元典，奠定了中国思想文化两千多年不拔之根基。

在那个思想文化的轴心时代，诸子学说都是在先秦时期社会失范、战争动乱的背景下产生出来的救世方略。道家、儒家和墨家都不约而同地提出了人与人之间、人与自然之间、国家与国家之间建立天下平衡和谐关系的理论，并加以大力倡导。

道家提出“天和”“人和”“心和”的命题，老子、庄子所开创的“天人合一”境界被视为中国人生哲学的最高境界。道家不仅讨论人际的和谐，还外延到宇宙的秩序与和谐。老子说：“道生一，一生二，二生三，三生万物。万物负阴而抱阳，冲气以为和。”庄子肯定每个存在体都有它各自特殊的内容和意义，都有它存在的合理性，并且用“十日并出”“万窍怒号”来形象地描绘多元并存的景象。

儒家提出“礼之用，和为贵”的名言，无论是个体间的矛盾、种族间的冲突、国家间的纠纷，总以“和为贵”作为解决问题的最高原则。孔子说：“君子和而不同，小人同而不和”，并用中庸之道作为相处之道的标准。儒家还把和谐提升到“仁善”的高度，唯有“仁善”，方能和谐。

纵观先秦诸子的和谐理念，虽然各擅其长，但最为具体而明晰、彻底而完整，并且与当今社会和谐与世界秩序构建的实际最为切近、最为契合、最为实用的当属墨家学说。

墨子提出“兼爱”的理论，是人与人相处、国与国相交的最高社会理想，认为社会矛盾起源于人与人之间不相爱，“天下之人皆不相爱，强必执弱，富必侮贫，贵必敖贱，诈必欺愚。凡天下祸篡怨恨，其所以起者，以不相爱生也。”如果每个人只爱自己，而不关心他人，各自为了追求自己的利益，就可以不顾别人，甚至伤害他人，便会导致人文道德失范、社会失序、国家动乱。因此墨子迫切希望人与人之间和睦相处、互爱互助、互利互惠。儒家虽然也说“仁者爱人”，但儒家所说的仁爱是一种有差别的爱，是“亲亲有术，尊贤有等”的爱，是分亲疏的爱。而墨子倡导的“兼爱”则是普遍的爱、平等的爱，即“我爱人人，人人爱我”。墨子的“兼爱”直接启动了大同思想的诞生，因此使它更具普适价值。墨学的兼爱理论自始至终是站立在平民的立场上，从平民的利益出发。这种民本主义的思想，力图打破血缘、贵贱、等级的伦理原则，建立一个“兼爱”的社会，这与社会主义人民至上的理念从本质上是相通的。

倡导这种无差别的爱，把这种爱意作为评判一个人、一个族群、一个国家的道德标准，需要有“己所不欲，勿施于人”的良善之心、包容之意，这是创造和谐的根本大法。墨学提出了实用的“义利观”，把“兼爱”与“利人”相连，是爱与利的统一，而儒家的义与利是相对立的。墨子提出“兼相爱”必须表现为“交相利”。他所说的“兴天下之利”“爱利万民”“万民之大利”以及“爱人利人”“相爱相利”等，就是将“兼爱”落实到“交利”之上。意思是当人世间的普遍利益（天下之利）得到满足时，个人利益才能够真正实现。人们在考虑自己利益的时候，首先要考虑他人的利益，而不是通过损害、剥削或是掠夺他人的利益，来达到自己的独家利益。这样就可以将“兼相爱”与“交相利”统一起来。所以说墨学的义利观强调“兼相爱”是人生最美好的理想，而“交相利”则是对这一生理想在实际生活中的落实。唯此，“兼爱”才不是空洞虚幻的东西，而是通过利人、利物而表现出来的实实在在的东西。只有做到这一些，天下才能真正达到和谐。这种弘义融利的道德思想与我们今天的“合作共赢”“互惠互利”的当代理念是一脉相连的，是建设和谐社会、和谐世界的重要原则。也是我们反对某个国家奉行本国第一、本国优先，把谋求一己私利建立在破坏别国正当利益的基础之上，希图利用自己国家强权政治将这个世界拉回到弱肉强食的“丛林时代”的重要政治理念。

墨子站在平民立场上提出的“非攻”概念是一种和平正义的主张，也是“兼爱”这种“大仁大义”精神在战争事件上的表现。他以“非攻”“止战”来反对和制止侵略性、掠夺性的战争，尖锐指出“攻伐”是为了“贪伐胜之名”，竟然以杀人之大不义“夺民之用，废人之利”的恶行。这是一个方面。另一方面，墨子的“非攻”并非是一概地否定一切战争，他将战争区分为正义的战争与非正义的战争，认为为民除害的

“征诛之战”是“兼爱”的表现，是为了扫除通往天下和谐之大害。他以伟大思想家的智慧和远见认识到，要把人们从以自我为中心的争夺和残杀中拯救出来，必须首先唤醒人们的良知和道义精神，这种良知和道义的本质便是“爱”。只有“兼爱”，才能化解人与人之间的怨恨和敌视，共同走进和谐理想的社会乐园。

如今的世界，和平仍然是人类的基本诉求，为了制止非正义的战争，人们采取了一系列“止战”的举措，签订了无数的条约与协议，但战争依然不能止息。究其原因，战争的发生往往在于私利的膨胀，一个人只顾自己的私利，便要与人发生冲突；一个国家只顾自己的私利，便可能导致战争，私利是战争之源。所以，一个国家的发展和进步，不应靠树立外部敌人来巩固，世界文明的发展与进步，大国应该做的不是筑隔离人民交流的“墙”，而是搭建合作与交流的“桥”。世界和平寄望于此。

“尚贤”也是墨学政治思想与和谐理念中的一个命题。墨子视贤才为国之珍宝，将贤才治国作为施政之根本，把境内贤才的多少与国家治理、民族兴亡紧密相连。即使在当今世界，我们仍然可以清晰地看到执政者对国家政治及经济发展的决定性影响。

总而言之，墨家有关和谐社会、和谐世界的学说内容之丰富、门类之广博、体系之完整、思想之深刻、观点之鲜明、论述之精辟无与伦比。墨子是中国思想文化天幕上璀璨的一颗星星。

当我们将产生于两千多年前的墨学思想与今日世界纷乱的现实一一进行比对的时候，人们会惊讶地发现，墨子有关天下和谐的理念与我们是那么的切近，与当下的社会问题是那么的契合，它就活在我们的身边，时时给我们以鲜明的昭示和有益的启迪。

虽然秦汉之后，闪耀着强烈人民性的墨学一度被封建统治阶级扼杀，使一代与儒学并立为显学的墨学被冷落，但那是一种人为的结果，是汉武帝“独尊儒术”造成的。并非如一些人用中国文化的“超越突破”理论所说的，只有儒家能够超越现实世界之外的终极价值，寻找到了更高的精神价值和个体生命的终极意义。他们认为墨学的没有完成“超越突破”，也就不能经受着时间的考验，故被一代代地忘掉了。其实，墨家虽然受到了封建统治者的打压，但墨学依然有经典传世，有的思想被儒道两大家吸纳，成为一种隐性的存在而得以流传。到了近现代，人们重新关注墨学，重新挖掘墨家的思想资源，尤其是改革开放之后，思想文化界对这位为贫民立言的伟大思想家的哲学高度注重，对其价值进行了重新认识、重新评估，使墨学有如凤凰涅槃般重生，再度与儒道并肩而立。墨学是一种“不死的文化”。

因此，包括墨学在内的先秦诸子思想文化并非是历史的空谷回响和过时的文化残留，它携带着深厚而又绵长的文化营养，传递着民族精神的基因，成为炎黄子孙的价值观念、民族心理和精神品格的重要标示。这种精神文明积淀在中华民族的血脉中，至今仍潜移默化地影响着我们。他们不仅是中国当代文化建设的资源，他们还是当代中国先进文化的基础。他们与当代中国先进文化的关系，不是支流与主流的关系，而是主流的上游和下游的关系。

墨学与道学、儒学一起成为中国和世界共同的文化财富。

我相信，人类终将运用自己的思想和智慧来解决权力、利益和财富的公平分配，遭到破坏的国际新秩序终将得以重建，和谐世界的理想终将得到实现。因为，公平、正义、和谐、安全和发展毕竟是世界人民的根本愿景，这种共同的诉求汇积起来，便具有了不可抗拒的江河般的力量。

墨家厚乎德行之学

李贤中 ①

《墨子》一书有关建立社会秩序以平乱的篇章颇多，如《尚同》《亲士》《尚贤》等篇。执政者必须在一政治架构中，下知民情，下同于上，上同于天，并且必须任用贤能者在每一管理阶层，发挥治理功能。因此，《尚贤》篇中所谓的贤良之士的特质与条件就特别重要。墨子认为贤人必须具备的特质是："有贤良之士，厚乎德行，辩乎言谈，博乎道术者乎，此固国家之珍，而社稷之佐也。"（《墨子·尚贤上》）贤良之士首要条件是道德操守要好，沟通表达论述的能力要强，同时还要有丰富广博的知识理论与实践方法。因此，德行、言谈、道术等都是墨家弟子所要学习的内容。由于其中居首位的就是"厚乎德行"。本文将探究墨家所谓的德行为何，其德行有何特色，要如何才能厚植一个人的德行。

一、墨家论德行

《尚贤上》："故古者圣王之为政，列德而尚贤，虽在农与工肆之人，有能则举之，高予之爵，重予之禄，任之以事，断予之令。"德行的高下是古代圣王选拔贤才，赋予权力，管理政事的根据。《非攻下》："子

---

① 李贤中，台湾大学哲学系教授。

墨子曰：‘今若有能以义名立于天下，以德求诸侯者，天下之服可立而待也。’”墨子认为能使各国归附的统治管理者必须以“义”为号召，以具体的德行使人信服。

墨子推荐弟子高石子到卫国辅政，卫君置禄甚厚，设之为卿。他三次朝见卫君，都竭尽其言，卫君却毫不采纳实行。于是高石子离开卫国到了齐国，见了墨子说：“卫国国君因为老师的缘故，给我的俸禄很优厚，安排我在卿的爵位上，我曾三次入朝见卫君，必定把我们墨家治国理念充分表达，但卫君却毫不采纳实行，因此我离开了卫国。卫君恐怕会以为我发疯了吧？”《耕柱》：“子墨子曰：‘去之苟道，受狂何伤！古者周公旦非关叔，辞三公，东处于商蓋，人皆谓之狂。后世称其德，扬其名，至今不息。’”由此可见“德行”并不因人一时的毁誉而减损其价值，在墨子看来，德行具有超越时空的价值。

“价值”是抽象的信念、理想或规范与标准，它虽然看不见、摸不着，却可以随时随处起作用，指导人们的思想与行动。从墨家的德行思想来看，涉及伦理德目、价值原则、价值根源等层次，伦理德目根据价值原则而成立，而价值原则的基础又来自价值根源。以下分别说明之。

（一）价值原则

在中国古代，儒家着眼于家庭亲族关系，为其伦理情境，墨家则着眼于“天下”为其情境范围。基于范围大小的不同，儒家强调等差亲疏之仁爱，及忠恕之道的推爱，墨家则主张普遍而平等的兼爱，不因血缘关系的远近而决定施爱的厚薄。在《墨子》一书中最具德行意义的篇目即《兼爱》与《贵义》，整部《墨子》有十四处提道：“天下仁人之事者，必务求兴天下之利，除天下之害。”[①] 其“兼爱”思想为其最具特色的价值标准，兼爱之“兼”特别强调：所爱的对象范围乃“天下人”。《墨子·小取》：“爱人，待周爱人而后为爱人。”所谓爱人，必须周遍地爱所有人，爱全天下的人，而不是只爱自己国家的人，或与自己关系较密切

① 包括：《兼爱》《非攻》《节葬》《天志》《明鬼》《非乐》《非命》《非儒》等篇。

的人。不然就有可能因为爱自己人而做出有害于其他人的事，如现在许多国际上的冲突与纷争，都是基于为谋求己方的利益而不顾对方的死活。墨子认为当时天下之所以会乱并造成强凌弱、众暴寡的现象，就是因为人与人之间不相爱，只爱自己不爱别人，或者只爱自家人不爱别人。《墨子·兼爱中》所谓："天下之人皆不相爱，强必执弱，众必劫寡，富必侮贫，贵必敖贱，诈必欺愚。凡天下祸篡怨恨，其所以起者，以不相爱生也。"墨子找出了社会弊病的乱源："不相爱"，并且强调若只是找出问题的症结仍不够，必须指出解决问题的方案，这方案也就是普遍而平等的"兼爱"，不仅要爱同时代的人，也要爱古代及未来的人。[①] 例如：十年树木，百年树人；善继前人教化之志，就是对先人之爱。又如为后代子孙留下良好生存环境的环保工作，就是对于未来人的爱。"兼爱"是墨家重要的价值原则。

其次为"贵义"，《贵义》篇说："子墨子言：万事莫贵于义。"《墨子》书中计出现上百次的"义"，可见"义"在墨家思想中的重要性。什么是"义"呢？《经上》对"义"的解释："义者，利也。"《天志下》："义者，正也。"指的是一种"以上正下"的善政，在上位者要匡正在下位者，这里所说的"上"需直推到最高的"天"，《法仪》篇指出"天"也是至仁者。从行义的结果来看，"义"也是"正利"，一种公平正义的利益。《经说上》："义，志以天下为分，而能能利之。"[②] 所谓"义"，就是立志要做有利于天下人的事，以此作为自己的本分，每个人都有能力也能够做到。这里的思维情境其范围是全天下，人的本分就是要成为一个有利于天下人的人，也就是所作所为要有利于人类社会。如拾金不昧、乐于助人、尽忠职守等正当的行为。

---

①《墨子·大取》："凡学爱人，爱众众世，与爱寡世相若，兼爱之有相若，爱尚世与爱后世，一若今世之世。"《墨子校注》，中华书局，1993 年，第 613 页。以下墨子引文均参考本书，不再详注。

②"分"原作"芬"，参见周云之：《墨经校注·今译·研究——墨经逻辑学》，兰州：甘肃人民出版社，1993 年，第 118 页。

行义可带来“生”。《经上》:“生，刑与知处也。”生命就是形体与知觉同处的状态，若分离则为死亡。由于“生”是一切健康、财富、事业的基础，那么要如何做才能得以“生”呢？墨子认为行事为人必须符合天意，因此人必须做符合天志的事才能得生。《天志上》:“天下有义则生，无义则死。”“生”相对于死，“生”的价值高于死。例如，墨家“非攻”思想就在于避免无辜百姓的伤亡以符合天志之“欲其生”，非攻就是行义。以上这些价值原则相互联系，兼爱即行义，行义即得生。

（二）价值根源

人们为什么要实践兼爱、贵义呢？墨子指出其价值的根源在于“天志”。《法仪》说:“天之行广而无私，其施厚而不德，其明久而不衰，故圣王法之。”天的运行广大而不偏私，施与万物的生活所需宽厚而不居功，光明久照永不衰竭，因此圣王都要效法天这种兼爱的精神。再从《天志上》篇看，墨子的“天”是有意志、有好恶、无所不知、无处不在，又能施行审判加以赏罚的公正权威。

价值根源是价值原则的基础，在墨家，“天”是兼爱、贵义及“生”的理论基础。墨子认为之所以要实践兼爱的终极理由在于“天”的意志要求，天普遍地爱所有人，也希望人们兼相爱，交相利。《墨子·法仪》“天欲人相爱相利，而不欲人相恶相贼也。”因此，人们根据此一价值根源就应该“爱人若己”兼爱所有的天下人。

此外，《墨子·天志上》有所谓:“天欲义而恶不义。”墨子强调在生活实践时，应以“义”为评价标准。如何做才是义？简言之，利人之举为“义”；反之，损人利己则为不义，不可亏人而自利。如《非攻上》所云:“杀一人谓之不义，必有一死罪矣，若以此说往，杀十人十重不义，必有十死罪矣；杀百人百重不义，必有百死罪矣。”天志要求人行“义”，就是要以他人的福祉为自己的本分，不可杀人，杀人越多越不义，其罪越重。

天志是兼爱、贵义与“生”的价值根源，天欲人得生，天要人兼爱，天要人行义。兼爱较别爱或私爱有价值，义较不义有价值，生比死有价值。兼爱、贵义这些价值原则，又是墨家其他德行条目的根据。

（三）墨家德目

作为实现价值的基本条件是“生”，“兼爱”与“义”则是墨家重要的价值原则，在不同的人际关系中，还有其他的德目，如忠、孝、信、廉、任、仁等许多重要观念。

1. “忠”，应用于臣对君关系。《经上》：“忠，以为利而强君也。”墨家所谓“忠”，乃其臣认为于君国有利之事，强其君以为之也。就像其后《荀子·臣道》篇也有：“逆命而利君谓之忠。”可见墨家是从大范围着眼，为了更多人的利益即使勉强国君做他所不喜欢的事，也必须择善固执地坚持，这才是真正的“忠”。

2. “孝”，应用于子女对父母的关系。《经上》：“孝，利亲也。”《经说上》：“孝：以亲为分，而能能利亲。不必得。”墨家认为“孝”是以利亲作为自己的本分，为人子女有能力也能够做真正对父母亲好的事，但即使如此却未必能博得父母的欢心，但是能够确实有利于父母。例如，在现代，某些子女为年迈双亲身体的健康进行某些必要的体检或医疗，虽遭父母不悦而责怪，此仍然是“孝”的表现。

3. “信”，应用于朋友之间的关系。《经上》：“信，言合于意也。”是指所说的话必须与内心中真正的想法相同。《墨子·兼爱下》也有施行兼爱的国君：“言必信，行必果”的描述。此外《吕氏春秋·上德》篇也记载：古代守信者，一诺重于丘山，甚至断项捐躯，也无所畏惧，如墨团的领袖孟胜，率墨者 180 人为楚阳城守城而战死，是墨家重然诺精神的表现。

4. “廉”，是自己面对自己的反省。《经上》：“廉，作非也。”作即“怍”“愧怍”之意。廉者知耻，若所行为非，则内怀惭愧。《经说上》：“廉：己惟为之，知其也䁝也。”“䁝”即“耻”，“耻辱”之意。廉者做错了事，他内心自知其耻。如某人曾在超市购物，店员找错钱，多找了几百元给他；那人当下起了贪念没退还，事后想到店员为此受过赔钱而内心愧怍不安。因此“廉”是面对自己的反省，也是导正自己行为的动力。

5. “任”是面对他人时，为了帮助别人宁愿牺牲自己的一种品德。《经上》：“任，士损己而益所为也。”士牺牲自己而有助于他所欲行之事。

《经说上》:“任：为身之所恶，以成人之所急。”做对己身所厌恶的事，来解救人们的急难。“任”是墨家面对无血缘关系的陌生人，在必要时的一种无私且愿意牺牲，成全别人的态度。

6.“仁”，人生在世对君忠、对亲孝、对友信这些德行都是一种爱的表现，在不同人际关系下应有的做法，《经上》:“仁，体爱也。”体会自己是如何爱自己，要用这种爱，设身处地为人着想地爱人。《经说上》:“仁：爱己者，非为用己也。不若爱马。”爱自己不是为了利用自己，不像爱马是为了利用马。在墨家强调要以爱自己的方式去爱人，必须将他人当成是目的而非工具，也就是爱人要真正为他好，而不是为了自己的利益，将别人视为一种手段、工具才对别人好。例如，男女朋友之间的爱情，发展为婚姻时，不可为了对方的财富有利于自己的事业发展而结合，如此就将婚姻之爱视为一种手段，当对方穷困潦倒时，就不再照顾、关怀对方，这就不是墨家所强调的“爱人若己”之爱了。

墨家所实践的兼爱虽然要以“爱自己”为参照的标准，也就是你是怎样爱自己，你就以相同的方式去爱他人，但在特殊的情况下，包含着一种牺牲之爱，如前述“任”是一种牺牲自己以爱利他人的品德。在特殊紧急的情况下，甚至牺牲自己性命来解救别人的急难。墨家的德目往往放在特别的脉络中来彰显它的意义，呈现墨家式的独特型态。

二、墨家德行论的特色

什么是特别的脉络？任何概念的意义，必须相对于其背景因素才能为人所把握，伦理规范的德目也必须相对于不同的人际关系、处境、状态等背景因素才能呈现其相应的意义；因此相同的一个德目概念，在不同的背景、不同的意义脉络下，会有不同指导行为或规范分际的作用。例如在《论语·为政》篇提到有关“孝”的各种意涵，分别对应于不同的脉络。包括物质上的奉养（2.7 能养）、态度上的尊重（2.7 敬）与和颜悦色（2.8 色难）、精神上的避免父母忧虑（2.6 父母唯其疾之忧），以及不违背社会伦理规范（2.5 无违）等。这是《论语》在不同的情境或脉络来说明“孝”之意涵。[①]

墨家对当时某些德目定义的局限性、意义的片面性有所意识，因此墨家从一般人认定的意义，如“孝”就是顺从父母、“忠”就是专一跟随而不拂逆，从中设想了相反情境的提问，墨子进而有新的情境构作，如：不顺父母就不孝吗？违逆君主就不忠吗？言而有信是建立在行为与语言的符合，还是言语与心意的符合？如果行为与言不由衷的言语相符合可算为“信”吗？一个人的所作所为，为“天之所欲”还是为“自私所欲”会产生愧疚感？这种跳出既有脉络进行新的情境构作，是墨家德目意义及其德行之学的特色。这种扩大或延伸情境的思考方式，可使人对于相同德目做出更多元的思考与理解，丰富了伦理规范的意义，以及在实践上的灵活性。

例如《孟子·滕文公上》:“教人以善谓之忠，为天下得人者谓之仁。”如此，以教善为忠。又如《荀子·臣道》:“逆命而利君谓之忠，逆命而不利君谓之篡。”此以有利于国君之逆命为忠，与墨子思想更为接近。此外，对于忠、孝，儒家也有以“义”为价值原则的相关论述，《孝经·谏诤》:“故当不义，则子不可以不争于父，臣不可以不争于君；故当不义，则争之。从父之令，又焉得为孝乎！”所谓的忠、孝不能陷君、父于不义之中，需要争论时争论，必须争取时争取，若一味顺从父亲的命令，反而不是孝了。

在“信”方面，《子路》篇有:“言必信，行必果，硁硁然小人哉，抑亦可以为次矣。”这是孔子回答子贡问：何为“士”的回答，“信”只是士的第三层次，第一层次是面对国君，不辱君命；第二层次是面对父母宗亲，宗族称孝；第三层次是面对一般人，如小石坚确之状，喻小人

① 《论语·为政》: 2.5 孟懿子问孝。子曰:“无违。”2.6 孟武伯问孝。子曰:“父母唯其疾之忧。”2.7 子游问孝。子曰:“今之孝者，是谓能养。至于犬马，皆能有养；不敬，何以别乎？”2.8 子夏问孝。子曰:“色难。有事弟子服其劳，有酒食先生馔，曾是以为孝乎？”《论语》编号及文本根据郭沂编撰《子曰全集》，北京：中华书局，2017 年，第 8—9 页。

必信必果的样子。如此可使人深思“信”此德目在对象上的差异，以及心意、言论与行为三者关系所蕴含的其他意义；也可能由此引发墨家对于“信”解释为“言合于意”之义，对比于“言合于行”。

在“廉”方面，《荀子·修身》：“无廉耻而嗜乎饮食，则可谓恶少者矣。”《荀子·荣辱》：“争饮食，无廉耻，不知是非，不辟死伤，不畏众强，恈恈然惟利饮食之见，是狗彘之勇也。”以上两处都是相对于饮食、嗜欲而谈廉耻。墨家有节用思想，在食、衣、住、行、丧葬方面都力求节约，减少嗜欲。“廉”，愧怍于一己之非，是面对自己做错事的反省而知耻。此外，《说苑·立节》曾记载楚国攻伐陈国，陈国的西门被烧了，而让那些投降的陈国人民修缮，孔子乘车经过不愿与之行礼，子路提出孔子不合乎礼的疑问，孔子曰：“丘闻之，国亡而不知，不智；知而不争，不忠；忠而不死，不廉；今陈修门者不行一于此，丘故不为轼也。”其中，一个懂得自我反省的人，与“知”有密切的关系，他必须知道他所处的情境，也必须知道他在那个情境中应该怎么做。

在“任”与“仁”方面，《墨经》的情境构作是在某些两难的情境中，已知事态的发展趋势，也知道别人的利益为何，为了达成他人的利益而情愿做对己身可能有害的事，来解救人们的急难。此与《论语·泰伯》：曾子曰：“士不可以不弘毅，任重而道远。仁以为己任，不亦重乎？死而后已，不亦远乎？”的语意脉络不同，此脉络描述士的责任为“仁”，此与《墨子·亲士》篇的“任重致远”之意较近；而墨家所论述的“任”，虽也是用“士”来说明，《论语·泰伯》篇是士的立志与展望，如《颜渊》：樊迟问仁。子曰：“爱人。”《雍也》子曰：“……夫仁者，己欲立而立人，己欲达而达人。”儒家的“士”要以爱人、达人、立人为其责任。墨家的“士”也爱人，但是要以所爱的对象其真正利益为努力方向，即使要做出自己的牺牲也在所不辞，这从《墨经》对“仁”的定义“爱己者，非为用己也。不若爱马”可以看出。

从以上墨家德目与儒家相关德目的对比可以发现，墨家的许多德目意义的情境脉络与儒家不同，有些情境是扩大或延伸孔子思想中德目的情境构想，如孝与信，有些则有可能影响了孟、荀对于既有德目意义的多元理解。例如忠与廉等，这是墨家德行思想的特色。

三、如何厚乎德行

所谓厚乎德行，就是要使人加深道德涵养，使人之所行能符合价值规范，具备一位贤者的基本条件。如何厚植一个人的德行？以下从墨家的学、知、修养及目标，分别论述之。

（一）墨家对于德行之“学”的肯定

《左传昭公·十八年》周大夫元伯鲁有“可以无学，无学不害”之论，墨家劝人为学，驳斥“学无益”之论。《墨子·经下》：“学之益也，说在诽者。”学习是有益处的，理由在批评者的言行不一，自相矛盾。《墨子·经说下》：“说学。也以为不知学之无益也，故告之也。是使智学之无益也，是教也。以学为无益也，教，悖。”认为别人不知道“学习没有益处”所以就告诉他，以使他知道“学习没有益处”这件事。这行为本身就是一种教导，并且也肯定教导对象必须学习，如此导致思想与行为的自相矛盾。可见墨家肯定“学”的重要，学的目的在于求知，特别是德行之知。

《墨子·非攻下》：“是故古之知者之为天下度也，必顺虑其义，而后为之行，是以动则不疑，速通成得其所欲，而顺天鬼百姓之利，则知者之道也。”此说明智者在行为前必须慎虑其义，考虑天下人的利益为何，也就是要根据墨家的价值标准——兼爱与义来行事，这种知为德行之知，这种知的获得在于德行之学。

（二）德行之“知”的方法

墨家由“学”而知的不同途径有传闻而得、推论而得，以及亲身体验而得。而其认知的结果则有只知名称而不知其实的“名知”、仅知其实而不知其名的“实知”、知其名亦知其实之“合知”，以及不但能“知”而且能“行”的实践之知——“为知”。如《墨子·经上》：“知，闻、说、亲；名、实、合、为。”其中的“为知”，实践所习得之道理，最为重要。所谓：“士虽有学，而行为本焉。”（《墨子·修身》）又墨子三表法中有：

“用之者，废以为刑政，观其中国家百姓人民之利。”（《墨子·非命上》）所谓实用，就是要根据天志及兼爱、贵义的价值原则，将墨家的伦理德目实践出来。在墨家看来，真知必须与“行”相结合，一个人即使知道许多伦理知识，但是在行为上却未能实践，那仍然不能算是一个有德行的人。

（三）德行之“修养”方法

德行之修养建立在“知”的基础上，道德觉知是人认知能力中对于伦理情境的自觉，以及道德实践的敏感性所构成的觉知能力，这种觉知一方面有外在对象事物，另一方面也有近乎同步的内在反省，可以迅速地察觉到客观事物的伦理面向与性质。这种觉知有助于道德修养的提升，此修养需要排除情绪的影响。如《经上》：“平，知无欲恶也。”《贵义》篇墨子也说：“一定要排除六种偏激的情绪，沉默之时能思索，出言能教导人，行动能从事于义。使思、言、行这三者交替进行，一定可成为圣人。”墨子所说的六种会偏离正道的情绪是喜、怒、乐、悲、爱、恶。必须以仁义作为一切言行的准则；并且手、脚、口、鼻、耳，都用来从事正义，这样才能成为圣人。[①] 例如，墨子在“止楚攻宋”的过程中，在面对公输般时，必须平息他的怒气与厌恶之情，即使有被杀之虞，也能沉着镇定。[②] 又如，现代社会许多交通事故，双方当事人常因情绪激动而做出暴力行为，完全无视伦理规范，正是缺乏德行之修养。

此外，墨家的修养理论关注将意志与实践的成效相结合，我们可以透过墨家“志”“功”的范畴来加以说明。如“兼爱”一方面是普遍、平

①《墨子·贵义》：“子墨子曰：嘿则思，言则诲，动则事。使三者代御，必为圣人。必去六辟。必去喜，去怒，去乐，去悲，去爱，（去恶）而用仁义。手足口鼻耳，从事于义，必为圣人。”

②《墨子·公输》：“公输般九设攻城之机变，子墨子九距之，公输般之攻械尽，子墨子之守圉有余。公输般诎，而曰：‘吾知所以距子矣，吾不言。’子墨子亦曰：‘吾知子之所以距我，吾不言。’楚王问其故，子墨子曰：‘公输子之意，不过欲杀臣。杀臣，宋莫能守，乃攻也。然臣之弟子禽滑厘等三百人，已持臣守圉之器，在宋城上而待楚寇矣。虽杀臣，不能绝也。’楚王曰：‘善哉！吾请无攻宋矣。’”

等之爱，另一方面在具体情境的实践上又有远近、亲疏的差异存在，如《修身》篇所谓：“亲戚不附，无务外交。”此看似自相矛盾的思想需要借由修养功夫来加以融合。《大取》：“志，功为辩。”又说：“志，功不可以相从。”志，是指心志。功，是指事功。志，是由顺承“天志”而来，因《法仪》指出：“天之行广而无私。”人们顺天志兼相爱、交相利也应该是无私的，是没有等差、厚薄之分的，但这是心志和精神层面的。《经上》：“异，二必异，二也。”此是指在现实层面，任何两件事物必有差异。如此在兼爱的实践上，也必然会有远近、亲疏的差别。因此，在修养上必须立志、力行，行不忘志，依志求功，以功遂志；墨家的修养功夫是在实践中接近理想，在理想的指引下去实践兼爱，是一种逐渐提升德行境界的过程。

（四）德行之学的最终目的

墨家德行之学的目标是成为仁人，墨子说：“仁人之事者，必务求兴天下之利，除天下之害。”（《兼爱下》）墨家兼相爱以兴天下之利的具体理想是：“以兼为正。是以聪耳明目相为视听乎，是以股肱毕强相为动宰乎，而有道肆相教诲。是以老而无妻子者，有所侍养以终其寿。幼弱孤童之无父母者，有所放依以长其身。”（《兼爱下》）也就是《礼记》大同篇中“大道之行也”的境界。

此外，墨家的学习目标是成为君子、圣人。《修身》：“故君子力事日强，愿欲日逾，设壮日盛。君子之道也，贫则见廉，富则见义，生则见爱，死则见哀。四行者，不可虚假反之身者也。藏于心者无以竭爱。动于身者无以竭恭。出于口者无以竭驯。畅之四支，接之肌肤，华发隳颠，而犹弗舍者，其唯圣人乎！”所谓的君子之道，包括贫穷时表现出廉洁、富足时表现出恩义、对生者表示出慈爱、对死者表示出哀痛。这四种品行不虚妄而真诚，为自身所具备。凡是存在于内心的，是无穷的慈爱；举止于身体的，是无比的谦恭；谈说于口的，是无比的雅逊。四种德行通透畅达全人表里，终身奉行到老也不放弃，从君子以达圣人之境界！

结论

墨家的德行之学涉及价值根源的天志、价值原则的兼爱与义，以及伦理规范包括忠、孝、信、廉、任、仁等德目。其德行有四个特点：(1) 具备德行者是赋予管理者权力进行施政的必要条件。(2) 德行是统领者号召天下诸侯归附的根据。(3) 德行具有超越时空的价值。(4) 墨家论德行的特色在于情境构作的特殊化与非常态化。对于现实的施政状态具有相当敏锐的观察力与反思之能力，提出可培养依循的德行标准，并具有符合价值原则的实践灵活性，且以兴天下之利为其总目标。

在如何厚植德行方面，墨家肯定“学”与“知”的重要性及修养上的要素，其思、言、行必须一致，“志”与“功”虽有分别，但在厚植德行的过程中“志”与“功”融合一体，立志于兼爱、贵义的价值原则，力行符合各种德目的行为规范。其修养论强调要排除情绪的干扰，《礼记·大学》的“修身”思想也与此相似。①

总而言之，墨家德行之学已具备操作上的方法性，理论的层次性、系统性与落实之可行性。

① 《礼记·大学》：“所谓修身在正其心者：身有所忿懥，则不得其正；有所恐惧，则不得其正；有所好乐，则不得其正；有所忧患，则不得其正。”

墨家文化在传统文化中的历史地位及其意义

朱传棨①

在鲁山举办纪念墨子诞辰2500周年，是很有意义的创举。这对于深入研究中华优秀传统文化的创造性转化和创新性发展，具有重要启迪性和积极的推进意义。墨家文化是中华优秀传统文化的重要组成部分，特别是其科技文化和兼爱相利的人道主义文化思想精神很有当代意义。研究传承优秀传统文化需重视墨家文化。

一、中华传统文化的多元性

中华优秀传统文化不是单一性的，它是多元文化成分相融合的概念，其内涵是多元性的。它既包括儒家文化，也包括与其同时存在的诸子百家文化；同时还包括文化发展历史长河中不断形成和积淀的具有新思想、新内容和新形式的文化。儒家文化是中华传统文化的主要成分，但不是全部。近年来，社会思想研究领域，特别是在掀起国学热中，对儒家文化的宣传和推广，取得了很好的成就和贡献。但是其中有很多人误把中华传统文化等同于儒家文化，而且只宣讲儒家经典，就认为是传承和弘扬优秀传统文化了。这种认识是偏颇的，是对中华优秀传统文化

---

① 朱传棨，武汉大学哲学学院教授。

予以单一性和狭窄化了，这是很值得研究者关注的。儒家文化不能代表全部中华传统文化。在春秋战国之际，出现的百家争鸣时代，就深刻表明，诸子百家各学派为使社会健康和谐发展，都提出各自的关于治理社会动乱无序、化解社会矛盾、克服和解决民生救济之困乏等问题的主张和方略，而且其中均具有推进社会改革和前进的思想精华之基因，这些都会融入发展着的传统文化中的。例如道家老子提出的宇宙观、人生观、方法论以及为人处世、治国兴邦等思想，庄子的崇尚自然的生存文化、“天地与我并生、万物与我为一”的精神等，都是传统文化的重要组成部分。

儒家文化是其中的一部分，它不能全然代表整个中华优秀传统文化。秦汉之后，儒家虽然取得了受尊崇的主导地位，但也没有独占全部思想文化领域，因而其文化也不等同于中华传统文化。因为，秦汉之后，不仅逐渐出现了道家文化的普遍流传和盛行，而且外来的佛教文化也融入传统文化中。同时先秦文化随着历史的发展和变化，也出现新的思想和形式，特别是有些为民众所喜闻乐见有利于实际生活的先秦文化，若隐若显地在民间流传和发展着。如墨家学派鲁班的工匠精神文化，一直在历史发展的长河中流传至今。

其次，学界有研究者撰文提出“全面认识传统文化的内涵”，认为儒、道、释是支撑中华传统文化的三根柱子，这三者既是构成中华传统文化的核心，又是中华传统文化的精神力量。文中并进一步提出由这三根柱子撑起的“两层楼”，上面一层的文化是由文化人创造的精英文化，包括孔、孟、老、庄、唐诗、宋词、元曲……其共同载体是汉字，并借助汉字传承中华文化，包括口头传承文化和非物质文化遗产等，就是中华传统文化的全面内涵。此见解并不全面，因为通篇文章中始终未提到曾与儒家并称“显学”的墨家文化。由此表明，在中华优秀传统文化研究和宣传中，忽视对墨家文化的研究和宣传是非常不当的。墨家的十大主张（兼爱、非攻、尚贤、尚同、节用、节葬、非乐、非命、天志、明鬼）蕴含的思想文化是十分丰富的，它涉及社会物质生活和精神生活的方方面面。“兼爱”“互利”的人道主义文化观；“尚贤使能”改革社会政治制度和治理行政管理的文化思想；“强力从事”发展经济的文化思想；“兼爱”“非攻”建立国际和平相处的文化思想；“节葬”“节用”移风易俗的社会文化观；非命非儒反对宿命论的人本主义文化思想；贵义法仪构建公平正义和谐社会的文化思想；亲士、修身、所染的人生观和价值观等；特别是墨家的科技文化观，更为凸显其文化思想独特的优秀本色，是非常值得研究和传播的。因此，我们认为，在中华优秀传统文化研究中，忽视对墨家文化的研究是不全面的，也不符合文化本身发展规律的基本特征，即文化的多元发生和多向发展的特点。

墨家文化在中华优秀传统文化中享有重要的历史地位，是中华优秀传统文化的重要组成部分。秦汉之后墨家文化虽被排斥而“中绝”，但其精华部分影响着主流文化的发展和流传。特别是在社会历史发生变革时期，墨家文化治理社会和选用贤才等进步主张，为后来实行变革者积极传承和弘扬。再如墨家的“兼相爱、交相利”等十大主张，不仅在历史上有重大的进步意义，而且在当下也不失其现实意义。

再次，就作为精神文化本身发展规律而言，它是不断地随时代的发展而处于不断发展中的，它不是静态的。它不仅始终处于发展和变动的过程中，而且它本身还是始终处于开放的状态。因而，传统文化既要保持和传承自身固有内容，又需要吸取、容纳现时代的文化基因及其新的形式，以利于自身的发展和繁荣。所以说，传统文化是多元统一的，时代的变迁，社会的发展，就决定传统文化不是单一的，也不是静止的，而是发展着的多元统一。在研究方法上，就要求依据社会历史的发展，以多视角、整体性地做综合创新的研究。这种研究不仅有利于传统文化内涵的丰富、完善和发展，更有利于传统文化社会功能发挥得更深刻更广泛。

二、墨家文化的基本特征

墨家学派是由手工业者、小生产者组成的劳动者集团，墨子本人和其成员都是来自社会的下层。在墨子的领导下，自发组成的有严格的纪律、过着极端艰苦朴素生活且掌握一定技能的学术团体。其思想文化渊源来自夏、商、周三代文化，其中夏、商两代为主，对周文化有所批判，所以，墨家学派特别崇拜夏禹。《淮南子·要略训》中记载："墨子学儒者之业，受孔子之术，以为其礼烦扰而不说，厚葬靡财而贫民，久服伤生而害事，故背周道而用夏政。"墨家文化的主要基本特征，值得深入研究。

第一，"兴万民之利"是墨家文化的核心内容。墨家提出"兴万民之利，除万民之害"，既有历史上的依据，又有理论宗旨的基础。

在墨家看来，"兴万民之利，除万民之害"，在古代历史上对社稷的发展和万民的福祉都是行之有效的策略。圣王禹汤文武均实行"兼爱天下百姓"，为万民谋福祉，竭力废除"七患"，积极推行农事发展五谷丰收，以利万民生活和社稷发展。"兴万民之利，除万民之害"，不仅有历史的依据，还有理论宗旨的基础。墨家的"兼相爱、交相利"宗旨，就是它的理论基础。墨家的十大主张：尚贤、尚同、兼爱、非攻、节用、节葬、天志、明鬼、非乐、非命，其实质内涵，均是服务于"兴万民之利和除万民之害"的实现。

《墨子·天志》中明确指出，"天志"的实质内涵是"爱利百姓"，"兴万民之利，除万民之害"是"天"的意志，天之爱天下之百姓，为政者必须顺天意。《天志上》强调："当天意而不可不顺。顺天意者，兼相爱、交相利，必得赏。反天意者，别相恶、交相贼，必得罚。""爱利百姓"既是"天志"的实质内涵，同时也是实现"尚贤""尚同"规范的主导性原则。"尚贤"是实行贤良之士主政，"尚同"是同于"天志"。因此，各级贤良之士必须遵守和执行。《尚同上》中强调"上之所是，必皆是之；上之所非，必皆非之"的"尚同"规范原则。也就是说各级贤良之政乃至全社会都要以"天志"统一思想认识和行动原则，以保证"兴万民之利，除万民之害"的要求变为现实。墨家为使万民百姓获得实际的利益，提出了具体的策略和举措，竭力倡导"节用""节葬""非乐""非命"等主张和举措。在这些主张和举措中，贯穿着强调重视和调动"人和人的能力"在社会发展中的重要地位和巨大作用。《非乐上》和

《非命中》均着重说明：“赖其力者生，不赖其力者不生。”墨子认为，人之“力”可以改变自然，创造物质财富。只要强力从事，勤勉生产，人们就会生活得富裕，饱食暖衣。反之就会招致贫穷，缺衣少吃。在“强力从事”中特别强调农事的重要性。反对统治者为了享乐，把青壮年农夫征之学歌习舞。应该让“农夫早出暮入，耕稼树艺，多聚菽粟”，使“仓廪府库”实满，人们生活富裕，饱食衣暖。所以，他进一步指出，若人力怕无奈何者，是力不足也，并非命也。这一思想观点与儒家倡导的“不废人事的命”之思想是截然相反的。坚持倡导“强力从事”反对“命定论”，是墨家文化一大显著特征。

第二，实践的针对性是墨家文化的又一显著特征。墨家学派不仅在思想理论上提出十大主张，而且十分注重付诸社会实践的具体实情中，即墨家文化的实践性特征，是富有针对性的实践特征。墨家学派高举“兴天下之利，除天下之害”的旗帜，以崇高的人格和富有针对性实践的入世精神，摩顶放踵，日夜不休，行劳天下，拯世救弊。据史书记载，墨子为了“兴万民之利，除万民之害”，曾“席不暇暖”，“突不暇黔”，急急遑遑，周游列国，“上说下教”，未尝一日宁处。他的弟子，为了人民的利益，每个成员都能“赴汤蹈火，死不旋踵”。墨子和墨家学派为救治列国弊病和社会无序，提出的十大治国理政的方略，都是针对实际存在的具体情况的。在《鲁问》篇，墨子曾教导诸弟子：若去列国从政务民，“必择务而从事”。清代孙贻让对此在《墨子间诂》序中做过阐释：若去存在混乱为主要问题国家，要竭力宣传和促使施行尚贤、尚同；若去存在贫穷为主要问题的国家，要力主节用、节葬，勤于农事；若去沉湎于淫乐的国家，则积极实行非乐、非命，推行勤务力行，反对命定论；若去存在法礼违乱问题的国家，要强调尊天、事鬼，实现贵义法仪原则；若去企图侵凌他国的国家，则强烈告诫“诚以兼爱、非攻”。由此可见，墨家学派提出十大主张，即治理国家和社会的十大方略并非平列，也不是全部同时使用于一个国家的，而是依据列国的实际国情和社情，有选择地推行其主张。但是，这十大治理方略之中，仍具有内在的思想逻辑联系，而且都贯穿着“兼相爱、交相利”的宗旨，以及“兴万民之利，废万民之害”的原则要求的。同时也表明：墨家文化的实践性特征，不是一般的实践性特征，而是具有鲜明针对性的实践性。

第三，墨家文化独有的特征，就是它的道技统一的文化，即科技文化与人文文化的统一。一般说来，科技文化是人类改造客观世界的创造活动中的产物。墨家学派的科技文化，是他们在创造性生产活动中形成的，其科技文化的特征，是由他们集团工艺生产的特点决定的。由于墨家学派是由从事工艺的能工巧匠组成的，也是当时获得很大发展的手工业者集团，这个集团的每一个成员为了百姓的生产生活的方便，以及他们自身的生存，终年不停地进行工艺技术的创造活动，而且还不断地改进和提高工艺技能的水平。如墨子同公输般关于削竹、削木是用于制作飞鸟供主政者享乐，还是用于改进车轮的“销子”，以利于劳动者减轻劳动强度的对话争辩，对话的最后结论是，用于制作车轴的“辖”。这样不仅能使劳动者减轻劳动强度，而且也能够提高劳动生产的效率，同时，以此作为甄别工艺技能的“巧”与“拙”原则标准。《墨子·鲁问》中指出:“故所为巧，利于人谓之巧，不利于人谓之拙。”深刻表明，墨家的科技文化观，是富有人文精神的科技文化。由于墨家学派主要是由具有工艺技能的手工业者组成，其生产的目的性是“以利万民”，所以其科技文化与人文文化是密不可分的统一。因而，它不存在近现代科技文化和人文文化之间的协调问题。墨家学派宣传和推行其科技文化的主张，是与其文化的实践性特征结合在一起的。墨家推行实施其“兼相爱、交相利”根本宗旨，是依靠其广大成员的工艺技能进行的，每到一处，既宣讲其宗旨，又同时做实验，从理论和实践两个方面游说列国为政者。如《公输》篇记载，墨子为止楚攻宋就是通过与公输般关于“云梯”之辩与试验，说服了楚王放弃攻宋。墨家为不断提高百工农肆的生产技能，改善其生产工具和工作环境，同样是边说边模拟示范，充分体现了墨家学派注重实践、反对空谈的基本特点。由于墨家学派既出身于社会下层，又是具有技艺精湛的工匠，为了自身的生存和广大百姓的生活需求，对当时列国的强夺侵凌的局面、统治者的无能及淫僻无礼，民不聊生的黑暗社会，万分痛恨。所以，作为工匠群体的墨家学派，为了自身的生存及其技能的发展，迫切要求有一个公平和谐、相爱相利的社会环境。因此，在《天志》上、中、下三篇中，将自身和庶民百姓的意志外化为“天志”。主张“天为法仪”，天的意志是“天必欲人之相爱相利，而不欲人相恶相贼也”。反对儒家提倡的《天命说》。

以上论述表明，《墨子》各篇中的科技文化的实际基础，主要是各篇中关于工艺的实际应用和具体技术的改进与提高，都是工艺技能的实际经验，没有升华为理论层面的科学。而后期墨家在《墨经》中将前期墨家的工艺技能经验予以概括升华为许多科学定律和科学原理，丰富完善了墨家科技文化的内涵与特征。

三、重视墨家学派科技文化研究的意义

在研究墨家科技文化之际，首先应探索墨家的工艺技术及其工匠精神对社会生产和社会生活进步的推动作用和积极影响。一般说来，科学技术的发展，对人类文化的各个层面都会有重大影响。如对劳动对象、劳动资料、劳动手段、生产工艺、生产流程、生产组织管理方式，乃至整个社会组织的治理、社会的消费需求和人们生活方式和思维方式等层面，都会带来变革性的演进。墨家学派作为具有工艺技术和技能手工业者组成的劳动集团，为万民百姓生产和生活之利，制造出优良、方便和减轻劳动强度的器物，如轮轴的改进、推广滑轮的使用等，而不断改进和提高其工艺技术和技能水平，既满足了社会的需求，也体现了他们自身生存的内在要求。墨家学派这种重视工艺技术和技能的创造创新的工匠精神，特别是《墨经》中的诸多科学定律和科学原理，为后期墨家发扬创造创新的工匠精神，将前期墨家工匠的实际经验加以研究概括和升华，使之流传久远。墨家的这个独特的人文科技文化的优点，是非常值得关注、研究和传承的。科学和技术既有区别，更有密切联系。因为技术经验一旦升华为科学原理或科学定律，就必然形成和不断践行科学精神；科学精神的本质内涵，就是不断地进行创造和创新。这在《墨子》全书诸篇，如从《所染》以下的《非攻》《节用》《非乐》《非命》，至

《鲁问》《公输》，特别是《备城门》以下诸篇，都蕴含着创造和创新的科学精神，而《经上》《经下》和《经说》等篇，均显示墨家学派科技文化中更为系统和深刻的科学精神。

当然，每个时代的科学精神的发扬和实现，和相应的社会制度和行政体制的存在是分不开的。所以，墨家的宗旨是“兼相爱、交相利”，倡导和主张改革社会制度和政治体制，废除等级特权的贵族制度，推行《尚贤》《尚同》的社会政治原则，实行贤良主政，建立公平、正义、和谐的平民民主社会制度。

其次，重视研究墨家学派的科技文化思想，就是为了增强文化自信。墨家学派的科技文化是中华优秀传统文化的重要组成部分，墨家的科技文化也是新时代文化自信根基的有机成分。习近平总书记在党的十九大报告中指出:“文化是一个国家、一个民族的灵魂。文化兴国运兴，文化强民族强。没有高度的文化自信，没有文化的繁荣兴盛，就没有中华民族伟大复兴。要坚持中国特色社会主义文化发展道路，激发全民族文化创新创造活力，建设社会主义文化强国。”重视墨家科技文化的研究和弘扬，对激发全民族文化创新创造活力，是很有现实意义的。我国成功发射的量子卫星命名为“墨子号”，就是很有说服力的范例。潘建伟院士在答记者问中说:“以‘墨子’命名第一颗量子卫星，我们希望可以激发大家的文化自信，激励国人前进。”[①]这里，既是对墨家学派在光学成就的弘扬，又是将墨家科技文化绽放出的独特色彩，为建设文化软实力增添了文化自信的基因。墨家在《墨经》中提出了关于力学、数学、物理学、时空学、运动学等方面的科学定律和科学原理，均是建设文化软实力的重要基因。《经下》从“景”（影字），光至景亡开始，以图文结合形式讲述了光学的诸多原理:“物蔽光成影”“双影的形成”“小孔成像”“光的反射”“影的大小与远近”“凹面镜的成像”“凸面镜的成像”“平面镜的成像之理”等，这八大光学原理，都是对当代科学研究很有重要启迪意义和科学贡献的。所以，潘院士说，《墨子》在世界上最早

① 《取名“墨子”彰显文化自信》，见《光明日报》2016年8月16日第5版。

系统地阐释了“小孔成像”理论，以及光是沿着直线传播的。“这是光学领域最重要的科学原理之一，奠定了光通信、量子通信等理论的基础。”他还说，《墨子》甚至还走得更远，其关于“端”的论述中指出“端”是不占有空间的，是物体不可再分的最小单元，某种程度上提出了原子学说。潘院士的这些精辟的评述，既是对墨家在光学、时空学领域诸多基因的积极弘扬，使之与现代科学发展相适应；同时，也是对习近平同志《在哲学社会科学工作座谈会上的讲话》中指导思想的生动体现。习近平同志指出：“要加强对中华优秀传统文化的挖掘和阐发，使中华民族最基本的文化基因与当代文化相适应、与现代社会相协调，把跨越时空、超越国界、富有永恒魅力、具有当代价值的文化精神弘扬起来。”① 这里蕴含的道理有两点重要的启示。首先，揭示了不同历史时代的社会发展，却有着某些“相似”的特点，历史的演进与发展存在着古今相通的种种联系，古代科学文化传统与现代科学发展不是绝对隔绝的。事实上，当代科学的发展，呈现出东方古代科技文化与西方现代科学交叉与汇通发展的趋势。如“中西医结合”的发展，就是中国古代科学文化与西方现代科学技术大交叉、大汇通的典型例子，它将导致新医学体系的诞生。其次，揭示出任何一种学说，随着历史时代的变迁，其意义有所不同，甚至有的学说，其跨时代的意义大大超过它当时所处时代的意义。墨家学派的科技思想和其他思想成就，就有这一特征。墨家学派针对当时不利于人民和社会发展的时弊，提出的“兴利除弊”十大主张，在当时虽未实现，但其积极的进步意义是富有现代性的。如“兼爱”“非攻”的和平共处国际观、“尚贤使能”的社会政治观、“强力从事”的经济社会发展观、“节用”“节葬”的崇尚节俭观、“强不执弱、富不侮贫”的和平共处的平等观，以及积极防御的军事观等文化基因，都非常贴近我国的改革开放和现代化建设的需求。但是，如何使这些文化基因与当代文化相适应，与现代社会相协调，把跨越时空的、具有当代价值的文化精神弘

① 中共中央宣传部编：《习近平论党的宣传思想工作》，北京：人民出版社，2019年，第88页。

扬起来呢？习近平同志为我们作出了示范。

习近平同志在第二届互联网大会开幕式发表主旨演讲中，引用墨子的话说：“天下兼相爱则治，交相恶则乱。”完善全球互联网治理体系，维护网络空间秩序，必须坚持同舟共济、互信互利的理念，摒弃零和博弈、赢者通吃的旧观念。[①]这为我们指出墨学研究现代化的原则和目标，就是创造性转化和创新性发展。墨子从“兼相爱”中提炼出“兼爱”和“兼”的范畴，用以表达其政治理想。墨家的“兼爱”是无差别的俱爱，爱的对象是不分民族、等级、亲疏等差别，包括过去、现在和未来的一切人。所以说，墨家兼爱说，意蕴着深刻的人文精神和人道主义精髓，在当今世界文化多元化和经济全球化、构建人类命运共同体的新时代，亟待继承和弘扬优秀传统文化。以增强文化自信，激发全民族文化创新创造活力。为建设社会主义文化强国，实现中华民族伟大复兴的中国梦提供深厚的软实力和强大的精神动力。习近平同志《在哲学社会科学工作座谈会上的讲话》中曾强调指出：“我们说要坚定中国特色社会主义道路自信、理论自信、制度自信，说到底是要坚定文化自信。文化自信是更基本、更深沉、更持久的力量。”[②]这就是说，新时代坚定文化自信，其根基就在于传承和弘扬中华优秀传统文化，促进其创造性转化和创新性发展，使之融入社会主义先进文化和社会主义现代化实践中。从而深刻说明，研究和弘扬包括墨家科技文化在内的中华优秀传统文化，不是为研究而研究，也不是为弘扬而弘扬，而是要服务于现时代发展的需求。具体而言，即服务于新时代中国特色社会主义文化发展的要求。因此，必须坚持马克思主义的指导，既要反对历史虚无主义，也要制止向乐古颂古的保守主义倾向蔓延。习近平总书记在党的十九大报告中指出：“发展中国特色社会主义文化，就是以马克思主义为指导，坚定中华文化立

① 中共中央宣传部编：《习近平论党的宣传思想工作》，北京：人民出版社，2019年，第308-309页。

② 中共中央宣传部编：《习近平论党的宣传思想工作》，北京：人民出版社，2019年，第88页。

场，立足当代中国现实，结合当今时代条件，发展面向现代化、面向世界、面向未来的、民族的科学的大众的社会主义文化，推动社会主义精神文明和物质文明协调发展。要坚持为人民服务、为社会主义服务，坚持百花齐放、百家争鸣，坚持创造性转化、创新性发展，不断铸就中华文化新辉煌。”这里为我们既指明了研究和弘扬中华优秀传统文化的指导原则，基本立场和根本目的，同时也启迪我们在研究传承中华优秀传统文化时，需重视墨家文化。

墨家的兼爱论及其与儒家的论争的逻辑问题

杨武金[①]

兼爱是墨家思想学说的核心，兼爱与仁爱思想的差异，构成了儒墨之争的焦点。本文从分析墨家兼爱概念的基本内涵出发，试图考察墨家与儒家在如何处理人与人之间的关系上的分歧和论争。不当之处，望给予指正。

一、墨家兼爱思想的基本内涵

墨家的兼爱是指必须普遍地平等地爱每一个人。

兼爱是一种平等之爱。《说文》将“兼”的含义解释为“并也”“兼持二禾，秉持一禾”，表达平等的意思。《墨子·兼爱中》指出：“视人之国，若视其国；视人之家，若视其家；视人之身，若视其身”，要像对待自己的国家那样来对待别人的国家，要像对待自己的家庭那样来对待别人的家庭，要像对待自己那样来对待别人。[②]爱人和爱己是一样的，平等对待的。人与人之间相爱，不能有人、己、亲、疏的区别。[③]

兼爱是一种整体之爱。“兼爱”的“兼”是整体、全部的意思。《墨

① 杨武金，中国人民大学哲学院教授。

② 杨武金：《墨子兼爱思想的逻辑维度》，《职大学报》，2008年第3期。

③ 王讚源：《再论墨家的兼爱思想》，《职大学报》，2007年第1期。

子·经上》说："体，分于兼也。""兼"不同于"体"，体是部分，兼是整体。"兼爱"也就是"尽爱""俱爱""周爱"等。在墨家看来，可以把"爱"推广到人的全部外延。即每一个人都应该爱每一个人。"爱人"的"人"是周延的，即要涉及人的全部对象，所以，"爱人"必须"待周爱人而后为爱人"（《墨子·小取》）。但是，不爱人并不需要不爱所有的人，只要有一个人，你不爱他，那就是不爱人了。《墨子·小取》说："不爱人，不待周不爱人，不失周爱，因为不爱人矣。"所以，兼爱是说必须爱天下每一个人。

但是，墨家的兼爱又是有立场的。墨家爱人，但是他们不爱盗。《墨子·小取》说："盗人人也。爱盗非爱人也。不爱盗非不爱人也。杀盗人非杀人也。"盗是人，但是爱盗并非爱人，不爱盗并非不爱人，杀盗并非杀人，即杀盗不应该犯杀人罪。在墨家看来，"万事莫贵于义。"（《墨子·贵义》）义也就是爱，在墨家看来是至高无上的，凡是违反了义或者爱的行为，都是必须加以谴责的，当然也就不在爱的范围之内。相反，在墨家看来，这些不义或者不爱的行为，都是必须去除掉的。《墨子·兼爱中》说："仁人之所以为事者，必兴天下之利，除去天下之害，以此为事者也。"在墨家看来，去害才能为利，除暴方能安良，体现出了墨家爱憎分明的原则立场。[①]

所以，墨家的兼爱和基督教的博爱之间不能画等号。王讃源说："'兼爱'与'博爱'是不能等同的。……法国大革命所提出的口号是'自由、平等、博爱'，虽然大革命期间'博爱'只是召唤人们参与革命的口号，但它是以人的自由平等为前提的。在墨子的理论里，与君权概念相对应的并不是民权概念，而是臣权概念。"[②] 基督教的博爱是以人的自由平等为前提的理论，而墨家的兼爱则是要存在于君权和臣权的对立之下的不同理论。《墨子·经上》说："君，臣民通约也。"君主是臣子和老百姓都受其约束的人。在墨家的兼爱理论中，并不承认人与人之间的平等

① 杨武金：《墨子兼爱思想的本质、理由和实现》，《职大学报》，2017年第6期。

② 王讃源：《再论墨家的兼爱思想》，《职大学报》，2007年第1期。

性，而恰恰认为是要在事实上不平等的人与人之间来实现兼爱。

二、墨家兼爱与儒家仁爱的对立和互补

春秋战国时期，是一个礼崩乐坏、社会动乱的时代。如何实现社会治理，成为各个思想家必须首先思考的根本问题。对此，孔子开出了“仁爱”，而墨子则开出了“兼爱”。

墨家的核心主张是兼爱，它是一个应然命题，即每一个人应该爱每一个人。但我们如果看《墨子》文本，会发现墨家有时也讲“仁”“仁义”“仁者”“仁爱”，但显然和儒家的含义不同。《墨子·贵义》说：“故我曰天下之君子不知仁者，非以其名也，亦以其取也。”这里的“仁”，就是爱或者义。《墨子·所染》说：“举天下仁义显人”，《墨子·贵义》说：“用仁义”，这里的“仁义”即仁达大义的人。《墨子·法仪》说：“天下之为父母者众，而仁者寡”，《墨子·节葬下》说：“仁者之为天下度也”，这里的“仁者”都是指能够兼相爱、交相利的人。《墨子·经上》说：“仁，体爱也。”即仁是爱的体现。总之，墨家虽然也讲“仁爱”，但墨家所讲的仁或者爱主要是讲兼爱或者大爱。

儒家的仁爱认为在人我之间应该存在的是一种有区别的爱。《墨子·非儒下》说：“儒者曰：亲亲有术，尊贤有等，言亲疏尊卑之异也。”儒家认为，敬爱家人必须按照关系的远近而有亲疏的不同，尊重贤才也因人才各异而有等级的差别，说的是亲疏、尊卑的差异。以孔子为代表的儒家思想强调人与人之间严格的上下等级秩序，使人与人之间的关系陷入一种僵化的、严重不自由的“异化”。[①] 反之，墨家则提倡兼，反对别，主张“兼以易别”。《墨子·兼爱下》说：“分名乎天下恶人而贼人者，兼与？别与？即必曰：‘别也。’然即之交别者，果生天下之大害者与？是故别非也。”《墨子·经上》说：“礼，敬也。”《墨子·经说上》说：“贵

① 杨武金：《墨学视野下的当今人类生存发展之道》，载《墨子研究论丛》（十一），齐鲁书社，2016年，第162页。

者公，贱者名，而俱有敬僈焉，等异论也。”礼是用来表示尊敬的。贵者称为公，贱者呼其名，然而都有尊敬与轻慢的分别，齐一贵贱等差之意。被儒家奉为至上的“孝”和“礼”等，墨家认为它们都是用来表达人与人之间的本来应该具有的平等关系。因此，墨家的兼爱所强调的是人与人之间、国与国之间的互相平等，而这正好反映了在当时社会动荡的时代作为小生产者阶层的墨家学派极力主张取得人格平等的要求。

在实现方式上，儒家的仁爱是由己及人，这种爱随着血缘关系的由近及远而由浓转淡，从父母之爱到国家社会之爱，有亲疏厚薄的分别，最终目的是维护奴隶阶级秩序，是一种差等之爱。在儒家看来，血缘、地域关系，决定了个人对他人的关爱，至少在量上是有分别的。《论语·卫灵公》说：“推己及人”，即仁爱就是要每一个人都要用自己的心意去推想别人的心意。孟子发展了孔子的“仁爱”思想，认为对待别人，要将心比心，推己及人，推人及于万物，提出“君子之于物也，爱之而弗仁；于民也，仁之而弗亲。亲亲而仁民，仁民而爱物”（《孟子·尽心上》）。按照朱熹在《四书章句集注》一书中的解释，“物”是指“禽兽草木”，“爱”谓“取之有时，用之有节”。“爱物”即是爱惜草木禽兽，用今天的话来说，就是珍惜自然资源，保护好自然环境。“爱物”是由亲亲、仁民推衍而来的，一个人只有亲爱自己的亲人时，才有可能推及他人，去仁爱百姓；只有当仁爱百姓时，才有可能珍爱万物。在墨家看来，兼爱的实现并不是通过推己及人来实现的，而是要靠统治者的宣传和重视，靠在上位者对于在下位者的关爱来发挥作用。而且，爱人者人必从而爱之，兼爱是完全可以在现实中得到实现的。

墨家的兼爱是义利结合的。这与儒家的观点相反。孔子说：“君子喻于义，小人喻于利。”（《论语·里仁》）孟子也说：“何必曰利？”（《孟子·滕文公上》）儒家把利看成是与义和爱相冲突的东西，认为义和利是对立的。墨子则恰恰相反，认为利是义的基础，《墨子·经上》说：“义，利也。”认为爱或义必须建立在利即物质利益原则之上，强调在人和人的交往中，不能做损人利己的事情。墨家认为，“为知”才是最重要的知识，《墨子·贵义》说：“言足以迁行者，常之；不足以迁行者，勿常。不足以迁行者而常之，是荡口也。”理论必须可行，言论必须能够在实践中发挥作用。爱不是虚设的，必须在实际中得到实实在在的体现。

儒家仁爱思想的核心部分是“孝”。孔子说：“君子务本，本立而道生。孝弟也者，其为仁之本舆！”（《论语·学而》）君子专心致力于基础工作，基础树立了，“道”就能够产生。孝敬父母，敬爱兄长，这就是“仁”的基础。“孝”是儒学仁爱之学的核心部分，即每一个人都是有父母的，也就是说，有父母是每一个人存在的必要条件，所以，孔子的儒学具有普遍性和针对性，因为每一个人都有父母，因而也都必须孝顺。但是“孝”首先是一种义务，这种义务必须也应该有相应的权利来与之相对应才能够持久。问题是，并不是每一个人都有后代，有人有子无女，有人有女无子，而有人无子也无女，有人甚至连老婆或者丈夫都没有。因此，如果一个人只有义务而没有权利的话，这显然也是不平等而且不合理的。从下层而来并且为广大中下层民众说话的墨家学派，坚决要来捍卫这一相应的权利，强调社会中既要有下对上的孝，同时也应该有上对下的爱。墨家的兼爱要求爱人如己，即人与人之间要平等相待。同时，墨家还特别指出了上对下之爱的重要性，从而开阔了爱思想的社会性和公共性。

总之，在如何处理人和人之间的关系问题上，儒家强调了从自己到他人、从亲人到外人的推己及人的策略，而墨家则强调了在重视下对上孝的同时，更需要重视上对下的关爱，从而指出了上对于下的责任关怀。儒家的仁爱和墨家的兼爱之间，各自起着自己独特的作用。韩愈指出：“孔子必用墨子，墨子必用孔子，不相用，不足为孔墨。”[①] 正确认识和对待儒家仁爱和墨家兼爱之间的关系，是当今社会如何处理人与人关系的一个十分重要的议题。

---

①《韩愈·读墨子》，见韩愈著，马其昶校注：《韩昌黎文集校注》，上海：上海古籍出版社，2014 年，第 44 页。

三、孟子将墨家兼爱批评为“无父”的推论问题

孟子可以说是墨子思想和方法最优秀最直接的继承者。墨子提倡非攻，孟子也主张非战。墨家创立了“同类相推”的墨辩逻辑学，孟子则直接采纳和创造性地运用了墨子所创立的思维方法。西晋鲁胜曾经说：“孟子非墨子，其辩言正辞则与墨同。”（《墨辩注叙》）孟子开展辩论的方法与墨子十分类似。但是，孟子在竭力批评墨子的核心主张兼爱时，出现了一些违反逻辑的现象。

孟子批评墨子的兼爱为“无父”理论、“禽兽”理论，对墨家的兼爱理论极力加以排斥和否定。《孟子·滕文公下》说：“圣王不作，诸侯放恣，处士横议，杨朱、墨翟之言盈天下。天下之言，不归杨则归墨。杨氏为我，是无君也；墨氏兼爱，是无父也。无父无君，是禽兽也。公明仪曰：‘庖有肥肉，厩有肥马，民有饥色，野有饿莩，此率兽而食人也！’杨墨之道不息，孔子之道不著，是邪说诬民，充塞仁义也。仁义充塞，则率兽食人，人将相食。吾为此惧，闲先圣之道，距杨墨，放淫辞，邪说者不得作。作于其心，害于其事；作于其事，害于其政。圣人复起，不易吾言矣。”[①] 这里，孟子在反驳中所使用的方法还是归谬法，即归结为不可能法。也就是将墨子的兼爱理论归结为“无父”或者“禽兽”，从而证明兼爱是不成立的。问题在于，孟子在实际论证中出现了错误的推断。

其中的一个推断是：“墨氏兼爱，是无父也。”另一个推断是：“无父无君，是禽兽也。”前一个推断可能包含的一个隐含前提是：“墨家的兼爱不尊敬父亲，或者对父亲不孝。”这个前提显然是虚假的。墨子主张每一个人都应该“视父兄与君若其身”（《墨子·兼爱上》），反对“子自爱不爱父，故亏父而自利”（《墨子·兼爱上》）的行为，认为这是导致社会动乱的根源。事实上，墨家思想里并没有“无父”的观点，相反，墨家特别强调对父母的爱。《墨子·经上》说：“孝，利亲也。”《墨子·经说

① 焦循：《孟子正义》，北京：中华书局，1987年，第456—458页。

上》说："孝：以亲为芬，而能能利之，不必得。"对父母的孝敬，就是要做对他们有好处的事情，要将对父母的孝敬作为自己的职责，所以凭借自己的能力来做对父母有好处的事情，不一定需要得到什么回报，因为这是一种义务。①

当然，"墨氏兼爱，是无父也"这个推断也可以做如下分析：

墨家的兼爱追求父子在爱的关系上的平等，
追求父子在爱的关系上的平等就是无父。
因此，墨家的兼爱无父。

这个推断在结构上没有问题，但是其中的第二个前提未必真实，它可以转换为："父子之爱必须是一种不平等之爱。"显然，其中所主张的"父子之爱"这个概念已经和墨家关于爱的基本主张不同了。因此，孟子批评墨家兼爱为无父的做法，基本上是从自己的观点出发来推断墨家的观点的，这种批评两千多年来没有得到彻底澄清的主要原因，就是因为封建宗法制度下所形成的社会历史背景和氛围，使得人们无法看清楚其中存在的问题。

孟子的另一个推断是"无父无君，是禽兽也"，这是一个省略了结论和部分前提的三段论推理。展开来就是：

禽兽是无父的，
墨家的兼爱是无父的。
所以，墨家的兼爱是一种禽兽理论。

这个推断除了其第二个前提本身不真实之外，在推理过程上整个属于一种肯定后项式的推理，属于无效的推理形式，在逻辑上是不成立的。

① 杨武金：《墨家兼爱思想及其可行性的逻辑分析》，载《哲学家2012》，人民出版社，2013年，第327—328页。

它是与如下的推理一样荒谬:“得精神病的人都不承认自己得了精神病，你既然不承认自己得了精神病，所以，你也就是得精神病的人了。”因为即使“得精神病的人都不承认自己得了精神病”，但难道就可以说“凡是不承认自己得精神病的人都是得了精神病”了吗?

四、儒墨关于爱的论争中可能存在的几个相关命题分析

在儒家的仁爱和墨家的兼爱的论争中，可能存在以下几个基本命题，下面做一些分析，以便大家讨论。

命题一：如果父母都不爱，还谈得上关爱他人吗?

这个问题通常是由儒家学者在论辩中提出来的。“如果父母都不爱，还谈得上关爱他人吗？”这句话中，断定了爱父母是爱他人的必要条件，即只有爱父母才能爱他人。因为这是一个条件句，自然就可以从中推出一个对等的结论：所有爱他人的人也都一定是爱父母的。这个命题如果作为一个事实命题，显然是不能成立的，因为很多爱他人的人都来不及爱父母。比如，中国古代所讲“忠孝不能两全”，其中就意味着爱父母和爱他人、爱国家之间存在着冲突，所以，“所有爱他人的人也都一定是爱父母的”，这个命题应该是一个应然命题或者应然判断，即所有爱他人的人也都应该是爱自己的父母的。但是，当把这个命题再转化为与之对等的必要条件命题时，我们就会发现，它只不过是表达了一种义务关系，即一个人所应该承担的对父母的义务或责任是对他人或者国家承担义务或责任的必要条件。但问题是，为什么可以在对父母的义务或者责任与在对他人或者国家承担义务或者条件之间建立起一种必要条件的逻辑关系来呢？如果这个问题谈不清楚，则“如果父母都不爱，还谈得上关爱他人吗？”这个命题也就无从谈起。

命题二：如果一个人连自己都不爱，还谈得上关爱他人吗?

通常说，健康是1，其余都是0。所以，一个人必须爱惜自己的身体。但这主要说的是对一个人自身来说，身体最为重要，是唯物主义的说法，应该是没有问题的。但是“如果一个人连自己都不爱，还谈得上

关爱他人吗？”这个命题，则说的是关爱自己是关爱他人的必要条件。与这个命题对等的命题或者逻辑前提是：所有关爱他人的人都一定首先关爱好自己。这句话表面上看起来是成立的，但它并不能很好地解释现实中或者历史上，很多仁人志士包括墨家学者为国为民而自我牺牲的精神和事实。

命题三：墨家的兼爱是一个难以实现的虚幻理想。

这个命题，墨子在世时就进行过多次反驳。有人曾经将兼爱说成是像携泰山而跨越黄河、济河那样是不可能的。墨子指出，这在逻辑上是一种错误类比，因为后者是人们从未做过的而兼爱则是前人实现过的，比如大禹和周文王都是这样做的。有人则说兼爱很好但是很难实现，墨子指出，真正难的事情是上战场打仗，这是要死人的事情，但只要统治者号召，人们还是愿意去做。反之，爱人者人从而爱之，兼爱本身是很好实现的，不是什么难事，更不是什么难以实现的虚幻理想。其实，墨家的兼爱是一个应然或者道义的命题，是一个行动命题，它从根本上说的是：基于现实中处于不同地位的人和人之间，国与国之间，社会集团和社会集团之间，在社会关系或者经济关系往来中，应该是一种平等互助合作的关系。

“尧舜禹汤文武之道”与墨子的“尚贤”思想

潘民中[①]

今本《墨子》的《尚贤》三篇，十次以“尧舜禹汤文武之道”发论，八处以“古者圣王为政”代指“尧舜禹汤文武之道”起讲，足见墨子的“尚贤”思想与“尧舜禹汤文武之道”是有一定关系的。本文试对“墨子是怎样通过阐释‘尧舜禹汤文武之道’提出其‘尚贤’主张的”，“墨子‘尚贤’思想的体系架构如何”，“墨子‘尚贤’思想有什么现代意义”三个问题做探讨，以就正于方家。

一、墨子通过阐释“尧舜禹汤文武之道”确立其“尚贤”思想

众所周知，人类在原始社会末期曾实行军事民主制。军事民主制是氏族民主制的扩充与推演。部落联盟首领的产生既不是某一部落酋长的世袭，也不是以子代父的世袭，而是由组成该部落联盟的部落酋长会议民主选举出来的。我国历史把这种军事民主制表述为“禅让制”。尧、舜

① 潘民中，平顶山市政协原副主席。河南省历史学会理事，河南省墨子协会副会长。

相继担任部落联盟首领的时期是“禅让制”发展最典型、最完备的时期，留下了尧、舜禅让的记载和传说。《尚书·尧典》明确记载有尧、舜禅让的史实。范文澜先生称:“《尧典》等篇，大概是周朝史官掇拾传闻，组成有系统的记录，其中‘禅让’帝位的故事，在传子制度实行已久的周朝，不容有人无端发此奇想，其为远古遗留下来的史实，大致可信。”据说，尧在部落联盟首领之位，咨询四岳（四个部落酋长），四岳推举虞舜做继位人。舜接受各种考验后，摄位行政。尧死，舜正式继任部落联盟首领。舜后来也照样咨询众酋长，选出禹来摄行政事。舜死，禹继任部落联盟首领。

禹、汤、文、武是我国奴隶制三大王朝夏、商、周的奠基之君。虽然夏、商、周三朝是前后相承的，但若从建立夏、商、周三朝的各自部族的发展史来看，禹、汤、文、武同处于各自部族由原始社会到奴隶社会，由部落到国家的门槛之上。他们的观念虽与尧、舜已有所不同，但禅让的遗风仍在相当程度上影响着他们。《史记·夏本纪》载:“帝禹立而举皋陶荐之，且授政焉，而皋陶卒……而后举益，任之政。十年，帝禹东巡狩，至于会稽而崩，以天下授益。三年之丧毕，益让帝禹之子启，而辟居箕山之阳。”可见，禹在世时仍循着禅让制的轨迹行事，先后由部落酋长会议民主选举过皋陶、益两个继位人。商汤王和周文王、周武王虽然没有在选择继承人上沿袭禅让制，但在选择自己执政的辅佐时却仍遵循了禅让制下不拘出身不拘资格唯贤是举的民主推荐的做法。辅佐商汤治理天下的伊尹原是一个久处社会底层的人，后来成为商汤的开国名相。《史记·殷本纪》载:“伊尹……乃为有莘氏媵臣，负鼎俎，以滋味说汤，致于王道。或曰，伊尹处士，汤使人聘迎之，五返然后肯往从汤，言素王及九主之事。汤举任以国政。”辅佐周文王、周武王使“天下三分，其二归周”的姜尚曾长期挣扎于社会底层，在商都朝歌屠牛卖肉，又在孟津卖过酒，年过花甲仍穷困潦倒，最后被周文王选为辅佐。除了姜尚外，还有泰颠、闳夭、散宜生、鬻子等也都被不拘一格地选拔到重要位置上。

墨子生活于春秋末期、战国初期，目睹腐朽没落的奴隶主贵族为一己之私，专门任用那些“骨肉之亲、无故富贵面目美好者”，而许多德才兼备的贤良之士却因没有先天的条件而沦落社会底层的不合理现实，以思想家的睿智进行了深入的理性思考：“今王公大人其所富，其所贵，皆王公大人骨肉之亲、无故富贵面目美好者也。今王公大人骨肉之亲、无故富贵面目美好者，焉故必知哉。若不知，使治其国家，则其国家之乱可得而知也。今天下之士君子皆欲富贵而恶贫贱，然女何为而得富贵而辟贫贱哉？曰：莫若为王公大人骨肉之亲、无故富贵面目美好者。王公大人骨肉之亲、无故富贵面目美好者，此非可学而能者也。……是以使百姓皆放心解体，沮以为善，垂其股肱之力，而不相劳来也。腐臭余财，而不相分资也；隐匿良道，而不相教诲也。若此，则饥者不得食，寒者不得衣，乱者不得治。”于是墨子借助三代圣王尧舜禹汤文武的历史资料，生发出“尚贤而治”的思想。在《尚贤》三篇中，墨子反复阐释“尧舜禹汤文武之道”的精髓在于“尚贤”。“故古者尧举舜于服泽之阳，授之政，天下平。禹举益于阴方之中，授之政，九州成。汤举伊尹于庖厨之中，授之政，其谋得。文王举闳夭、泰颠于罝罔之中，授之政，西土服。故当是时，虽在于厚禄尊位之臣，莫不敬惧而施，虽在农与工肆之人，莫不竞劝而尚意。”曰：“是故古之圣王之治天下也，其所富，其所贵，未必王公大人骨肉之亲、无故富贵面目美好者也。是故昔者舜耕于历山，陶于河滨，渔于雷泽，灰于常阳。尧得之于服泽之阳，立为天子，使接天下之政，而治天下之民。昔伊尹为莘氏女师仆，使为庖人，汤得而举之，立为三公，使之接天下之政，治天下之民。昔者傅说居北海之洲，圜土之上，衣褐带索，庸筑于傅岩之城，武丁得而举之，立为三公，使接天下之政，而治天下之民。是故昔者尧之举舜也，汤之举伊尹也，武丁之举傅说也，岂以为骨肉之亲、无故富贵面目美好者哉。唯法其言，用其谋，行其道，上可而利天，中可而利鬼，下可而利人，是故推而上之。”曰：“是故昔者尧有舜，舜有禹，禹有皋陶，汤有小臣，武王有闳夭、泰颠、南宫括、散宜生。……而天下和，庶民阜，是以近者安之，远者归之。日月之所照，舟车之所及，雨露之所渐，粒食之民，莫不劝誉。”得出“尚欲祖述尧舜禹汤文武之道，将不可以不尚贤”的结论。墨子把“尧舜禹汤文武之道”的精髓阐释为“尚贤”，奠定了其“尚贤”思想的基石。

二、墨子“尚贤”思想的体系架构

墨子把从“尧舜禹汤文武之道”中生发出来的“尚贤”思想火花，进行一番理论加工，通过《尚贤》三篇全面完整地回答了什么叫尚贤、为什么要尚贤、怎样尚贤三个问题。

什么叫尚贤？墨子的“尚贤”包括“尊尚贤”和“任使能”两层含义。“尊尚贤”就是“不党父兄，不偏贵富，不嬖颜色。贤者举而上之，富而贵之；不肖者抑而废之，贫而贱之”。“任使能”就是“听其言，迹其行，察其所能”，而慎重地予以所能胜任的职务，即“可使治国者，使治国；可使长官者，使长官；可使治邑者，使治邑”，从而达到“凡所使治国家、官府、邑里者，皆国之贤者”。墨子所倡导尊尚的“贤者”是“厚乎德行，辩乎言谈，博乎道术”的贤能之士，既有德又有才，即德才兼备的人才。正因为德才兼备，才具有治国为官的资格和能力，而不是那些缺德少才单凭血统、钱财、姿色混迹官场的不肖之徒。

为什么要尚贤？墨子认为“尚贤”是为政的根本所在。为什么说“尚贤之为政本”？因为“自贵且智者，为政乎愚且贱者，则治；自愚且贱者，为政乎贵且智者，则乱”。这里的“贵”“贱”不是指身份，而是指德行。“贵者”即贤者，指德行高尚的人；“贱者”即不肖者，指德行卑下的人。德行高尚且智慧丰富的人执政，当然能够达到“治”；反之，让德行卑下且愚蠢无能的人执政，自然只能招致“乱”。为什么贤者为政能够达到“治”，墨子指出：“贤者之治国也，早朝晏退，听狱治政，是以国家治而刑法正。贤者之长官也，夜寝夙兴，收敛关市、山林、泽梁之利，以实官府，是以官府实而财不散。贤者之治邑也，早出莫入，耕稼树艺，聚菽粟，是以菽粟多而民足乎食。故国家治则刑法正，官府实则万民富。上有以絜为酒醴粢盛，以祭祀天鬼。外有以为皮币，与四邻诸侯交接。内有以食饥息劳，将养其万民，外有以怀天下之贤人。是故上者天鬼富之，外者诸侯与之，内者万民亲之，贤人归之。以此谋事则得，举事则成，入守则固，出诛则强。”反之，“若苟贤者不至乎王公大人之侧，则此不肖者在左右也。不肖者在左右，则其所誉不当贤，而所毁不当暴。王公大人尊此以为政乎国家，则赏亦必不当贤，而罚亦必不当暴。若苟赏不当贤而罚不当暴，则是为贤者不劝，而为暴者不沮矣。是以入则不慈孝父母，出则不长弟乡里，居处无节，出入无度，男女无别。使治官府则盗窃，守城则倍畔，君有难则不死，出亡则不从，使断狱则不中，分财则不均。与谋事不得，举事不成，入守不固，出诛不强。”这样从贤者为政必治、不肖者为政必乱两方面论定“尚贤之为政本”的无可置疑。

怎样尚贤？墨子认为：其一，要确立“官无常贵，民无终贱”的观念，在用人问题上打破阶级界限、等级界限、派别界限，实行“有能则举之，无能则下之，举公义，避私怨”的原则。“虽在农与工肆之人”，只要德才兼备，就“任之以事，断予之令”，让其参与国家治理，充分发挥其聪明才智。其二，任用贤者，要给予相应的待遇，即“置三本”。“何为置三本？曰：爵位不高则民不敬，蓄禄不厚则民不信也，政令不断则民不畏也。”“举三者授之贤者，非为赐贤也，欲其事之成。”待遇与责任，权利与义务是相对应的。任用贤者应“以德就列，以官服事，以劳殿赏，量功而分禄”。这样，贤者才会“竭四肢之力以任君之事，终身不倦”。其三，要做到“不贤不富，不贤不贵，不贤不亲，不贤不近”。形成“尚贤”的良好社会氛围。墨子认为：“国有贤良之士众，则国家之治厚；贤良之士寡，则国家之治薄。”怎样才能使贤良之士“众”呢？墨子论述道：“古者圣王之为政也，言曰：‘不义不富，不义不贵，不义不亲，不义不近。’是以国之富贵人闻之，皆退而谋曰：‘始我所恃者，富贵也。今上举义不辟贫贱，然则我不可不为义。’亲者闻之，亦退而谋曰：‘始我所恃者，亲也。今上举义不辟疏，然则我不可不为义。’近者闻之，亦退而谋曰：‘始我所恃者，近也。今上举义不辟远，然则我不可不为义。’远者闻之，亦退而谋曰：‘我始以远为无恃，今上举义不辟远，然则我不可不为义。’逮至远鄙郊外之臣，阙庭庶子、国中之众、四鄙之萌人，闻之皆竞为义。"墨子在这里是把"义"作为"贤"的同义语使用的，就是要形成"不贤不富，不贤不贵，不贤不亲，不贤不近"的社会氛围，使"尚贤"成为社会风气。这样就会人人争做贤者，贤者就会越来越多。

墨子通过《尚贤》三篇揭示了"尚贤"的内涵，论证了"尚贤"的必要性和"尚贤"的可能性，从而构架起自己独特的"尚贤"思想体系。

三、墨子"尚贤"思想的现代意义

墨子生活的时代虽然已经过去了两千多年，今天的中国社会与春秋战国时期的中国社会已有着诸多明显的差异，但作为先知先觉的大思想家墨子所揭示的社会治理的内在规律性却具有永恒价值，因此墨子"尚贤"思想的一些基本观点，在今天仍不乏启示意义。

1. 墨子的"尚贤"思想能够启迪我们增强人才竞争的自觉性。人类已进入21世纪，21世纪是知识经济的时代。知识经济时代的竞争是人才的竞争。一个企业、一个单位、一个地区、一个民族、一个国家，具备人才优势就兴旺发达；丧失人才优势就萧条冷落。其实这个道理早在两千年前墨子就已揭示出来了，"国有贤良之士众，则国家之治厚；贤良之士寡，则国家之治薄"就是这个意思。要想拥有众多的人才，具备人才优势，需要制定优越的人才政策，重视人才，开发人才，吸引人才，保护人才。重视人才，就要像墨子说的把人才视为"国家之珍""社稷之佐"。开发人才，就要像墨子说的"教之，诲之""使其学而能"。吸引人才，保护人才，就要像墨子说的"富之，贵之，敬之，誉之"。只有这样才能增强人才竞争力，才能聚集大量的有用人才，打造出人才优势。墨子把这种情况表述为"然后国之良士，亦将可得而众也"。

2. 墨子的"尚贤"思想能够启迪我们更好地协调不同利益群体之间的关系，求得社会稳定与发展。改革开放以来，我国正处在由计划经济体制向市场经济体制过渡的转轨期。社会出现不同利益群体之间的差别和矛盾，甚至由于不同利益群体之间贫富差距的拉大，而出现了一些不稳定因素。怎样解决这个问题，是摆在各级领导干部面前的严峻课题。

解决这个问题我们可以从墨子“尚贤”思想中求得教益。墨子称:“今也天下之士君子，皆欲富贵而恶贫贱。曰然女何为而得富贵而避贫贱？莫若为贤。为贤之道将奈何？曰：有力者疾以助人，有财者勉以分人，有道者劝以教人。若此则饥者得食，寒者得衣，乱者得治。若饥则得食，寒则得衣，乱则得治，此安生生。”“安生生”是豫西方言，直到今天，民间仍在使用，称“安安生生”，意谓“安稳、平静”。如“安安生生过日子”，即安稳平静地生活。如果形成了通过为贤而能得富贵避贫贱的社会机制，形成了“有力者疾以助人，有财者勉以分人，有道者劝以教人”的社会风尚，那么城市下岗职工、停产半停产企业职工等低收入群体和农村贫困地区人口、负担过重地区人口就能得到抚慰且获得基本社会保障，在相对安稳平静的心态下过日子，从而使不同利益群体之间的关系得到协调。实现差别是均衡基础之上的差别，均衡是差别前提下的均衡。这样既保证社会发展有足够的活力，又保证社会发展有稳定的环境。

3. 墨子的“尚贤”思想能够启迪我们探求有效遏制腐败的途径。政治腐败之大者莫过于用人方面的腐败。用人方面的腐败表现为“任人唯亲”即裙带关系，“任人唯钱”即买官卖官，“任人唯色”即权色交易。两千年前，墨子已注意到了这种情况。他论道:“今王公大人有一衣裳不能制也，必藉良工；有一牛羊不能杀也，必藉良宰。故当若之二物者，王公大人未尝不知以尚贤使能为政也。逮至其国家之乱，社稷之危，则不知使能以治之。亲戚则使之，无故富贵、面目姣好者则使之 。夫骨肉之亲、无故富贵、面目姣好者则使之，岂必智且有慧哉！若使之治国家，则此使不智慧者治国家也，国家之乱既可得而知已。且夫王公大人有所爱其色而使，其心不察其智而与其爱。是故不能治百人者，使处乎千人之官；不能治千人者，使处乎万人之官。此其故何也？曰：处若官者爵高而禄厚，故爱其色而使之焉。夫不能治千人者，使处乎万人之官，则此官十倍也。夫治之法将日至者也，日以治之，日不十修，知以治之，知不十益。而予官十倍，则此治一而弃其九矣。虽日夜相接以治若官，官犹若不治，此其故何也？则王公大人不明乎以尚贤使能为政也。故以尚贤使能为政而治者，夫若吾言之谓也；以下贤为政而乱者，若吾言之谓也。”墨子此论把王公大人任用骨肉之亲、无故富贵、面目姣好者必然导致政治败坏的道理说得再精辟再透彻不过了。遏制腐败的根本途径在于规范用人制度，把好用人关，以制度用人，而不是凭个人的亲疏好恶用人，确保做到“尚贤使能”，政治清明。马克思、恩格斯曾指出:“应该由贤人和智者来统治。”墨子的“尚贤”思想与马、恩的观点一样具有极强的现代意义。

墨子的“尚贤”思想源于对“尧舜禹汤文武之道”的生发，经过缜密的归纳演绎，形成一个完整的理论体系。“尚贤”就是“尊尚贤任使能”，尚贤使能是为政之本，尚贤使能必须打破原有的尊卑贵贱界限，且对贤能者“富之，贵之，敬之，誉之”。墨子的“尚贤”思想在今天仍有极为重要的现实意义。

墨子与鲁班之巧

萧鲁阳[①]

公输子就是公输般，也即鲁班，他的身份是工师，即是巧人，是很高明的工匠，也可以称作技术工作者。仔细考察公输子的巧，主要与今河南、湖北两省有密切关系，而与今山东地区几乎无涉。关于公输子的基本文献，集中在《墨子·公输》和《鲁问》两篇当中。其后如《吕氏春秋》《战国策》《淮南子》诸书有关公输子的记述，大多是从《墨子》一书转述和生发而得来的。研究这些现象，我以为是很有意义的。

一、钩强

钩强是一种兵器。钩强即钩戗，是河南方言。作为舟战之备的钩强，其发明地和使用地是战国时期楚国即今湖北省的大江之上。义的钩强贤于水战的钩强。

《墨子·鲁问》说：

> 昔者楚人与越人舟战于江，楚人顺流而进，逆流而退，见利而进，见不利则其退难。越人逆流而进，顺流而退，见利而

① 萧鲁阳，河南省社会科学院研究员。

进，见不利则其退速。越人因此若势，亟败楚人。公输子自鲁南游楚，焉始为舟战之器，作为钩强之备，退者钩之，进者强之，量其钩强之长，而制为之兵，楚之兵节，越之兵不节，楚人因此若势，亟败越人。

此段文字之下，尚有墨子义之钩强贤于鲁班舟战之钩强的说法，那是在更高的层次上说的。现在姑且只说水战或舟战之钩强，就是大江之上水面战事的钩强。鲁班所造的钩强，是水上攻战的利器，一举改变了楚与越大江上的军事形势，让楚越二国在江面上的强弱态势易位。

钩强，有的文献又作勾拒。如《太平御览》卷334言：墨子曰：公输自鲁之楚，为舟战之具，谓之勾拒，退则钩之，进则拒之。《武经总要》卷十一，有相同的文字。《武经总要》是北宋仁宗时曾公亮等所编，成书时间晚于《太平御览》，所说与《太平御览》同。二书之外，宋高承《事物纪原》卷九，亦同《御览》。这些情况说明唐以前传本《墨子》有作钩拒者，以《御览》所载多采摘自唐代文献可知也。因为“墨子曰公输般自鲁至楚为舟战之具谓之钩强”，尚见于今本《墨子·鲁问》篇。唐人《渚宫旧事》也作“钩强”。可知公输发明的这种兵器，原本只作钩强。或者以钩强之“强”字为无义，疑强字有误而所以改“强”为拒（距、巨），遂成钩拒。就是说，唐五代之间有人臆改钩强为钩拒，以至于后有钩强、钩拒之异。我以为钩拒或是钩强之误改。

孙诒让《墨子闲诂》：“退者以物钩之，则不得退；进者以物拒之，则不得进。”此作钩强无义。凡强字并当从《御览》作“拒”。《事物纪原》引亦同。《备穴》篇有铁钩距。《备高临》篇说弩亦有钩距。巨、距、拒义并同，故下文亦云“子拒而距人，人亦距而拒子”。（孙诒让，《墨子闲诂·公输第五十》）孙诒让上述说法，可证《御览》所引作拒的来历，此即或以作钩强无义而改也。然此或为臆改，说得不好听，亦即为妄改。孙诒让学识逼天，为墨学大功臣，然抑或有见不到处。

《墨子·备穴》篇的确有“铁钩距”，其作用是“以钩客穴者”。只说到钩，不言拒（强），它不是钩强，且与舟战之钩距（强）有所不同。它与《鲁问篇》的钩巨（强），名同而实异。《墨子·备高临》篇也有钩距，说连弩机左右有钩距，方三寸，轮厚尺二寸，钩拒臂博尺四寸，厚七寸，长六尺，一一有距（毕沅亦谓横出枝也）。所以这个钩距是连弩车的组成部件，与水战的钩强不是一物。《墨子》书中各篇所言钩巨不是同 一物事。所以孙诒让引墨子本书他篇所言钩距不能证《公输》篇钩强之非是。

又有以钩强为钩镶的。中国军事史上确有钩镶这种兵器，宋《武经总要》有这种兵器及其图谱，出土文物也有钩镶，是盾和拒的结合体。但是，如果仔细观察钩镶图，则其非墨子书中所说的钩强可知。关键是该兵器长短即长度，与《墨子·鲁问》所说不同。《墨子·鲁问》篇说“退则钩之，进则强之”，钩和强的对象，都是敌方的战船，不是单个的兵器，所以作为短兵器的钩镶不具备钩或强敌方战舰的性能。又钩镶的盾在中间，显为士兵手握处，则其功能不足以当《墨子·鲁问》篇所说的“退则钩之，进则强之”之任。钩镶太短，在敌我双方战船之间，不足以钩住或强住敌人的舰船。

钩强是什么？钩强无疑是一种兵器，不是两种兵器。它的长度超乎钩镶，按照《墨子·鲁问》所说，“量其钩强之长，而制为之兵”，所以这个“长短”即钩的长度和强的长度是一个必须考虑的重要因素。

《鲁问》所说的“其钩强之长”，应是敌我双方船舰之间最近的可以钩住和强住敌人战舰距离，依此“制为之兵”，那个兵器就是钩强。

钩之即钩住，这个很易理解。那么“强之”是什么意思呢？“强之”即强住。这个“强”字在此有些难解。其实强字乃是“戗”字的通假，就是戗住。在河南鲁山方言中，戗住就是抵住，就是挡住，就是顶住。现在，河南人吵架，一方发难，一方起而应之，起而应战的一方能挡住对方，就叫戗住他。戗就是抵挡。墨子是河南鲁山人，长期居住在鲁阳，墨子书中多鲁山方言，这里钩强即是一例。孙诒让是浙江温州瑞安人，不知河南方言，只从上下文判断，以为作钩强非是，当改作勾距，这个判断值得再为审视。以本书上下文校正文字，是校勘学方法之下。但是，仅有此，则不够。尚需揆诸理，验诸实是。所以，钩强这种兵器，乃是考虑水上两军舟船相接的距离而制作的一种既可钩住敌船，又可抵住敌船的兵器。它肯定不是钩镶。钩强这种兵器，大约就是从钩戗这个话而来的。钩强是集钩和戗有二重功能于一身的兵器。

墨子对于公输的钩强，很是欣赏。不过，墨子在更高的层次上研究钩强。就是义的钩强。墨子义的钩强是说，“钩之以爱，揣之以恭”，是说在人心上做文章，这是墨家兼爱理论的发挥和应用。它体现了墨家的主要思想。

二、木鹊、木鸢、风筝

班门弄斧的祖师爷是墨子，利民为巧是墨子思想核心观点的体现。墨子、鲁班比赛风筝的地域在墨子故里河南省鲁山县。

公输与墨子，都是工程技术人员，都是能工巧匠，都是高明的专业技术人员。《墨子·鲁问》篇载：

> 公输子削竹木以为鹊，成而飞之，三日不下，公输子自以为至巧。子墨子谓公输子曰：子之为鹊也，不如匠之为车辖，须臾斲三寸之木，而任五十石之重。故所为巧，利于人谓之巧，不利于人谓之拙。

此之谓木鹊。唐余知古《渚宫旧事》有公输“又尝为木鸢，乘之以窥宋城”（唐余知古，《渚宫旧事》卷二）的说法。木鹊、木鸢，当为一事。能飞三日不下，或云“三日不集”，说的都是其续航能力很强，可在空中滞留三天以上。且可以“乘之以窥宋城”，即有远航高空侦测能力，隐隐然是当今无人侦察机的鼻祖。鲁班自以为至巧，的确是至巧，按说并不为过。

墨子却并不如此看。墨子对公输班说：“你所造的那木鹊或木鸢，不如匠人所造的车辖。”车辖是什么？车辖就是原始牛车车轴上的键，有了这个键，车辆运转润滑方便，车轴更加坚固，就是《墨子·节用》篇中所说的“坚固全利”。“利”的意思就是“快捷”。这些都是墨子故里河南省鲁山县至今还在使用的语言。应当注意，墨子说:“利于人谓之巧，不利于人谓之拙。”如同对待钩强一样，如果说公输是在技术的层面上考虑问题的话，那么墨子则是在哲学的层面上思考问题，所以说利于人谓之巧，不利于人谓之拙。这是在更高的层面上看问题，墨子的眼界，的的确确高人一等。

利于人为之巧，是符合墨子的基本思想和人生观的。《墨子·经 上》说:“功，利民也。”利民就是利人。墨子思想体系的核心是兴天下之利，除天下之害，简而言之，就是利民。墨子的所有政治主张，无论大事小事，全部贯穿着“利民”两个字。墨家思想体系的核心，尽管有种种不同的说法，可是若以我的看法，归根结底就是“利民”两个字。从中国历史看，所谓圣明的帝王，以及当今的人民领袖，没有不以利民为业的，也没有不以利民而能长久拥有天下的。

除了公输，各种文献中也多记载墨子制作木鸢的事情，墨子自然也是至巧。而据传说，墨子又与鲁班比赛过风筝，风筝就是木鸢。墨子敢与公输比赛风筝，这才是名副其实的班门弄斧。墨子重视科技，更重视科技的目的性，与他人不同。后世成语班门弄斧有自谦之意，也有不自量之意。若以墨子与鲁班制木鸢以赛巧，则当另具含义了。我以为，班门弄斧或翟门弄斧，都是难能而可贵的。而今而后，当赋予班门弄斧以另外特殊的含义。

人们传说墨子、鲁班二人比赛风筝，切勿以为是二人成名以后事。玩风筝，按常理是少年人的事，充其量是青少年的玩意。我友中国社会科学院徐希燕君持此说，我甚以为有理。据此，公输与墨子的年龄，应该大体相若，相差不应很大。学术界有人主张鲁班年龄长于墨子几十岁，按理站不住脚。鲁班不可能是鲁昭公的儿子，这是一个旁证。今学术界大都认为墨子约生于公元前 480 年，公输的生年在此前后数年是可以理解的，年龄差距太大的人在一块玩风筝则不合情理。

墨子与鲁班比赛风筝的地方，传说在墨子故里河南省的鲁山县。在今河南省鲁山县瀼河乡，有风筝山，当地故老相传，即墨子与鲁班比赛放风筝的地方。由此向南，在今鲁山县与方城县交界之处，在楚长城沿线，有海拔高约500米上下的班山，山上有寨，鲁山县瀼河乡葛庄村村民说，班山寨为鲁班所修，故称班山。据此可知，鲁班不仅善攻，亦且善守，与其所创钩强一致。[1] 另外，河南省鲁山县西南方向有白云山，骆驼峰凹腰处有一石刻古棋局，形制特异，不是围棋，不是象棋，有类似民间的“方”。玩方当地叫作占方，又叫“鳖肚”，以堵死对方为胜。棋盘石有相连的左右二片，可视其为阴阳。现在民间的“方”只有一片，且无阴阳之分，今人不能解，名曰棋盘石，相传为墨子、鲁班对弈所留遗迹。天地之间，存有大量不可解的秘密，鲁山的棋盘山，亦其一也。仍是鲁山县瀼河乡，有一叫作木匠庄的自然村，位于鲁阳古城南约十里处，有鲁班庙，相传即鲁班旧居所在地。与此相邻有古代烧陶遗址，有自然村盆窑，传说即吴虑故里。《墨子·鲁问》篇：鲁之南鄙人有吴虑者，冬陶夏耕，自比于舜。子墨子往见之。此地在风筝山下，正在“鲁之南鄙”，清代考据大家武亿，纂修嘉庆《鲁山县志》，将吴虑作为鲁山先贤收入卷22。前文所述的风筝山，就在盆窑村近旁。在鲁山县四棵树乡的文殊寺内，有树龄3000多年的银杏树，被墨子、鲁班合手抽掉一块中心板，至今银杏树身中间仍然有被抽掉中心板后留下的空隙和锯茬。[2] 这个四棵树乡就在瀼河乡的西南方向。

文殊寺乃深山古寺。2004年，笔者曾亲临文殊寺。其地乱山纵横，人迹罕至，环境极其静幽。银杏树历经三千余年风雨而挺拔无恙，只是树身中心板空隙及锯茬痕迹宛然，可知故老相传自有它的依据。

墨子书中有专章即《公输》篇记述其与公输斗智斗勇，九攻九拒，其他有关公输的事迹，都载在《鲁问》篇中。鲁班造木鸢，依其在《鲁问》篇的叙事顺序，其发生地当在古之鲁阳即今河南省的鲁山县。河南鲁山有丰富的墨子、鲁班传说，且与《墨子·鲁问》篇有很大的一致性，

---

① 张新河：《墨子与鲁班在楚国鲁阳的实践经验结晶》，潘民中主编：《2011年鲁班故里与鲁班文化研讨会论文集》。

② 潘民中：《关于鲁班的里籍姓氏及遗迹》，潘民中主编：《2011年鲁班故里与鲁班文化研讨会论文集》。

显见《墨子·鲁问》有鲁山传说旁证。同时也见鲁山的墨子、鲁班传说有相关的文献渊源。学界人士都说鲁山的墨子传说，乃墨子为河南鲁山人的必然，同样，此地众多的鲁班遗迹和传说，也足以成为鲁班长期在鲁山生活的有力证据。相反地，有人说鲁班为鲁国人，除了《礼记》中说“季康子之母死，公输若方小，敛、般请以机封”一条记载以外，再无其他信息，而且就是这仅有的一条，还是经不起推敲的。所以，他不太可能是鲁国人。至于说鲁班是滕州人，更无依据，因为如果他是古滕国人的话，他只能叫作滕班，而不可能称为鲁班。有人振振有词地说，鲁班籍贯是滕州，鲁国人，这种割裂里籍与国籍的做法，似巧实拙，到底不能弥补鲁班不能姓滕的缺失。

墨子书中有公输子制作风筝（木鸢）的记载，鲁山民间有关于墨子与公输比赛风筝的事，当是二人青少年时期的事情。其传说地集中在今河南省鲁山县，此可以作为墨子和鲁班都是河南鲁山人的一个佐证。

三、云梯

“止楚攻宋”行程路线，从鲁阳（今河南鲁山）到郊郢（今湖北钟祥）。“客有歌于郢中者”，不是歌于江陵的“郢”中，而是歌于今钟祥的郢中镇。宋人沈括即持此说，并以郢州有白雪楼以为证。墨子平生最为辉煌的业绩之一，也是最为后人所喜闻乐道的业绩之一，即作为兼爱非攻之典型的“止楚攻宋”，虽然见于《吕氏春秋》《淮南子》《战国策》等书籍，但其最原始的出处，却毫无疑问是《墨子》的《公输》篇。其文曰：

> 公输般为楚造云梯之械成，将以攻宋。子墨子闻之，起于齐行十日十夜，而至于郢。

自清毕沅以后，都觉得“起于齐”的“齐”字有问题。盖墨子如果居于齐，以当时的通信手段，风起于郢，未必便能立即波及于齐；且由齐至楚，迢迢万里，绝非十天十夜徒步所能至者。是以多据《吕氏春秋·爱类》《淮南子·修务训》等书，“起于齐”三字都作“自鲁往”。

《世说新语·文学》篇注亦有“自鲁往”字，《文选·广绝交论》注也说：“公输般欲以楚攻宋，墨子闻之，自鲁往，十日至郢。”俱见“齐”字有误。当以“起于鲁”为是。

现在的问题是，即起于曲阜的鲁，至湖北江陵纪南城的楚都郢，其二地相距也在三千多里，也绝非十日十夜所可以到达。所有文献，都说墨子裂裳裹足，日夜不休，百舍重茧，十日十夜。时间十个昼夜，距离一千里地，从曲阜至江陵，不符合这两个条件，也不是十日十夜之内所能到达。所以，曲阜的鲁，不是墨子“止楚攻宋”的路线的起点。

有人以为，《公输》所说的郢，不在今之江陵，而在今湖北省的宜城，此地在江陵以北，较之江陵的郢距离曲阜要近数百里地，墨子“止楚攻宋”路线当是自曲阜至宜城。今按：宜城的确做过楚的都城，也叫过郢，如果此处是墨子“止楚攻宋”路线的终点，的确可以让墨子在十个昼夜之内少走数百里地，但若与数千里地之距离较之，这区区数百里地也只是杯水车薪而已，于事情的根本解决，并无大的补益。

2004年，笔者曾由河南郑州至山东滕州，乘汽车往，汽车计程两地的实际距离，是整整五百公里。曲阜尚在滕州以北。从郑州到河南的南阳市，有三百多公里，由南阳至邓州，六十余公里；过邓州入湖北境至湖北襄樊，然后才能到达宜城，然后才能到达江陵。山东滕州至河南南阳尚且八九百公里之遥，所以笔者以为从曲阜至江陵应不下于三千里地。如此看来，如果和墨子“止楚攻宋”的路线的起点和终点分别设定为山东的曲阜和湖北的宜城，那个距离也不是十日十夜的时间内可以到达的。所以此说也难以成立。

如此一来，事情好像陷入了死胡同，墨子“止楚攻宋”也似乎真的成了千古之谜。但是，事有峰回路转，柳暗花明，河南张新河、张九顺二位，有墨子“止楚攻宋”行程路线考，认定墨子“止楚攻宋”路线的起点在古之鲁阳今河南鲁山，终点为今湖北钟祥古楚之郊郢。今节引其相关文字如下：

湖北钟祥市清康熙六年《安陆府志》记述印证，墨子止楚攻宋的路线，不外乎“自鲁往”“日夜不休，十日十夜而至于郢”“跌蹄而趋千里以存宋”，也即是说，鲁至郢是千里左右的路程，墨子平均每昼夜行程一百里左右，用十日十夜可达今湖北钟祥的郢中镇。那么“鲁”是哪里？是“东鲁鲁国”还是“西鲁鲁阳”？《吕氏春秋·爱类》篇中记述墨子止楚攻宋时，墨子自述：“臣，北方之鄙人也。”显然，这就明白地告诉我们，墨子属楚国人，并在楚国北方边陲定居。显然，“自鲁往”的“鲁”应符合（以下）几个条件：一是鲁属楚国；二是鲁在楚国（北边）边陲；三是鲁距“郢”（今湖北钟祥市）千里左右。东鲁鲁国（今山东曲阜），一是战国时期墨子“止楚攻宋”时的公元前440年属鲁国不属楚国；二是山东曲阜在钟祥市的东方偏北，不在北方；三是山东曲阜距钟祥大约1680里（按：此乃张新河等的看法。若依鲁阳的看法，不止此数），十日十夜，既难以完成，也非“跌蹄而趋千里”的行程。“西鲁鲁阳”（今河南省鲁山县），一是战国时期墨子“止楚攻宋”，公元前440年时属楚国；二是鲁阳属楚国北方边陲。钟祥市地理位置是东经113°00′～112°07′，鲁阳在钟祥北，其地理位置是东经113°14′～112°14′，两地东经地理位置正是南北方向，这也恰恰与墨子自称“臣，北方之鄙人”相合；三是钟祥距鲁山县大约1020里，徒步行走，每昼夜行102里，是完全可能的，这和“墨子跌蹄千里以存楚宋”“自鲁往”的“鲁”，不论从国度、从方位还是从行程时间上看，都应是西鲁鲁阳即今河南省鲁山县，而非“东鲁鲁国”今山东曲阜。墨子止楚攻宋的具体行程路线应该是：从鲁阳即今河南省鲁山县出发，向南走三鸦道路，过鲁阳关楚长城，经南阳盆地，达今邓州，穿今构林镇，至今湖北省襄樊市，再沿荆襄古道到今宜城市，折向东南过楚鄢郢（今楚皇城遗址），到达楚别邑故郢，今湖北省钟祥市，会见楚惠王。[①]

鲁阳以为，张新河、张九顺根据实际考察所得出的结论，非常正确，非常宝贵，非常重要。它解决了墨子生平一个非常重要的问题，第一次把墨子“止楚攻宋”行程路线置于科学的无可置疑的位置上。这里要稍做补充的有三点。第一，墨子自称“臣，北方之鄙人”，与鲁阳文君向楚惠王介绍墨子是“北方贤圣人”相一致。按照习惯，只有在一国之内才称方位，超出国境则称××国，不称×方人。墨子的“止楚攻宋”，其行程也是从鲁阳即今河南鲁山出发。第二，张新河文中提及今河南省邓州市的构林镇，并非无的放矢，据河南省《邓州市志》载，邓州市区南20公里构林镇高洼村，有墨城遗址，[②]系战国古城遗址。城址东西长200米，南北宽100米，现存城基遗迹高1米。当地人传说，城有里城外城，是墨家的活动基地，墨子在该地住过。今按，众所周知墨家有邓陵氏之墨，或者即与邓州墨城有关？第三，钟祥即古郢中，故今钟祥市中区就叫郢中镇。钟祥是后来历史上安陆府的治所，清修《安陆府志》有文云：“公输般为高云梯，欲以攻宋，墨子闻之，自鲁往，裂裳裹足，日夜不休，十日十夜而至于郢，见荆王曰：臣北方之鄙人也，闻大王将攻宋，信有之乎？王曰然。墨子曰：必得宋乃攻之乎？亡其不得宋且不义犹攻之乎？王曰必不得宋且有不义，则曷为攻之？墨子曰：甚善。臣以宋必不可得。王曰公输般，天下之巧工也，已为攻宋之械矣。墨子曰：请令公输般试攻之，臣请试守之。于是公输般设攻宋之械，墨子设守宋之备，九攻之，墨子九却之。不能入。故荆辍不攻宋。”与《吕氏春秋·爱类》篇的有关文字一字不差。这足以说明，至少在清代康熙以前，人们已经认定墨子“止楚攻宋”的终点站，墨子与公输子九攻九拒，墨子见楚惠王，其地都是今湖北省钟祥市的郢中镇。而此前，公输

① 张新河、张九顺：《墨家鲁阳悬疑案》第十四章《墨子止楚攻宋今考》，河南大学出版社，2011年。

② 王复战：《邓州市志》，中州古籍出版社，1996年。

早就在郢中供职，墨子则是居于鲁阳。

与墨子相关的事迹，于楚为多。与公输子相关的文献，见于墨子的《鲁问》和《公输》。《鲁问》在很多时候，说的都是鲁阳问。公输生平活动，主要在楚国，主要在今湖北的钟祥市。墨子“止楚攻宋”，其行程起于鲁阳，至于郢中，与公输斗智斗勇，九攻九拒，亦在郢中。公输也是自鲁阳至郢中的。清修《安陆府志》记载，墨子与公输攻拒，非偶然也。湖北、河南两省学者似应携手做更深入的探讨和研究，在这个路线上寻觅墨子的足迹。

四、机封

笔者在《论公输般不是滕州人》一文中有如下一段文字：

《礼记注疏》说，季康子之母死，公输若方小（注，公输若，匠师。方小，言年尚幼，未知礼也）。敛，般请以机封。季康子是春秋末年鲁国的权臣，孔安国说，季康子就是春秋鲁国的上卿季孙肥，康是他的谥号。郑玄说，季康子，鲁上卿，诸臣之帅也。《论语》之中，孔子与季康子有多次谈话，其中最有名的，恐怕要数那句“我恐季孙氏之忧，不在颛臾，而在萧墙之内也”。颛臾是鲁的附庸，季孙氏欲灭之以取其地，以便壮大自己，同时削弱公室。季孙氏卒于鲁哀公二十七年，其母卒年当然在此之前。从鲁昭公卒到鲁哀公卒，其间共四十五年。墨子与公输九攻九拒，当公元前440年，时当哀公卒后二十余年。从这个时间跨度考虑，说鲁班是鲁昭公之子，很靠不住，他不可能是昭公之子，也不可能是鲁国人。如果他是昭公之子，那么他的名字按理应叫公子般，而不该叫作公输班。鲁国文献包括《论语》，都无关于公输的记载，这是值得深思的。

《礼记》之中关于机封的话也颇为值得怀疑。凡是提及公输欲以机封季康子之母这件事的，都出自《礼记》。《礼记》中这个故事的出典在哪里？迄今说不清楚。这个故事的真实性，从来没有人去考究，但以我的看法，它不无可疑。以本故事言之，季康子史有其人，公输般也有其人，但是公输若何以幼少而能主季康子家丧事？以注家的说法，般与若为一族，若为般之族孙，但是除此之外，再未有关于公输若的记载。方其小时，已如此著名，书于竹帛，名垂青史，此后竟销声匿迹，名不见经传，这是怎么都说不过去的。难道也是消失了吗？看来，不能排除这是后人杜撰的故事的可能。而且，依我看来，历史上有无公输班、公输若同族，也是在疑似之间。古今姓氏书籍都说公输是复姓，但是除了公输般、公输若，似乎再无其他闻人，此亦甚为可怪者也。潘民中说："《礼记·檀弓》所载季康子母死，公输若方小，敛，般请以机封，并不直接说明鲁班是鲁国人，充其量只能说明鲁班曾到鲁国活动过而已。"我以为这话很有道理，应予重视。

五、结语

墨子是河南鲁山人，他生前活动的年代，鲁山叫鲁阳，其时属战国的楚国。墨子与鲁班是同时代人，二人青少年时期同在鲁阳生活，有比赛风筝和其他甚为丰富的传说。鲁班至巧，有水战的钩强，有攻城的云梯。《墨子·公输》说"公输般为楚造云梯之械成"，《吕氏春秋·爱类》篇说为"高云梯"，可见云梯并不是鲁班所首创。鲁班为楚王造的云梯只不过特别高大，攻城拔地特具威胁性、威慑性而已。墨子兵书有专章《备梯》，可知云梯在当时城防攻守中的重要位置。钩强这种水战的兵器，后人多以为钩拒，训诂学家以为强字似不可解。鲁阳以为钩强乃鲁山话中的钩戗的摹写。学界有以钩强即钩镶，愚以为非是。公输的木鹊可飞三日而不下，续航力极强，在军事上、航空上有无限大的使用空间。

墨子更看重义的钩强，以利民为巧，符合墨子思想的核心观点，也让我们在更高的层次上理解墨子的科技思想和科技哲学。公输子义不杀人，墨子欲给之宋，又欲予之天下，可见仁盖天下者可以托天下，未有残害天下可以有天下的。

考察公输子之巧的发明地、使用地，可知主要在今湖北、河南两省，而几乎与山东无涉。所以，鲁班不大可能是山东曲阜的鲁国人，更不可能是滕州人，因为历史文献中从无滕班之说。有人说，“墨子这个点定下来了，鲁班这个点自然而然也就定下来了”，从鲁班生平文献集中于《墨子》书中这一点上看，这个思路、这个方法是对的。这个话有其正确的一面。但是依此把鲁班的老家定在滕州就不对了。因为墨子里籍滕州说既无历史文献支持，又无出土文物支持，只靠音韵训诂，那个结论非常靠不住。以靠不住的前提去定鲁班的里籍，当然更是自然而然地靠不住。我们认为，墨子的里籍，在战国时期楚的鲁阳，即今河南的鲁山。古往今来，从无有滕班这一说。如果说鲁班是滕州人，那他只能叫滕班，不能再称鲁班。说鲁班里籍在滕州，这本身就否定了鲁班这一伟大的历史人物的存在。我们认为，从各种文献的综合比较出发，鲁班的里籍，最大的可能倒是在战国时期楚国的鲁阳。迄今为止，这是最大可能的一种选项。

鲁班是木工之祖，又是建筑行业之神，关于他的神异故事，遍布海内，只是见于文献的鲁班的技巧发明，多集中于湖北、河南两省，这种现象值得重视，河南、湖北两地学者可以就此做更多的工作。《安陆府志》记载墨子公输攻拒之事，可能是古方志文献中唯一的一家，这一点特别值得深思和重视。

墨子是河南鲁山人

——兼论东鲁与西鲁的关系[①]

刘蔚华[②]

墨子是哪里人氏？历来有争论，归纳起来，大致有四种说法：一是鲁国人。《吕氏春秋》中的《当染》和《慎大》两篇，高诱注："墨子名翟，鲁人。"这里说的"鲁人"，据孙诒让在《墨子传略》中考证，一是指鲁国人。二是宋国人。《史记·孟子荀卿列传》云："墨翟宋之大夫。"墨子在宋国的活动较多，著名的墨子"止楚攻宋"的故事，见于多种古籍，于是一些人就认为墨子是宋国人。三是鲁阳人。毕沅在《墨子注》中，根据《墨子·公输》篇的记事，认为墨子是鲁阳人，因为鲁阳当时属楚，所以墨子也就是楚国人。可是从一些反映墨子与楚国关系的记事，以及鲁阳文君向楚惠王介绍"墨子北方贤圣人"来看，似乎墨子既非楚人，亦非鲁阳人。四是怀疑墨子并非中国人，而是印度人。中华人民共和国成立前卫聚贤持此说，除了因为墨子"色黑"（见《墨子·贵义》，下引《墨子》之注篇名）以外，没有任何根据。抛开这一说，前三说，从现在的地域区划来看，实际上只是两说，即墨子是山东人，或河南人，因为宋与鲁阳都在今河南境内。可是这两个省在列举古代文化名人时，

---

① 此文原刊于《中州学刊》，1982 年第 4 期。

② 刘蔚华，曾任山东社会科学院院长，山东省社会科学界联合会主席。

往往都不提墨子，这样一来，墨子便真的变成“外国人”了。如何确定一个思想家的籍贯，对理解他的思想内容有一定的影响，应当根据历史资料，尽可能把它搞清楚。

目前，学界多数人接受孙诒让的看法，权且认为墨子是鲁国人。但是也有不能令人满意的地方。孙诒让否定毕沅之说，主要的理由是：

“《贵义》篇云：‘墨子自鲁即齐。’又《鲁问》篇云：‘越王为公尚过束车五十乘以迎子墨子于鲁。’《吕氏春秋·爱类》篇云：‘公输般为高云梯，欲以攻宋，墨子闻之，自鲁往……见荆王曰，‘臣北方之鄙人也。’《淮南子·修务训》亦云：‘自鲁趋而往，十日夜至郢。’并墨子为鲁人之确证。”“考古书无言墨子为楚人者，《渚宫旧事》载鲁阳文君说楚惠王曰：‘墨子北方贤圣人’则非楚人明矣，毕、武说殊谬。”

这说明，考定墨子籍贯的关键，是搞清楚墨子和鲁国、鲁阳的关系，其中还要搞清楚山东之鲁（东鲁）与河南之鲁（西鲁）的关系。

孙诒让的考证比毕沅的考证，无疑是前进了一步，更加细密了。但是仅此还不能推翻毕沅的结论，即墨子是鲁阳人。其一，墨子是以天下为怀、游走四方的学者，一个有严密组织的墨派“巨子”，经常往来于宋国、鲁国、齐国、魏国、楚国等许多地方，“独自苦而为义”（《贵义》），“摩顶放踵，利天下为之”（《孟子·告子》）。他多次出入于鲁国，这是历史事实，但这还不是说明墨子是鲁国人的“确证”，而只是一种可能性。《墨子》一书所记载的墨子周游各国的材料，是不连贯的，即使紧靠在一起的两段文字，所记载的事实，在时间和地点上也并不是紧相衔接的。例如《贵义》篇按顺序这样记载了墨子的活动：“自鲁即齐”，理解为从鲁国或鲁阳到齐国，都可以。“南游于楚”，去见楚惠王，也可以做两种解释。但严格说，楚都在鲁国之西南，恰在鲁阳之正南，做后一种理解为优。“南游使卫”，卫国在鲁阳之北，鲁国之西，说明这次南游可能是从北燕出发的，能否由此推断出墨子是燕国人呢？“北之齐”，理解为由鲁国去齐地比较合适，但理解为由鲁阳远道北上，也未尝不可。可见，孙诒让斥毕沅“殊谬”，唯有他提供了“确证”，细推敲起来，漏洞也是不少的。

又如“止楚攻宋”一事，《吕氏春秋》说墨子“自鲁往”，而《墨子·公输》篇却说“起于齐”。究竟是信其本书，还是以后出的《吕氏春秋》为准呢？古人已发现，墨子无论从鲁国或齐国出发，迢迢二三千里，“裂裳裹足，日夜不休，十日十夜而至于郢（楚都）”（《吕氏春秋·爱类》），在当时落后的交通条件下是根本不可能的，更不用说步行了！但如果理解为从鲁阳出发，过鲁关，经方城，再奔郢都，路程仅及鲁国至郢的三分之一，倒是很可能的。

唯一不利于“鲁阳说”的一条材料，是余知古的《渚宫旧事》载明鲁阳文君向楚惠王说“墨子北方贤圣人”；如果墨子是鲁阳人，鲁阳文君就不会说他是“北方”贤圣人了，可见这里是指鲁阳的“北方”，也就是鲁国了。其实，这是形式上的推论。如果从历史联系考察问题，就会得出另外的结论。为了说明这个问题，需要引证以下一些资料。

一、关于鲁地名。早在卜辞中已经出现。如“鲁受年”（《殷墟书契续编》5、6、10），注：“鲁也地名。”在商代，曲阜一带称奄，周成王“践奄”封伯禽为鲁公时才改称鲁。卜辞中的“鲁”是指哪里，已不可确考。但在《逸周书》中却有这样的记载：“桀与其属五百人徙于鲁，鲁士民复奔汤。”（《殷祝解》）这个鲁，显然在夏桀的地区内，又邻近商汤控制的地区。吴起所说的“左河、济，右泰华，伊阙在其南，羊肠在其北”的“夏桀之居”（《史记·吴起列传》）大约在今河南洛阳、巩县一带。这是夏王朝的腹地。商汤的统治区域主要是在东部，以商丘一带为中心。商汤自东向西争夺中原，鸣条（今封丘）一战，夏桀溃败，仓皇南逃，今河南鲁山一带，是他必经之地。这样可以从上游较容易地跨过颍水、汝水、淮水，向淮南、巢湖一带转移。但是大势已去，鲁士民都投奔到商汤那里去了，夏桀最后死于南巢。从这一历史过程可以推知《殷祝解》中说的鲁地，极可能是鲁山地区。春秋时蔡墨曾说：“陶唐氏既衰，其后有刘累，学扰龙于豢龙氏，以事孔甲……迁于鲁县，范氏其后也。”（《左传·昭公二十九年》）这里提到的鲁县，杜注：“今鲁阳。”这些材料说明，现在的鲁山一带，最先称鲁，春秋以前称鲁县，战国时称鲁阳，其南接楚之方城，隘口称鲁关，或鲁阳关。

二、周武王克商后，曾进行了一次规模不大的分封，伯禽代周公首先就封于鲁山地区，称鲁侯。武王死后，武庚勾结管叔、蔡叔发动叛乱，徐戎淮夷也起而暴乱，经过周公东征、成王践龟，才平定了叛乱。“昔武王克商，成王定之，选建明德，以蕃屏周”，“因商奄之民，命以伯禽，而封于少皞之虚。”（《左传·定公四年》）这时称为鲁公。原来的鲁县一带的封地，大概是由许文公的后代或其他姬姓诸侯接替了。先封一地又迁往他处的情况，在当时是很多的。这两次受封的情况，在《诗·鲁颂·閟宫》中有所反映：

王曰叔父，建尔元子，俾侯于鲁。
大启尔宇，为周室辅，乃命鲁公，俾侯于东。

【译文】成王说：“叔父（周公），封立你的长子（伯禽），使他成了鲁侯（初封）。开拓你的封疆，做好王室的辅助，王又授命鲁公（再封），去做东土的诸侯。

过去往往认为这首诗的前后句意思是重复的，不了解其中反映了两次受封的情况。不过，怎么知道“俾侯于鲁”是指鲁山一带呢？这首诗下面几句话提供了答案：

天赐公纯嘏，眉寿保鲁。
居常与许，复周公之宇……
徂徕之松，新甫之柏。

【译文】天赐予了鲁公宏福，永远保有鲁的封域。曾居住南常和西许，要恢复周公的封地……（如同）徂徕山的苍松，（也像）新甫山的翠柏。

南常在今山东省微山湖东，西许正好在鲁阳地区，诗的作者要求恢复“周公之宇”，说明这里老早是周公的封土。徂徕山在泰山近侧，属于山东之鲁；而新甫山（吕）也在鲁阳地区，位于今河南省南阳城西。史诗反复把河南之鲁同山东之鲁联系起来，反映了历史实际，周公东征后，把商奄改称为鲁，实是初封于鲁山在名称上的沿用。

三、在战国时，鲁阳初属于楚，后属于魏。《淮南子·览冥训》曾记载“鲁阳公与韩构难”的故事。高诱注：“鲁阳公，楚平王之孙，司马子期之子，《国语》所称鲁阳文子也。”也就是《墨子·鲁问》篇和《渚宫旧事》中说的鲁阳文君。搞清了他和楚王的亲属关系，对他说的“墨子北方贤圣人”这句话，就好理解了。因为鲁阳本不属楚地，虽扩张为楚县之后，在楚王室贵族心目中同对待其本土之县，仍有所不同。所以鲁阳文君向楚惠王介绍墨子时说他是“北方”贤圣人，并不奇怪。实际上，这里说的“北方”就是指鲁阳，和楚之“北鄙”的含义是等同的。墨子见楚王时自称“北方之鄙人”，也是这种含义。另外，鲁阳虽入楚县，仍有相当的独立性，它拥有主权、军队，可以自主征伐，俨然是一个独立王国。《鲁问》载：“鲁阳文君将攻郑，子墨子闻而止之，谓鲁阳文君曰：‘今使鲁四境之内，大都攻其小都，大家伐其小家，杀其人民，取其牛马狗豕，布帛米粟货财，则何若？’鲁阳文君曰：‘鲁四境之内，皆寡人之臣也，今大都攻其小都，大家伐其小家，夺之货财，则寡人必将厚罚之。’……”

从这段话可以看出，鲁阳有四境，有大都小都，战国时仍自称为鲁，其规模不比当时的滕国、薛国更小。鲁阳文君还向墨子请教了任用忠臣与勇于纳谏的道理，宛如一个国君。《鲁问》篇既载有鲁国国君之问，又载有鲁阳文君之问，大概在当时，东鲁与西鲁是很容易分清楚的。

四、从墨子对鲁国国君以宾客之礼相待，可以说明墨子不是鲁国人，而是鲁阳人。我们知道，按照周礼，国与国之间，王公卿士相聘，宾客一般称主国之君为“主君”。《周礼·秋官·司仪》载：“宾客摈相之礼”规定：国宾来国，“主君效劳，交摈三辞”，行主君亲去慰劳、而宾客三次辞谢之礼；“宾继主君，皆如主国之礼。诸侯、诸伯、诸子、诸男之相为宾也，各以其礼相待也。”宾主之礼要切合他们的身份。“使者聘而误，主君弗亲飨食也；所以愧厉之也。”（《礼记·聘义》）如果行聘的使者礼节有误，主君就不亲自对使者行飨食之礼。这样做是要使来聘的人感到惭愧，勉励其改正。今以《鲁问》篇为例，墨子同鲁君谈话时，两次称“主君”：其一“吾愿主君，之上者尊天事鬼；下者爱利百姓……”。其二“吾愿主君之合其志功而观焉”。完全以宾客的口气，对鲁君提出建议。而对于鲁阳文君则不称“主君”。有时单称“君”，如“君将何得于景与响哉？若以翟之所谓忠臣者，上有过，则微之以谏”，这是说，您从影子和回声中能得到什么呢？所谓忠臣，是看到了君上有错，能够进谏的人。在这里，墨子不称鲁阳文君为“主君”，并不是因为鲁阳文君的地位不够，而是因为墨子就是鲁阳人，不必以宾客之礼相待。在另一种场合，即使是卿士，墨子也曾称呼为“主君”。例如，墨子南游至楚，对楚王的卿士穆贺说：“且主君亦尝闻汤（商汤）之说乎？”（《贵义》）这说明，在战国时宾客对主国的卿士也可称“主君”。其所以如此，是体现了“宾客摈相之礼”。这个细节，也可以帮助我们辨明，墨子不是鲁国人，而是鲁阳人，即今河南鲁山人。

论墨子的“兼爱”精神

高秀昌[①]

孙中山先生曾说：“古时最讲‘爱’字的莫过于墨子。”[②]事实上，在先秦诸子中，“爱”是儒、道、墨等家共同关注的话题：孔孟儒家高扬“仁爱”，老庄道家提倡“慈爱”，墨子墨家力主“兼爱”。不过，对“爱”做出全面、系统而深入论述的，唯有墨子墨家。在墨子所强调的十项思想主张“尚贤”“尚同”“兼爱”“非攻”“节用”“节葬”“非乐”“非命”“天志”“明鬼”中，“兼爱”是最根本、最核心的一项，而其他九项则是“兼爱”的深化与拓展。正如梁启超先生所说：“墨学所标纲领，虽有十条，其实只从一个观念出来，就是兼爱。”[③]下面围绕《墨子》一书，结合墨子及其后学的思想来阐发墨子的“兼爱”精神。

一、“兼爱”的本质与精神

墨子用一个“兼”字来确定他所讲的“爱”（据《墨子引得》《墨子》一书中，“爱”字出现250多次），即“兼爱”。墨子所说的“兼”，其本义是指“兼顾”“兼有”，其引申义指“周遍”“整体”，与“别”

① 高秀昌：西南大学教授。

② 孙中山：《孙中山全集：第6卷》，北京：中华书局，1985年，第22页。

③ 梁启超：《墨子学案》，上海：商务印书馆，1931年，第15页。

（“分别”“差别”）相对；还指“相互”“交互”。所以，墨子所讲的“兼爱”的含义，就是指爱包括自己在内的一切人；或者说，“我爱人人，人人爱我”就是墨子“兼爱”的本质和精神。

墨子生活的时代是一个社会大转变的时代，或者说是礼崩乐坏的时代，人世间充满着战争、暴政、腐败、灾害、饥荒……在这样一个天下无道、天下失序的社会里，墨子清楚地看到，人间的祸乱皆起源于人与人的不相爱。墨子说：“子自爱不爱父，故亏父而自利；弟自爱不爱兄，故亏兄而自利；臣自爱不爱君，故亏君而自利……”（《墨子·兼爱上》）反过来也一样。再比如：“贼爱其身，不爱人，故贼人以利其身……诸侯各爱其国，不爱异国，故攻异国以利其国……”（《墨子·兼爱上》）所以墨子的结论是：“凡天下祸篡怨恨，其所以起者，以不相爱生也。”（《墨子·兼爱中》）正是“天下之人皆不相爱”，所以才导致“强必执弱，众必劫寡，富必侮贫，贵必敖贱，诈必欺愚”现象的发生（《墨子·兼爱中》）。既然人与人的不相爱是人世间各种灾祸、罪恶的源头，那么，人就必须抛弃相残、相害，转而相亲、相爱，才可以消除祸乱。墨子认为，如果天下人人都能够做到“视人若己”，那么，人们就会爱人身犹如爱己身，爱人之家犹如爱己之家，爱人之国犹如爱己之国。如果人人相爱，能够做到“强不执弱，众不劫寡，富不侮贫，贵不敖贱，诈不欺愚”，也就不会有不孝、不慈、盗窃、攻国事情的发生。于是，社会和谐，天下太平，天下大治。（《墨子·兼爱中》）

正是看到了相爱与不相爱所具有的正反两方面的力量及其后果，即人人相爱，善果相随；人人不相爱，恶果相伴，所以墨子才大力高扬“爱人若己”的“兼爱”精神。墨子所说的“兼爱”其实就是一种相互之爱：人与人互爱（父子相爱、夫妇相爱、兄弟相爱、朋友相爱、君臣相爱等），家与家互爱，国与国互爱。按照墨子的逻辑，爱是双向互动的。他说：“夫爱人者，人亦从而爱之。利人者，人亦从而利之。”（《墨子·兼爱中》）也就是说人人都应当做到：我爱人人，人人爱我。所以，墨子理想的人际关系就是：为人君必惠，为人臣必忠；为人父必慈，为人子必孝；为人兄必友，为人弟必悌。好人、善人或君子就是那些想做

“惠君”“忠臣”“慈父”“孝子”“友兄”“悌弟”的人。在这样一个人人相爱的社会中，人们就可以享受到一种平安、和谐、美满的幸福生活。

墨子所说的爱其实也是有着大小、厚薄、深浅之分的。社会地位越高的人他所施的爱就越大、越深、越厚，而社会地位越低的人他所施的爱就越小、越浅、越薄。他说：“大人之爱小人也，薄于小人之爱大人也；其利小人也，厚于小人之利于大人也。”（《墨子·大取》）这就是说圣人、君子、王公大人所施的爱是大于社会地位低下的人的，他们所奉献的利也是大于社会地位低下的人的。不过，在墨子看来，爱虽然有着大小、厚薄、深浅的不同，但是爱人是不分亲疏贵贱的、不分等级的，即使是奴隶，也应当去爱他，因为奴隶也是人。他说：“爱人，待周爱人而后为爱人。不爱人，不待周不爱人，不失周爱，因为不爱人矣。”（《墨子·小取》）这就是说，爱人，只有不分上下、亲疏、高低、远近而周全地爱所有的人，这才是真正的爱人。不爱人，只要你不爱一个人，你就是不爱人，并不是等到你不爱所有的人，才是不爱人。因此，学习“兼爱”的人应当知道：爱过去时代的人们和爱未来时代的人们，与爱当今之世的人们都是一样的。所以，需要提倡平等地兼爱世界上所有的人。

由此看来，墨子的“兼爱”是不同于孔子儒家的“仁爱”的。因为，孔子儒家的“仁爱”是建立在血缘宗法关系基础之上的亲疏、远近之爱，也就是所谓的“差等之爱”，而墨子的“兼爱”可以说是一种超越了个人的爱、超越了家庭的爱、超越了家族的爱甚至是超越了国家的爱，是一种无差别的普遍之爱，一种普适的世界大爱。

二、“兼爱”与“交利”

在墨子看来，“兼相爱”必须表现为“交相利”（据《墨子引得》《墨子》一书中，“利”字出现330多次）。墨子所说的“兴天下之利”“爱利万民”“万民之大利”，以及“爱人利人”“相爱相利”等，就是他的“兼爱”落实到“交利”上的具体表现。

显然，墨子所说的“兼爱”不是为了爱而爱，而是为了利人、惠人而爱。在墨子看来，爱人就具体表现在“有力者疾以助人，有财者勉以分人，有道者劝以教人”上（《墨子•兼爱中》）。墨子清楚地看到，当人世间的“普遍利益”（“天下之利”）得到满足时，个人的利益才能够真正实现。这里的爱人之举，又是奉行、推行“义”的行动。对那些损人利己或者损人不利己的行为，像窃取桃李、偷盗牛马、杀人越货、侵略别国的行为，墨子是极力反对的。他认为，这些行为不仅导致人与人不相爱，而且还造成了天下之大害，所以是不义的，也是必须反对的。比较说来，天下的利，可以说是大利；天下的害，可以说是大害。天下的利其实就是“国家百姓之利”，就是“万民之利”。在墨子看来，当仁人、士君子想惠君、忠臣、慈父、孝子、友兄、悌弟时，那他就不仅是在关爱他人，而且是在落实“万民之大利”了。这种落实、践行“天下之利”“万民之利”的行为，也就是在奉献天下之大爱。其实，利他并不是伪装的“自爱”，是有人性作为基础和保障的。人们在考虑自己的利益的时候，首先要考虑到他人的利益，或者首先要把他人的利益放在与自己的利益相同的位置上考虑。这样，就可以贯彻“兼爱”与“交利”相统一的原则。所以墨子反复强调说：“夫爱人者，人亦从而爱之；利人者，人亦从而利之。”（《墨子•兼爱中》）

然而，天下的事情往往总是有一利就有一害，有一利就有一弊，这就有一个权衡取舍问题。对此，墨子主张：两利取大，两害取小。现实生活中，有个人的利，有家庭的利，有团体的利，有社会的利，有民族的利，有国家的利，有天下的利。这种种的利，既相一致，又相冲突：相一致，利而无害；相冲突，于己有利，于人有害，或者于人有利，于己有害。因此，应当是取大利，避大害；去小利，取小害。人是一个有理性、会算计的智者，他会看到人作为一个社会的存在者，为了自己能够生存和发展，就要考虑他人的生存和发展。这样一来，自己追求利益，也要让他人追求利益；自己生存、发展，也要让他人生存、发展。诚如美国思想家本杰明•史华兹在阐释墨子伦理思想时所说：“除非能引导人们学会普遍地‘爱’所有的人，否则整个人类的一般利益就永远也不可能实现。说到底，只有普遍的爱才能使得同等地看待他们自己与其他人的利益。起点必须是爱所有的人，而且这种爱是普遍的，一丝一毫也不能分割……”①

相反，人如果只从自我出发，只以自己的利益为利益，那么人与人就要发生矛盾和冲突，这不仅会危害自己的利益，甚至还会危及自己的生存。

这种人与人像狼一样的战争状态是对于每一个人都极其不利而有害的。墨子也看到了这种状况，所以，当他说“爱人者，人必从而爱之，利人者，人必从而利之”的时候，他必定要说“恶人者，人必从而恶之，害人者，人必从而害之”，以此警告那些残害人的人。

可以说“兼相爱”是人生最美好的理想，而“交相利”则是这一人生理想在实际生活中的落实。爱不是空洞的、没有着落的虚幻的东西，而是要通过利人、利物而表现出来的实实在在的东西。墨子宣扬互惠互利之爱，利人利己之爱，正是“兼爱”与“交利”的融贯统一。因此有人说，墨子学说所倡导的利他主义就是一种适度的功利主义，甚至认为墨子的伦理学说是人道主义与功利主义的统一。这些评价可以说是抓住了墨学的伦理特点，是符合墨子学说的实际的。

三、“兼爱”与“正义”

在墨子看来，最有资格推行和实践“兼爱”理想的是那些治理社会的上层人士即“王公大人”。一方面，他们享受着丰厚的物质待遇和高贵的政治待遇；另一方面，他们有着爱利天下百姓的义务。在墨子看来，能够“兼爱”天下的“王公大人”，其实就是“且夫义者，政也”（《墨子•天志下》），“义，利也”（《墨子•经上》）。这就是说，利民利人就是“公正”“正义”。由此看来，墨子所说的“兼爱”不仅导向利、导向善，而且导向正义。墨子所说的“义”，既指“公正”，又指“公利”。在他看

① [美] 本杰明·史华兹：《古代中国的思想世界》，程钢译，南京：江苏人民出版社，2013 年，第 148 页。

来，“王公大人”能够信守“公正”“公利”的“义”，人民就富有，国家就治理，天下就太平；否则，人民就贫穷，国家就混乱，天下就无序。

墨子提倡“王公大人”都来做“兼士”“兼君”。他说：“兼者……此仁也，义也，爱人利人，顺天之意。”（《墨子·天志中》）“分名乎天下爱人利人者，别与？兼与？即必曰‘兼也。’”（《墨子·兼爱下》）他认为，能够爱人利人的就是“兼士”“兼君”；而只知自爱自利的就是“别士”“别君”。特别是那些只求满足自己私欲的“别君”，是不会考虑人民的利益的，而只有“兼君”才会考虑人民的利益，而后才去顾及自身。“王公大人”的爱还体现在“尚贤”上。墨子说：“夫尚贤者，政之本也。”（《墨子·尚贤上》）墨子看到了现实社会中的弊端：“今王公大人其所富，其所贵，皆王公大人骨肉之亲、无故富贵面目美好者也。”（《墨子·尚贤下》）因此，墨子反对“任人唯亲”的选举制度，力主“选贤举能”。在墨子的眼里，“官无常贵，民无终贱”，只要是德才兼备的、能够做到“有力助人”“有财分人”“有道教人”的贤能之士，都可以为官，成为社会的执政者、管理者。“王公大人”在选拔人才时，应当不分贫富、贵贱、远近、亲疏，凡是有德才者就举而用之，无德才者去而废之。这样，一方面“王公大人”自己自觉地践履“兼爱”；另一方面也能够使整个社会变得更加公平正义。

社会的腐败和罪恶往往出于一些执政者以自爱为爱，以自利为利，而不顾、无视他人、民众的爱与利。其结果是，自己的私利越积越多，而人民的利益或者公共的利益却受到损害，致使社会丧失公平、正义。在墨子看来，所谓圣人、仁人恰恰是那些不为自己的子女谋取私利、不为自己的家室聚敛财富，而善于藏富于民的人。圣人、仁人的爱，体现在追求天下百姓的利益，消除天下百姓的灾患上：使饥饿者得到饮食，受寒者得到衣穿，勤劳者得到休息。因此，如果能够遵循墨子的“兼爱”之道，就可以化解天下国家的冲突与灾害，就有希望达到天下太平、天下和美的大同盛世。

四、“兼爱”与“非攻”

“兼爱”原则的直接运用就是“非攻”。墨子说:“国家务夺侵凌,即语之兼爱非攻。”(《墨子·鲁问》)显然,墨子所提出的“兼爱”“非攻”是救治当时国与国之间侵凌掠夺的良策。“兼爱”要求人人互爱、互惠、互利,能够做到爱人利人即为“义”,反之称为“不义”。“不义”的表现如偷盗、抢劫、杀人等,而最大的“不义”是攻伐战争。墨子的“非攻”主要是反对攻伐战争,因为攻伐战争,动辄杀人千万,这样的行为可以说是千万重的不义、千万次死罪的行为。所以,要“兼爱”,要“行义”,就必须“非攻”。墨子极力反对侵略战争,因为他看到,战争扰乱了农业的耕种和收获,在征战和灾疫中夺去了无数人的生命,消耗了大量的马匹和武器,因此,战争不仅是最大的“不仁不义”的行为,而且对于被侵略者和侵略者都是一种极为严重的不幸。因此“贼虐万民”“竭天下百姓之财用”的攻伐战争,是天下的大害,是必须反对的。

国与国之间的斗争、冲突乃至战争,往往都是统治者只爱利自己的国家,而不爱利别的国家所引起的。在墨子看来,“今诸侯独知爱其国,不爱人之国,是以不惮举其国以攻人之国”。这样一来,不相爱就必然导致“野战”(《墨子·兼爱中》)。于是,墨子就希望通过“兼相爱”“交相利”来消弭战争,解决国与国之间的矛盾和冲突问题。由此看来,墨子的“非攻”是墨子“兼爱”思想的具体落实。“非攻”的策略就是要国与国之间,讲信修睦,和平相处。这样做,不仅符合世界人民的利益,也符合各国统治者的利益,而且正是统治者放弃攻伐而兼爱人民,人民也热爱他,天下人也热爱他。这实在是一种和平主义的理想。尽管只是通过倡导“兼爱”“非攻”并不能最终解决国与国之间的矛盾与冲突,但“相爱相利”的“兼爱”“非攻”的精神确实能够消解国与国之间的矛盾与冲突,有利于国家之间的和睦相处与和平相处。

五、“兼爱”与“自爱”

“兼爱”不仅仅是爱他人、爱众人，同时包含着爱自己。爱他人而不忘爱自己，爱自己而不忘爱他人。唯有爱人与自爱有机统一起来，才能实现天下真正的大爱。所以，墨子说：“爱人不外己，己在所爱之中。”（《墨子·大取》）这就是说，爱人不排除爱自己，自己也在所爱之中，爱也就施加于自己。也就是说：爱既不排他，也不排己。在墨子那里，他反复强调自爱与爱他统一、自利与利他统一，这就是一种互惠双赢的“兼爱”精神。墨子的“兼爱”是以爱利天下人为根本的，这自然是强调爱人（爱他），但是这并不否认自爱（爱己），相反墨子也肯定了自爱的价值。因为，作为个人的己，原本是人中之一员，所以爱人自然就包括爱己。

自爱与爱人是密切相关的。诚然，爱人是为了自爱；但是，只知自爱而不爱人，自爱就无法保障。譬如，只知自爱，就会亏人而自利，就不会考虑别人的利益。这样一来，你光知道接受爱而不爱他人，他人就会把你看成是一个自私自利的人，也就不会主动去爱你。所以，墨子主张，圣人、贤人恰恰要去掉自己的喜怒乐悲爱恶之情，抛弃自己的私欲、偏爱，才能真正地去推行仁义，兼爱天下人。也就说，只有把自爱之心扩大到爱他人，才可以把自爱化为美德。诚如英国哲学家罗素所说：“光接受爱是不够的，接受的爱应当把给出的爱激发出来，唯有当接受的爱和给出的爱等量存在时，爱才能达到它的最佳状态。”[①]墨子的“兼爱”与“自爱”相统一的主张也表达了这样的意思。墨子主张互相关爱、互相恭敬、互相得利。但为了自己的利益和幸福而爱人，这样的人的爱，其实质是私爱，即偏爱自己。爱别人只是手段，爱自己才是目的。真正的爱是爱他人，其目的不是利用他人而去爱。因此，以“兼爱”之心爱人，以爱己之心爱人，从而帮助他人、提升他人而自助和自励，就是墨子所倡导并加以自觉遵循的道德原则。

① 翟玉章：《罗素论人生》，北京：世界知识出版社，2000年，第53页。

六、“兼爱”与“天爱”

墨子虽然不讲“神爱”，但是他讲“天爱”，是类似于神爱的超越之爱。正是有了“天爱”，所以墨子才提出了“兼爱”，一种超越的爱，即大爱、博爱。若只是爱自己、爱亲人、爱邻居、爱同事、爱民族、爱国家，这还不是真正的“兼爱”，只有做到了爱天下，爱人类，才称得上是真正的“兼爱”。墨子认为，人都生活在人世间，只有“天”才是超越人世间的，是高高在上的，是人类取法的对象。没有“天”的眼光、眼界，人就不能摆脱自身的局限性。

所以，“天”的眼光是人特别是统治者需要具备的。统治者是社会中的特殊阶层，他们治理天下，自然要以天下人为目的，“兼爱”天下人，否则就不能把天下治理好。

墨子所说的“天”具有双重意义。其一，是自然之“天”。天上的日月星辰能够光照人间；天有春夏秋冬能够让人循着四时法度而行；天降下雨露风霜能够让人们得到五谷、麻丝等财富……其二，是有意志的、赏善罚恶的人格神之“天”。在墨子看来，“天”最高最大，人世间无论大国小国，都是“天”的属国；人无论长幼贵贱，都是“天”的臣民。“天”希望天下人相爱相利，不希望天下人相残相害。那些爱人利人的，“天”会赐福给他；残人害人的，“天”会降祸给他。也就是说，“天”会奖赏那些“兼相爱”的人，而惩罚那些“别相恶”的人。

总之，在墨子的眼里，正是“天”的博爱、无私，一方面使得天下人相爱相利而不相残、不相害；另一方面又使得人世间具有了秩序和正义。

很显然，墨子力主“天”的“兼爱”，其实是为了人世间能够奉行“兼爱”，以“天爱”作为人世间的爱的基础和保障。可以说，墨子虽然是一个神秘主义者，但他不是一个宗教家。因为他没有创立真正的崇拜上帝的宗教，只是搬出一个高高在上的“天”，以求能够限制人世间的最高统治者。因为人间的君王若不受限制，那就经常会做出无法无天的事情来，这样，人世间就会大乱了，人民就会遭受苦难了。譬如，历史上的夏桀、殷纣、周幽王、周厉王都是天下的暴王，他们为害于天下，造成天下大乱，致使民不聊生。而为了探求人间的秩序和太平之道，墨子希望人世间的君王取法天道之大爱。在他看来，历史上的夏禹、商汤、周文王、周武王等就是天下的圣王，顺天意而推行“兼爱”大道，是“兴天下之利，除天下之害”的明君。

由此看来，墨子的“兼爱”具有神性的向度，也就是说他搬出传统宗教中的上帝鬼神是为了推行他的“兼爱”学说。

总之，墨子的“兼爱”，其内容指普遍、平等、无差别地施爱一切人；施及过去、现在、未来人；不分亲疏、阶层、等级、种族、民族；不分居住地、国别；包括别人和自己；奴隶、仆人也在内；只要是人，都普遍施爱。[①] 这就是说，“兼爱”是指关怀每一个人而不论他是否与自己有血缘亲属关系，也就是指一种不分亲疏、不论贵贱、爱人如己、一视同仁的普遍的爱。墨子所倡导的“兼爱”，是与“交利”统一的爱，是与“非攻”统一的爱，是与“正义”统一的爱，是与“天爱”统一的爱。墨子希望通过“我爱人人、人人爱我”的“兼爱”精神来构建爱的秩序，以求达到家庭的和谐、社会的和谐与世界的和谐。可以说，墨子所倡导的“我爱人人，人人爱我”的“兼爱”精神，正符合马克思所倡导的爱的精神：“如果你以人就是人以及认同世界的关系是一种充满人性的关系为先决条件，那么你只能用爱去换取爱……”[②] 尽管现实生活中并不能完全做到墨子所说的“兼爱”，但是，“兼爱”作为一种最高的理想和目标，确实是人类共同的企盼和追求，也是人类社会共存共荣、和谐美满的幸福生活的伦理道德基础。因此，墨子的“兼爱”精神是值得我们今天大力借鉴和弘扬的。

---

① 孙中原：《墨学现代化、新墨学和元墨学》，《哲学研究》，2006 年第 1 期。

② 马克思：《1844 年经济学哲学手稿》，北京：人民出版社，2000 年，第 146 页。

中国历史上的墨家军[①]

孙君恒　韩兆笛[②]

墨子领导的墨家学团、军团（墨家军），是中国第一个带有秘密性质的民间学术与军事一体化组织。墨家军是有信念的正义之师，并且是有组织、有士气、有规模、有武器、有战斗力的威武之师。冯友兰先生指出："与孔子抗衡之武圣人之称，实则唯墨子足以当之。"[③]相对于纯粹的学派（学团），墨家军最高统帅墨子具有高超的军事战略、指挥、组织、技术才能，墨家军立意高远，武艺高超，军事先进。美国学者牟复礼认为："墨子是中国古代少有的哲学和宗教领袖，而且开创了一种融学术、宗教和军事于一体的生活社团。"[④]过去学术界多是称呼"墨家学派""墨家学团""墨家集团"，尚未重视墨家军团（墨家军），对此我们特地加以论证。

---

① 湖北省教育厅哲社科重大项目"儒、墨、道、法的当代价值审视"（项目编号：18Z017）。

② 孙君恒，武汉科技大学教授兼国学研究中心主任。韩兆笛，武汉科技大学研究生。

③ 冯友兰：《中国哲学史》（下），北京：商务印书馆，2011年，第534页。

④［美］牟复礼：《中国思想之渊源》，王立刚译，北京：北京大学出版社，2009年，第85页。

一、墨家社团有军队

墨家是在民间社团基础上形成的组织，能文能武，军团与墨家学派（学团）往往互为一体，相辅相成。墨门下的弟子、信徒、从众，充满天下，雷厉风行，实现墨子“兼爱”“非攻”主张。墨子是墨家军团组织最高领导者、组织者、指挥者。墨家带有社团、军团、宗教特点，有更强大的组织凝聚力和战斗力。

学术界对墨家的社团存在，加以认同，成为共识。历史学家白寿彝担任总主编的《中国通史》指出：“这是一个有组织纪律，具有政治性质而带有宗教色彩的团体。”[①] 中国人民大学的孙中原教授指出：“墨子与墨学所组成的团体，有自觉的纲领，明确的组织形式和严密的纪律。”[②] 台湾学者王讚源认为墨子的社团，是中国历史上第一个民间社团。詹剑峰对墨家集团有集中并且简明的论述，认为他们有森严的纪律、分工合作、严密的民间结社组织（300 人组成义勇军等）、严格的训练、集体的经费（成员交纳会费，例如耕柱子一次送十金给墨子）、特殊的制度（只穿粗布短衣，吃苦）、自己的法律（“杀人者死，伤人者刑”）、自己的总头领为巨子。[③] 山东大学郑杰文教授认为：“墨家学团是一个有严密组织纪律的、行动统一化的、经济一体化的半军事学术团体；成员遵守统一的纪律，尊奉同一个领袖，信奉同一种学说。”[④]

这些研究尚未将墨家的军事组织作用凸显出来，我们强调墨家是军事和学术一体的组织，并且有墨家军。

---

① 白寿彝总主编，徐善辰，斯维至，杨钊主编：《中国通史 · 第三卷 · 上古时代》（下），上海：上海人民出版社，2015 年，第 934 页。

② 孙中原：《墨子与墨学》，北京：中国书籍出版社，2015 年，第 13 页。

③ 詹剑峰：《墨子及墨家研究》，武汉：华中师范大学出版社，2007 年，第 6—7 页。

④ 郑杰文：《中国墨学通史》，北京：人民出版社，2006 年，第 66 页。

二、墨家军是有信念的正义之师

墨子追求和平之道。墨子作为军事家，率领的军团具有智慧理念、正义观念、勇敢精神、节俭美德，完全符合西方希腊柏拉图所说的“四主德”。墨子并不擅自用兵、出兵，他主张非攻的和平之道，主要进行防御，担任和平使者，进行游说（例如止楚攻宋）。墨家军在兼爱灵魂指引下，是与学团合一的组织，但不是简单的乌合之众，不是随意打仗的炮灰、雇佣军，而是积极、有为、主动的和平之师、正义之师、威武之师。钱穆先生高度赞扬墨子兼爱、和平、奉献的精神，是止楚攻宋成功的关键：“这是何等的精神！何等的气度！又是何等的技能！楚王、公输子，只为墨子这一种的精神气度和他惊人的绝艺上降服了。”① 冯友兰先生撰写了《墨家论兵》一文，具体探讨了墨家军事的独到：“在先秦诸子中，儒家论兵，偏重于组织，墨家论兵，注重武器，墨家非攻。所谓非攻，就是现在所谓反侵略，他们虽反侵略，但并不是主张不抵抗主义底和平论者。”②

正义之师在于帮助弱者、小国，解救民众于危难之中、生命危险的关头。古希腊哲学家亚里士多德认为正义应该是平等对待平等、不平等地对待不平等，后者属于矫正正义，类似于中国的说法“要想公道，打个颠倒”，对弱者的扶助，才能抑制强者的欺凌和霸道。亚里士多德说：“矫正性的公正，生成在交往之中。交往或者是自愿的或者是非自愿的。它不按照几何比例，而是按照算术比例。这类不公正是不均等，裁判者用惩罚和其他剥夺其得利的办法，尽量加以矫正，使其均等。”③ 美国当代法理学家波斯纳说：“二千多年来，哲学家们对矫正正义的讨论很少，这个概念基本上还是当年亚里士多德所留下的那样。”④ 当代美国哈佛大

① 钱穆：《墨子 惠施公孙龙》，北京：九州出版社，2011 年，第 36 页。

② 冯友兰：《三松堂学术文集》，北京：北京大学出版社，1984 年，第 605 页。

③［古希腊］亚里士多德：《尼各马可伦理学》，廖申白译，北京：商务印书馆，2003 年，第 95 页。

④［美］波斯纳：《法理学问题》，苏力译，北京：中国政法大学出版社，1994 年，第 395 页。

学教授罗尔斯在《正义论》中指出，正义就是要求达到一方面一切平等（人格和法律方面），另一方面对于不平等要特殊对待，应该倾向于照顾、保障弱者。罗尔斯的正义论，遵循的正义，需要讲究差别原则："所有社会基本善——自由和机会、收入和财富及自尊的基础——都应被平等地分配，除非对这一些或所有社会基本善的一种不平等分配有利于最不利者。"① 如果纯粹地、简单地强调完全平等，那么有钱有势的人的保障就更大了，弱者丧失的就更多了，会造成更加严重的不平等。正义的天平，向弱者倾斜，才是实现正义、道义的关键所在，才是脱离、超越了弱肉强食的生物进化规律的人类社会道德。按照这样的正义理念，墨家军的行为，完全是正义的。

墨子率领的墨家军是正义的执着追求者，充满利天下的情怀。任继愈先生称赞墨子的和平理想是正义的活动："墨子为了实现他的理想，不惜克服一般人所不能忍受的困难，甚至冒着个人生命的危险去扑灭快要燃起的侵略战争的火焰""墨子的理想，几千年来形成了中国人民爱好和平的共同信念。如果用一句话来概括墨子哲学的全部精华，那就是他的热爱和平、反抗侵略的思想。"② 龚鹏程强调："墨家为侠客集团，侠是为国为民、掌握人间正义、反抗专制暴力的英雄等等。"③ 学者方克涛（Chris Fraser）认为墨子的和平主张，是反对侵略战争的："《墨子》是历史上最早讨论战争正当性的著作之一。墨子和他的追随者认为，虽然无端的侵略总是不正当的，但防御战争和惩罚侵略有时可能是正当的。然而，他们的正义战争标准是如此严格，只允许防御性的战争，使进攻性的、惩罚性的战争几乎不可能成为正当的理由。"④

维护弱者生命、小国正当利益的正义之战，需要善于备战防御。墨

---

① [美] 约翰·罗尔斯：《正义论》，何怀宏等译，北京：中国社会科学出版社，1988 年，第 292 页。

② 任继愈：《墨子》，上海：上海人民出版社，1956 年，第 1、26 页。

③ 龚鹏程：《侠的精神文化史论》，济南：山东画报出版社，2008 年，第 18 页。

④ Chris Fraser，"The Moziand Just War Theory in Pre-Han Thought"，*Journal of Chinese Military History*，2016，Vol.5，No.2，135.

子强调忧患意识和行动，以历史事实说明高瞻远瞩，备战、备荒、有备无患的道理："仓无备粟，不可以待凶饥；库无备兵，虽有义不能征无义；城郭不备全，不可以自守；心无备虑，不可以应卒……夫桀无待汤之备，故放；纣无待武之备，故杀。桀、纣贵为天子，富有天下，然而皆亡于百里之君者，何也？有富贵而不为备也，故备者国之重也。"（《墨子·七患》）患则国安，无备有患则国危，所以备战、备荒为国之重大要务。据此，墨子未雨绸缪，极端重视备战，深究备御之法，防止被敌人偷袭、暗算。保家卫国的正义事业，在墨子那里胸有成竹，安排妥当。

三、墨家军是战斗力强的威武之师

墨子领导下的墨家军团，以弟子兵为主，有敢死队、嫡系部队，特别能够战斗，在勇敢上、数量上、纪律上、效率上、技能上等方面特别出色。墨家军，视死如归，精神饱满，斗志昂扬，组织严密，强劲有力，战之能胜，是名副其实的威武之师。《汉书·艺文志》的兵家类中，《墨子》被列为"兵技巧"类。班固对"兵技巧"的定义是："技巧者，习手足，便器械，积机关，以立攻守之胜者也。"（《汉书·艺文志》）不仅有"兵技巧"，墨子还具有"兵权谋""兵形势""兵阴阳"其他三家的特征。"《墨子》一书的兵法部分确实具有兵家四家的综合性特征，换句话说，它是先秦兵家智慧的综合性体现。此外，墨子兵技巧还有一个重要的特征就是它的实用性或者说是实战性。"①

第一，墨家军非常勇敢。

墨家军精神武装精良，真心信奉兼爱学说，内心信仰坚定，充满正义感，气势高昂，愿意无私奉献一切，矢志不渝追求非攻理想。《新语》指出："墨子之门多勇士。"《淮南子·泰族训》说："墨子服役者百八十

① 秦彦士：《第六讲 墨子的军事智慧与和平思想》，载李守信，邵长婕：《墨子公开课》，北京：商务印书馆，2018年，第158页。

人，皆可使赴火蹈刃，死不还踵。”军团内有敢死之士——“死士”、勇猛如虎的“贲士”、专门负责射击的为“射御之士”、水兵为“材士”（见表1）。蒋智由在为梁启超《中国之武士道》写的序言里认为：“墨家者流，欲以任侠敢死，变厉国风，而以此为救天下之一道也……此真侠之至大，纯而无私，公而不偏，而可为千古任侠者之楷模焉。”

表1 墨家军部分武士类型

类型	作用	资料来源
死士	敢死队成员	《墨子·备梯》《墨子·旗帜》《墨子·备蛾傅》《墨子·杂守》
贲士	勇猛如虎，善于奔走	《墨子·备梯》《墨子·备蛾傅》
材士	技能精湛者、水兵	《墨子·备水》
吏士	负责的小头目	《墨子·备城门》
劲士	强劲士卒	《墨子·旗帜》
勇士	英勇斗士	《墨子·备蛾傅》《墨子·杂守》
谋士	出谋划策者	《墨子·杂守》
巧士	手巧机灵者	《墨子·杂守》
射御之士	专门负责射击者	《墨子·尚贤》
爪牙之士	勇猛的亲兵	《墨子·天志》《墨子·非攻》

第二，墨家军数量可观。

墨家军有亲兵与外围组织。军团有一心一意、武艺精湛的弟子兵、核心嫡系部队，也有一般士兵、追随者、外围组织，形成了精兵强将、群众基础好、参与人员多的军团与学团。墨子赴楚，使禽子、诸弟子三百人守宋，就是弟子兵、敢死队。“弟子禽滑厘等三百人，已持臣守圉之器在宋城上。”（《墨子•公输》）“服役者百八十人，皆可使赴火蹈刃，死不还踵，化之所教也。”（《淮南子•泰族训》）这里只是直系弟子、核心力量，显示的人数，是大概的、不确切的数量，外围人数、墨家的信徒、从众、支持参战的人员数量应该起码是这里的几十倍。历史上没有统计，但是根据势均力敌的孔墨均为显学、孔子的弟子三千、七十二贤的说法，我们可以推测，其墨子的直系、嫡系弟子数量起码也有三千，这仅仅是精英人士，追随者更是大有人在，达到其十倍的三万、一百倍的三十万完全有可能。钱穆认为墨子的弟子超过了孔子，“在数量上讲来，已较孔子的七十七弟子，增加到一倍以上。”[①] 墨家军是巨子统帅下，由弟子、信徒和从众构成的庞大队伍，见图 1。

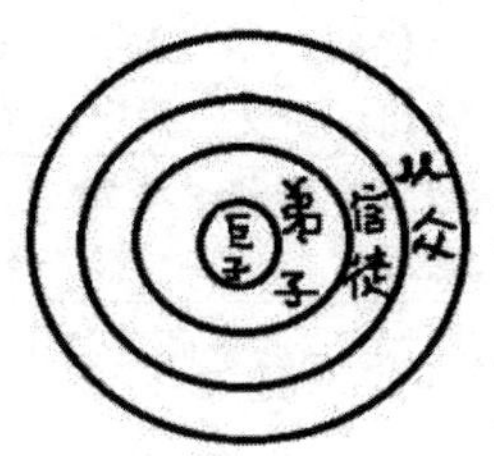

图 1

墨子的弟子众多，有三大派别即从事派、谈辩派、说书派（《墨子·耕柱》），有相里氏之墨，有相夫氏之墨，有邓陵氏之墨（《韩非子·显学》），墨家后学分东方之墨、南方之墨和西方之墨（《庄子·天下》）。

表 2 墨家巨子传承

巨子	任期
墨子	第一任
禽滑厘	第二任
孟胜	第三任
田襄子	第四任
腹䵍	第五任

墨家（第一代巨子）弟子以及支流，包括第二代巨子禽滑厘、第三代巨子孟胜、第四代巨子田襄子、第五代巨子腹䵍（后续巨子无考）（见表 2）。历史上有记载墨家军亲兵（弟子兵：弟子与再传弟子），有五十五人之多，嫡系部队的核心成员是弟子和忠实信徒，可以称为敢死队。我们综合近代以来的考证，在原典上加以查找，对不同说法进行比较，最后对墨家军弟子兵列举如下（总数 55 人）（见表 3）：

① 钱穆：《墨子 惠施公孙龙》，北京：九州出版社，2011 年，第 38 页。

表 3 墨家军弟子兵骨干成员（战国）

分类	墨者
从事派（游仕派）：从政、从军、实干	禽滑厘等三百人（学于禽滑厘，文盲多、无名英雄者多，缺少姓名记载）、孟胜（随从弟子百八十人，也是无名英雄）、田襄子、腹䵍（秦之墨者）、耕柱子、高石子、胜绰、公尚过、徐弱、相里勤、五侯子、索庐参、许行（许犯）、田系、宋钘、尹文、桓团、黄缭、骆滑牦
谈辩派（辩论派）	程繁、曹公、魏越、管黔敖、高孙子、相夫氏、惠施、公孙龙、魏牟
说书派	治徒娱（娱）、县子硕（县子石）、我子、随巢子、胡非子、屈将子
南方墨者（楚墨，游侠派）	苦获、己齿、邓陵子
东方墨者（齐墨）	谢子、高何
西方墨者（秦墨）	腹䵍、唐姑果（唐姑梁，唐姑）、缠子、田俅（田鸠）
相里氏之墨	相里勤、五侯
相夫氏之墨	
邓陵氏之墨	邓陵子
其他弟子	公上过、跌鼻、屈将子、史定、夷之、陈仲
存疑弟子	弦唐子、彭轻生子、孟山誉、夷之、聂政、荆轲、田光、高渐离

从孟胜这里推算，墨家军的总人数在一万以上。孟胜主动要死于楚国阳城君之难，墨子的再传弟子（孟胜的弟子）从死者百八十人。他在生前就早有安排，把巨子之位传给田襄子，让墨家薪火相传，后继有人。墨子一个弟子孟胜，就有再传弟子、经常随从、中坚力量百八十人，可想其外围追随者 10 倍应是 1800 人、100 倍应是 18000 人。按照孟胜的情况推算，若墨子有十个嫡系弟子，则应当有敢死队、中坚力量 1800 人，外围追随者 10 倍应是 18000 人、100 倍应是 180000 人；若以墨子有 72 个嫡系弟子（类似孔子的 72 贤人），则应当有中坚力量 12960 人，外围追随者 10 倍应是 129600 人、100 倍应是 1296000 人。

墨家是民间社团、平民组织，有非常好的群众基础，是军民一体、老百姓欢迎的军团。墨家当年兴旺发达的情景，可以从这些史料上反映出来，韩非子说：“世之显学，儒墨也。”（《韩非子·显学》）表明当时最大的两大学派为儒家和墨家。墨家的实力，已经威胁、挑战了儒家权威，以致儒家才不敢懈怠，群起而攻之，希望收复人心和地盘。孟子认为：“杨朱墨翟之言盈天下，天下之言不归杨，则归墨”（《孟子·滕文公》），这说明墨家学说信奉、追捧者的阵容非常强大。《吕氏春秋》的描述更是显示了墨家阵营熙熙攘攘，兴旺发达，人气旺盛，影响巨大，可以想象：“孔墨徒属弥众，弟子弥丰，充满天下。”（《吕氏春秋•尊师》）“孔墨之后学，显荣于天下者众矣，不可胜数。”（《吕氏春秋·当染》）其守城兵力配备情况见表 4。

表 4 守城兵力配备情况

兵种情况	士兵人数	分工	武器装备	素质与要求	资料来源
船队水兵	一船 30 人	20 人擅有方，10 人擅矛	船舶配备 20 个	大力士、善于射箭、训练有素、技术精湛	《墨子·备水》
城墙上的兵民	50 步 40 人	男丁 10 人、女丁 20 人、老小 10 人；每十人有一什长，管十卒	渠谵、藉车、行栈、行楼、到、颉皋、连梃、长斧、长椎、长兹、距、飞冲、县口、批屈	步步为营 另备：沙、灶、铁鐕、瓦石、瓦木罂	《墨子·备城门》
城墙下的兵民	20 步 20 人	一步一人，20 步 20 人	收集盆瓮，百步一积，积五百	步步为营； 审知卑城浅池	《墨子·备城门》

墨家军嫡系部队估算起码有 2 万人之多。战国时期人口的总数量，史籍没有准确的记载，当今的推测也多种多样，我们选择三个说法：范文澜和杨宽都推测秦统一以前，七国人口数量合计为 2000 万左右；[①] 梁

① 范文澜：《中国通史简编》，石家庄：河北教育出版社，2000 年，第 71—72 页；杨宽：《战国史》，上海：上海人民出版社，1980 年，第 96 页。

启超估计战国时期的人口为3000万左右；[①] 葛剑雄论证公元前221年秦朝统一时人口至少有4000万，以此为基础推测战国时期人口的峰值应略高于秦统一时的人口数，估计在4500万之内。[②] 若按照总人口三分之一比例计算信奉与追随儒墨学派的人口（三分之一无信仰，三分之一不信仰），依据范文澜和杨宽估计的当时人口数量最保守的说法2000万左右，那么这两个学派则总数有700万人左右，每个学派则有350万人左右，即使再打五折，去掉隐学（道家学派等），则儒墨两个显学，总人数为175万，每个学派追随者各自就有87.5万人，由此推测、估算当时墨家军团最大规模有百万雄师。战国诸侯国为了保全自己，不得不全民皆兵，“连妇女和儿童，也要拿着枪刀，在夏天的烈日下，或者在冬天深宵寒风中，守卫城郭。他们不愿意战争，但又不得不被驱使去作战。”[③] 若按照扣除老弱病残不能参军的和官方士兵外，按照范文澜和杨宽估计的战国2000万左右总人口的1%计算，墨家军则有20万人；按照范文澜和杨宽估计的战国2000万左右总人口的0.1%计算，墨家军推测有2万人。

表5 战国人口数量推测说法举例

不同说法	范文澜和杨宽	梁启超	葛剑雄
人口数量	2000万左右	3000万左右	4500万
来源	范文澜《中国通史简编》、杨宽《战国史》	梁启超《中国历史上人口之统计》	葛剑雄《中国人口史》

战国时期大国应有百万重兵。战国征战频繁，诸侯国纷纷扩军，军事力量迅速增长。我们查遍统计资料，尚未查找到可靠的战国兵力数量情况，现有的数量说明也仅仅是估计。例如，“战争中的兵力常在十万以上，甚至达到百万之众。”[④] 再如，“春秋时期，作战以车战为主……通

① 梁启超：《中国历史上人口之统计》，《饮冰室合集》第二册之十，北京：中华书局，1989年，第40页。

② 葛剑雄：《中国人口史》，上海：复旦大学出版社，2002年，第299—300页。

③ 任继愈：《墨子》，上海：上海人民出版社，1956年，第23页。

④ 杜文玉主编：《中国古代历史三百题》，北京：商务印书馆，2017年，第133页。

常出兵，只说车多少乘，不说人数。因为战车的人员配置是固定的。按《司马法》所说：‘车一乘有甲士三人，步卒七十二人，叫徒兵’……据此推算，‘车千乘’当有甲士、步卒 75000 人。至春秋中晚期楚国的兵车达五千乘之多。算来，仅其车兵的军队建制，就在 375000 人以上。”[①] 但是这样的计算，并没有计算骑兵（胡服骑射）、工程兵、守城兵等。再如，那时的军队阵容强大，一次大战一方就出动四十万大军，著名的秦国和赵国之间的长平之战，“赵师大败，卒四十万人皆降。”[②] 赵国投入大量兵力，若占其国家 70% 的军事实力由此丧失，看来赵国大约有 60 万士兵。楚国、秦国这些强大的国家，拥有百万军队，完全有可能。

根据以上估算，墨家军兵学合一，彰显出了比较强大的实战力、影响力、综合实力，在某些方面已经超过了纯粹进行说教、实施礼乐的儒家学派。但是，墨家军团作为民间组织，其敢死队大约 2000 人、嫡系部队人数在 2 万人左右、外围追随者即使 10 倍才 20 万人，散居在各个诸侯国（例如：巨子孟胜在楚国，巨子腹䵍在秦国），没有集中整合，和各个诸侯国百万人数的军队比较起来，仍然是显得势单力薄。

第三，墨家军纪律严明。

冯友兰指出：“墨者组成一个能够进行军事行动的团体，纪律极为严格。这个团体的首领称为‘巨子’，对于所有成员具有决定生死的权威。墨子就是这个团体的第一任巨子。”[③] 巨子作为军事领袖、学派领军人物，带头严格执行军法（墨者之法），按照规则进行管理一丝不苟，甚是严苛，墨家军、墨者团队，井井有条，“墨子创立的墨家学派，有严密的组织，形成为政治性的团体。它以‘巨子’为圣人，巨子发出的号令，墨者们须绝对服从。他们有共同遵守的信条，巨子带头恪守，不容稍有差

① 卢兵：《荆楚武术与竞技》，武汉：武汉出版社，2014 年，第 289 页。

② 司马光：《图解资治通鉴》，北京：中国华侨出版社，2018 年，第 24 页。

③ 冯友兰：《中国哲学简史》，北京：北京大学出版社，1980 年，第 44 页。

池。他们严守家法，内部团结。”①

墨子作为第一任巨子，以身作则，严于律己，带头节俭，到了甚至超过了苦行僧、清教徒的地步。墨子注重吃苦耐劳禁欲的磨炼，成为集团学习的楷模，墨子的弟子禽滑厘侍奉墨子三年，“手足胼胝，面目黧黑，役身给使，不敢问欲。”（《墨子·备梯》）孟子钦佩墨子的无私奉献行为，“摩顶放踵，利天下为之”（《孟子·告子下》）。庄子记载道：“墨子独生不歌，死不服，桐棺三寸而无椁，以为法式。”（《庄子·天下》）庄子高度评价墨子的自律与自我牺牲精神：“墨者多以裘褐为衣，以跂蹻为服，日夜不休，以自苦为极。”（《庄子·天下》）

墨家军杀人者刑，法不容情，名不虚传，即使巨子本人也不例外。腹䵍杀子，不讲私情，传为佳话。《吕氏春秋·去私》记：“墨者有巨子腹䵍居秦，其子杀人。秦惠王曰：‘先生年长矣，非有它子也，寡人已令吏弗诛矣，先生之以此听寡人也。’腹䵍对曰：‘墨者之法曰，杀人者死，伤人者刑……王虽为之赐，而令吏弗诛，腹䵍不可不行墨者之法。’”墨家军一丝不苟、矢志不渝恪守墨者之法，梁启超说墨家的巨子“其制度与基督教之罗马法王相类”“又颇似禅宗之传衣钵也”。②

在守城交战中，更需要军纪严明。墨家军制定了许多军令，要求对命令绝对服从，不然则军法从事。《墨子•号令》中斩首（车裂）的条款规定最多，历历在目：

> 卒有惊事，中军疾击鼓者三，城上道路、里中巷街皆无得行，行者斩
>
> 女子到大军，令行者男子行左，女子行右，无并行，皆就其守，不从令者斩
>
> 奸民之所谋为外心，罪车裂

① 张舜徽主编：《中国古代学者百人传》，北京：中国青年出版社，1986 年，第 15 页。

② 梁启超：《先秦政治思想史》，南昌：江西教育出版社，2018 年，第 139 页。

正与父老及吏主部者不得，皆斩

四面之吏亦皆自行其守，如大将之行，不从令者斩

慎无敢失火，失火者斩其端，失火以为事者车裂。伍人不得，斩

救火者无敢喧哗，及离守绝巷救火者斩

其正及父老有守此巷中部吏，皆得救之，部吏亟令人谒之大将，大将使信人将左右救之，部吏失不言者斩。诸女子有死罪及坐失火皆无有所失，逮其以火为乱事者如法

围城之重禁，敌人卒而至，严令吏命无敢喧嚣、三最并行、相视坐泣流涕。若视举手相探，相指相呼，相历相踵，相投相击，相靡以身及衣，讼驳言语。及非令也而视敌动移者，斩。伍人不得，斩

伍人逾城归敌，伍人不得，斩

与伯归敌，队吏斩

与吏归敌，队将斩

归敌者，父母、妻子同产，皆车裂

当术需敌。离地，斩。伍人不得，斩

诸吏卒民有谋杀伤其将长者，与谋反同罪，有能捕告，赐黄金二十斤，谨罪。非其分职而擅之取，若非其所当治而擅治为之，断。诸吏卒民非其部界而擅入他部界，辄收，以属都司空若侯，侯以闻守，不收而擅纵之，断。能捕得谋反、卖城、逾城、敌者一人。以令为除死罪二人，城旦四人

当举不举，吏有罪。诸卒民居城上者，各葆其左右，左右有罪而不智也，其次伍有罪

墨家军在战时军令如山，毫不含糊。《墨子·号令》中也多次出现“断”的字眼，很多人的注释含义为“杀”“杀头”。在《墨子·备城门》中也有“斩”的军令：“失候斩”“不从令者斩”“千人之将以上止之，勿令得行，行及吏卒从之，皆斩。”

墨家军经济有保证。每个成员都需要主动按照自己的收入比例交纳会费，支持组织。墨子多次指使自己的弟子耕柱子、孟胜到诸侯国做官，将个人俸禄的一部分上缴作为军费、组织经费。墨家军由学团到军团的转变，从松散型到军事化的飞跃，是逐步形成的，郑杰文认为墨家集团“内部的维系手段经过了榜样力量、‘准宗教信仰’到严明法纪的三阶段变化”①。

第四，墨家军高效运行。

墨家军和平救急行为，显示了高效率。高效来自墨家军分工明确，各司其职，团结合作。指挥系统内，都要听从长官的号令，由其统一部署，《墨子·号令》中有如下官名：大将、令、丞、尉、三老、五大夫、太守、关内侯、公乘等。从将帅、尉官、什长、伍长直到最下层士卒之间，步调一致，必须严格遵守上下级的服从关系，严格遵守上级下达的各种作战指令，认真执行作战任务。同时在传达作战命令时还要配合以固定的指令形式，如服装标识：“城中吏卒民男女皆菂异衣章微，令男女可知。”（《墨子·旗帜》）旗帜颜色标识：“木为苍旗，火为赤旗，薪樵为黄旗，石为白旗，水为黑旗，食为菌旗，死士为仓英之旗，竟士为雩旗，多卒为双兔之旗，五尺男子为童旗，女子为梯末之旗，弩为狗旗，戟为旌旗，剑盾为羽旗，车为龙旗，骑为鸟旗。凡所求索，旗名不在书者，皆以其形名为旗。”（《墨子·旗帜》）鲜明、直观的信息传递、通信手段，简便易行。墨家军同心同德，雷厉风行，说到做到，令行禁止，最大限度地发挥军队的战斗力以抵御敌人进攻。“儒家的师徒关系与墨家的师徒关系有所不同：前者主要表现在学术和道德的继承上；后者不仅表现于学术和道德上，而且表现在组织上的严密性和服从性。墨家的私学学风不像儒家的自由、松散。它的特点是体现了集体主义的组织性、纪律性，为春秋战国其他学派所莫能及。”②

---

① 郑杰文：《中国墨学通史》，北京：人民出版社，2006 年，第 62 页。

② 丁华民等主编：《教子书·中外教育名家》，长春：吉林文史出版社，2006 年，第 48 页。

墨家军办事效率的典型事例，就是十天十夜从鲁国步行到楚国都城郢。这可以在历史记载中找到：一是《墨子》的记载："子墨子闻之，起于鲁，行十日十夜而至于郢。"（《墨子·公输》）另一个是《吕氏春秋》的记载："裂裳裹足，日夜不休，十日十夜而至于郢。"（《吕氏春秋·爱类》）我们 2020 年 3 月 23 日在百度地图上搜索鲁国都城（今山东曲阜）到楚国都城（今湖北荆州）的路线，最近距离在 871.2 公里。墨子 10 天内步行近 1000 公里（那时没有直线的高速公路的便捷），每天需要走 100 公里，并且是没有停顿休息、连续进行，坚持 10 天。这样的速度、持久，令人敬佩。

我们查阅了自古以来急行军的记录，只有战国时期赵国将军赵奢、解放军的步行速度和墨子可以相提并论。历史上赵国将军"赵奢突然卷甲疾趋，连续急行军二天一夜，走了近两百里路（跟解放军急行军的速度一样）"[①]。解放战争时期，"陈毅穷追汤恩伯……解放军急行军一天走 130 华里"[②]。通过对比，我们可以发现在春秋战国兵荒马乱、条件简陋的情况下，墨子行走速度惊人，并且是持续了十天急行军，令人刮目相看。蔡尚思先生指出："墨子独能以十日十夜，裂裳裹足从北方的鲁国跑到南方的楚都，这是何等的吃苦而伟大的精神……同二万五千里长征与延安精神有点相近""这正是墨子特别伟大的地方。有如二万五千里长征，有史以来，只有中国红军能做到，真是最了不起。"[③]

第五，墨家军武器先进。

墨子领导的墨家军团，重视科技，制造先进武器强弩（连弩车等）、技机（转射机等）、奇器（藉车、云梯），并且能够因陋就简、因地制宜，充分利用水（水浇、水渠）、火（火烫）、土（灰、沙、石）、气（烟熏），节俭办事，克敌制胜，以兵制兵、以战制战、以术制术、以器制器，赫赫有名。这些，堪称当时的高科技。墨子不但在理论上重视备战，深究

① 潇水：《秦虎狼并天下》，沈阳：万卷出版公司，2009 年，第 166 页。

② 吴昌华：《黄埔风云》（下），北京：大众文艺出版社，2009 年，第 670 页。

③ 蔡尚思主编：《十家论墨》，上海：上海人民出版社，2004 年，第 346、363 页。

备御之法，而且在战技上注重备战，研究守城的技巧。《墨子》书中的防御对策，细致入微，包括《备城门》《备高临》《备梯》《备水》《备突》《备穴》《备蛾傅》《迎敌祠》《旗帜》《号令》《杂守》十一篇，其中综合运用力学、光学、数学、化学、物理学、机械工程等原理，具体说明和规定了守城的方法、技巧，可见其对军事科学技术的灵活应用。他在“安国之道，道任地始，地得其任则功成，不得其任则劳而无功。人亦如此，备不先具者无以安主”（《墨子·号令》）的原则指导下，对如何守城、备战，以及守城的技术、技巧，都做了详细具体的规定和说明，从而显现了他的自然科学知识和军事技术、技巧，以及二者的密切结合、联系，表现了他的御敌于国门之外的高超智慧。[①]（见表6）

表6 墨子射击对策七例

序号	方式
1	强弩射
2	夹而射
3	重而射
4	行临射
5	技机掷
6	奇器投
7	桔槔冲

墨子守城成功的案例，是燕国防守齐国长达一年之久。《战国策·齐六》篇记载：燕“距全齐之兵，期年不解，是墨翟之守也”。《墨子》堪称独具特色的军事防御著作，与研究进攻规律的《孙子兵法》交相辉映，成为我国古代军事史上的“双子星座”，同是中华民族优秀军事文化瑰宝，千古流芳。

① 姜国柱：《墨子的军事思想》，载孙其海主编：《孙子兵学年鉴》（2006），济南：泰山出版社，2007年，第415页。

表7 墨家军守城武器系统简略

武器类型	墨家军武器展示	备注
原始材料简易武器	土、沙、灰、石、水、火、灶、炉、炭、糠、门、版、竹、木、梃、柴、艾、烟	就地取材，土法上马，简便易行，直接见效
常规运用武器	剑、矛、戟、戈、车、甲、盾、弩、箭、橐、钩、筐、绳、轮、弩、锥、船、井、辘轳、铁索、轩车、行栈、行楼、颉皋、连梃、长斧、长椎、长兹、飞冲、县□、批屈	守城必备武器；橐似风箱、鼓风机，可作“毒烟喷射器”，李约瑟《中国科学技术史》专门称赞为中国古代科技发明
先进大型武器	强弩（连弩车等） 技机（转射机等） 奇器（云梯、藉车、木鸢等）	《墨子•备梯》：云梯者，重器也； 《韩非子•外储说左上》记载墨子三年做木鸢（飞鸢），可在天上飞一天，似“无人机”，李约瑟《中国科学技术史》专门称赞为中国古代科技发明； 《墨子·备城门》：藉车能投射炭火，似“燃烧弹”

墨家军善于打保密战。他们在技术和武器制造方面十分注意保密，不外传、不记载。有关守城防御的武器和对策，尽管《墨子》里面有所披露，但是墨子有代表性、典型性的先进技术、防御武器种类、名称、制作方法、工艺流程，属于军事机密，不为外人道也。《墨子•公输》是家喻户晓的名篇，论辩说理，动之以情，晓以利害，比喻丰富，演示比武，非常清楚，打动人心，令人惊讶。但是仔细查看《墨子•公输》，这一防御的名篇，大谈计谋，唇枪舌战，但是涉及技术、武器的具体细节，心照不宣，绝口不提，即使只言片语都没有，双方保密不是一般的好，而是非常的好，至今仍然是历史之谜。墨子守城要求在交战期间，严守军事机密，泄漏者斩首无疑。可见保密战是墨子重要的战略与战术。具体火战方式见表8。

表 8 火战方式举例

序号	火战方式	来源
1	悬火、悬火次之	《墨子•备梯》《墨子•备蛾傅》
2	熏火烧门	《墨子•备梯》 《墨子•备蛾傅》
3	五步一灶	《墨子•备梯》《墨子•备蛾傅》
4	火投	《墨子•备蛾傅》
5	传汤	《墨子•备蛾傅》

正是由于墨子的卓越军事才能，他率领的墨家军赫赫有名。墨子写的一系列军事防御技术篇章，家喻户晓，从《非攻》《备城门》《备高临》《备梯》《备水》《备突》《备穴》《备蛾傅》等篇，可见一斑。墨家军，擅长守城技术，堪称当时的高科技运用。著名学者岑仲勉先生指出："《墨子》这几篇书（即《备城门》为首的城守诸篇），我以为在军事学中，应该与《孙子兵法》同当作重要资料，两者不可偏废的。"[①] 墨家军不是一般的武士集团，而是追求和平、行侠仗义的武士们。冯友兰认为墨家行侠有三大特点：第一，侠士是帮人打仗的专家，而墨家是有主义的帮人打仗的专家。墨子非攻，专门替受侵略的弱小国家打仗。第二，墨子不仅是有主义的帮人打仗的专家，而且是会宣传治国之道的专家。第三，侠士群体自有其道德，而墨子不但实行其道德，而且把这些道德系统化、理论化、普遍化，使其成为社会的公共道德。[②]

四、秦汉堙没，千古遗憾

墨家军的消失，与墨子中绝有很大的关联性。"自汉武以后，儒术日尊，墨学遂绝。非独师承家法，墨者之团体不存。"[③] 我们强调其中主要因素起码包括以下几个方面。

① 岑仲勉：《墨子城守各篇简注》，北京：中华书局，1958 年，第 2 页。

② 冯友兰：《中国哲学史》（下），北京：商务印书馆，2011 年，第 519—520 页。

③ 方授楚：《墨学源流》，北京：商务印书馆，2017 年，第 218 页。

第一，墨家军非正规军和秘密身份认定上的难度。墨子是草莽英雄、无名英雄、“业余选手”“兼职队伍”，名不见经传（司马迁这个秉笔直书、主张正义的历史学家，在《史记》中没有为墨子立传，在《史记·孟荀列传》中寥寥数语谈及墨子）。墨子能够指挥千军万马，跨越文武，但不是正规军、非行伍专业人士，主要是一介工匠、底层百姓出身的兼职队伍，他们平时从事工匠和农耕事务，没有显赫地位，即使所谓的第一任巨子的称呼也没有明确记载，是他死后被研究墨家的学者追认的（可查的、正式的第一任巨子是禽滑厘）。相比之下，孙子来自显赫的门第，为祖传的兵学之家，孙子、关公、岳飞都是正规军将军。墨子在幕后发挥高级参谋、智囊作用，出谋划策，没有直接发号施令，只是和平使者，奔走呼号，与强者谈判（楚国），指使弟子参政，更没有直接参战进攻、决胜沙场（起码从史料记录上来说如此）。墨子止楚攻宋，应当只是和平外交谋略的胜利，不是像关公、岳飞那样武功高强、叱咤风云的常胜将军，所以古来没有把墨子归结为武圣。墨子是平民，专门做底层百姓的鄙人、匠人、农人之事，在贵族看来低三下四，军事行动多为兼职工作，军事上不少行动往往在背后、暗中、秘密进行，速战速决，神不知鬼不觉，不能记载、难以记录。没有名正言顺、堂堂正正记录，所以墨子与墨家军不入大雅之堂（墨子、墨家军也不屑夸耀张扬，本来就追求天下大利，不为个人和团体的名利）。论武，墨子不属于正规行伍，只是在野的、民间的维护和平部队、调解机构，弟子、信徒、部属、人马飘忽不定，似乌合之众，招之不一定来，挥之不一定去。墨家军属于民间自发力量、业余兼职、隐姓埋名的武士、行侠仗义的侠客，不是科班出身、名正言顺的武将、兵士。相比之下，孙子是军事世家，孙子、关公、岳飞领导、指挥的都是正规军，有官方的强力支持。在战国时代文武分工明确的时候，墨子谈不上专门的文，是“下里巴人”；也算不上专门的、训练有素的武，不好归类于文官武将。墨子的职业、身份和角色作用，能文能武，兼而有之，可是从某些方面来说又显得不文不武、不伦不类，文难以企及孔子的优雅，武难以和科班出身的孙子、关羽、岳飞相提并论。墨子的职业、身份的真实情况和处境，使后人对于他的定位很难处理，排除于武圣之外事出有因。

第二，政治上官方不认可。帝王将相期望的一般逻辑是：打天下——坐天下——享天下。自私自利，贪婪追求，到处征战，好不容易打下江山的权贵们，正欲享尽荣华富贵，不情愿、难以听进去放弃享乐的主张。墨子是草根平民，没有官职，在长期封建社会官本位的背景下没有地位，自然就不能将他拔高为武圣了。相比之下，孙子、关公、岳飞都地位显赫，孙子是吴国的大将军，关公是蜀国战将，岳飞是南宋时期的将军，这些身份，墨子都没有。若从后来的追封名誉上来说，墨子更是相形见绌：孙子成为名正言顺的兵圣；关公成为武圣，成为关帝、财神爷，全国各地建立关帝庙崇拜；岳飞成为家喻户晓的民族英雄，中国建立了不少岳王庙或者关岳庙（对关公、岳飞都加以祭祀）。官本位的思想，不仅在官场盛行，而且在民间、老百姓中间也习以为常。没有官位，难以得到社会的认可，更无法获得称赞，肯定就会无缘人们崇拜的“武圣”之名。墨子是官方、统治阶级的“异己”力量。墨家是民间社会的代表，为统治阶级所忌讳、排斥和打压。墨子行侠仗义，急公好义，打抱不平，摩顶放踵利于天下，是民间的、非官方、非政府组织、侠客集团、学术团体、军事力量，完全可以挑战、抗衡当局，为专制制度所不容。因此，统治阶级忌讳、痛恨、围剿的墨子、墨家，是无论如何也不能登堂入室的，更不可能被顶礼膜拜、奉为武圣。

第三，学术上儒墨死较量、遭围攻。墨家无疑是儒家最大的论敌、竞争者或者敌人，孔子思想是统治阶级所欣赏的，为统治阶级服务的，墨子则代表平民利益。孟子就破口大骂墨子兼爱是无父无母之爱。历史上攻击墨子的儒家学者不胜枚举。墨子明确“非儒”，反叛不平等的现有秩序和各种侵略行径，墨子的非乐、非命、节用、节葬与孔子的礼乐文化、厚葬久丧针锋相对，势不两立，成为贯穿墨子整个学术思想和社会活动的一条主线。墨子总是无保留地站在弱小者的一方，成为社会既得利益集团最大的思想障碍和行为障碍。为了理论论战、学术地位、传播影响，儒家竭力反对、攻击墨家，在没有硝烟的文化之战上决一雌雄。道家的阴柔、保守、隐匿等学派对于墨家的阳刚之气、主动承担责任，也有形无形地给予了抵触。在兵家被人们认同，孙子、关公、岳飞被奉为兵圣（武圣），成为御赐、圣旨后，忠君意识使人们不敢不表示承认，老百姓无条件难以分辨，学术界长期以来也鲜有质疑。

第四，社会上民间力量单薄。墨家在历史上中绝，墨侠成为散兵游勇的游侠，甚至销声匿迹，无人问津。墨子主张“非攻”，反对恃强凌弱、以武力胁迫对方，殃及广大无辜百姓，这只能为被强大的诸侯国打得溃不成军的弱小国家所拥护，正四处扩张的强势国家显然非常恼火。墨子反对厚葬、久丧，为民众的亲情和悠久的孝文化所排斥，非乐也使正当的、高雅的礼乐文化遭受攻击和不解，这不仅让锦衣玉食的王公贵族们非常不满，也失去广大民众的支持。老百姓对儒家的亲情之论和长期的礼乐文化习以为常，要放弃厚葬、礼乐，一时也难以转变过来。再说，礼乐文明的确有合理的地方，适当的礼乐活动有益身心，鼓舞士气，活跃生活，何乐而不为？统治阶层中有人讥评墨学为贱人之言，荀子更是嘲讽墨学为役夫之道，没有高雅情趣。儒家被奉为统治阶级的官方哲学，道家被帝王暗中青睐，各种学派之间进行较量和厮杀，墨家无官方支持，在丧失了民间追捧的局势下，自然败下阵来，逐步无立锥之地。

第五，墨家军内部问题，特别是后期组织涣散、各自为战和学术上自相矛盾。墨家军毕竟是民间结社的松散组织，与学派（学团）搅和在一起，主要是弟子、信徒追随。冯友兰认为:“‘墨者’团体，可能是照着当时手工业行会的习惯组织成的。他的学生相当于手工业行会中的徒弟，‘巨子’相当于老师傅或手工业主。”[①] 他强调墨家主要是属于作坊里师徒关系、行帮、同业工会组织活动，虽然低估了墨家军组织的严密和战斗力，但是也客观地说明了墨家军的背景、来源、特点，说明了中国第一个民间社团是幼稚的、简单的、不成熟的、不完善的。后来的巨子制度，组织规章和纪律有所强化，但是细则没有历史记载，我们对其把握只是大概的，从孟胜慷慨就义、腹䵍大义灭亲推论出墨家巨子领袖

① 冯友兰:《冯友兰文集》(第 8 卷，中国哲学史新编，第 1 册，修订版)，长春：长春出版社，2017 年，第 143 页。

追求道义的伟大、个人矢志不渝的魅力，但是对墨家军团巨子组织的强有力的规章、对策无从了解。墨家巨子领导下的军团，后期组织松散、涣散、分崩离析，则有目共睹。诸侯国各路墨家弟子维护自己所在国的利益，希望个人得到重用，淡忘、忘却了墨家兼爱、非攻信念，孜孜以求于尚贤、尚同。秦国墨者巨子腹䵍、唐姑果、缠子等，成为秦惠王欣赏的得力助手，成为秦国称霸的高参，秦惠王还破例赦免腹䵍之子杀人偿命之罪，给予腹䵍非常大的特权，足见腹䵍得到非同凡响的赏识。那时的秦墨之徒，说严重的话则有可能是秦国对外疯狂征战厮杀的“帮凶”，已经非常明显背离了墨家扶持小国的正义宗旨，完全不得墨家内部成员和信徒人心，不免在墨家造成观念的极度混乱，失去对墨家军团的信心。方授楚认为腹䵍的做法有“拥秦之嫌疑”“实有媚秦之痕迹”[①]。各地墨者（东方、西方、南方之墨），争相为当政者献计献策，墨家一盘散沙，四分五裂，争权夺利，互不买账，巨子的感召作用已经很有限了，以致腹䵍之后没有推选出巨子，完全是形势所迫、各为其主、争名夺利，造成墨家成员内部矛盾重重，事实上也不可能再继续选任巨子了。例如，齐国的东方墨者谢子，希望能够到秦国施展才能，被西方墨者唐姑果所嫉妒，不了了之。对此，《吕氏春秋·去宥》专门有所记载。墨家的理想观念超前，军团、学团对弟子、信徒要求苛刻，自苦至极，自绳其墨，使内部意志不坚定者打退堂鼓，世人也对此望而却步，退避三舍。墨子学说脱离实际，为小国、弱者考虑，与大一统的社会需要和进步不一致，主张的平等、尚贤观念与专制的、尚同观念自相矛盾，难以自圆其说，加剧了组织信仰体系的崩溃，对社会公众的感召力量减弱。

墨家军的存在，是不争的事实，应该正本清源，承认墨子是武圣或者武圣鼻祖，发扬光大墨家军的和平战略和战术。

---

① 方授楚：《方授楚论墨子》，载蔡尚思主编：《十家论墨》，上海：上海人民出版社，2004年，第152页。

《墨子》中的鲁山地区方言

郭成智[①]

认定墨子是哪里人，不是开几次会就可以定论的，应以大量令人信服的史实为根据。李永先在《也谈墨子里籍所在》中说：“决定墨子是哪里人，最重要的是从其作品中找根据。”[②]这话说得有理。为此，几年来笔者反复研读《墨子》，竟真的从中得到了一些意想不到的收获。《墨子》中所使用的大量方言词语，在今天鲁山及其周围的一些地区，仍广泛使用。试想，这是否能成为墨子鲁山人的又一佐证？鉴于笔者自知浅陋，不敢妄断，故愿就教于热心墨子研究的广大学人和各方名家。

一、鲁山地区土语

（一）“荡口”

《墨子·耕柱》中，墨子在同鲁阳文君对话时曰：“言足以复行者，常之。不足以举行者，勿常。不足以举行而常之，是荡口也。”在同篇与巫马子对话时又曰：“子之言恶利也？若无所利而不言，是荡口也。”“荡口”是什么意思？孙诒让《墨子间诂》以为是“不可行而空言”，是“徒敝其口也”。李渔叔《墨子今注今译》也言是“徒费口舌”。其实这是鲁

---

① 郭成智，河南省社科院墨子研究中心研究员，鲁山县志副主编、副编审。

② 李永先：《也谈墨子里籍所在》，《哲学社会科学动态》，1990年第8期。

山地区土语，意思是指那些言不由衷，夸夸其谈，唠叨不休，并不实行的人。鲁山地区群众现在仍称这种人“荡子嘴”或“汤子嘴”，也说“滚汤子嘴”。它既有白费口舌之意，也指夸夸其谈之人。墨子这里给鲁阳文君说的就是：说到能做到就不妨常说，做不到就不要多说，做不到还要常去说，那就是“荡子嘴”了。对巫马子是说：你说的话对人有利没利？若没有利你还说，就是说废话的“荡子嘴”。那么何以叫“荡子嘴”？因为墨子家乡有一温泉叫上汤，温泉又连接着一条小溪流向沙河。温泉里的水，天天向外流着，并发出咕嘟嘟、哗啦啦的响声。这响声终日不断，没完没了，就像是一个人，唠唠叨叨，无休无止。后来人们就把那夸夸其谈的人称作“汤子嘴”。又因鲁山地区人称开水叫“滚水”，因而又把“汤子嘴”说成“滚汤子嘴”，古时汤、荡相通，就称作“荡口”了。而滕州却无“荡口”之说，而多把这唠唠叨叨说废话的人叫“磨叨”，有的叫“吁磨”。

（二）“批扞之声”和“杀伤人之孩”

在《修身》中，墨子教训士人君子曰：“谮慝之言，无入之耳；批扞之声，无出之口；杀伤人之孩，无存之心。”这里墨子教诲士人君子，不要听信谗言，不要说伤人的话，不可有害人之心。那么墨子为何用“批扞之声”比喻伤人的话，非鲁山地区人就不得而知了。而孙诒让《墨子间诂》说：“批，击也。”张纯一《墨子集解》说是“口不出恶言”，李渔叔《墨子今注今译》释为“批与击同，扞与扰同”。“批扞之声”是指打击人的声音。

在鲁山地区，人们把竹竿和木杆破裂损坏叫作“批”或“劈”，如“这杆给弄批了”。破裂的竿或杆，发出的声音是很难听的，故把人们难听的声音比作“破竹杆腔”。墨子说的“批扞之声，无出之口”就是叫士人君子不要说难听的话。那么墨子为什么“用破竹杆腔”做比喻呢？因墨子的故乡在鲁山西部，紧靠伏牛山主峰木大岭东侧。这里山峦起伏，河水纵横，不但有茂密的森林，也有大片竹林，现今这里还有竹园、小竹园、竹园沟、竹园岭、东竹园、西竹园等村庄，可见这里竹林之多。墨子出身贫贱，幼时就出没在林海和竹园中，辛勤劳作，砍竹伐木，那破批的竹与杆发出的刺耳声音，是一定听够了的。假如他没有这样深切的体会，是绝对说不出这样的话来的。自然，不了解墨子家乡的环境和方言，墨子这些话是无法理解的，因为它确实土得太狠了。而滕州一带多把人们难听的声音比作“破锣”，没有“破竹杆腔”之说。

关于“杀伤人之孩”一语，毕沅《墨子注》解为通荄，草根之意。后人多从毕氏之说，未敢再做解释。其实毕沅的解释也是不对的，“杀伤人之孩”也是鲁山俗语，是杀害别人家的孩子的意思。古人把杀害别人家不懂事而幼小的孩子，视为罪大恶极，因而常以此作比。如今天仍有人为了标榜自己的清白和善良，就常说“咱绝不会把人家的孩子丢坑里撂井里”，意思即是说不会杀害人家的孩子。

（三）“隆火”

《非攻下》：“予既受命于天，天命融隆火于夏之城间西北之隅。”这“隆火”二字，也把一些墨学家搞得莫名其妙。毕沅《墨子注》说“隆疑作降”。王念孙《读书杂志》与李渔叔以为“隆与降同”，孙诒让也不得其解，只好从毕、王之说，认为天命融“隆火”就是“降火”。实际上他们都不懂鲁山土话。直到今天，鲁山地区群众仍把“生火”“点火”叫“隆火”。譬如冬日客人到家，就说“快拿柴隆火”或“把火隆起来”意思是让客人烤火取暖。过去一般地区多烧柴草，由于墨子故乡林木和毛竹很多，而多烧竹木。因为含油质的松木、柞木和毛竹烧起来，火势很旺，竹节叭叭作响，火焰隆隆有声，故人们又叫一堆火为“一隆火”，把生火、点火也就叫作“隆火”了。而滕州只讲“点火”“引火”，不讲“隆火”。

（四）“毁丑”

《贵义》中，墨子曰：“今士之用身，不若商人之用一布之慎也。商人用一布布，不敢继苟而仇焉，必择良者。今士之用身则不然，意之所欲则为之，厚者入刑罚，薄者被毁丑。则士之用身，不若商人之用一布之慎也。”《亲士》又曰：“昔者文公出走而正天下，桓公去国而霸诸侯。越王勾践遇吴王之丑，而尚摄中国之贤君。三子之能达名成功于天下也，皆于其国抑而大丑也。”这里所言的“毁丑”和“丑”是同一个含义，今多指丑陋和令人厌恶或可耻的事物。鲁山地区人把丢面子和受污辱，叫作“丢丑”或“出丑”，有时也叫“丢人”。上面前者说的是，今天士人君子用自己的身体，还不如商人用一个钱慎重。商人用钱买东西总是要挑好的；而士人只要想到是自己该做的事情便去做，结果重者遭到刑罚，轻者毁声“丢丑”，所以士之用身还不如商人用一个钱慎重啊。《亲士》中说的是，晋文公曾经逃亡，齐桓公也曾丢掉国家权力，越王勾践在吴王那里受到那么大耻辱，丢那么大丑，他们三位后来成功名扬天下，却是丢了大丑，遭受了挫折啊！李渔叔只简单地释为“丑与耻同”，他还是不懂鲁山方言，不知鲁山土语“丑”与“毁丑”的真正含义。滕州地区多言“丢人”不言“丢丑”。

（五）“安生生”

《尚贤下》，墨子劝天下王公大人，如何才能成为贤人时，说：“有力者疾以助人，有财者勉以分人，有道者劝以教人。若此。则饥者得食，寒者得衣，乱者得治。若饥则得食，寒则得衣，乱则得治，此安生生。”这里的“安生生”是什么意思呢？张纯一认为“安与乃同”，是说“如此乃得生生”。到底“安生生”是什么意思，谁也说不清楚。其实鲁山人一看就明白。鲁山人把“安生生”也说成“安安生生”，或简单说成“安生”。在鲁山方言中，它有两层意思：一是安静的意思，如小孩子逗逗闹闹的，大人就会说：“安生生的，不要调皮。”另一层意思是安宁、安稳的意思，多指生活的平静和安定。如过去人们常常抱怨：“反动派闹得人不得安生，啥时候才能安安生生地过日子呢？”墨子在这里说的就是有力量的快去帮助人，有钱财的就去分给人，有学问的就去教给人。如果饥者得食，寒者得衣，乱者得治，这样人民群众就能“安安生生”地过日子了。

二、鲁山地区习惯口语

《墨子》里有很多词语，外地多不使用，或仅用作书面语，而在鲁山地区却是普遍流行的口语。

（一）“强梁”“不材”

《鲁问》中，鲁阳文君以郑国人三世杀父，已受到了天的惩罚，也要帮助天去讨伐郑国时，墨子劝鲁阳文君说：“譬有人于此，其子强梁不材，故其父笞之。其邻家之父举木而击之，曰：‘吾击之也，顺于其父之志。’则岂不悖哉！”孙诒让在释“强梁”时曰：“老子云：‘强梁者不得其死。’《庄子·山木》释文云：‘强梁，多力也。’”《诗·大雅·荡》《毛传》云：“强梁，御善也。”孔疏云：“强梁，任威使气之貌。”“不材”是什么意思，他没有解释。实际“强梁”是鲁山地区方言，是蛮横、霸道的意思，比如说“这个人多强梁”。“不材”是说一个人没能耐、没出息，鲁山地区称之为“没材料”。在这里，墨子劝鲁阳文君说：譬如一个人，儿子蛮横霸道，很“没材料”。父亲用鞭杖打他，而邻居的父亲也举起棒打，还说打是顺其父的意志，这不是很荒谬吗？墨子的话说得是很明白的，然而孙氏引了那么多书，还是没把“强梁”的意思说清楚。原因是他这个家居中国大东南的浙东人，没有到过中原鲁山地区，不懂鲁山地区方言。即使他把那些古籍经典查遍，也是难以把“强梁”的意思弄明白的。而滕州却没“强梁”和“没材料”的说法，而多把“强梁”说成是“恶”，把“没材料”说成“笨”或“憨”。

（二）“宾服”

《节用中》中墨子曰：“古者尧治天下，南抚交阯，北降幽都，东西至日所出入，莫不宾服。”《非攻中》又曰饰攻战者之言曰：“彼不能收用彼众，是故亡。我能收用我众，以此攻战于天下，谁敢不宾服哉？”“宾服”一词，鲁山以外地区很少作口语用，多用作书面语，而鲁山地区，却是普遍流行的口语。它有服气、服从的意思，也有臣服的意思。李渔叔释作“归降”是不确切的。如现在鲁山地区人仍常这样说：“你厉害咋的？人家就不宾服你！”或说：“这个人真行，咱宾服人家。”而滕州只讲“佩服”，不讲“宾服”。

（三）“待客”

《七患》中墨子在谈国家的七大祸患时，谈到第三患时曰：“先尽民力无用之功，赏赐无能之人，民力尽于无用，财宝虚于待客，三患也。”

这里说的“待客”就是指以丰盛的酒食招待客人，今人多言请客或宴客。而鲁山地区群众至今仍习惯说“待客”。如人们常说:“今天李家待客了。”“你家待了几桌客？”墨子这里说的是耗费民力去做无用的事情，赏赐没有才能的人，国家财宝都为请客用完了，这是国家的第三祸患呀。墨子齐鲁宋卫跑了那么多地方，总忘不了家乡的土音土调，看来真是乡音难改啊。而滕州只习惯说请客，不说“待客”。

（四）“将养”

《非命上》中墨子说，如果相信天命，在上位的人就不主政事，在下面的人就不去工作，这样就会“上无以供粢盛酒醴祭祀上帝鬼神，下无降绥天下贤可之士，外无以应待诸侯之宾客，内无以食饥寒，将养老弱”。孙诒让以为“将养是扶养之误”。李渔叔把“将养”释作“持养”。“将养”在鲁山地区多指调养、赡养、扶养，并含有艰难维持生命的意思。如嘱咐病人说:“好好将养，不要着急。”这是指调养休息的意思。还说:“这孩子多喜人，可要好好将养着。”这里指扶养。还说:“老人家老了，可要给将养好。”这里多指赡养。墨子这里主要是指扶养和赡养，而滕州却无“将养”之说。

三、鲁山地区的惯用单音词

《墨子》里除有大量鲁山地区土语和习惯用语外，还有许多鲁山地区的习惯用单音词。

（一）“饥”

“饥”与“饿”都是腹中少食而想吃东西的意思，只是饥饿程度不同罢了。王力主编《古代汉语》认为:“一般的饥叫饥，严重的饥叫饿。”尽管东汉高诱注《淮南子·说山训》云:“饥，食不足；饿，困乏也。”但历来还是把“饥”和“饿”当同义词用，“饥”可以说成“饿”，“饿”也可以说成“饥”，是没有人把饿说成“困乏”的。但“饥”和“饿”，各地在习惯用法上却有不同。鲁山地区就常用“饥”而不用“饿”。如问人你“饥不饥？”却不问你“饿不饿”。说“我饥了”，却不说“我饿了”。

这是鲁山地区人在“饥”和“饿”的习惯用法上的一个特点。在《墨子》里，很多地方在讲到饥饿时，却用“饥”而不用“饿”，和鲁山地区的用法一样。如《节葬下》，墨子在批判古人处丧方法时说：“处丧之法，将奈何哉？曰哭泣不秩，声翁，缞绖垂涕……又相率强不食而为饥。”这里说的“强不食而为饥”，即是忍着饥不吃饭。本来可以说忍着“饿”，却用了“饥”。又如《非攻中》“食饭之不食，饥饱之不节”，《兼爱下》“饥则食之，寒则衣之”，《尚贤下》“饥者得食，寒者得衣”等，处处皆是。而滕州地区却习惯说“饿”而不说“饥”。

（二）“中”

“中”这个单音词的含义有中心、中间、符合、适合、恰好、得到等意思。在鲁山地区方言里，它还有“行”“成”“好”“可”的意思。鲁山地区对“行不行”“成不成”“好不好”“可不可”，都可以说成“中不中”。

《辞过》第六中，墨子谈到圣王的“衣服之法”时曰：“古之民未知为衣服时，衣皮带茭，冬则不轻而温，夏则不轻而清。圣王以为不中人之情，故作诲妇人治丝麻，梱布绢，以为民衣。为衣服之法：冬则练帛之中，足以为轻且暖，夏则絺绤之中，足以为轻且清，谨此则止。”这里共用三个“中”字，第一个“圣王以为不中人之情”的“中”是符合的意思。后两个，即“冬则练帛之中”的“中”和“夏则絺绤之中”的“中”，都是“行”和“可”的意思。是说冬天穿生丝做的衣服就行了，已经够轻和暖和了；夏天穿细葛或粗葛做的衣服，也就可以了，已经很轻和凉爽了。李渔叔把第二、第三个“中”翻译为“中衣”，即古时的内衣，这个解释是不对的。因为夏天是无须“中衣”的，墨子又那么注重节用，他怎能忍心叫人那么浪费？

《墨子》里把“中”字当“行”“成”“好”“可”来用，是很多的。如《法仪》：“百工为方以矩，为圆以规，直以绳，衡以水，正以悬。无巧工不巧工，皆以此五者为法。巧者能中之，不巧者虽不能中，放依以从事，犹逾己。”这里用的两个“中”，都是鲁山地区所说的“成”和“好”的意思。墨子是说各种工匠只要照着上面五个法度去做，巧者能做成做好，不巧者虽然不行，但只要模仿着干，也一定能胜过自己。这里所用的“中”，都是典型的鲁山地区方言。而滕州多把“行”“成”“好”“可”说成“管”，却不讲“中”。

（三）“石”“斗”

石和斗是过去通用的计算容量的单位，本身并不是鲁山地区方言，但鲁山地区群众过去说到重量时，不说斤称，而总以石和斗代替重量，如“这辆车可以载十石”“这粮食有七八斗”。《墨子》里也有大量的这种说法。如《鲁问》中，墨子谓公输子曰：“子之为鹊也，不如翟之为车辖，须臾斵三寸之木，而任五十石之重。”《备城门》中：“五十步积薪，毋下三百石。”又曰：“百步一井，井十瓮，以木为系连。水容器四斗到六斗者百。”过去许多学者把斗误作“什”或“十”，实际是不懂鲁山地区人的方言习惯。

以上所举《墨子》里的鲁山地区方言，由于几千年的文化交流，个别词语在其他地区也会出现，但这么多方言土语统统与鲁山地区方言相合，绝非偶然，如果墨子不是鲁山人，他是讲不来那么多鲁山土话的。由此可以看出，墨子是土生土长的鲁山人。

墨子“三表”哲学思想的实践性

杨晓宇[①]

作为中国古代辩证法鼻祖的墨子，其哲学思想博大精深，表现在各个篇目之中，也渗透其政治、经济、社会、科技等思想的各个方面。其中，《非命》上、中、下三篇中的要旨“三表”思想，即是围绕“天命”的存在与否及言论、文章的是非对错，所进行的透辟论辩。自古至今，对“三表”的研究与诠释，许多学者仁智互见，愚以为，“三表”思想的闪光点就是它的哲学实践性，这个实践性放在先秦思想史中去考察，应是比较先进、比较科学的，它对后世乃至现代的实践思想的影响都是巨大的。

一、“三表”认识论思想的提出

哲学是关于世界观的学问，如何准确、客观地认知世界、社会与人类自身，是哲学上的一个恒久命题。在中国古代社会，由于对自然和社会科学知识的局限性，无论是国王诸侯、臣民百姓，都认为“生死有命、富贵在天”，由此引申，把国家兴亡、丰收灾荒、贵贱贫富都与“天命”相联系。墨子看到了“天命”所带来的社会隐患及王公大臣用“天命”

① 杨晓宇，河南省社科院墨子研究中心特邀研究员，河南省墨子学会副秘书长、平顶山市炎黄文化研究会副会长。

束缚百姓、推脱责任的欺骗性，因而针对有无“天命”及相信“天命”带来的危害，专门为弟子及天下人作了《非命》上、中、下三篇论谈，他指出：“执有命者以杂于民间者众。执有命者之言曰：‘命富则富，命贫则贫；命众则众，命寡则寡；命治则治，命乱则乱；命寿则寿，命夭则夭。命，虽强劲，何益哉。上以说王公大人，下以驵百姓之从事，故执有命者不仁。”（《非命上》）其认为不管是对统治者治理国家，或是对老百姓从事各项社会事业，都是不利的，因而执有命者是“不仁”的，如果见了这样的人，听了这样的话，就应该明白辨析，据理力驳。

如何针对执有命者进行辩论驳斥呢？墨子说：“言必立仪。言而毋仪，譬犹运钧之上而立朝夕者也，是非利害之辩，不可得而明知也。”（《非命上》）“仪”即仪器，“必立仪”即必须立下标准尺度。若无有“仪”之标准，就好比在制陶转轮之上，放立测量标准的仪器，不可能弄明白是非利害之分。因此，墨子提出了衡量言论准确与否的三条标准，这就是著名的“三表”：“故言必有三表，何谓三表？子墨子言曰：有本之者，有原之者，有用之者。于何本之？上本之于古者圣王之事。于何原之？下原察百姓耳目之实。于何用之？废以为刑政，观其中国家百姓人民之利。此所谓言有三表也。”（《非命上》）在这里，“本”作参照、考察；“原”为推断、考察社会反映；“用”为付诸社会实践；“废”通“发”，意为把言论付诸刑政的实施。其目的要观其是否“中国家百姓人民之利”。这个“本、原、用”就是“三表”，也即认知言论是非对错的标准。

在《非命》中、下篇里，对“三表”的论述和解释大同小异，如《非命中》说：“言有三法，三法者何也？有本之者，有原之者，有用之者。于其本之也，考之天鬼之志，圣王之事。于其原之也，征以先王之书。用之奈何？发而为刑政。此言之三法也。”在《非命下》篇，墨子说：“何谓三法？曰：有考之者，有原之者，有用之者。恶乎考之？考先圣大王之事。恶乎原之？察众之耳目之请。恶乎用之？发而为政乎国家万民而观之。此谓三法也。”可以看出，此“三法”即上篇所言“三表”，只不过下篇把“本”变为“考”字，其义未变。中篇在解释时，在一法“本”之中加上了“天、鬼之志”，在二法“原”之中，变为“征以先王之书”，替代了“百姓耳目之实”。由以上《非命》上、中、下三篇对“三表”的论述和解释，我们明显可以看出，中、下两篇都是上篇的照抄、转述与解释，主要思想是一致的，对照《墨子》其他诸篇如《尚同》《兼爱》《非命》上篇的论述为主要依据或者原始论点的惯常体例。“三表”认识论应该是它的中心论点。

二、“三表”认识论的核心是实践性

对于《墨子》中的“三表”认识论，早就为专家、学者所注意，杜国庠的《先秦诸子思想概要》，任继愈的《中国哲学史》，刘树勋、刘邦富的《墨子和他的“三表”说是唯物主义的吗？》，阳正太的《墨子“三表”说初探》，张立文的《略论墨子以“三表”为核心的认识论》，伍非百的《墨子大义述》，方立天的《论我国古代唯物主义者的真理标准观》，吕振羽的《中国政治思想史》，童书业的《先秦七子思想研究》等，都从不同方面对“三表”做了研究与评述，杨骏光更在其专著《墨子新论》中，对以上诸位学者仁智各见的评价做了比较分析，总的说，一是肯定“三表”是墨子认识论的核心思想，二是认为墨子是以经验为根据并以事功验证来对言论是非进行判断的，三是承认墨子有以实践为理论的真伪标准，即朴素的实践标准，四是承认墨子的朴素群众观点，五是不认可墨子思想中以群众为认识主体之卓越思想的萌芽。

如何评价“三表”的思想价值，笔者以为，还得从解析“三表”本身所蕴含的思想，来对墨子“三表”认识论做界定。

首先，对于“三表”中“本”的认识。墨子说：“于何本之？上本之于古代圣王之事。”有人认为，本古代圣王之事，说明墨子唯古代圣王为标准，从而认定墨子不是唯物主义者，而只能是“经验主义”的唯心论者。笔者以为，把古代有作为的、为人民群众造福的、推动社会历史发展进步的圣王之行为事迹，当作衡量君主臣子行为优劣贤愚与否的参照标准，在当时的社会条件下，就是崇高的目标和境界，它不单单是“经验”，而且是唯物的。历史是最好的参照系，以史为鉴，可以知兴替，以人为鉴，可以知得失，唐太宗李世民的这句话，成为历代帝王的至理名言，而墨子在春秋战国时期就已提出了这一思想，实为“先知”之见，谁又能肯定李世民没有受墨子“三表”思想影响呢？历史的经验是历史上人们实践的结果，是历史上人们思想的结晶，它应该是实践的一部分，而不是谁主观臆想的东西。“古之圣王，举孝子而劝之事亲，尊贤良而劝之为善，发宪布令以教诲，明赏罚以劝沮。若此，则乱可使治，而危者可使安矣！……是故昔者三代之暴王，不缪其耳目之淫，不慎其心志之辟，外之驱骋田猎毕戈，内沉于酒乐，而不顾其国家百姓之政。繁为无用，暴逆百姓，使下不亲其上。是故国为虚厉……”后人吸取经验教训尊重历史、学习历史、运用历史，应该符合历史唯物主义的基本要求。

其次，是对于“原”的理解，按照墨子的本意，“于何原之？下原察百姓耳目之实”。什么是百姓耳目之实？即百姓的所听所见：“我所以知命之有与亡者，以众人耳目之情知有与亡。有闻之，有见之，谓之有。莫之闻，莫之见，谓之亡。”墨子这儿的“耳目”，一些人片面认为只是单纯的看见与听见，其实，它应该包含着百姓的呼声和意愿，试想在任何社会中，百姓的耳目之实又怎能与百姓的呼声意愿截然分开呢？情就是意愿。个别学者认为墨子的“耳目之实”不能包含人民群众的呼声与愿望，这是对墨子“三表”思想机械地去理解。愚以为，无论是“察百姓耳目之实”或是“察众之耳目之情”，都是墨子作为平民圣人心系百姓祸福，把百姓之忧乐当作评价社会好坏之标准的思想体现。由此说，方立天在其《论我国古代唯物主义者的真理标准观》中所言：“二、三两表提出了百姓的经验和百姓人民的利益，突出了群众性的观点，依稀朦胧地透露出群众是认识主体这一卓越思想的萌芽。”童书业在其《先秦七子思想研究》中讲“下原察百姓耳目之实就是考察百姓们的意见，听听他们的舆论”应该是对的。我国改革开放中，邓小平同志所提到的“群众拥护不拥护、愿意不愿意、欢迎不欢迎”的衡量改革成果的标准，也是以实事求是，实践是检验真理的唯一标准作为基础的。此也是“察百姓耳目之实”或“察众之耳目之情”。

最后是“用”。“于何用之？废以为刑政，观其中国家百姓人民之利。”墨子在此说得很明白，就是要把自己的言论放到刑政之中去，看是否有利于刑政的施行。怎样衡量它对刑政的施行有用还是无用，有利还是无利，甚至有弊还是无弊，要看它是否“中国家百姓人民之利”。这儿的“中”，是河南的典型方言，“中”为“达到、符合”等意。“中国家百姓人民之利”，是说刑政要能给国家的富强、百姓人民的殷实富足和安居乐业以保证。在《墨子》五十三篇典籍中，“中国家百姓人民之利”这句话，曾经反复出现，可以认为这是墨家政治思想的核心与目的，是衡量刑政好坏的最终标准。笔者以为，它可以分为三个层次，一是有利于国家，无论什么时候，国家的利益是高于一切的，当然也包含天子、国王在内。二是有利于百姓。在先秦时代，百姓尚指拥有一定身份与家族渊源的人。《辞源》“百姓”：一曰“百官”，“在《尧典》与《诗·小雅》中，都是与黎民对称的”。二指平民。“或谓古代无姓，有姓者皆有土有官爵，其后民亦有姓，故民庶亦称百姓。”《墨子》中把“百姓”放在人民之前国家之后，应是指“百官”士族等相对于平民而言。三是有利于人民，即下层平民。这三层利益关系，可以作为刑政好坏的试金石，政治昌明，臣民拥护，即为佳政，反之，“王公大人怠乎听狱治政，卿大夫怠乎治官府，则我以为天下必乱矣。农夫怠乎耕稼树艺，妇人怠乎纺绩织纴，则我以为天下衣食之财将必不足矣”。国家离乱，人民衣食不足，自然就是劣政甚至暴政了。

三、“三表”的实践性与墨子认识论

“三表”作为墨子认识论的核心学说，由于它是建立在客观实际基础上的，因而具有永恒的生命力，与墨子其他哲学思想一起，构成了墨家哲学思想体系，成为我国古代思辨科学的重要组成部分。一个学说有无生命力及生命力的长久与否，是与其对当时乃至后世社会实际的指导力度影响大小对应的。那么，就让我们讨论一下墨子认识论的影响吧。

首先，我们来看一下墨家在当时社会的影响。在春秋战国时期，由于社会动荡和奴隶主统治的土崩瓦解，新的社会形态有待产生，空前的思想宽松环境促使一些知识分子关注国家和社会命运，纷纷站出来建立自己的学说，形成了百家争鸣的局面，成为中国古代思想史上的第一个黄金时代，除长期居于统治地位的儒家思想之外，还有许多学说，直到今天，依旧产生着非凡的影响力，如墨家、法家、道家等，尤其是墨家，与儒家学说并称显学，《吕氏春秋·当染》说孔墨两家，“徒属弥众，弟子弥丰，充满天下”。同儒家“述而不作”思想不同，墨家最大的特点就是投身于社会实践，力避空谈，甚至于行侠仗义、杀身成义，著名的墨子止楚攻宋故事和墨家巨子孟胜及弟子一百八十余人为阳城君而壮烈赴难等，均为明证。这些行为，与其鲜明的力行思想即实践性是分不开的，这一思想运用到个体，就是要言信行果；运用到国家与社会，就是“三表”所要求的本古者圣王之事，察百姓耳目之实，发而为政乎国，察万民而观之。正因为如此，墨家才赢得与儒家并称显学的地位。既是显学，在当时的影响，自然是非常大的。

其次，就是墨家对后世的影响。作为中国古代朴素的唯物论者和辩证逻辑的鼻祖，墨子在哲学上的贡献无疑是巨大的。由于中国历史上曾经有过罢黜百家、独尊儒术的文字封杀现象，和其后两千余年的儒家思想政治地位，墨家学说几乎绝闻，这不能不说是中国古代思想史上的一个悲剧。在形成灿烂的儒家文化的同时，也枯萎了许多鲜活的、富有创造生命力的文化萌芽。以封建的忠君思想为例，人们千百年来都唯上是从，真龙天子君权神授，皇帝老子金口玉言，有至高无上的地位，说出话来就是颠扑不灭的真理，以至社会发展到现当代，方敢开真理标准大讨论之风。直到今天，实践是检验真理的唯一标准，才真正被人们所接受。而在两千多年前，墨子已经定出了“三表”之仪，如若像儒家思想一样发展延续，中国社会不知要减少多少荒唐的历史个案。因此，墨家认识论思想，特别是以“三表”为核心的实践的观点，在现代社会及其将来也是需要我们去学习、研究、借鉴、运用的，其鲜活的生命力也正在于此。

总之，墨子认识论思想源远流长，其“三表”实践观尤须为我们所重视。它是中华民族思想文化的瑰宝，在今后的中华民族伟大复兴进程中，必然会日益发扬光大，焕发新的活力。我们相信，对于墨子思想的研究，也必然会在马克思辩证唯物主义的指导下，为构建中华民族新时代的思想文化体系发挥应有的作用。

时代引领，历史使命

——墨学研究的理想与方法①

孙中原

一、时代引领，历史使命

为何研究墨学？

我之所以走上墨学研究道路，归因于时代引领，历史使命。1956—2022年，我从事67年的学术专攻，围绕“时代引领，历史使命——为中国逻辑与墨学研究奠基”的主旨，竭尽全力，矢志以求。

逻辑是墨学的构成与宣传方式。1958年7月，我由中国人民大学哲学系哲学专业本科三年级学生，先后成为中共中央直属高级党校自然辩证法研究生班与逻辑研究生班学员，从事现代科学方法论与逻辑理论学术专攻。

1961年4月我由中共中央直属高级党校逻辑研究生班毕业后，当时中央有指示要求人民大学派人，跟汪奠基学习中国逻辑史。1961年4月至1964年4月，我居住中国科学院哲学社会科学部研究人员宿舍，到中科院哲学所逻辑室，师从汪奠基、沈有鼎教授，专攻中国逻辑与中国古

---

① 国家社科基金资助，2019年国家社科基金冷门绝学研究专项《〈墨经〉绝学的E考据和元研究》阶段性成果。

籍（诸子百家，经史子集），从事中国古代文献校勘、训诂与考据的专攻。这也奠定了我中国逻辑与墨学研究的专业功底，积累了丰富可靠的文献资料基础。

1963—1964年开始，我在《光明日报》发表中国逻辑与墨学研究专业论文。至今出版学术专著《墨子大辞典》等80余种，论文400余篇，作为首席专家，完成国家规划办后期资助项目《墨学大辞典》与冷门绝学研究专项《〈墨经〉绝学的E考据和元研究》等国家科研项目，获得好评。

二、新元墨学，元墨学纲领

1. 如何研究墨学

德国数学家希尔伯特的元数学纲领，提出理论研究的分层论，把所研究的理论叫对象理论，研究对象理论所用的工具性理论叫元理论。借鉴希尔伯特元数学纲领的方法，从事墨学研究，构建新墨学（New Mohism）与元墨学（Meta Mohism），合称新元墨学（New meta Mohism）。

墨学元研究，是墨学的超越、总体研究，墨学元研究的成果，是元墨学。现代墨学，即墨学的现代化，墨学的现代性转化，是墨学研究范式的现代转型，其研究成果，是新墨学与元墨学。墨学现代化、新墨学与元墨学范畴，是现代墨学研究的重点、难点、焦点、亮点与学术增长点。

现代学者适应新时代的需要，把古墨学创新转化为新墨学，乃是势之必至，理所固然。墨学现代化，是新墨学创立的手段、原因、途径、行为与实践。新墨学创立，是墨学现代化的目的、结果、宗旨、动机与理想。墨学现代化趋势的实质，是奔向现代化的目标，乃不可阻挡的历史潮流、命运与必然。

墨学现代化趋势的必然性，是墨学的现代性转变，贯穿于墨学现代化的全过程。墨学现代化趋势的理论渊源（内因、根据与直接因素），是墨学自身的内在张力与生命力。墨学是中国传统学术中，最富科学人文精神的优秀文化遗产，蕴含施诸四海而皆准、行诸百世而不悖的普遍真理，有重要的现代价值与世界意义。

墨学自身的内在张力与生命力，遇到合适的土壤气候，必然发芽生长，开花结果。墨学现代化趋势的历史渊源（外因、条件与间接因素），是全球化时代世界地球村意识的冲击，中华民族弘扬优秀传统文化的精神驱动。墨学现代化的趋势，是墨学自身的内在张力、生命力与时代需要的因缘和合。现代学者在新时代，面对新课题，从墨学中借鉴丰富的哲学资源，汲取深湛的哲理智慧，墨学现代化的趋势应运而生。

2. 墨学元研究的目的、结果

元墨学的理论层次高于古墨学，揭示古墨学的元性质，是新墨学的中枢与灵魂，主导与统帅因素。古今墨学元性质，是以现代科学为工具性元理论，揭示古今墨学的整体性质（见表 1）。

表 1　墨学元性质

序号	古今墨学元性质	古墨学元性质	今墨学元性质
1	主体	先秦墨家	现代学者
2	主题	战国课题墨学应对	现代课题墨学应对
3	成果	战国课题墨学答案	现代课题墨学答案
4	形态	古墨学论著	今墨学论著
5	语言	古代汉语	现代语言
6	层次	第一层次元研究	第二层次元研究
7	方法	古代哲学方法	现代哲学方法

（1）主体。古墨学研究的主体，是先秦墨家。古墨学是先秦墨家一家之言，适应战国时代需要，代表从手工业者上升的士人知识分子心声，有派别与时代的局限，需要今日学人批判继承、发挥发展与总体超越。

今墨学研究的主体，是现代学者。梁启超是 20 世纪初期中华传统文化研究的代表人物之一，以弘扬中华学术为己任，倡导中华民族文化的再次复兴。梁氏顺应中华民族发扬传统文化，适应世界进步潮流的需要，揭开墨学现代研究的序幕。

受梁氏影响，胡适激发墨学现代研究的兴趣，用英文撰博士论文，称墨翟是中国最伟大的人物之一，真正有价值的唯一著作，是名为《墨子》的53篇论文集。墨子是伟大的科学家、逻辑学家与哲学家，是高度发展的科学方法的创始人，是发展归纳和演绎科学逻辑的中国学派，为中国贡献逻辑方法最系统的发达学说。胡适用西方逻辑概念，创造性解释墨家“故理类”范畴与“譬侔援推”等论辩方法，与梁启超同为墨学现代研究的开拓者、领军人。

沈有鼎以精深的国学与西学素养，准确解释墨学精华，是墨学现代研究的质变与新高度，由此使墨家逻辑成为学人常识，影响遍及所有重要的逻辑哲学论著，使长期埋没沉沦的墨家逻辑喜获新生，受到学术界的普遍赞誉。沈氏墨辩现代研究成果的价值，不亚于墨辩的原创，若无沈氏确解墨辩的成果，学人至今可能仍不知墨家逻辑为何物。

（2）主题与成果。古墨学研究的主题，是战国课题的墨学应对，成果是战国课题的墨学答案。《墨子·鲁问》载墨子说：“凡入国，必择务而从事焉。国家昏乱，则语之尚贤尚同；国家贫，则语之节用节葬；国家喜音湛湎，则语之非乐非命；国家淫僻无礼，则语之尊天事鬼；国家务夺侵凌，即语之兼爱非攻。”

这是墨子面临的战国课题，是当时社会、政治、伦理、宇宙人生的终极难题，当务之急。墨子提出十大难题，作为墨学研究的主题，论证《尚贤》《非命》十大论题，突显墨学产生的深刻历史渊源与强烈的科学人文精神。墨家各派面临战国时代哲学、社会科学与自然科学难题，通过俱诵訾应、论说传承的机制，推出奇书《墨经》。

《经》《经说》183条，对当时哲学、社会科学和自然科学难题，给出简明的答案与解释论证。《大取》是渗透伦理逻辑精义的墨学札记。《小取》是首尾相贯、概括浓缩的逻辑专论。《墨经》是先秦诸子百家争鸣辩论和朴素科学认识成果的荟萃检阅，是墨家丰厚科学人文精神的结晶。

《墨经》是一部浓缩的古希腊与古中国。《墨经》留有未来学人说明发挥的广阔空间，是有开端、无终点，有预想、待完善的中华科学化、逻辑化的理想蓝图。以现代科学为工具性元理论，以《墨经》为对象的现代解释发挥与发展，是更有价值的墨学现代化要务，是创立新元墨学的使命目标。

今墨学研究的主题，是现代课题的墨学应对，研究成果是现代课题的墨学答案。今墨学研究的机理，是结合墨学对象与现代需要，达成创立新墨学的结果、目的、宗旨、动机和理想，犹如用画笔色彩与画技的完美结合，展现最新最美的新元墨学图景。

（3）形态。古墨学研究的形态，是古墨学论著，用古汉语表达，是今墨学研究的对象资料，犹如冶金需要矿产原料。今墨学研究的形态，是今墨学论著，用现代语言表达，是今墨学研究的成果，犹如冶金熔铸新品。

（4）语言。古墨学研究的元语言工具，是古汉语。古汉语文字简略，惯用缺省，《墨经》更为凝练浓缩。《墨经》命题省略系词，肯定联结词与全称量词阙如。语句命题，简化浓缩为语词词组。说明论证，简化浓缩为“论题 + 说在 + 例证理由”的提示语。通过专门的分科研究，结合语境，准确理解其浓缩缺省的文字，创造性地诠释转换，表达为通顺流畅、通俗易懂的现代语言。墨家各派俱诵的《墨经》式先秦古汉语，不适合现代广大读者阅读理解与应用。

今墨学研究的元语言工具，是现代语言。英国逻辑学家罗素说，每一种语言可有另一种处理其结构的语言，这种语言有一种新结构。现代墨学研究的元语言工具，是渗透现今人类共同知识的现代语言。现代学人的使命，是在审慎研究、理解原文的基础上，把墨学所用古汉语，创造性转化为渗透现今人类共同知识的现代语言，让现代广大读者能读懂并应用。

（5）层次。古墨学研究的层次，是第一层次的元研究，是墨家从战国时代课题升华概括的元理论成果。今墨学，是以现代科学为工具性元理论，以墨学为研究对象的第二层次元研究，是对墨学的超越，总体发展，层次高于墨学的新元墨学，是中华民族优秀文化的重要与必要组成部分，为当今社会和谐与世界人民的福祉服务。

（6）方法。古墨学研究的方法，是古代哲学方法。方法是方向、途径、手段、工具和程序的统称。广义研究方法，包括研究方向（主题、目的、宗旨，研究什么，解决什么问题）。狭义研究方法，指理论建构的途径、手段、工具和程序（怎样研究）。

今墨学研究的方法，是现代哲学方法，以现代科学为工具性元理论，对墨学进行超越、总体研究。现代科学，是全球化过程中从域外引进的客观普遍真理，对全人类实践、认识普遍有效，是墨学研究的犀利工具。

发达的现代科学，是开启墨学之锁的合用钥匙，是剖析墨学元典的最佳方法。“他山之石，可以攻玉。”在全球化的世界地球村，从域外引进更为犀利的现代科学工具，选择适当，运用恰合，不再刻意计较其原产地。

用西方方法诠释中国资料，是中西哲学比较研究法的别名，需对西方方法和中国资料，经过比较、鉴别与消化，真切了解，熟能生巧，得心应手，才能用西方方法，对中国资料进行创造性诠释研究，推出符合现代需要的新成果。这与对西方方法和中国资料，均无真切了解，形式主义、主观、片面与表面的“比附”，没有实质共同点。

“以西释中”（据西释中），不等同于“比附”。“比附”，是拿不能相比的东西来勉强相比。所“以”（据）西方方法适宜，“释中”恰当，是正确的中西哲学比较研究。在全球化的世界地球村，中西文化比较研究、融会贯通，是不可阻挡的历史趋势。

墨学现代化，从方法论说，是古今中西哲学互为工具、互相解释的比较研究过程。从本质说，古今中西哲学既有异又有同，是古今中西哲学时间性、空间性的对立（异）统一（同）和“同异交得”（《经上》）。古今中西哲学的互相解释和比较研究，有助于全球化时代人类不同思想文化传统的对话交流，和谐相处。

苏轼《题西林壁》诗：“横看成岭侧成峰，远近高低各不同。不识庐山真面目，只缘身在此山中。”现代研究者，以各自专业特长和横侧、远近、高低“各不同”的观察视角，有可能把同一“墨学全山”看成岭峰“远近高低各不同”的假象。这种“不识墨学全山真面目”的方法论根源，是“只缘身在墨山中”，钻牛角尖出不来，误把局部当整体，只知其一不知其二。以现代科学眼光，从超越、总体视角进行研究，把局部、分析的认识，组织为整体、综合的认识，才能认识“墨学全山真面目”。

杜甫《望岳》诗：“会当凌绝顶，一览众山小。”屹立现代科学的巅峰，才能一览“墨学全山真面目”。以现代科学为工具性元理论，对墨学进行超越、总体研究，是墨学现代化和墨学元研究的最佳方法论选择。

古今墨学研究主体、主题、成果、形态、语言、层次、方法等元性质，是墨学研究范式转换的标志与质变关节点。把古今墨学元性质的认识，转化为创建新墨学与元墨学的实际行动，有助于促进墨学现代化目标的实现。

在中华民族复兴、积极参与世界地球村和平发展、合作竞争的现时代，需要吸纳人类业已创造的全部文化精粹，恰当认识自身，准确把握国情，认知变革墨学的哲思精华，在历史既定的基础条件下，理性地继承传统，踏实地创造未来。

以现代科学方法，新诠墨学的精粹哲理，促进墨学的现代转化，使墨学作为新时代铸造中华文化辉煌的必要与重要成分，为亿万华夏儿女提供丰富的精神营养，让墨家科学人文精神的宝贵遗产，如清泉长流，滋润读者心田，哺育时代新人。

《容成氏》是墨子"献书惠王"治楚良策

张新河[1]

1994年，上海博物馆从香港古董市场购得1200多枚竹简，其中包括多种战国时期的古书，学界称为"上海博物馆藏战国楚竹书"。经整理拼合后，《容成氏》现有竹简54枚，其中完简42枚，《容成氏》是《上海博物馆藏战国竹书（二）》中的第6篇。

由于这批简属于盗掘，出土地点并不明确，无法根据出土墓葬应用考古学方法断定相对年代，经中国科学院上海原子核研究所，由超灵敏小型回旋加速器质谱仪对竹简做历史年代测定，该竹简距今2257±65年。裘锡圭说：出现时间距郭店一号墓清理很近。可能是盗墓者获知郭店一号墓出简的消息之后，在邻近地区的一个楚墓中盗掘出来的。这批竹书中并有两篇跟郭店墓所出竹书相重。看来两批竹书抄写的时间不会相距很远，上博竹书也应该是战国中期物。从简文字体看，定为战国中期也是合适的。《容成氏》成书年代下限，当不晚于此时。

一、上博简《容成氏》的内容与墨家思想

学者普遍认为，《容成氏》是一篇讲述上古帝王传说的史书。其整

① 张新河，河南省墨子学会常务理事、副秘书长。

体体现出明显的墨家思想。内容可分为：容成氏等上古帝王，尧前古帝王，尧，舜，禹、启、益，桀、汤，纣、文王，武王伐纣八个部分。

第一部分主要讲容成氏等上古帝王的行政范例。

昔容成氏、大庭氏之有天下，厚爱薄敛，身力以劳百姓，其政治而不赏，官而不爵，无勉于民，而治乱不倦的尚贤、节用、节葬治国爱民思想。

昔尊卢氏、赫胥氏、乔结氏、仓颉氏、轩辕氏、神农氏、杭氏、垆跸氏之有天下，皆不授其子而授贤。其德酋清而上爱下的列德尚贤、兼爱天下的禅让风尚。

第二部分主要讲尧前古帝王以德孝治天下的范例。

……以孝治，焉以行政。于是乎不赏不罚，不刑不杀，邦无饿人，道路无殇死者。上下贵贱，各得其所。四海之外宾，四海之内臻，禽兽朝，鱼鳖献。不用行政，四海朝贡，一派德孝治天下、政通人和的太平盛世。

第三部分讲帝尧为天子，为善兴贤，施行禅让的范例。

尧为天子，为善兴贤，不劝而民力，不刑杀而无盗。尧以天下让于贤者，天下之贤者莫之能受。

昔舜耕于鬲丘，陶于河滨，渔于雷泽，孝养父母，以善其亲，乃及邦子。尧闻之而美其行。尧于是乎为车十有五乘，以三从舜于畎亩之中。舜于是乎始免蓺开耨，芰芥而坐之芋，尧南面，舜北面。舜于是乎始语尧天地人民之道。与之言政，说简以行；与之言乐，说和以长；与之言礼，说溥以不逆。……尧乃悦。尧乃老，视不明，听不聪。尧有子九人，不以其子为后，见舜之贤也，而欲以为后。舜乃五让以天下之贤者，不得已，然后敢受之。

第四部分讲帝舜政绩及禅让禹之范例。

> 舜听政三年，山岭不处，水潦不谷，乃立禹以为司空。……舜乃老，视不明，听不聪。舜有七人，不以其子为后，见禹之贤也，而欲以为后。禹乃五让以天下之贤者，不得已，然后敢受之。

第五部分主要讲述禹近悦远至之政绩及益被启攻伐而篡位。

> 禹听政三年，不制革，不刃金，不䂵矢，田无蔡，宅不空，关市无赋。禹乃因山岭平隰之封邑者而繁实之。乃因近以知远，去苛而行简。因民之欲，会天地之利。夫是以近者悦怡，而远者自至。海之内及海之外皆请贡。
>
> 禹然后始行以俭：衣不袭美，食不重味，朝不车逆俭朴廉洁、勤政便民作为。

第六部分主要讲述夏桀荒淫无道、骄奢淫逸，腐败失国与商汤逐夏桀及招贤伊尹以辅佐过程。

第七部分主要讲述殷纣王昏庸无道、暴虐失国及周文王的聪慧之举。

第八部分主要讲述周文王驾崩。武王即位，以盛德兴师伐纣之过程。

从整体内容看，《容成氏》前五部分，是讴歌先圣尚贤、德孝、禅让行政功德；后三部分，重点阐述执政者荒淫无度、腐败无能，行使虐政、暴政，最终亡命失国的教训。前部尚贤、禅让兴国范例与后部荒淫无道失国教训，形成鲜明比对，目的是提醒或警示执政者，实施尚贤、尚同，兼爱、非攻，节用、节葬一心为民众是上策；否则必将坠入亡命失国的下场。显然，《容成氏》是对战国时期执政者而发，读者对象并非平民。

上述内容在《墨子》中都能找到相应案例。比如，《墨子·尚贤上》

首先阐述尚贤之要："子墨子曰：'古者王公大人为政于国家者，皆欲国家之富，人民之众，刑政之治。然而不得富而得贫，不得众而得寡，不得治而得乱，则是本失其所欲，得其所恶，是其故何也？'子墨子言曰：'是在王公大人为政于国家者，不能以尚贤事能为政也。是故国有贤良之士众，则国家之治厚，贤良之士寡，则国家之治薄。故大人之务，将在于众贤而已。'"这里，墨子强调王公大人的急务就是尊贤使能，国家的治绩大小，关乎贤人的多少，贤良之士多，国家治绩就大，反之则小。

《容成氏》列举上古帝王、尧前古帝王及尧、舜、禹、汤、文、武，施行尊贤用贤的尚贤制度，是在褒扬先贤圣王"传贤不传子""授贤不授子"，使天下太平、民众安居乐业。而《墨子·尚贤上》曰："故古者尧举舜于服泽之阳，授之政，天下平。禹举益于阴方之中，授之政，九州成。汤举伊尹于庖厨之中，授之政，其谋得。文王举闳夭、泰颠于罝罔之中，授之政，西土服。"《墨子·尚贤上》又载："尚欲祖述尧舜禹汤之道，将不可以不尚贤。夫尚贤者，政之本也。""故古者圣王甚尊尚贤而任使能，不党父兄，不偏富贵，不嬖颜色。贤者举而上之，富而贵之，以为官长。不肖者抑而废之，贫而贱之，以为徒役。"《墨子·尚贤下》载："子墨子言曰：'……然昔吾所以贵尧舜禹汤文武之道者，何故以哉？以其唯毋临众发政而治民，使天下之为善者可而劝也，为暴者可而沮也。然则此尚贤者也，与尧舜禹汤文武之道同矣。'"显然，《墨子·尚贤》这些主张，同上博简《容成氏》的整体思想完全一致。

另外，《容成氏》篇中，有上古帝王"厚爱而薄敛"；禹"乃因近以知远，去苛而行简。因民之欲，会天地之利。夫是以近者悦怡，而远者自至"，"禹然后始行以俭：衣不袭美，食不重味，朝不车逆"。而这些记述，同墨子节用、节葬思想完全一致。《墨子·节用上》载："去无用之务，行圣王之道，天下之大利也。"《墨子·节用中》曰："古者圣王制为饮食之法曰：'足以充虚继气，强股肱，使耳目聪明，则止。'不极五味之调，芬香之和，不致远国珍怪异物。"这里"不极五味之调、芬香之和"与《容成氏》"食不重味"相同。《墨子·节葬下》载："故古圣王制为葬埋之法曰：'棺三寸，足以朽体。衣衾三领，足以覆恶。以及其葬也，下毋及泉，上毋通臭，垄若参耕之亩，则止矣。'""昔者尧北教乎八狄，道死，葬蛩山之阴，衣衾三领……""禹东教乎九夷，道死，葬会稽之山。衣衾三领，桐棺三寸，葛以缄之……""子墨子制为葬埋之法曰：'棺三寸，足以朽骨，衣三领，足以朽肉，掘地之深，下无菹漏，气无发泄于上，垄足以期其所，则止矣。'"足见，墨子节用及论葬与《容成氏》中古圣王、尧、禹所述"厚爱而薄敛""棺三寸""衣衾三领"完全一致，同为节用、节葬之法。尤其禹之"衣不袭美，食不重味"同墨子"去无用之务，行圣王之道""不极五味之调，芬香之和"之论，为一脉相承。

赵平安认为，《容成氏》整体思想内容都能体现出"墨家的兼爱、尚同、非攻、尚贤和节用的思想"。"由《容成氏》简文的叙事过程看来，确实反映出了明显的墨家思想倾向。"[①] 饶宗颐《由尊卢氏谈到上海竹书（二）的〈容成氏〉——兼论其与墨家关系及其它问题》认为，全篇多述让贤之事，强调"贤"之重要性，并提出"上爱"，分明是墨家主要思想。郭永秉《从〈容成氏〉33号简看〈容成氏〉的学派归属》指出33号简的内容和《墨子·节葬下》的说法完全相同。黄海烈亦认为，现学界持"墨家说"者较多，所持论据亦较充分。

大多学者关注上博简《容成氏》的尚贤思想，也有不少学者提出《容成氏》思想主旨为"禅让"。如姜光辉首先提出："《容成氏》简文特别提炼和渲染其中'禅让'。"[②] 这种说法被很多学者所接受。裘锡圭认为"此篇也是鼓吹禅让的"[③]。罗新慧认为《容成氏》《唐虞之道》都是适应社会现实需要而出现的讲述禅让学说的专篇。[④] 日本学者浅野裕一说："强调'皆不授其子而授贤'，亦即强调上古时代排除血缘继承而禅让贤者一

---

① 赵平安：《楚竹简〈容成氏〉的篇名及其性质》，饶宗颐主编《华学》第二辑，紫禁城出版社，2003年，第75—77页。

② 姜光辉：《上博简〈容成氏〉的思想意义》，简帛研究网站，2003年1月9日。

③ 裘锡圭：《新出土文献与古史传说》，见《中国出土文献十讲》，复旦大学出版社，2004年，第20页。

④ 罗新慧：《〈容成氏〉〈唐虞之道〉与战国时期禅让学说》，见《齐鲁学刊》2003年第6期。

事，则是《容成氏》的特色，因此，禅让正是《容成氏》所认为的理想的王朝更替形式。”[①]吴根友云：“《容成氏》篇阐述了一个重要的权力转移原则：传贤不传子。”[②]王青认为：“《容成氏》的思想主旨就是借助古史传说来阐述尧舜禅让和汤武革命。”[③]以《容成氏》的思想主旨为宣扬“禅让”，已成为学界主流看法。

那么，这里“禅让”的实质是什么？笔者以为，这里讲“禅让”，其目的就是在否定“子承父职”“兄终弟及”的“世袭”制度，主张推行“传贤不传子”“皆不授其子而授贤”的“尊贤”“尚贤”新政！而“尊贤”“尚贤”实质，就是“贤者举而上之……不肖者抑而废之”（《墨子·尚贤中》）“以德就列，以官服事，以劳殿赏，量功而分禄”（《墨子·尚贤上》）“列德而尚贤，虽在农与工肆之人，有能则举之”（《墨子·尚贤上》）“官无常贵，而民无终贱，有能则举之，无能则下之。举公义，辟私怨”（《墨子·尚贤上》）的一系列行政新制度。非若此，谈何“传贤不传子”“皆不授其子而授贤”？若此，恰恰是《墨子·尚贤》论述的核心主张。

由此看，上博简《容成氏》思想主旨，是在宣扬墨家“传贤不传子”“列德而尚贤”的“贤者举而上之”“不肖者抑而废之”的“禅让”主张。故此，上博《容成氏》竹书，当为墨家之作品。

二、上博简《容成氏》为墨子原著

从上博简《容成氏》内容思想，同《墨子》用字、用词、句法及用

① [日] 浅野裕一：《容成氏的禅让与放伐》，见佐滕将之监译《战国楚简研究》，（台北）万卷楼图书股份有限公司，2004 年，第 87—88 页。

② 吴根友：《“传贤不传子”的政治权力转移程序——上博简〈容成氏〉篇政治哲学的问题意识及其学派归属问题初探》，郭齐勇主编《儒家文化研究》第一辑《新出竹简研究专号》，生活·读书·新知三联书店，2007 年，第 157 页。

③ 王青：《论上博简〈容成氏〉篇的性质与学派归属问题》，见《河北学刊》2007 年第 5 期。

典关系与墨子"献书惠王"的时期推断，可以肯定《容成氏》这篇墨家作品为墨子原著。缘由有以下五点。

（一）墨子熟知容成氏故地历史。上博简《容成氏》墨家思想涉及我国古代容成子与墨子两个重要历史人物，并同伏牛山楚长城北部鲁山"容城遗址"及"墨子故里遗址"紧密相关。据考，1994 年《鲁山县志》中的张良镇"容城遗址"，即容成子故地——容成氏故居；后容成子化名广成子，入汝州崆峒山修道，并遇黄帝拜见。拙著《论河南鲁山"容城遗址"是容成子故地》有论，此不赘述。[①]

（二）《容成氏》与墨子"献书惠王"的时代节点一致。墨子（前480—前 389）楚鲁阳人。据测定《容成氏》竹简距今 2257±65 年，亦即说，其成书下限在（2257 － 1994 ＋ 65=328）公元前 328 年，或（2257 － 1994 － 65=198）公元前 198 年之前。此两时期都在墨子卒年的公元前439 年、墨子 42 岁"献书惠王"之后。其时代节点，同测定的上博简《容成氏》成编年代完全吻合。当是时《容成氏》已在墨子手中成编。《墨子·尚贤下》载："子墨子言曰：'然昔吾所以贵尧舜禹汤文武之道者，何故以哉？'"这里"昔——以前"是指《墨子·尚贤下》成编之前，墨子已尊崇尧、舜、禹、汤、文、武的尚贤之道。说明公元前 439 年、墨子 42 岁时《容成氏》已经成册。而当《墨子》成编时，平民圣人墨子已是晚年，或墨子已过世，《墨子》一书，由其弟子述记。两书成册时间，当相间 40 年以上，故前者《容成氏》以"昔"称。亦即说，墨子对"尧舜禹汤文武之道"的崇拜，早在《容成氏》显现。故而此后成册的《墨子·尚贤下》有"然昔吾所以贵尧舜禹汤文武之道者，何故以哉？"的反问。

（三）墨子是楚国鲁阳人，熟知楚国历史，其以《容成氏》献书惠王，墨子针对楚国过往事件。墨子为《史记·伯夷列传》所载"伯夷、叔齐孤竹君之二子"辈后裔，对春秋前华夏历史熟知，更对家乡鲁阳过

① 张新河、张九顺：《论河南鲁山"容城遗址"是容成子故地》，《西安外事学院学报》，2017 年第 4 期。

往了如指掌。加之，历史上又曾与容成氏生活在鲁阳同一块土地上，对鲁阳容成氏传说自幼耳濡目染，了解容成氏。墨子以《容成氏》“献书惠王”，出于爱护楚国之善意警示楚惠王：不要重蹈楚国历史上曾发生多次“弑兄篡位”，及楚平王（前528年—前516在位）熊弃疾“父纳子媳”、逐世子太子建、昏庸无道、祸国殃民覆辙。当是时，楚惠王已老，面临退位，正值新老交替之际。故墨子劝导惠王，要选贤任能，莫走“子承父职”“兄终弟及”“世袭”老路，应效法先代圣王尧、舜、禹、汤、文、武，施行“传贤不传子”“皆不授其子而授贤”的“尊贤”“尚贤”新策，以保楚国安定！

据古文献记载与考证，历史上，墨子会见楚惠王共两次：一次是公元前440年，时为周考王元年，齐宣王十六年，鲁悼公二十八年，楚惠王四十九年，宋昭公二十九年。墨子自楚鲁阳出发，至楚都之郊郢——今湖北钟祥市，成功说服楚惠王“止楚攻宋”。[①] 二次是公元前439年，楚惠王五十年，即墨子“止楚攻宋”后一年，墨子“献书惠王”，时年墨子42岁。楚惠王接受了墨子所献之书，并称其“良书也！”《墨子·贵义》载:“子墨子南游于楚，献书惠王，惠王以老辞，使穆贺见子墨子。子墨子说穆贺，穆贺大说，谓子墨子曰：‘子之言则成善矣，而君王天下之大王也，毋乃曰“贱人之所为”而不用乎？’”另见（唐）余知古《渚宫旧事》曰:“墨子至郢，献书惠王，王受而读之，曰：‘良书也。寡人虽不得天下，而乐养贤人。请过进，日百种以待官，舍人不足，须天下之贤君。’墨子辞曰：‘翟闻贤人进道，不行不受其赏，义不听不处其朝，今书未用，请遂行矣！’将辞王而归，王使穆贺以老辞。鲁阳文君言于王曰:‘墨子北方贤圣人，君王不见又不为礼，毋乃失士。’王乃使文君追墨子，以书社五里封之。不受而去。时惠王在位已五十年矣。”是时，楚惠王已由郊郢（今湖北钟祥市）回归郢都（今湖北江陵县）。可惜，墨子这次献书惠王的良苦用心，楚惠王不领情，只留其读书简于渚宫，未

① 张新河、张九顺著:《墨子止楚攻宋——墨子鲁阳人考》,《平顶山学院学报》，2007年第6期。

接受“平民圣人”墨子的劝导。

（四）《容成氏》与《墨子》有相同用字、用词之句法。《容成氏》与《墨子》不仅思想内容一致，且用字、用词之句法，大都一致。如《容成氏》有“天下、百姓”，《墨子》多篇也有“天下、百姓”；《容成氏》有“上爱”，即以上爱下、君爱民，《墨子》有“兼爱”“兼即仁也，义矣”“文王兼爱天下之博大也，譬之日月兼照天下之无有私也”（《墨子·兼爱下》），“兼爱”即兼天下之大爱；《容成氏》有“尚贤”，《墨子》有论“尚贤”（上、中、下）三篇；《容成氏》有“皆不授其子而授贤”，《墨子》有“甚尊尚贤而任使能，不党父兄，不偏富贵”；《容成氏》有“治孝”，《墨子》有“慈孝”；《容成氏》阐述“上古帝王、尧前古帝王”尧、舜、禹、汤、文、武帝王治国的圣贤之举，并列举夏桀、殷纣骄奢淫逸、昏庸无道的失国行径，《墨子·尚贤中》同样有褒扬“古者圣王”“尧、舜、禹、汤、文、武”“甚尊尚贤而任使能，不党父兄，不偏富贵，不嬖颜色”的尊贤之举，又列举“昔者三代暴王桀纣幽厉”“入则不慈孝父母，出则不长弟乡里，居处无节，出入无度，男女无别。使治官府则盗窃，守城则倍畔，君有难则不死，出亡则不从。……”以致“失措其国家，倾覆其社稷”之教训，等等，不一而举。

（五）上博简《容成氏》出土地域属楚墓葬区。1993 年 10 月，荆门郭店村，出土郭店一号墓楚简。荆门郭店，正是楚墓葬区域。上博简《容成氏》根据超灵敏小型回旋加速器质谱仪，对其做出距今为 2257±65 年的历史年代测定，裘锡圭认为：上博竹书也应该是战国中期物。从简文字体看，定为战国中期也是合适的。另据邵学海《郭店楚简的发现与楚国的哲学文化》称：“据出土遗物推论，墓主可能是楚国太子的老师。”[①] 据此推断，上博简《容成氏》与郭店一号楚墓不会相距很远，当为战国中期楚惠王时流落渚宫。此时、此地正与墨子“献书惠王”时间、地点完全吻合。

大多专家学者对上博简《容成氏》思想主旨有“尚贤”“禅让”之

---

① 邵学海：《郭店楚简的发现与楚国的哲学文化》，《荆楚学刊》，2014 年第 10 期。

说。这恰恰同墨子极力主张的“尚贤”“尚同”“兼爱”“非攻”“节用”“节葬”思想完全契合。故此笔者认为，上博简《容成氏》就是墨子“献书惠王”的治楚良策，并非有些学者所论什么“儒家的‘禅让’”之说。

三、墨子著《容成氏》历史价值与现实意义

墨子著《容成氏》，有重大借鉴历史价值及重要现实意义。墨子是楚国鲁阳人，不仅关心鲁阳、爱护楚国，且胸怀天下。他“止楚攻宋”“止齐攻鲁”“止鲁阳文君攻郑”保护天下百姓的三次重大行动，充分体现墨子关爱百姓、胸怀天下的坚强心志。《容成氏》与《墨子》一样，共同传承着上古、古代圣王先贤心怀天下、一心为民的“亲士”“修身”“尚贤”“尚同”“兼爱”“非攻”“节用”“节葬”的治国理念。《容成氏》中，墨子“兼爱”“尚贤”“非攻”“节用”“节葬”思想尤为突出，对当今我国反腐倡廉，反对铺张浪费，建设节约型社会，有重大借鉴历史价值。

同时，上古、古代帝王先圣在战争（征伐）问题上同墨子一样，一向坚持“非攻”思想。主张“处大国不攻小国，处大家不乱小家，强不执弱，众不暴寡，诈不谋愚，贵不敖贱”。《墨子·非攻上》曰：“今至大为不义攻国，则弗知而非，从而誉之，谓之义。情不知其不义也……”《墨子·非攻下》载：“是故子墨子曰：‘今且天下之王公大人士君子，中情将欲求兴天下之利，除天下之害，当若繁为攻伐，此实天下之巨害也。今欲为仁义，求为上士，尚欲中圣王之道，下欲中国家百姓之利，故当若非攻之为说，而将不可不察者此也！’”两千多年前，我国平民圣人墨子就揭露了“霸权”“霸凌”“霸道”者用“大拳头”欺负弱小的“长臂管辖”行径！足见，我国优秀传统文化价值重大、意义深远。

墨子原著、约成书于（2257+65=2323）2323年前的上博简《容成氏》，清晰地记述着“上古帝王”“尧前帝王”及“尧舜禹汤文武”帝王，为了“天下百姓”实施“政治而不赏，官而不爵，无勉于民，而治

乱不倦”“皆不授其子而授贤”的“尚贤、禅让”之道，及“厚爱而薄敛”“禹然后始行以俭：衣不袭美，食不重味，朝不车逆”爱民、节用、节葬的勤俭治国方略。这是中华民族优秀传统美德之渊源！时至今日，仍具重大现实意义。当今，中华民族正向全面小康社会迈进，虽同上古、中古时代不可同日而语，但中华民族及古代圣王，心系百姓，爱好和平，反对侵略战争的“攻伐”，反对铺张浪费，提倡“节俭节用”“勤俭治国”的优秀传统美德，只可继承弘扬、不可一日忘怀！因为，它是我们的生存之道、治国之本！墨子是鲁阳人，不止心怀鲁阳、关爱楚国，而是胸怀天下，关切天下受苦的平民百姓。古代圣贤尚且如此，当今我们，更当借鉴、继承和发扬！

中国共产党的宗旨是全心全意为人民服务，这是对中华民族优良传统的高度概括、继承和弘扬。上博简《容成氏》是中华优秀传统文化之结晶，不时闪烁着古代圣贤及墨子思想的历史光辉！在纪念墨子诞辰2500周年之际，我们重温墨子原著上博简《容成氏》思想，倍觉当今“不忘初心、牢记使命”之亲切。

墨子文化及其现代价值

王宝郑[①]

墨子文化是中华文化的重要组成部分，是平顶山市地域历史文化资源库中的瑰宝，挖掘、研究、借鉴、利用墨子义化，使之与当代社会相适应、与现代文明相协调，既保持民族性，又体现时代性，非常必要，特别是对发展我国有中国特色社会主义文化具有重要的理论和实践价值。墨子文化博大精深，本文管中窥豹，试做探索。

一、墨子文化的内容

笔者认为，研究墨学要突破仅仅局限于墨子学说的误区。墨子文化客观上是一个有丰富内容的文化范畴，其人、其组织、其学说都是核心内容。研究墨子离不开其学，研究墨学离不开其人，研究墨子墨学离不开墨家，因此墨子文化应包括墨子、墨学和墨家三方面基本内容，还应包括后人研究、实践的种种内容。

虽然墨子是古代著名人物，但上古文献均没有其里籍的确切记载。司马迁作《史记》，在《孟子荀卿列传》附文中也仅有“或曰并孔子时，或曰在其后”的简语，因此成为一个历史悬案。清代以来，众说纷纭，

① 王宝郑，平顶山市图书馆副馆长。

也是当代名人之争的热点问题。东汉开始有文献涉及墨子里籍或国籍问题，高诱为《吕氏春秋》作注，在《当染》中说："墨子名翟，鲁人，作书七十一篇。""鲁人论"概源于《墨子》一书中大量"鲁"的记载。因为中国历史上出现有两个以"鲁"为称谓的地名，即鲁阳和鲁国，而鲁国知名度极高，甚至不少人只知有"鲁国"不知有"鲁阳"，都把墨子当作鲁国人。直到清代考据学兴起，考据大家、学者才把这一问题弄清楚。

乾隆四十八年（1783），清代著名考据家、曾任河南巡抚的毕沅在《墨子注·序》中明确提出了他的考证结果："高诱注《吕氏春秋》以为'鲁人'则是汉南阳县，在鲁山之阳。本书多有鲁阳文君问答。又亟称楚四境，非鲁卫之鲁，不可不察也。"嘉庆元年（1796），另一位考据家方志家河南偃师人武亿第一次把墨子是鲁山人的结论载入县志，其主纂的《鲁山县志》云："《吕氏春秋·慎大览》高诱注：'墨子名翟，鲁人也。'鲁即鲁阳，春秋时属楚，古人于地名，两字单举一字，是其例也。《路史·国名记》：'鲁，汝之鲁山县，非兖地。'"武亿在其《授堂文钞·跋墨子》中也记载有墨子为鲁山人事。但是到了清末光绪十九年（1893），学者孙诒让据墨子出游多出于鲁和《渚宫旧事》中有"墨子北方贤圣人"之句，而认为墨子是鲁国人。

在墨子里籍问题上，还有"宋国人""印度人""阿拉伯人""齐国人""滕州人"等论说。现代历史上影响比较大的是"宋国人说""鲁国人说"，而"滕州人说"是当代观点。而"鲁阳人说"是唯一见之于古代方志的观点，又是著名考据家所持，可信度最大。鲁阳即鲁山，为了弄清墨子故里问题，平顶山的地域文化专家以及全国许多知名学者进行了大量考证。至今又有二十多种专著问世。1982 年山东学者刘蔚华发表论文，弄清了东鲁与西鲁的关系，认为古代典籍中的"鲁"是指古"鲁阳"今鲁山。学者们以大量论据说明了古鲁阳今鲁山是墨子故里，目前这一结论已成学界共识。

墨子为鲁山人的主要依据除了上面提到的古代方志记载、古今学者研究结果外，还有许多方面可以佐证。如墨家弟子多为楚人；文献记载墨子晚年客鲁阳；古文献《渚宫旧事》文句；墨子自称"中国人"；以地理学考证“止楚攻宋”墨子只有可能在鲁阳；墨子与鲁阳文君关系密切；《墨子》一书中有大量鲁山方言；鲁山尧山镇原有“墨子故里”古碑；鲁山有大量墨子遗迹和传说；鲁山有多处墨子庙；鲁山解放前有墨家组织活动；鲁山有墨子后裔“黑”姓；墨学承于夏礼，鲁山属夏文化区域；等等。

按照鲁山尧山镇一带的传说，墨子的生日为农历九月初八。墨子出生在鲁山县竹园村，青壮年时期周游列国，传播墨学，晚年隐居并卒于鲁山县熊背乡黑隐寺一带，改姓为“黑”，至今在那里有很多遗迹、传说。

墨子是中国古代伟大的思想家、哲学家、教育家、军事家、社会活动家和自然科学家，被尊为“平民圣人”“科学圣人”。墨子一生“摩顶放踵，利天下而为之”，在2008年由平顶山市炎黄文化研究会组织评选的鹰城十大历史文化名人中，墨子位列其中。

墨家是墨子创立的组织，也指创立的学派，是春秋战国时期非常有影响力的组织之一。墨家的学者和门徒称为墨者。墨子弟子很多，《吕氏春秋》记载，墨子“弟子徒属，充满天下”，据说有三千之众，著名的有三百多名。墨家以精于墨理者为首领，称巨子，竭力践行着墨子兼爱的教义。墨家势力非常强大，可与儒家相媲美，后来演变为墨教。据说，墨家衰落之后，民间仍然有传承组织在活动。中华人民共和国成立前墨家在鲁山就有传承，有叫“成义堂”的组织尊奉墨子为祖，供奉墨祖牌位，主持人称“善巨”，外称“先生”，群众称之“善人”，该组织劝善禁恶，济世救人。

墨学是指墨子学说。墨学源于夏礼，与儒学同为诸子百家中的显学。《韩非子》中说：“世之显学，儒墨也。”班固在《汉书·艺文志》中据刘向父子之文总结墨学要义道：“墨家者流，盖出于清庙之守。茅屋采椽，是以贵俭；养三老五更，是以兼爱；选士大射，是以上贤；宗祀严父，是以右鬼；顺四时而行，是以非命；以孝视天下，是以上同。此其所长也。”墨子学说是平民学说，其思想集中体现在墨子及其弟子所著的《墨子》一书中，该书原有71篇，现存53篇。墨子主要有十大主张，包括兼爱、非攻、尚同、尚贤、节用、节葬、非乐、非命、天志、明鬼等，涉及哲学、政治、经济、文化、军事等各方面内容，“择务从事”是墨学的总纲，其《墨经》部分在学术界有中国古代“百科全书”之称。笔者认为，《墨子》一书是墨子政治理想和哲学思想的集中体现，从内容上看，是一部伟大的政治伦理学著作，政治理想是其追求的最高目标，哲学思想是其实现政治理想的内在动力，各种主张是其达到理想境界的途径，各种技术是保证实现理想和主张的方法。从体系上看，是书有严谨的逻辑结构，前一部分《亲士》《修身》《所染》《法仪》《七患》《辞过》《三辩》是全书的引论，从各个方面涉及墨子政治及哲学思想，而《亲士》一篇则奠定了全书尚同尚贤的政治伦理基调。《尚贤》《尚同》等篇是墨子的主要主张，可看作全书的主体部分。《非儒》《耕柱》《贵义》等篇属杂记类，可视为墨子主张的实践部分。《备梯》等军事技术篇既是墨学实践，也是墨子军事技术及杂艺的集中展现。

墨子及其学说在百家争鸣时期颇受非议。荀子驳斥说：“尚俭而弥贫，非斗而日争。”孟子对墨子几近辱骂，他说：“杨氏为我，是无君也；墨氏兼爱，是无父也。无父无君，是禽兽也”，并说要“距杨、墨”。庄子提出要“钳杨墨之口”，墨子学说能够成为“显学”实属不易。它之所以在春秋战国时期独树一帜，显于当世，在于它的民本性。它代表了饱受战争贫困之苦的广大劳动者利益，希望停止战争，兼爱天下，爱护人民，尚贤用能，节俭治国，重视科技，自强不息，以实现天下大治。他的平等博爱的民本思想和统治者等级宗族思想格格不入，所以最终衰微，成为隐学绝学。

直至清末，随着封建制度的衰亡、民主制度的兴起，一批学者将墨学与西学比较，对墨子重新认识，墨子和他的学说重新受到重视。如黄遵宪认为，西方人权源于尚同、西方独尊上帝源于遵天明鬼、西方平等博爱源于兼爱，等等。孙中山说：“仁爱是中国的好道德，古时候最讲爱字的莫过于墨子。”墨学成为早期革命者反对封建制度的重要思想武器，革命刊物《民报》创刊号卷首列古今四大伟人肖像，以墨子与黄帝、卢梭、华盛顿并列，被尊为“世界第一平等、博爱主义大家”。孙中山有

“天下为公”的名言应该是直接源于墨子尚同思想。

毛泽东说，墨子是一位劳动者，他不做官，但他是比孔子高明的圣人。墨子思想的平民性是与现代中国人民民主思想有内在的一致性，所以备受欢迎。江泽民 1991 年在莫斯科访问做讲话时就引用了墨子“强不执弱，富不侮贫”的名言。许多史学家、哲学家、学者都对墨学推崇备至。蔡尚思认为:“在中国古代思想史上价值最高的是墨家而不是儒、道、名、法、佛等家。”

墨子文化是中国传统优秀文化的重要组成部分，但也存在一个现代化的问题。实际上，墨学越来越受到国内国际上的广泛重视。在国内，社会发展，文化复兴，反映墨子文化的文艺作品层出不穷，源于墨学思想的民本观、和谐观、节约观、人才观已经成为 21 世纪中国重要治国理念和纲领，深入人心。在国际上，墨子的和平思想受到世界推崇，他被誉为中国与世界的和平主义者，是当代中国和平崛起的理论渊源，特别是在日本，墨学思想影响很大，有关墨子的漫画非常流行。

二、墨子思想的现代价值

随着社会发展，我国对文化有了更深刻认识：文化不仅是一种软实力，也是一种生产力，文化竞争力已成为国家综合竞争力企业竞争力的核心，成为社会可持续发展的动力。从日本和东南亚一些国家的成功经验中可以受到启示：发展我国社会主义文化，应该充分挖掘、研究中华传统文化中的丰富资源，古为今用，推陈出新。墨子文化包含的人文和管理思想对当代社会主义文化建设具有重要的意义。大体上可从墨学和墨家两个方面进行探讨。

兼爱是墨子哲学社会伦理思想的核心，是墨子学说的基本论题之一。墨子说“兼即仁矣，义矣”，倡导人与人、国与国之间应该“兼相爱，交相利”，要“视人之国若视其国，视人之家若视其家，视人之身若视其身”。墨子的兼爱是社会个体与群体之间平等的彻底的爱，其真谛就是视人若己，爱人若己，相互之间要充分尊重，并认为这是天道使然。

墨子的兼爱思想体现了墨子的人本理念，这不仅在古代中国独树一帜，深受广大平民欢迎，也是现代中国引以为傲的光辉思想，它是现代人本思想的源头，已为科学发展观所借鉴。兼爱思想贯穿于墨子的各种主张和言论之中，是墨学的主题思想，如果要用言语总括墨学思想，可称之为兼爱主义。

兼爱思想是墨子的政治哲学，是以民为本的人本思想，在当代可以继承发展为治国理念，对社会主义文化建设有重要意义。实际上我们现在倡导的科学发展观也充分汲取了墨子兼爱思想，因此，我们应进一步弘扬这种思想，探索具有中国特色的人民民主化道路，发展人本管理文化。

尚贤是墨子最重要的思想之一，《墨子》一书有专章。墨子以兼爱思想为基础，倡导打破等级的唯贤是举的主张。他说“夫尚贤者，此政之本也”，主张“举义不避亲疏”“举义不避远近”“举义不避贫贱”“官无常贵，民无终贱，有能则举之，无能则下之”，并说“贤良之士厚乎德行，辩乎言谈，博乎道术”“此固国家之珍，而社稷之佐也”。对待贤人，要“富之，贵之，敬之，誉之”，真正重视人才，宣传人才，重用人才，给人才应有的地位。在选拔人才上，要“举公义，避私怨”“以官服事，以劳殿赏，量弓而分禄”。

中国历史上有崇尚贤人的风尚，王之贤者称“圣王”、国之贤者称“圣人”、乡之贤者称“贤达”等，在这个层面上诸子百家观点是基本一致的。内在思想就是贤人治国。但墨子的尚贤是彻底的尚贤，这和其他圣人学说和统治者倡导的宗族世袭观念有根本的不同，唯贤是举是唯一标准。墨子尚贤也从来不是简单的尚贤，而是主张要德才兼备，所谓“列德而尚贤”“以德就列”，要重用那些厚乎德行的贤良之士。

墨子尚贤主张和贤人思想是中国贤才观的重要源泉，和我们现在倡导和实行的唯才是举的人才强国战略是一致的。我们倡导尊重劳动、尊重知识、尊重人才、尊重创造，与墨子主张的贤才观精神是共通的。墨子德才兼备的尚贤思想有丰富的内容，值得我们深入研究借鉴应用到社会主义文化建设中去。

“尚同”是墨子又一重要政治主张，是墨子社会理想的体现。这个主张实际上贯穿了“兼爱”与尚贤两大思想，他认为，“天下之乱，若禽兽然”，而社会之所以产生混乱，是由于“无政长”“人异义”所致，他主张一里之人要统一于里长，一乡之人要统一于乡长，一国之人要统一于国君，天下之人要统一与天子，而根本上是“上同于天”，天道是无私平等地爱人民的，一切目的是兼爱天下。他主张加强沟通，既要上情下达，“下有善则傍荐之”，又要下情上达，“上有过则规谏之”“闻善与不善，皆以告其上”。不是机械的服从，而是有互动内容的。还要广开言路，建立纳谏制度。任何人不应“隐匿良道，不以相教”，如果“上有过弗规谏”就是不负责任。要做到政令统一，建立赏罚分明制度，“明察以审细”。

墨子尚同观也是一种辩证的尚同观，包含了朴素的民主思想和和谐理念。他认为里长应该是“乡之仁人”，国君应该是“国之仁人”，主张民主选贤，按贤人的标准选举里长、乡长、国君和天子，保证这些管理天下的都是“仁人”。在此基础上，主张政令统一，纪律严明，服从领导，一同于里长、乡长、国君和天子。

墨子的民主思想与社会主义人民民主思想有极大的互通性，实现尚同方式与现代民主集中制有异曲同工之处，是我国当代和谐文化理论的重要渊源。应该进一步借鉴墨子尚同与民主思想，扩大人民民主，完善社会主义民主制度，以实现社会主义共同理想。

节用是墨子学说中的重要主张，其核心是节用财物，反对浪费，提出了“兴天下之利，除天下之害”的判断标准。利是大利，包括“富民”“众人”“治乱”三种具体标准。他认为：“圣王为政，其发令兴事、使民用财也，无不加用而为者。是故用财不费，民德不劳，其兴利多矣。”并以衣裘、宫室、甲盾、舟车做比喻进行论证，认为这些东西越多越对天下不利，会造成“民财不足，冻饿死者”“攻伐邻国，久者终年”的情况，“此所以寡人之道也”，从而得出结论：“去无用之务，行圣王之道，天下之大利也。”在节用篇中用大量篇幅论述厚葬久丧的害处，他说：“圣王既没，天下失义。后世之君子，或以厚葬久丧以为仁也，义也，孝子之事也”，实际上是“实不可以富贫、众寡、定危、治乱乎？此非仁非义，非孝子之道也”，墨子对此坚决抨击。墨子的节葬思想实际上和节用思想是一致的。

墨子节用观不是机械的节用、节葬、非乐，而是“用财不费”的辩证节用观，是建立在对奢侈浪费和厚葬久丧的不良社会风气批判基础上的，是对王公大人讲究厚葬久丧“辍民之事，靡民之财，不可胜计”，以致民不聊生的社会现实鞭挞之后做出的思考，因而是一种现实主义的节用观。又是全面节用观，表现在节用、节葬、节乐等方面。墨子节用观体现了墨子的节约思想。

墨子的节约思想与我们现在的节约理念是一致的，应进一步弘扬墨子节约思想，倡导建设节约型社会建设，推行节约化管理，人尽其才，物尽其用。特别是在能源资源方面，要严格节约，反对浪费，努力建设资源节约型和环境友好型社会。

非命是墨子学说中最能体现墨子奋斗精神的人生哲学主张，他反对盛行于世的儒家“生死有命，富贵在天”的宿命观。他认为产生是命非命的原因在于施政的成功与失败，圣王变政而治乱，所以非命，暴君乱政而世乱，所以是命，并认为“繁饰有命”的目的是“以教众愚朴之人”，是愚弄老百姓，暴王常常“矫天命，布命于下”，以达到其目的。而“穷人”往往也借宿命掩饰其疲懒无能的形象。所以“执有命者，此天下之大害也”，墨子坚决反对。

非命观是具有科学精神的历史唯物观，不信天命，相信人可以改变社会，命运靠自己来把握，而发明使用种种技术是实践非命的凭借。这一思想贯穿于墨子的学说中，整个《墨子》一书也就充满了非命的气息。他坚信自己的信仰，千方百计，发明创造，努力践行。如《墨子》书《公输》及《备城门》以下十一章《军事》篇中反映了墨子的科学创造，以止攻达到非攻，《贵义》《鲁问》反映了墨子曲折的传道历程，以行动传播教义。所以墨子不仅是理论家，更是实践家。值得说明的是，不少人认为墨子非命观与其明鬼、天志思想相矛盾，笔者认为其实并不矛盾。探索墨子本义，他所指的“命”和明鬼、天志不是一类概念，“天志”即天道，天道即仁爱、兼爱。“鬼”是和人相对应的一种存在形象，并不等同于命。“命”不是客观存在的，是墨子思想中一个独立的概念。

墨子的非命观和科学精神对于当代社会主义创新管理具有重要启示。一个民族要自强不息，一项事业要勇于创新，一个人要有奋斗精神。不能只喊口号，要发展科学理论，发明先进技术，创新管理方式，提升自主创新能力，才能使民族、事业和人生立于不败之地。

三、墨家实践精神的启示

墨子和他的弟子们墨者在长期实践中形成了一种可贵的墨家精神。

墨家有一套非常严密的组织体系，在巨子的带领下努力实践着墨家兼爱主义哲学。墨者据说有三千之众，都是有理想信念的智者，他们以墨子思想为指导，以求“万民之利”为宗旨，不怕艰难困苦，不屈不挠地践行着“兼爱”的理念，为实现“非攻”的目的甘洒满腔热血，他们的兼爱无私可以从孟子、庄子、荀子的责骂和非议中得到证明。墨家表现出了有强大凝聚力的团队精神。墨家贵义，纪律严明，勇于牺牲，《淮南子·泰族训》中载：“皆可使伏火蹈刃，死不还踵。”据记载，孟胜助阳城君殉难时，弟子死了一百八十八人，墨者生活简朴，身体力行，“多以裘褐为衣，以跂蹻为服，日夜不休，以自苦为极”（《庄子·天下》）。墨子是墨家的开创者，也是墨家精神的集中体现者。

笔者认为，在长期的实践中墨家组织客观上已形成了一种伟大的墨家精神。其内涵包括以兼爱为核心的远大理想、以尚同为核心的社会抱负、以非命为核心的奋斗意识、以贵义为核心的牺牲精神、以节用为核心的自苦作风，等等。可以概括为一句话：就是“以兼爱为核心的勇于创新，身体力行，自甘艰苦，团结践义的墨家精神”。其要义和今天我们所说的以爱国主义为核心，团结统一、爱好和平、勤劳勇敢、自强不息的民族精神是一致的。

综上所述，墨子文化是一座传统文化思想宝库，是一个有机的理论体系，堪称博大精深，前面对墨学五个方面的阐述只是挂一漏万。笔者认为，对墨子文化总体上应该坚持历史的、全面的价值研究观，避免片面化、表象化。我们也可以从哲学、经济、政治、文化、社会、军事、外交、科技等不同角度找到墨子的精辟论述，古为今用，对其当代价值进行阐发。不仅要挖掘研究继承发展墨子学说，也要充分认识墨家精神对塑造民族精神的价值意义，对墨家精神进行提炼，置其于中华文化的角度予以升华，这样就是一个比较全面的墨子文化价值观，特别是对地域文化研究者来说是一项任重道远的使命。

鲁山墨子文化遗址遗存

袁占才[①]

鲁山的墨子文化遗址、遗存，主要分布在鲁山西部山区乡镇。以尧山镇最多，也最为集中，其次为熊背乡、赵村乡、库区乡、四棵树乡、团城乡、瀼河乡、辛集乡等。

1. 墨子故里碑遗址

它位于尧山镇尧山村西头，原山陕庙遗址上。门前原有墨子故里碑。张冠文、代洪喜、李照祥、柯守仁、毛山、戴瑞华等老人都曾见过“墨子故里碑”。碑高 1.7 米，宽 0.7 米，有龙凤呈祥图案，下有半米多高的碑座。碑为墨灰色，中间阴刻“墨子故里”四个大字。该碑与山陕庙另两通碑共三通碑并立于庙前（街南）大路旁边，1935 年秋，因扩街修路被拆掉遗失。

2. 相家沟

它位于尧山镇西竹园村偏南。传墨子采椽处于此，并出生在这里。因该村世代住有相氏人家，这些相姓人家为墨子书中所提到的相里氏、

① 袁占才，鲁山县文联原主席。

相夫氏之后裔，是墨家组织继承人。原在此住户家中均设有墨子灵位。今村上紧邻沟畔仍建有墨子祠，祠中塑墨子像供奉。

3．墨庙、墨庙村、墨庙遗址

它们位于尧山镇西，紧邻西竹园村。墨子山坡上至今仍矗立着一尊墨子石像。墨庙村名之由来，一疑墨子在此村居住而名，一疑该村因墨庙而名。墨庙一带有民谣曰："九里三十步，一石五间房；三块大石板，两根牛角哨。"其意为墨庙到石人山（今尧山）"舜王图"相距九华里零十三步，墨庙建在一块大花岗岩石上，有五间庙房，三块大石板至今尚存，其中一块石板的一端伸出两个牛角似的棱角。附近有石刻的古代图腾，上有鸟、鱼、兽、麒麟等动物图案，还有一个类似斧头的图案（疑是刀币）与一个"王"字。图案之组成似"舜王"二字，故名"舜王"图。说明这里自古有人居住。

4．大石垛

大石垛距鲁山县城25公里，山高600多米，上有墨子祠，是鲁山多处墨子庙之一，现在的墨子祠系在旧址重建，大石垛墨子祠内塑像墨子，东山墙画弃攻图，画面即说"止楚攻宋"事，祠内墙壁还绘有赠宝图，说墨子讲经劝善，感动天神，云中赠宝。

5．板房

板房为自然村名。传为鲁班在此居住并建房。附近又有板河。"板"为"班"异体字，同音讹化。以上相家沟、中汤、板房、墨庙遗址2001年8月由鲁山县人民政府立"墨子故里遗址"碑予以保护。

6. 墨莲池、染布坊、晒布崖、墨子坊

它们位于尧山赵村乡中汤村。中汤村北有灵凤山，传为墨子外婆家，墨子在此发明橡壳坑染技术，染品颜色递次由黄、赭、青，最后为黑。有坑染民谣为证。现墨莲池、染布坊不存，晒布崖在染布坊北侧灵凤山上。墨子坊原为墨子坑染作坊，坊内现供奉有墨子像，为县级文物保护单位。

7. 墨家垛、尧山凤岭、灵凤山、凤凰岭

墨家垛在尧山东侧，圣人垛在尧山深处，因墨子身材高大，形象巍然，百姓以山誉之。尧山凤岭在尧山东侧西竹园村附近。灵凤山在中汤村。凤凰岭在辛集乡徐营村东。人们称墨翟为凤凰转世，其名“翟”即山雉，鲁山称小凤凰，因而鲁山人以凤凰喻墨子。

8. 邱公城遗址

它为鲁阳古城遗址。系墨子与鲁阳文君问对处。墨子与鲁阳文君的多次对话，都在此处。该遗址在今昭平湖内，随水位高低而时隐时现。水位低时，岛顶露出水面高 15 米左右，面积 30 万平方米，为县级文物保护单位。遗址文化层一般厚 3.5 米，最厚处 4.5 米，存有陶器碎片和红烧土、石斧、石铲、鹿角、兽牙等。上层为汉代文化层，中层为龙山文化层，下层为仰韶晚期文化层。邱公城在夏代为尧之裔孙刘累故邑。刘累为刘姓始祖。

9. 墨子著经阁

它位于鲁阳故城邱公城西侧，今之金山环岛上。相传鲁阳公极爱墨子之才，而封官墨子不受，于是便为其建宅立阁，助其著述。

10. 墨城与鲁山日月龙图刻画

它位于昭平湖南沿。一般情况下淹没在湖水中，当湖水降至海拔160米以下，完全裸露于西南岸二龙岗上。龙图头朝东，尾朝西，背朝南，腹朝北，身长32米，游走状，通身蜿蜒起伏，呈四个连续拱弧状，极富动感，伸长应在40米。前身宽1.6米，后身最窄处0.4米。头形似蛇头，亦如鳄鱼，张开嘴巴如钳形，口叉长近3米，开幅60°，上唇鼻拱处宽1米，如猪之拱嘴。头上有冠，高1米，宽0.8米，如鸡冠状。四条腿呈长方形，如人之裤筒状，每腿宽在0.8米左右，长在2米上下。四腿姿势不同，一、三足向前倾斜30°左右，二、四足与龙身基本垂直，若奔象走马。尾巴是典型的鲤鱼尾巴状，扇状，剪刀形，长1.6米，叉宽幅1米，此尾巴即尾鳍与龙身交接处最窄，仅为0.4米。

就该龙的整体造型而言，具有禽、兽、虫、鱼四大特征，可归结为禽冠、兽腿、蛇身、鱼尾。中国龙经历了鳄鱼龙向蟒蛇龙的转化，而蟒蛇龙至少在周代即已形成，一直延续至今。鲁山地画龙或许是鳄鱼龙向蟒蛇龙转换时的产物。也有人提出此图极似汉画，然从现场陶罐等文物看，以春秋战国居多，尤其以春秋战国之绳纹灰陶罐最为典型。

龙身下面即北侧20米处，有一白色土质的太阳，略呈椭圆形，长径4米，短径3.8米。龙头东侧略偏北100米处，有一白色月亮造型，月牙长径10米，中间有一枣核形人状，如山字形的一竖，整体如渔姑乘舟，亦酷似山字。群众称月亮整体状况为嫦娥奔月。

从龙头经月亮再向东北湖水延伸约2000米，即是邱公城岛，还有刘秀招兵台及刘姓始祖刘累墓。邱公城，是鲁山最早的城池聚落遗址，属仰韶、龙山至汉代文化遗址，夏代御龙能手刘累故邑。

据鲁山地方文物工作者考证，日月龙图地画与“鲁山”图腾有关，画出现在豢龙故里，制作时期为春秋战国时期，恰是鲁山历史上龙文化与墨家文化的聚合点。邱公城为刘累故邑，其南一里许又有蛮城（群众又称墨城），所以，该图与墨家活动有关。

11. 仁义庄

仁义庄在鲁阳故城邱公城西北方，距墨子著经阁二里许。百姓受墨子仁义思想的影响，人人为善行义。据说有个外乡人来此开荒时，挖出不少银子，其将银子交给乡邻，竟无一人肯要，连地方官也无法处理。后来邻居们就将这里的村庄叫仁义庄。

12. 墨子鲁班抽板处

它位于四棵树乡境文殊寺。寺内有 5 棵树龄达三千年的古银杏树。其中一棵银杏树中间至今有被抽过板的中空的锯齿痕迹。相传墨子、鲁班在大银杏树正中间抽走中心板作建筑用。

13. 墨子鲁班棋盘石

它位于鲁山团城乡和四棵树乡境，与南召县接界处海拔 1000 余米之主峰棋盘山岭花岗岩石背上。南北长约 80 厘米，东西宽约 40 厘米，斜线交叉，似古“八阵”中的方阵。为战国石刻。传墨子、鲁班在此对弈。

14. 墨灵学馆遗址

它位于四棵树乡土楼村，与四棵树街隔河相望。为墨子给家乡山民传经、习武、演绎防卫战术之所。2006 年 12 月公布为县级文物保护单位。

15. 瀼河乡黑石头村“茅山道院”

它位于瀼河乡黑石头村西岗茅山脚下，也叫“茅山书院”。传墨子在此处收徒授艺。战国至汉代文化遗址，出土有战国绳纹灰陶罐、陶豆、汉砖、汉代板瓦等文物。道院房基、古井等遗存尚存，面积约 18 万平方米。2006年12月公布为县级文物保护单位。据杜建荣老人说，墨子书院弟子三千，隔日学文，间日习武，除学习墨家道术外，还学木工、石工、制陶、竹工和酿造等。鲁山人称来此学习为“茅山学艺”。

16. 盆窑村

今鲁山县瀼河乡黑石头建制村盆窑自然村，村与古鲁阳关很近。清嘉庆《鲁山县志》人物传第一位是墨子，第二位是吴虑。吴虑即盆窑村人。《墨子·鲁问》记述：“鲁之南鄙人有吴虑者，冬陶夏耕，自比于舜。子墨子闻而见之……”

这说明吴虑不光陶艺技术高超，而且有较高的道德修养。至今该村烧窑的老陶匠还敬奉着吴虑牌位。

17. 风筝山和放鸢塔

位于瀼河乡黑石头村东南，山上有4个放鸢塔。《墨子·鲁问》云：“公输子削竹木以为鹊，成而飞之，三日不下。公输子自以为至巧。”

《韩非子·外储说左上》：“墨子为木鸢，三年而成，蜚一日而败。”说的是墨子与鲁班比放风筝的故事，地点就在这座山上，后人为纪念他们的比巧活动一事，把此山叫作风筝山，并在山上建了一座放鸢塔。

18. 墨子讲道处

墨子除在茅山道院授徒，还游学四方，设点传道。今鲁山团城乡与熊背乡相邻处大石垛上，有墨子讲道处（今称墨爷庙）便是其一。庙中墨子做讲经状。壁上有天神赠墨子夜明珠的赠宝图和墨子说服楚王放弃攻宋的弃攻图。

19. 禽滑厘问学处

在茅山道院西南侧有座山遍生茅草，故名茅山。相传禽滑厘弃儒从墨三年，墨子也没能单独传授他，甚感惭愧。于是“管（灌）酒块（扢）脯，寄于大山，昧茅坐之，以樵（瞧）禽子”。文中“灌”“扢”昧”“瞧”均为鲁山方言，“灌”是买，“扢”是用臂挎着，“昧”是按例，“瞧”是带着礼物看望。当地人把此处亦俗称南大界。

20. 墨子洞、土掉沟、黑隐寺

它们均在熊背乡境，墨子晚年隐居于此。墨子洞，坐落在熊背乡黑隐寺村，黑隐寺原建于汉。先有庙，后有村庄。该地是墨子从鲁山“邱公城”去楚国南行的必经之地。当时古道艰难，此地山洞是最好借休的去处。墨子晚年回到鲁阳归宿，最后又隐居此地。当地墨子的传说很多，20 世纪 90 年代发现该洞，发掘清理文物器具与墨子时代很吻合，有关专家给予认可。

土掉沟，位于熊背乡政府所在地西边约 1 华里，是墨子改姓隐名处。葛洪《抱朴子·神仙传》称，墨子成了“地仙”，“隐居以避战乱”。相传墨子暮年，心力不济，心灰意冷，去掉土字而改黑姓隐居于此地。

黑隐寺，在土掉沟正北 1 华里左右，从地图上依上北下南分析，“黑”在“土”上，二字相合正为“墨”字。

墨子洞、土掉沟、黑隐寺均为县级文物保护单位。

21. 鲁阳公挥戈反日处和明山

明山位于墨子著经阁北约 2 公里。据《淮南子·览冥训》云：“鲁阳公与韩构难，战酣日暮，援戈而挥之，日为之反三舍。”其实是酣战的危急关头，墨子为鲁阳公搬来援兵，霎时灯盏火把照得明山通亮，而被疑为鲁阳公挥戈反日。明山由此得名。

22. 抱子坡、娘娘山

《淮南子·览冥训》云:“鲁阳公于韩构难,战酣日暮,援戈而挥之,日为之反三舍。”此系记载约公元前 440 年的鲁韩战争。鲁阳公夫人抱子观战,见旗杆倒,以为鲁阳公身亡,遂跳崖。此时太阳西落,天黑,鲁阳公挥戈令太阳返回,四周山野果然亮了起来,原来是墨子率弟子和救兵举着火把赶到了,终于杀退了韩兵。抱子坡、娘娘山因此而得名。

23. 古鲁阳关

古关名,在今河南鲁山县西南瀼河熊背乡境与南召县接壤处。当洛阳与南阳盆地间交通要冲,自古为军事必争之地。东晋太元三年(378)苻坚攻襄阳,使石越率精骑出鲁阳关,即此。又称三鸦路、古鸦路。

高诱注:“鲁阳,楚之县公,楚平王之孙,司马子期之子。《国语》所称鲁阳文子也。”高士奇《左传姓名同异考》云:“公孙宽曰鲁阳文子,亦曰鲁阳公。”守护鲁山最重要的隘口大门被称为鲁阳关,南起南召云阳镇,北至鲁山瀼河乡,处于南北走向的断裂大峡谷中,号称长城百关之首,谷底最高海拔 190 米,比鲁山县城仅高出 60 米,东面和西面山岭海拔在 700 米以上,是最重要的楚关通道。

鲁阳关塞十分艰险,历代诗篇都有反映。晋代张协有诗:“朝登鲁阳关,峡路峭且深。流涧万余丈,围木数千寻。咆虎响穷山,鸣鹤聒空林。”

唐代李白有诗记载:“胡风依代马,雪拥鲁阳关。”《水经注》云:“鲁阳关,左右连山插汉,秀木干云。”

墨子献书楚惠王在公元前 440 年(据《渚宫旧事》)。墨子由鲁阳关出关,再行至楚都郢。“止楚攻宋”的故事中,墨子亦由此去南方见楚王。

24. 楚长城遗址

楚长城是中国最古老的长城,是楚国人所建造。墨子对楚王自称是“北方之鄙人也”，即属楚时楚国北方边陲的人。此处“鄙”指“郊野之处、边邑”。

25. 鲁山墨子祠庙

墨子历遭封建统治者封杀，墨学几乎绝传，浩浩中国没有墨子存身之处，唯独鲁山有墨子祠庙 13 处。

(1) 墨子祠。原在今尧山镇二郎庙村西街路南，20 世纪初被山陕商人拆去建了山陕庙。今已不存。

(2) 墨爷庙。坐落于大石垛山上，原为墨子讲道处，今为庙堂。

(3) 墨爷庙。坐落于赵村乡三岔口村。

(4) 鲁阳全神殿。坐落于下汤镇境朝阳观内。殿中墨子与元神仙（元德秀，唐时为鲁山县令）、张三丰（相传为鲁山南关人）、索龙王（索笳，相传为辛集乡漫流村人）共坐于殿中。

(5) 大石垛。距鲁山县城 25 公里，山高 600 多米，上有墨子祠，是鲁山多处墨子庙之一。

(6) 墨子著经阁。位于昭平湖金山环岛上。

(7) 墨爷庙。坐落于赵村乡中汤村灵凤山上。有联曰：放踵走天涯，摩顶归故乡。

(8) 坑染祖师庙。坐落于中汤村大街墨莲池旁。

(9) 墨爷庙。坐落于尧山镇西竹园村。

(10) 墨爷庙。坐落于尧山镇墨子出生地墨庙村。

(11) 墨爷庙。坐落于辛集乡龙鼻村四峰山上，山下有墨子井。

(12) 尚义殿。坐落于辛集乡西阳石村润国寺中，为一配殿，供奉有墨子和关羽。

(13) 穷爷庙。坐落于辛集乡徐营村凤凰岭。始为一穷叟用三块砖头搭成。他认为墨子最爱穷人，故称“穷爷庙”。财主们感到“穷爷”晦气，一脚踢了。后他寻来一有缺口的大石臼，倒扣起来作庙，才保存下来。如今存庙堂三间。

26. 邓州战国墨城

河南省邓州市构林镇西北有一座古城遗址，名为“墨城”。《邓州市地名志》载：

> 墨城遗址，在市区南 19 公里，构林镇李洼与岗程营之间。《明嘉靖邓州志》载：“墨城，州南 40 里。始筑无考，俗呼黑土城，盖墨字之误。”城址平面呈巨形，东西长 200 米，南北宽 100 米，地势较高，文化层厚度 1 米左右。内有战国时期水井两眼，发现有战国铜壶及残片。遗址北侧小河上现存明嘉靖二十六年十一月立石碑一通，上刻《邓州墨城重修两庙碑记》，为县级文物保护单位。

经邓州市地方史志办公室墨学专家肖华锟考证，墨城是战国早期墨子与鲁班所筑的演兵城，城名叫“圉城”，百姓叫墨城。刘宋和北魏时因圉城名而设“圉县”，属荆州（治穰，今邓州市）弘（北魏为恒）农郡（郡治今邓州市彭桥镇五垄岗）属县之一。

从“十论”到“墨辩”

——先秦墨学的转向及其文化意义

田宝祥[①]

《墨子》现存五十三篇，其内容可分为五部分，即《亲士》七篇、“十论”二十三篇、《耕柱》六篇、“墨辩”六篇以及《备城门》十一篇。总体而言，“十论”以政治、伦理思想为主，《亲士》七篇、《耕柱》六篇皆为“十论”之延展，而“墨辩”以逻辑、论辩思想为要，《备城门》乃守城御敌方法之汇集。就语言的表现形式与思想的展开方式来看，“墨辩”与“十论”可谓截然不同。按照学界的一般理解，以“兼爱”“非攻”“尚贤”为代表的“十论”乃墨家政治、伦理思想之主体，也最能体现墨家思想之精神气质。那么，如此强烈、精进、饱含人道主义色彩的思想内容，与理性、深刻、充满逻辑分析的“墨辩”之间到底有何关联？这亦是先秦墨学由政治、伦理转向逻辑、论辩的关键所在。

一、“十论”与“墨辩”之文本思想

《墨子·鲁问》载曰:“凡入国，必择务而从事焉。国家昏乱，则语之尚贤尚同；国家贫，则语之节用节葬；国家喜音湛湎，则语之非乐非

① 田宝祥：兰州大学哲学社会学院讲师。

命；国家淫僻无礼，则语之尊天事鬼；国家务夺侵凌，即语之兼爱非攻。"此乃墨子"十论"之要义，所谓"十论"，即"兼爱""非攻""尚贤""尚同""天志""明鬼""非乐""非命""节用""节葬"十大政治、伦理思想。

《汉书·艺文志》对墨子"十论"亦有评述："茅屋采椽，是以贵俭；养三老五更，是以兼爱；选士大射，是以上贤；宗祀严父，是以右鬼；顺四时而行，是以非命；以孝视天下，是以上同：此其所长也。及蔽者为之，见俭之利，因以非礼，推兼爱之意，而不知别亲疏。"[①]

"十论"之政治、伦理思想，以"兼爱"最为核心。"兼爱"即"兼以易别"，乃以"兼爱"取代"别爱"，以墨家的无等差之爱取代儒家的有等差之爱，其价值准则可概括为"兴天下之利，除天下之害"，所谓"利人乎，即为；不利人乎，即止"（《墨子·非乐上》）。墨子以为，人与人相爱，则天下皆"爱"，反之，人与人相害，必致天下大乱，从"志功相合"的角度讲，若说爱人是动机，利人便是效果，"兼爱"之观念要想落实，动机与效果必须统一。

"非攻"乃是反对一切非正义战争与侵略性战争。墨子认为"禹征有苗，汤伐桀，武王伐纣"无悖于"兴天下之利，除天下之害"的价值准则，亦可谓正义之典范。"尚贤"乃倡导一种人才流动、以"用人唯贤"代替"用人唯亲"的"贤人政治"，墨子以"道不行不受其赏，义不听不处其朝"为政治原则，反对宗族血统，强调才学资质。

"尚同"主张民之意志由下至上而一统于"天"，前提在于"选择天下赞阅贤良圣知辩慧之人，立以为天子"（《墨子·尚同中》）。"非乐"反对一切音乐活动与奢靡之风。墨子认为音乐有贻误劳动生产、颓化民众气质之消极作用，应当果断禁止。"非命"反对儒家"寿夭贫富，安危治乱，固有天命，不可损益"之命定论（《墨子·非儒下》），所谓"赖其力者生"。墨子认为，个体通过劳动实践，既能彰显生命之价值，亦可改变自身之命运。

---

① 班固：《汉书》，中华书局，1962年，第1738页。

“节用”反对“周之奢”而主张“夏之俭”。墨子认为，统治者不应大兴土木、铺张浪费，应将资源与财力用于国计民生。墨家之“节葬”，乃是批判儒家的“厚葬”，而主张“棺三寸，足以朽体。衣衾三领，足以覆恶”的“薄葬”。

总之，“十论”不仅注重言行统一、知行统一，所谓“言必信，行必果，使言行之合犹合符节也。无言而不行也”（《墨子·兼爱下》），而且以“国家百姓人民之利”作为知行之价值标准，这也是“兴天下之利、除天下之害”之归旨所在。

从学术史的角度来看，墨子本人的思想贡献主要在于政治、伦理方面，即墨学“十论”；后期墨家的理论创见则主要在于逻辑、论辩方面，即“墨辩”六篇。所谓“墨辩”（亦称《墨经》），主要指《经上》《经下》《经说上》《经说下》《大取》《小取》六篇。

具体而言，《经说上》《经说下》分别是对《经上》《经下》的注解。《大取》乃墨家在哲学、逻辑学、语言学、物理学、几何学等领域的理论创见之浓缩。

《小取》则具有总纲的性质，其以“辩”为中心构建了一个相对完善的逻辑体系。所谓“夫辩者，将以明是非之分，审治乱之纪，明同异之处，察名实之理，处利害，决嫌疑焉。摹略万物之然，论求群言之比。以名举实，以辞抒意，以说出故。以类取，以类予。有诸己不非诸人，无诸己不求诸人”（《墨子·小取》），即是对“墨辩”名辩思想的系统概括。若分而论之，则可说“明是非之分，审治乱之纪，明同异之处，察名实之理，处利害，决嫌疑”乃名辩之功能；“摹略万物之然，论求群言之比”乃名辩之本质；“以名举实，以辞抒意，以说出故”乃名辩之原理。其中，“名”是名称、概念，“辞”是判断、命题，“说”是论证、推理。而“以类取”重在归纳，“以类予”重在演绎，“有诸己不非诸人，无诸己不求诸人”则重在类比。“墨辩”还总结了“或”“假”“效”“辟”“侔”“援”“推”等论辩方法，这既为墨子“十论”提供了有力的逻辑补充，也使后期墨家在与其他各家的思想论战中占得先机。

二、从“十论”到“墨辩”：先秦墨学的转向

“墨辩”一说，最早见于晋人鲁胜的《〈墨辩注〉叙》，其文载曰：“墨子著书，作《辩经》以立名本，惠施、公孙龙祖述其学，以正别名显于世。”[①] 所谓“墨子作《辩经》”可说是鲁胜的误判，毕竟“惠施、公孙龙祖述”之“墨学”乃后期墨家的“墨辩”之学，而非墨子本人之学。鲁胜的可贵之处在于，将《墨子》作为一完整的思想文本、将“墨辩”六篇作为墨子“十论”之有力补充从而展开论析，这便为先秦墨学从“十论”到“墨辩”的转向提供了重要的文本线索：“十论”与“墨辩”之间本就具有充分的内在关联。换而言之，先秦墨学的转向得以发生，其源头之活水本不在外部而在内部。

《墨子》一书的很多篇名，都有一个“非”字，如《非攻》《非乐》《非命》以及专门批判儒家的《非儒》，“非”本身就有批判、驳斥甚至否定之意。在百家争鸣的时代，往往有“非儒即墨”的说法，两家在思想上可谓针锋相对。《淮南子·要略》：“墨子学儒者之业，受孔子之术，以为其礼烦扰而不说，厚葬靡财而贫民，久服伤生而害事，故背周道而用夏政。”就《非儒》的文字看，基本上儒家坚持的，墨家就抨击，儒家反对的，墨家则提倡。孔子向来反对巧言之辩，在孔子看来，“巧言”导致的结果是“乱德”，所以孔子谈问题更多围绕“仁”“义”“礼”等伦理范畴展开，极少介入论辩和逻辑的领域。与之相反，墨子及其门徒对游说与论辩活动可谓极其热衷。

墨子及其门人重视论辩，于“十论”及相关篇章中多有体现。《墨子·修身》说：“辩是非不察者，不足与游。”《墨子·耕柱》说：“能谈辩者谈辩，能说书者说书，能从事者从事，然后义事成也。”可见，“论辩”“说书”“从事”这三科，乃墨家弟子修习的主要内容。《墨子·非命中》说：“凡出言谈、由文学之为道也，则不可不先立义法。若言而无义，譬犹立朝夕于员钧之上也，则虽有巧工，必不能得正焉。”墨子认

① 房玄龄等：《晋书·隐逸列传》，中华书局，1974年，第2433页。

为，无论是陈述一个事件，还是论证一个命题，都要有其“义法”，这是判断论辩的话题是否正当、论辩的条件是否成立的前提。《墨子·贵义》说：“今瞽曰：‘巨者，白也。黔者，黑也。’虽明目者无以易之。兼白黑，使瞽取焉，不能知也。故我曰瞽不知白黑者，非以其名也，以其取也。”如果论辩的对手是一个瞎子，我以黑白之颜色概念作为例证就无多大意义。一般而言，后天失明者尚有色彩之认识，先天失明者则全无颜色之概念，毕竟黑与白的知识，唯有视觉与心知之功能相配合才可获得，因此，与瞎子论颜色之黑白有违墨家之“义法”，即论辩的正当性原则。

《墨子·非命中》还说：“言有三法。三法者何也？有本之者，有原之者，有用之者。于其本之也，考之天鬼之志，圣王之事。于其原之也，征以先王之书。用之奈何？发而为刑政。此言之三法也。”这里的“三法”又与墨子“三表法”的论述相应，即：“于何本之？上本之于古者圣王之事。于何原之？下原察百姓耳目之实。于何用之？废以为刑政，观其中国家百姓人民之利。”（《墨子·非命上》）这里的“本”“原”“用”，实质上是墨子关于历史与现实问题的三项评判标准，或曰价值论层面的三重维度，即“上本之古者圣王之事”的历史维度、“下原察百姓耳目之实”的经验维度、“观其中国家百姓人民之利”的现实维度，这三点统合在一起，就成为墨家论辩的观念基础，也是墨子“十论”的认识论基础。

如果说墨子的“言必有仪”“言有三法”以及“三表法”尚处于逻辑自觉与论辩观念之层面，那么“墨辩”所提出的“有诸己不非诸人，无诸己不求诸人”以及“类”“故”等逻辑原则，包括“或”“假”“效”“譬”“侔”“援”“推”等论辩方法，则完全上升至系统之理论层面。而从观念之自觉到方法之系统，恰是“十论”与“墨辩”的内在关联所在。谭戒甫在《墨辩发微》中曾对“有诸己不非诸人，无诸己不求诸人”做过解读，认为“有诸己不非诸人”旨在“悟他”，与儒家的“己欲达而达人”意义相近；“无诸己不求诸人”旨在“自悟”，与佛家的“仗自力不仗他力”意义相当。[①] 将这两句做对照之理解固然没

---

① 谭戒甫：《墨辩发微》，北京：中华书局，1964 年，第 423 页。

错，但笔者以为，这两句的意旨恐不在伦理道德方面，而在逻辑论辩方面，也就是说，不在于处理“自我”与“他者”、“自力”与“他力”之关系，而在于确立一种有效的理论方法，即在保证辩论正当性的前提下，使自己立于不败之地。具体而言，一个观点，如果对方认同而我也认同，我不该去反驳，因为反驳了对方，就是反驳了自己；一个观点，如果对方认同而我反对，我应以充分的论据说服他，而非将我的观点强加于他。进一步讲，辩论的双方总要居于对立的立场，若双方的观点在逻辑上不构成一对矛盾，辩论就无法进行。《墨子·经说下》曰：“辩也者，或谓之是，或谓之非，当者胜也。”一旦双方的论题在逻辑上构成对立面，则有决出胜负之必要，就有逐一辨明之必要，这也是论辩活动的基本要求。

“类”乃“墨辩”的逻辑起点，亦是“墨辩”论辩方法之精要所在。“类”的提出，意味着概念之外延可以被清楚地界定，这就避免了偷换概念的状况发生。“类”的方法有助于判定两个或多个概念间的逻辑关系。“类”的逻辑意义有二：一是完善了“名”的分类，“墨辩”正是从“类”的方法出发，将“名”由小及大分为“私名”（具体某匹马，如一匹名曰“臧”的马，如这匹特指的白马）、“类名”（马之大全）、“达名”（动物之大全）三层。二是加强了论辩的逻辑性，“墨辩”基于“类”从而提出了“以类取，以类予”的论辩方法。“以类取，以类予”，即形式逻辑中的“类比”。若 A 和 B 为一类，承认了 A，就不能不承认 B，反之，否定了 A，就间接否定了 B，而在具体的辩论中，如果甲认为 A 正确，乙认为 B 正确，由于前提是 A 与 B 为一类，因此甲不能反驳乙，否则就会自相矛盾。《经下》曰：“止类以行人，说在同。”乃在于强调“类比”在反驳对方观点时的有效性，对方若以“这类事物皆如此”立论，我便以“这类事物中至少有一者不如此”驳之。对方若以“所有 M 是 P”推出“M1 是 P”，例如以“世界上的大象只有亚洲象、非洲象”推出“这只象不是亚洲象就是非洲象”之结论，我便以“世界上还有第三种象（名曰圆耳象）”推出“这只象可能既不是亚洲象，也不是非洲象”作为结论驳之。可见，“类”作为论辩当中的一种反驳方法，巧妙之处在于从对方立论前提的反面出发从而推翻对方的结论，效果亦十分显著。

“墨辩”继“类”之后又确立了“故”的逻辑原则，并做出了“小故”与“大故”的区分。大故是“有之必然”，即有了这一条件，就必然导致此种结果；没有这一条件，则必然不能导致此种结果。“小故”是“有之不必然、无之必不然”，即有了这一条件，不一定就导致此种结果；但没有这一条件，则一定不能导致此种结果。就现代形式逻辑的角度而言，若说“小故”是必要而不充分条件，则“大故”无疑是充分必要条件。一般而言，形式逻辑有两大基本规律：同一律和矛盾律，然探究两个事物间的内在关联，则主要依赖于第三条重要的规律——因果律。因果律的根本即在于探求事物背后之“故”。“墨辩”关于“大故”与“小故”的区别，乃是后期墨家最主要的理论成果之一，对战国中后期的名辩思潮乃至中国古代逻辑学的发展皆具有深远影响。事实上，在先秦的文本中，仅有《墨子》一书频繁使用“类”和“故”，因此可以说“类”与“故”是“墨辩”逻辑之独创。据笔者统计，仅“墨辩”六篇当中，“类”字就出现了40次，“故”字则出现了39次，亦可见“类”“故”二概念对于“墨辩”逻辑之重要。“类”和“故”的确立，对“墨辩”讨论时空的有限性和无限性、事物的运动和静止、世界的宏观与微观诸问题而言，可谓提供了充分的逻辑依据。而在展开这些问题的过程中，“墨辩”又进一步明晰了知识的分类，将知识分为名、实、合、为四种，其中“名知”是关于概念本身的知识，类似语言学意义上的“所指”，“实知”是关于感官意义上的一切具体物及其属性的知识，“名知”与“实知”结合在一起则构成一种归纳、综合的知识即“合知”，而“为知”被用于检验行动的效果，其本质上是一种实践的知识。

“墨辩”还总结了一套严谨而有效的推论方法，即《墨子·小取》所述之七种：“或也者，不尽也。假者，今不然也。效者，为之法也。所效者，所以为之法也。故中效，则是也。不中效，则非也。此效也。辟也者，举也物而以明之也。侔也者，比辞而俱行也。援也者，曰：子然，我奚独不可以然也？推也者，以其所不取之，同于其所取者，予之也。是犹谓也者同也，吾岂谓也者异也？”大致而论，“或”即不尽然，例如对方认为A到G这七种食物都是甜的，你只要判定这七种当中的任意一种不是甜的即可。“假”即假设，虚拟一种可能发生或不可能发生的情况来为支撑我方之论辩。“效”即效法，确立一个标准或范式，其他的事物可据此标准或范式而展开。“譬”即比喻，列举其他对象来说明此一对象从而展开论辩。“侔”即类比，运用这一方法的前提在于被类比的两个对象或事件在外延或内涵上具有某种共性或相似性。“援”即沿袭对方抨击我方之路径与方式，以其人之道，还治其人之身。“推”即从对方已然肯定或否定过的事例或观点当中找到反例，予以集中反驳。

通过以上分析，关于“十论”与“墨辩”的关联性问题已有初步之结论：一方面，墨子在论述其政治、伦理思想时具有充分的逻辑自觉，尤其是其“十论”之中所蕴含的论辩观念，乃“墨辩”得以产生的前提与理论基础；另一方面，“墨辩”基于墨子论辩观念与逻辑自觉之上所提出的一整套论辩方法，又反过来为墨学“十论”提供了有效的理论补充。从学术史的角度而言，早期墨家的言说论辩虽近于术，却也闪烁着论辩之道的光辉，“墨辩”产生之后，论辩与逻辑合二为一，论辩观念充分体现于逻辑方法之中，先秦名辩学以及整个战国中后期名辩思潮之序幕自此掀开。

三、从“十论”到“墨辩”：墨学转向的文化意义

墨家自墨子发展到“墨辩”，其思想已由政治、伦理层面转向逻辑、论辩层面，而逻辑与实践的结合，又催生了后期墨家的自然科学，这便敞开了墨学流变的另一种可能性。由此可见，先秦墨学从“十论”转向“墨辩”，其文化意义乃可指向两个层面：一是之于先秦，“墨辩”不仅为墨子的“十论”做了有力的逻辑补充，对稷下辩者以及惠施、公孙龙等名家辩者乃至整个战国中后期的名辩思潮具有非凡之影响；二是之于当代，“墨辩”在理论思维上对当代逻辑学、论辩术乃至自然科学的发展亦有深远之启示。

就先秦名辩学的视域来看，稷下辩者以及惠施、公孙龙等名家辩者之所以能在战国中后期的名辩思潮中占据中心之地位，乃在于继承和发

展了“墨辩”的逻辑理论与论辩方法，这也是“墨辩”之于先秦思想文化之主要意义。孙诒让《墨子间诂》说道：“《墨子》文本中的坚白异同之辩，与公孙龙书及庄子《天下》篇所述惠施之言相出入，似战国时墨家别传之学。”①《与梁卓如论墨子书》一文则说：“《墨经》楬举精理，引而不发，为周名家言之宗。……而惠施公孙龙窃其绪余，乃流于儇诡口给，遂别流派，非墨子之本意也。”②梁启超《墨子学案》也说：“惠施公孙龙，皆所谓名家者流也，而其学实出于墨。《庄子·天下》云‘墨者俱诵《墨经》，而倍谲不同，相谓别墨；以坚白同异之辩相訾，以奇偶不仵之辞相应。’《墨经》言名学过半，而施龙辩辞，亦多与《经》出入。《天下》举惠施推论十事，而归于‘泛爱万物，天地一体’，公孙龙亦尝劝燕昭王偃兵，可见两家皆宗墨学。”③

综上，持名家之学“祖述《墨经》”之说的学者不在少数，其依据主要来自《庄子•天下》“相里勤之弟子五侯之徒，南方之墨者苦获、已齿、邓陵子之属，俱诵《墨经》，而倍谲不同，相谓别墨；以坚白同异之辩相訾，以奇偶不仵之辞相应；以巨子为圣人，皆愿为之尸，冀得为其后世，至今不决”之记载。据此，或可得出以下两点结论：第一，“墨辩”出现的时间显然要早于“辩者二十一事”、惠施的“历物十事”与《公孙龙子》；第二，惠施、公孙龙以及稷下辩者在论辩内容和逻辑思维上受“墨辩”之影响极大。而除了继承和发展，稷下辩者与惠施、公孙龙等名家辩者也对“墨辩”的理论予以回应与批判。以公孙龙为例，其在论证“白马非马”的过程之中运用了“墨辩”的“辟”“援”等论辩方法，然“白马非马”作为命题之结论却是对“墨辩”“白马，马也”的直接反驳，其后来提出的“牛羊”论，既是“白马”论问题之延伸，又是对“墨辩”“牛马”论的回应，而“离坚白”命题乃对“墨辩”“盈坚白”命题的逻辑反驳。总体而言，由“墨辩”开始至战国中后期的名辩思潮结束，即构成先

① 孙诒让：《墨子间诂》，北京：中华书局，2001年，第307页。

② 孙诒让：《籀庼述林》，北京：中华书局，2010年，第382页。

③ 梁启超：《墨子学案·附录一》，上海：上海商务印书馆，1923年，第165页。

秦名辩学之主要脉络，这也是中国古代逻辑发展史上的唯一高峰。

“墨辩”的理论思维之于当代逻辑学、论辩术乃至自然科学的发展所具有的深远启示，乃其另一思想文化意义所在。爱因斯坦曾说：“西方科学的发展以两个伟大成就为基础，那就是希腊哲学家发明的形式逻辑体系以及通过系统的实验发现有可能找出因果关系。在我看来，中国的贤哲没有走上这两步，那是用不着惊奇的。”[①] 实质上，爱因斯坦所谓西方科学得以建立的两大理论基础——形式逻辑与因果律，已于《墨子》（尤其是“墨辩”）书中可见。李约瑟在《中国科技史》一书中明确说道：从公元前 1 世纪到公元 15 世纪，中国在自然科学方面始终领先西方。然其疑问也伴随此结论而一并产生，那就是自然科学如此发达的古代中国，为何独与近代科学无缘？[②] 这一疑问可谓切中古代中国思想流变之痛处，先秦时代所取得的诸多理论成果在此后的两千多年里被主流意识形态所冻结，可谓中国古代自然科学之不幸。20 世纪中叶，德国哲学家雅斯贝尔斯在《历史的起源与目标》一书中提出“轴心时代”的说法：从时间上讲，主要是公元前 800 至公元前 200 年左右；从空间上讲，主要是北纬 25 度至 35 度这一区间。这一时期的希腊、印度、以色列、波斯、中国，无一例外地实现了人类精神文明的巨大飞跃，希腊出现了苏格拉底、柏拉图、亚里士多德以及荷马，印度出现了释迦牟尼，以色列出现了犹太教的先知，波斯出现了查拉图斯特拉，中国的先秦则出现了老子、孔子与墨子。[③] 可以说，雅斯贝尔斯主要关注到两个层面的内容，一曰信仰，二曰理性。其认为，前者导向了宗教，而后者导向了哲学，正是此二者，发酵出一个所谓的“轴心时代”，从而将人类带入世界历史的视野与图景之中。本世纪初，法国哲学家德里达则以形而上学、逻辑学作为

① [德] 爱因斯坦：《爱因斯坦文集》第 1 卷，北京：商务印书馆，1976 年，第 574 页。

② [英] 李约瑟：《中国科技史》，北京：科学出版社，1990 年，第 1—2 页。

③ [德] 雅斯贝尔斯：《历史的起源与目标》，北京：华夏出版社，1989 年，第 3—7 页。

“哲学”之二维，不仅判定孔子与儒家之学属于“思想”而非哲学，还得出“中国只有思想而无哲学”之结论，尽管其多次强调思想与哲学并无高下之分，但这样的论断仍对中国哲学的合法性地位造成了一定冲击。客观而论，雅思贝尔斯与德里达只是基于各自的哲学视域评价了孔子、老子的思想智慧，他们或许以为儒、道二家足以呈现古代中国的思想轮廓，也就忽视了“墨辩”以及先秦名辩学之理论价值。李约瑟虽然肯定了后期墨家在先秦所取得的自然科学成就，但对“墨辩”、惠施、公孙龙以及稷下辩者在逻辑学、论辩术乃至形而上学方面的理论创见则无深入、全面之省察。

《周易》曰:“观乎天文以察时变；观乎人文以化成天下。”如果说儒家担负了人文化成之历史使命，那么天文所指向的科学与逻辑使命本该落在墨家肩上。后期墨家的理论思维与科学认识主要源于长期的实践经验，墨家门人之中农业、手工业者居多，他们既有扎实的劳动生产能力，又有丰富的自然科学知识，再加上墨家所主张的“谈辩者谈辩”“使言行之合犹合符节”之理念，所以当他们掌握大量的感性材料时，就比同时代的一般劳动者更容易形成科学与逻辑的思维方式。“墨辩”强调实践与知识的统一，以理论与检验为技术推进之动力，这对当代自然科学之发展可谓意义非凡。然而秦汉以后，墨学中绝，名家匿迹，科学与逻辑得以发展的唯一契机就此失去。而今，一方面科学技术之发展已由信息化逐步迈向智能化，但另一方面，人作为思维主体与价值主体之地位不可取代，这也就意味着历史以及记录历史的经典文本仍乃人类生活之指引，而“墨辩”作为先秦名辩学之主要成果，亦将为人类的逻辑推演与科学发展提供丰厚的思想资源。

社会转型背景下墨子鬼神观念的再认识[①]

王丁[②]

鬼神观念是墨子思想体系的重要组成部分，也是墨子针对当时的社会问题开出的药方之一。在鬼神问题上，墨子拥有明确的认知态度，具有独特的论证方法，体现出严密的逻辑思维，形成了完整的理论体系，从而使其鬼神观念在诸子百家中呈现出鲜明的特色。前人对此多有研究，但多为对墨子思想文本的分析和解读，较为零散，不够系统。本文力图将墨子的鬼神观念放到其理论结构内部，全面阐释墨子鬼神观念的基本内涵，并着重从社会转型的背景下观照其鬼神观念的新特点，分析它产生的原因。

一、墨子鬼神观念的基本内涵

“鬼神”一词充斥于《墨子》书中，墨子及其弟子谈论鬼神的事例，散见于许多篇章，特别是《天志》《明鬼》等，集中论述了墨子的鬼神观念，这一方面说明墨子对于鬼神的重视，另一方面也表明他在鬼神问题

① [项目基金] 江西省社科规划青年博士基金项目“基于思想体系的先秦儒家历史观研究”（项目批准号：17BJ34），江西省高校人文社科青年项目“顾颉刚与民国时期的诸子学研究”（项目批准号：LS17206）。

② 王丁，任教于南昌大学国学研究院。

上深入的思考。

1. 对鬼神存在的论证及分类

墨子谈论鬼神是从论证鬼神客观存在开始的，他一开始就亮明了自己对于鬼神的鲜明态度，那就是鬼神是存在的，而且还可以被证明。

论证鬼神存在的方法，就是墨子一再强调并反复使用的“三表法”。所谓“三表法”，墨子在《非命上》中有比较详细的阐述：

> 何谓三表？子墨子言曰：有本之者，有原之者，有用之者。于何本之？上本之于古者圣王之事。于何原之？下原察百姓耳目之实。于何用之？废以为刑政，观其中国家百姓人民之利。此所谓言有三表也。

概括言之，墨子的“三表法”就是证之于历史（间接经验）与现实（直接经验），并将它运用于现实社会，察其效果。这已经是简单的具有理性和科学特性的逻辑论证方法了。

具体到鬼神存在的论证上，墨子也基本从这三个方面陈述其理由，主要载于《明鬼下》。首先，证之于历史，墨子认为三代圣王都相信鬼神存在，率民以事鬼神，“其务鬼神厚矣”，并因此得到鬼神的奖赏而成为圣王。相反，那些不相信鬼神的人即使是“贵为天子，富有天下”的桀纣也会受到鬼神惩罚。同时，墨子认为三代圣王，不仅自己“必以鬼神为有”“又恐后世子孙不能知也，故书之竹帛，传遗后世子孙。咸恐其腐蠹绝灭，后世子孙不得而记，故琢之磬盂，镂之金石以重之”，并举夏、商、周书中记述有鬼神之事以证之。其次，证之于现实，墨子认为鬼神及其事，“见之闻之者众”，并且还被广泛记载于各国的《春秋》之中，如杜伯无辜被杀，死后为鬼报仇杀死周宣王；郑穆公见句芒神；庄子仪死后为鬼杀死燕简公；齐庄君在神社以羊决讼等。而这些事例，墨子认为都是“近者莫不见，远者莫不闻”，是很可信的。最后，他认为鬼神存在将会对现实社会产生积极的效果，“施之国家，施之万民，实所以治国家、利万民之道也”。相信鬼神能惩罚，则官府不敢贪腐，民人不敢为恶，而对鬼神进行祭祀，“虽使鬼神请亡”，亦能达到“上以交鬼之福，下以合欢聚众，取亲乎乡里”的效果[①]。

在论证了鬼神存在的可能性与必要性后，墨子还粗略地对鬼神进行了分类。在《明鬼下》中，墨子指出：“古之今之为鬼，非他也，有天鬼，亦有山水鬼神者，亦有人死而为鬼者。”[②] 也就是将鬼神分为“天神、地祇、人鬼”三类，这个分类虽然比较简单，却可以说是墨子逻辑思考的结果，是他对历来人们关于鬼神的记述与传闻的概括总结。

2. 批评不信鬼神的观念

墨子论辩的主要对象是儒家，在鬼神问题上更是将儒家当作靶子。他在《公孟》篇中指出“儒以天为不明，以鬼为不神，天鬼不说，此足以丧天下”，并且把此当作“儒之道足以丧天下者四政”之首。他还针对儒家有些人提出的“无鬼神”而“必学祭祀”的说法进行了批评，他认为“执无鬼而学祭礼，是犹无客而学客礼也，是犹无鱼而为鱼罟也”，也就是认为祭祀的对象就是鬼神，公孟祭祀而不信鬼神，是极其矛盾的。墨子一再强调：“知者必尊天事鬼、爱人节用合焉为知矣。”他还举古代的例子指出：“古圣王，皆以鬼神为神明，而为祸福，执有祥不祥，是以政治而国安也。自桀纣以下，皆以鬼神为不神明，不能为祸福，执无祥不祥，是以政乱而国危也。”

不只是批评儒家，墨子还对墨家内部怀疑鬼神的思想予以指正。在《公孟》篇中，有弟子和从学者指出，墨子“以鬼神为明，能为祸福：为善者赏之，为不善者罚之”，但是他们跟随墨子久矣，“而福不至”，而且墨子自己也得病，因此他们提出“鬼神不明乎”的疑问。墨子认为鬼神并非不明，祸福之关键在于自己的行为，为善却生病也与鬼神无关，“人

① 墨子以社会效果来论证鬼神存在，实际上还是有问题的，能够产生积极的社会效果，并不能证明鬼神的存在，只能说明鬼神应该存在，证明的是鬼神的应然性，而非实然性。

② 在墨子那里，鬼的涵盖范围很广，在很多地方可以说就是鬼神的总称，天神也可称为天鬼，山川之神也一样，这反映了鬼在墨子思想中的重要地位，也说明其与“尚鬼”的殷商文化是有很大渊源关系的。

之所得于病者多方，有得之寒暑，有得之劳苦。”[①]

3. 主张祭祀鬼神

对于鬼神，墨子不仅要谈论，还主张祭祀。

> 故昔三代圣王禹汤文武，欲以天之为政于天子，明说天下之百姓，故莫不犓牛羊、豢犬彘，洁为粢盛酒醴，以祭祀上帝鬼神，而求祈福于天。(《天志上》)

> 率天下之万民，斋戒沐浴，洁为粢盛酒醴，以祭祀天鬼。其事鬼神也，酒醴粢盛不敢不蠲洁，牺牲不敢不腯肥，珪璧币帛不敢不中度量，春秋祭祀不敢失时机。(《尚贤中》)

普通百姓对鬼神的祭祀，也要如此：

> 四海之内，粒食之民，莫不犓牛羊、豢犬彘，洁为粢盛酒醴，以祭祀于上帝鬼神。(《天志上》)

不过与儒家所讲的那些礼仪相比，墨子所讲的祭祀鬼神之礼实在是很简略[②]。这在一定程度上说明，在墨子那里，礼仪、礼制以及繁复的程序并不重要，重要的只是祭祀鬼神这一行为。

祭祀鬼神，在墨子那里并不是一种纯由信仰导致的自觉的宗教行为。正如不少研究者指出的，他只是要“利用”鬼神为我服务，牟复礼则径直称墨子为“宗教功利主义”[③]。也就是说，墨子要求人们祭祀鬼神，

---

① 墨子的这些言论是相当有见解的，他虽推崇鬼神，但并未否定个人的主动性，也并不将所有问题的原因都诉诸鬼神，由此亦可看出他对待鬼神理性化的态度。

② 当然，这也与墨子提倡节用、节葬有一定关系。

③［美］牟复礼：《中国思想之渊源》，王立刚译，北京：北京大学出版社，2009 年，第 81 页。

看起来是人为鬼神服务，实际上是通过祭祀使鬼神为人服务。他强调对鬼神祭祀，只是因为鬼神在墨子的理论结构里，拥有相当高的地位与能力，并且能够对现实社会发挥重要作用。说到底，墨子虽然谈论鬼神，却是面向现实社会的人，鬼神只是通向这一目的的一个途径而已。

4. 理论结构中鬼神的功能

在墨子的理论中，鬼神的地位很高。在《耕柱》篇中，巫马子问他“鬼神孰与圣人明智”，墨子认为“鬼神之明智于圣人，犹聪耳明目之与聋瞽也”。更不用说作为至上神的“天”，由于它无所不在，因此得罪了“天”，则“无所避逃之”（《天志上》），这倒与孔子“获罪于天，无所祷也”（《论语·八佾》）观点类似。

在墨子看来，鬼神是万物的创造者：

> 且吾所以知天之爱民之厚者，有矣。曰以历为日月星辰，以昭道之；制为四时春秋冬夏，以纪纲之；雷降雪霜雨露，以长遂五谷麻丝，使民得而财利之；列为山川溪谷，播赋百事，为王公侯伯，以临司民之善否，使之赏贤而罚暴；贼金木鸟兽，从事乎五谷麻丝，以为民衣食之财。自古及今，未尝不有此也。（《天志中》）

除此外，鬼神还是判断善恶的标准、进行赏罚的工具、监督人们行为的权威、维护正义的化身。具体而言，在墨子的理论中，鬼神主要有这几方面的作用。

首先是立天子。在《尚贤中》篇，墨子提到，古代圣王“兼而爱之，从而利之，又率天下之万民以尚尊天事鬼，爱利万民，是故天鬼赏之，立为天子，以为民父母，万民从而誉之曰‘圣王’”，可见在墨子的理论中，立天子的主体正是鬼神。

其次是统一天下之义。墨子反复提及鬼神，一个原因就是希望用鬼神来达到统一天下之义的效果。因为所谓“义”在墨子看来正是鬼神所欲，也就是“兼相爱，交相利”（《兼爱中》），而鬼神之所以立天子，也是为了解决天下“一人一义，十人十义，百人百义。其人数兹众，其所谓义者亦兹众。是以人是其义，而非人之义，故相交非也”（《尚同中》）的乱象，让天子“一同天下之义”（《尚同中》）。

再次是监督所有人特别是政长的行为，并赏善罚恶。墨子认为，鬼神几乎无所不在，无所不能，因此可以随时对人们的行为进行监督，并根据其标准（实际上就是“义”的标准）进行赏罚。同时，在墨子那里，鬼神不仅能对民众的善恶、官府的廉腐进行监督，还能对天子的行为进行奖惩，所谓“天子为善，天能赏之；天子为暴，天能罚之”（《天志中》）[①]。

最后是通过鬼神的监督、警诫以及奖惩作用维护社会秩序，促进社会和谐。墨子反复提及鬼神，正是希望通过发挥鬼神的这些功能，结束当时社会上相非、相攻等“不义”行为，达到人与人“兼相爱，交相利”，政治上“尚贤”“尚同”，经济上“节用”“节葬”，军事上“非攻”的社会效果，说到底就是要建构一个符合“义”的“和谐”社会。

二、墨子鬼神观念的几个新特点

在春秋战国之际社会转型的大背景下，许多思想家开始对当时“礼崩乐坏”的情况进行思考，并针对社会变动的情况，积极调整自己的思想观念。墨子也是如此，他的思想观念包括鬼神观都是针对社会变动提出的，其在鬼神观念上也因此呈现出一些新的特点。

1. 鬼神观念的理性化

春秋战国之际社会转型在鬼神观念上的一个表现，就是周初以来理性化、人文化的色彩更加浓厚。墨子虽然频繁谈论鬼神，但他的鬼神理

① 这种思想，应该说极大地影响了董仲舒，成为其天人关系理论中的重要组成部分。董仲舒认识到了战国以来理性发展、鬼神隐退的一个不良后果，即超越性彼岸的弱化与终极性监督的缺失，造成了对最高权力制约的减弱。

论“基本上是理智而非感情的产物”[①]，从某种程度上说，墨子正是用理性来处理信仰问题[②]，其鬼神观念也打上了理性化、人文化的烙印。

具体而言，墨子对待鬼神的理性态度主要有以下几点表现。

第一，鬼神内涵的理性化与人文化。殷商时期鬼神可以说是一种绝对性存在。周初虽然在人神关系等方面开始理性化，但是鬼神仍是祭祀的重要对象。至春秋时期，鬼神作为一种超越性的存在尚具有一定的神秘性和超人性，而且鬼神那时不仅能为善，还经常作恶。然而到了墨子这里，鬼神的神秘性减弱，鬼神作恶的一面消失了，而完全是一副“善与正义的代表”形象。其原因就在于，鬼神的内在规定性实际上就是墨子所推崇的“义”[③]，也就是墨子所主张的兼爱、非攻、尚贤、尚同、节用、节葬、非乐等基本原则，或者说鬼神不过是“义”的实体化而已。

第二，墨子并不盲从鬼神，实际上他认可和维护的只是被他理性化改造的鬼神，同时，他还“非命”，实际上是对宿命决定论的一种否定。《贵义》篇中记载墨子“北之齐，遇日者”，日者告诉他“帝以今日杀黑龙于北方，而先生之色黑，不可以北”。墨子不听，最后受阻，但是他仍然认为日者的话不可信，并指出如果按照日者所说，“则是禁天下之行者也”。这个例子正是墨子对待鬼神理性态度的反映。

第三，论证鬼神存在的方法的理性化、逻辑化。墨子以前，鬼神是不用论证的，是被认为自然而然存在的，甚至可以说是理所当然存在的。墨子对鬼神存在的论证正是其理论方法的自然运用，而且墨子论证鬼神存在时所用的“三表法”，已经是一种简单的逻辑化方法。这种方法虽然有其局限性，却足以体现墨子对待鬼神的理性化态度，即一定要通过理

① 任继愈主编：《中国哲学发展史》（先秦），北京：人民出版社，1983 年，第 234 页。

② 实际上在古人那里，理性与鬼神的信仰并不矛盾，也不是对立的，而是共存于其思想观念中。

③ 冯友兰也指出墨子“抬出了传统宗教中的上帝与鬼神，但是给他们以新的内容，新的意义”，见冯友兰《中国哲学史新编》（第一册），北京：人民出版社，1982 年，第 221 页。

性论证鬼神，在此基础上再去信仰。

第四，墨子将纷繁复杂的鬼神，分为天鬼、山川鬼神与人鬼三大类，这种分类虽然并非墨子首创，但分类本身即是理性化的一种表现。

第五，墨子并非在所有国家都谈论“尊天事鬼”的问题，他会针对不同国家的实际情况来论述其观点。在《鲁问》篇中，墨子指出：

> 凡入国，必择务而从事焉。国家昏乱，则语之尚贤尚同；国家贫，则语之节用节葬；国家喜音湛湎，则语之非乐非命；国家淫僻无礼，则语之尊天事鬼；国家务夺侵凌，即语之兼爱非攻。

他强调尊天事鬼，是针对淫僻无礼的国家。其“择务而从事”的原则和方法，也正是一种理性实用的态度。

不过墨子的理性，更多体现为一种实用理性。在墨子的理论中，鬼神实际上只是论证新的社会秩序的一种工具。不少研究者已经指出这一特点，他们认为墨子谈论鬼神，不过是“神道设教”①。既然是“神道设教”的工具，那么墨子强调鬼神的现实作用，并用鬼神的作用反过来论证鬼神的存在，就完全是致用的心态了。

2. 鬼神性质的变化

随着鬼神内涵的理性化，鬼神的性质也随之转变，主要体现在两方面的变化。

一方面，血缘性减弱，地缘性增强。春秋时期，血缘对人与人甚至是国与国之间的影响很大。当时的诸侯国除了个别大国，无论地域还是

① 如童书业即指出“墨子可能实际上完全不相信‘天’‘鬼’，他的‘天志’‘明鬼’学说，只是一种‘神道设教’的手段”。见童书业：《先秦七子思想研究》（增订本），北京：中华书局，2006年，第65页。

人数，都比较小[①]，一个诸侯国往往是由一个单独的宗族构成，被灭国后总是会举国举族迁徙，因此这一时期的国家或许可以称之为“血缘性国家”。这样的国家非常注重与自己血缘宗族相关的鬼神，所谓“神不歆非类，民不祀非族”（《左传·僖公十年》）。到了战国时期，随着兼并战争的进行，大型的“地缘性国家”[②]逐渐占据主导地位，国家的地域范围以及统治人数，都大大扩充。血缘仍然对整个社会产生巨大的影响，特别是在基层社会，血缘宗族仍是维系人与人关系的主要纽带之一。但是地缘的影响在增加，文化不再是以一个个“血缘性国家”为基本单位，而是以地缘为基础的地区为基本单位。具体到墨子这里，鬼神的血缘性色彩很淡，墨子谈到的鬼神都是针对所有国家而言的，是超越了宗族范围的。同样，对鬼神的祭祀也已经不是春秋时期的“神不歆非类，民不祀非族”，而是所有人都应该“犓牛羊，豢犬彘，洁为粢盛酒醴，以祭祀上帝鬼神，而求祈福于天”。也就是说，鬼神已经不是属于某个宗族、某个

① 殷周时期的国家，疆域并不像很多人想象的那么大，顾颉刚已经有所论述，王玉哲也认为当时国家多是一个个据点，“还没有整个领土连成为‘面’的概念”。参见王玉哲：《殷商、西周疆域史中的一个重要问题——“点”和“面”的概念》，《古史集林》，北京：中华书局，2002 年，第 197—203 页。实际上春秋时期也仍然是这样的状况，看看《左传》即可有此印象，当时国与国之间，甚至是一个国家的不同据点之间，都夹杂有戎狄，可见仍然是点，还没有成面，真正大规模地连成面，可能还要等到战国时期。

② 这里运用“血缘性国家”和“地缘性国家”只是一种尝试，只是就整个国家层面主要的影响因素和表现形式而言，并非说“血缘性国家”中没有地缘因素的影响，实际上一开始血缘部族总是与一定的地域相联系，同样，说到“地缘性国家”也并非说这个国家只由地缘性因素决定，实际上血缘对于古代社会的影响一直很大，这里只是想强调，这一时期的国家已经突破了原有“血缘性国家”以血缘宗族为主的组成形式，开始有秦汉以来帝国的某些特征。

国家，而是天下通用，应为天下共敬。[①]

另一方面，宗教性减弱，政治性增强。墨子以前，鬼神是宗教性的，是国家进行宗教活动和祭祀的主要对象。虽然在古代，宗教与政治从来都是紧密联系在一起的，人们对鬼神的祭祀也往往会有现实的意图，但是鬼神的存在一开始并不是为了政治目的，它作为宗教仍然有一定的独立性。而墨子谈论的鬼神，宗教性大大减弱，无论是论证鬼神的存在，还是讲鬼神的功能，都不是为了宗教，他注重的始终是鬼神能够产生的现实效果，特别是其对政治的作用。也就是说，墨子和孔子一样，在社会转型的背景下，关注的是如何构建新的社会秩序，因此他在理论中设置鬼神，是为了通过鬼神的监督、警诫等作用，更好地建构符合“义”的社会秩序。其中，政治尤其重要，所以墨子经常开篇第一句就说“今者王公大人为政于国家”，说到底是要谈“为政于国家”的问题。因此尚贤、尚同、非攻、节用、节葬、非乐等主张都是围绕着政治展开的，而这些政治主张的终极性依据，就是墨子所说的天志、明鬼。可以说墨子并不是要建立什么宗教，也并不是要充当宗教的教主，他只是要通过鬼神，建立符合其“义”的理想政治。

3. 鬼神与天命分离

在墨子那里，鬼神与天命的联系被取消，鬼神也失去对必然性（命）的控制。殷周时期，“天”本身即是一位至上神，而其他的鬼神也往往部分地与天命联系在一起，天命很大程度上是通过鬼神以及相应的自然现象显现出来的。鬼神或者是天命本身，或者是天命的中介者，他们掌握着天命，也就拥有了对必然性的控制。

墨子虽然一直强调鬼神的重要作用，却将鬼神与命分离开，他肯定

① 作为宗族的鬼神，实际上是被宗族内部的人认同为“我者”，而异族才是“他者”。到了墨子这里，鬼神则成为凌驾于所有国家、所有宗族之上的“他者”，不被任何宗族、国家和阶层所独有，而成为监督所有人的外在存在。

鬼神，却明确提出“非命”的观点①。墨子认为命为“暴王所作，穷人所术，非仁者之言也”（《非命下》），因为它让人认为贫富、国家兴亡均由命决定，“命富则富，命贫则贫，命众则众，命寡则寡，命治则治，命乱则乱，命寿则寿，命夭则夭”（《非命上》），这否定了人的努力，也消弭了圣人与暴王的区别。如果人们专注于命的话，则上之惩罚均归之于命，上之赏不为人所感恩，上之罚也不为人所畏惧，人们的行为就会偏离正常轨道，出现“上不听治，下不从事”（《非命上》）的局面。因此墨子认为命是没有的，祸福治乱全由“人力”决定。

> 存乎桀纣而天下乱，存乎汤武而天下治。天下之治也，汤武之功也；天下之乱也，桀纣之罪也。若以此观之，夫安危治乱存乎上之为政也，则夫岂可谓有命哉！（《非命下》）

墨子的“非命”，对必然性提出了质疑和否定，而突出了人的主动性，实际上是将更多的责任赋予人自身。另一方面，对命的否认，也彻底割断了鬼神与天命的联系，这样一来鬼神虽然可以赏善罚恶，但是它进行奖惩的前提却是人的行为本身，因此关键不是这个人注定的命运是怎样的，而是这个人做出的行为是否符合“义”。

4. 鬼神主体性的丧失与形象的符号化

殷商时期是人依鬼神，周初鬼神依人的思想已经产生，所谓“天视自我民视，天听自我民听”（《尚书•泰誓中》），春秋时期进一步发展了这种思想，甚至提出“夫民，神之主也”（《左传•桓公六年》）。不过在西周和春秋，鬼神的主体性是很明显的，他们是祭祀的主体，经常独自

① 很多人认为墨子既尊天事鬼，又非命，是矛盾的，如冯契指出“墨子既有朴素的唯物主义的‘非命’思想，又有‘天志’‘明鬼’之类的宗教迷信观念，具有很明显的理论上的矛盾”，参见冯契《中国古代哲学的逻辑发展》（上册），上海：上海人民出版社，1983 年，第 113 页。实际上二者并不矛盾，墨子所讲的鬼神只是外在的一个监督，他并不希望有一个掌握必然性（命）的外在存在，这样会妨碍人的主动性的发挥。

根据自己的意志行动。比如《左传》中记述了不少人死后为厉鬼以及神人交通的事例，不少鬼神还会对人主动提出要求。这些记录说明，在春秋时期的思想观念中，鬼神有很强的自我主体性。然而到了墨子，鬼神被限定了，它的自我主体性也丧失了，“天之行广而无私，其施厚而不德，其明久而不衰”（《法仪》），鬼神无私，鬼神无我，鬼神的要求实际上就是墨子的思想。《墨子》书中虽然也记录了不少鬼神的事例，如与《左传》中类似的伯有为厉鬼报仇的例子，有“梦见三神”（《非攻下》）的例子，然而这些事例多是引用古书的记载，其目的不是要论证鬼神的主体性，而是为了说明墨子的观点。如讲述伯有为厉鬼报仇，是为了论证鬼神的存在；论及“梦见三神”，是为了阐述非攻的主张。在这种程度上可以说，鬼神已经成为墨子主张的一个注脚。

另外，鬼神抽象化、符号化，其具体的形象越来越模糊，成为一种象征与隐喻。在《墨子》一书中，除去引用古书的记载，墨子并没有对鬼神的形象进行描述，鬼神被抽象化，成为一种符号、标准和象征。比如墨子认为“天志”：

> 辟之无以异乎轮人之有规，匠人之有矩也。今夫轮人操其规，将以量度天下之圆与不圆也，曰：“中吾规者谓之圆，不中吾规者谓之不圆。”是以圆与不圆皆可得而知也。此其故何？则圆法明也。匠人亦操其矩，将以量度天下之方与不方也。曰：“中吾矩者谓之方，不中吾矩者谓之不方。”是以方与不方皆可得而知之。此其故何？则方法明也。故子墨子之有天之意也，上将以度天下之王公大人为刑政也，下将以量天下之万民为文学、出言谈也。（《天志中》）

他将天志比作规矩，把它当作一种量度言行的标准。既然是标准，其意义也就只在进行度量的时候才能体现，而这种对鬼神的定位与认知，正体现了墨子在鬼神问题上的理性化态度。

三、墨子鬼神观念新特点形成之原因

墨子鬼神观念中体现的几个新特点，既是墨子有意为之的一种理论建构，又是当时客观社会形势发展的必然结果。

1. 活动场域及对墨子鬼神观念的可能影响

关于墨子的里籍问题，历来聚讼不已，司马迁时已经不大能搞得清了。近代以来，曾兴起一股研究墨子的学术热潮，在这个问题上形成了“鲁人说”“宋人说”“齐人说”“楚人说”，甚至是“外国人说”等不同观点。

我们不欲在这个问题上纠结，因为这个问题，秦汉时人已经分不大清。所以我们将关注点放到墨子的主要活动地域上，这个范围将有助于我们确定墨子身处的文化场域，从而明确其思想观念中的地缘影响因素。

关于墨子的活动范围，孙诒让在《墨子传略》中，概括总结墨子“盖生于鲁而仕于宋。其生平足迹所及，则尝北之齐，西使卫，又屡游楚，前至郢，后客鲁阳，复欲适越而未果”[①]。其中，墨子与宋、楚、鲁的关系最为密切。

墨子最重要的活动地域应该是在宋国。《史记·孟子荀卿列传》提到“盖墨翟，宋之大夫，善守御，为节用。或曰并孔子时，或曰在其后”。《汉书·艺文志》也说墨子“名翟，宋大夫，在孔子后”。两本书在墨子为“宋大夫”这点上都没有疑义，也没有提出另外一种可能[②]。这说明在当时，他们都认为墨子曾担任“宋大夫”。其实，通过《墨子》一书中墨子的行踪事迹，也能知道他与宋的关系是很密切的。《墨子·公输》篇记述了墨子止楚攻宋的事情，楚国准备攻打宋国，墨子不仅让“弟子禽滑厘等三百人”，持“守圉之器”，为宋国守城，还“行十日十夜”亲自到

① 孙诒让：《墨子间诂》，北京：中华书局，2001年，第680—681页。

② 司马迁作《史记》还是很谨慎的，对于人物的相关问题也是如此，如果有不同意见，往往会说明，比如这里关于墨子的活动时间，就提出“并孔子时”与“在其后”两种意见。班固作《汉书》，虽然有不少是直接沿用《史记》的说法，但是他还是有选择的，至少说明他对这种看法是认同的。

楚国去游说，足见其与宋的关系。

而宋人的愚拙质朴在当时是出了名的，所谓“宋人之愚”，这又与宋人极为重视宗教有关。宋人是殷人之后，而殷人非常重视对鬼神祖先的祭祀，所谓“殷人尊神，率民以事神，先鬼而后礼”（《礼记·表记》）。这种敬事鬼神的观念和行为也基本上为宋人所继承，使它与别的国家相比，呈现出浓郁的“尚鬼神”的气氛，在这种氛围下，“墨家以宋为重镇，自是很自然的事情”[①]。清代学者俞正燮甚至认为“墨者，宋君臣之学也”[②]。因此，在“尊天事鬼”的文化氛围下，墨子提出“天志”“明鬼”的观点也就不奇怪了。

除了宋国，墨子与楚国的关系也十分紧密，《墨子》一书中记述了不少墨子在楚国的事迹。如止楚攻宋，墨子能够说服楚王不攻打宋国，说明他在楚国还是有影响力的，同时《贵义》篇中还记载有“子墨子南游于楚，献书惠王”的事迹，则楚国的独特文化也很可能对墨子产生过影响。与中原诸国不同，楚国文化更加神秘、原始，对于鬼神的信仰也似乎更浓。《史记·楚世家》记载“共王有宠子五人，无适立，乃望祭群神，请神决之，使主社稷”，君位的继承，由“神决之”，可见楚国对鬼神的信仰。

鲁国也是墨子的主要活动区域，关于墨子与鲁的关系的记载也比较多。如《贵义》篇有“墨子自鲁即齐”，《鲁问》篇有“越王为公尚过束车五十乘以迎墨子于鲁”，《吕氏春秋·爱类》有“墨子闻之，自鲁往见荆王”，《淮南子·修务训》亦有“自鲁趋而往，十日十夜至于郢”，这些记载均说“自鲁”，说明其出发点是鲁，则墨子即使不是鲁人，也很可能长期居于鲁。不仅居于鲁，墨子还曾向儒者学习。《淮南子·要略》指出：“墨子学儒者之业，受孔子之术，以为其礼烦扰而不说，厚葬靡财而贫民，久服伤生而害事，故背周道而行夏政。”虽然墨子最终是以儒家的

---

① 傅斯年：《“战国子家”与〈史记〉讲义》，天津：天津古籍出版社，2007年，第34页。

② 俞正燮：《癸巳类稿》，沈阳：辽宁教育出版社，2001年，第480页。

反对者的面貌出现，但作为反对者，墨子对儒家的理论还是了解的。另据《吕氏春秋·当染》记载："鲁惠公使宰让请郊庙之礼于天子，桓王使史角往，惠公止之，其后在于鲁，墨子学焉。"则墨子或曾跟随史角之后学习周礼。那么鲁国的文化应该会对墨子产生较大的影响，其鬼神观念的理性化特点，或与此有一定关系。

总之，墨子主要活跃在宋、鲁、楚等国，这个活动范围内的文化特点并不相同，在鬼神宗教观念上也有差别。宋上接殷商，鲁继承西周，楚也自成一系，这些都为墨子鬼神观念的形成，提供了各自的资源。另外，墨子的活动范围比之春秋时期的士人，要扩大很多。墨子在多个国家之间穿梭、游说，并曾派弟子到不同的国家任职，如派曹公子仕于宋（《鲁问》）、耕柱子仕于楚（《耕柱》）、高石子仕于卫（《耕柱》）、胜绰仕于齐（《鲁问》），还派公尚过游于越（《鲁问》）。这说明那时血缘宗族因素的影响已经变弱，地缘性因素的影响在增大，而这与当时地域的扩大、活动范围的扩展不无关系。

2. 墨子的身份：带有平民色彩的士

墨子的出身也影响到了他的鬼神观念，使他与以前的鬼神观有所不同。过去，研究者多从阶级角度分析墨子，并借此来研究墨子的鬼神观。有人认为墨子是没落的奴隶主贵族，如郭沫若[①]；有人认为墨子是学者与工匠的结合，如邢兆良[②]；有人认为墨子代表庶人上层的士夫集团，如童书业[③]；多数人则认为墨子为小生产者的代表，如任继愈[④]、冯契[⑤]、李泽

---

① 郭沫若：《墨子的思想》与《孔墨的批判》等文，《中国古代社会研究》（外二种），石家庄：河北教育出版社，2000 年。

② 邢兆良：《墨子评传》，南京：南京大学出版社，1993 年，第 84 页。

③ 童书业：《先秦七子思想研究》（增订本），北京：中华书局，2006 年，第 60 页。

④ 任继愈主编：《中国哲学发展史》（先秦），北京：人民出版社，1983 年，第 207 页。

⑤ 冯契：《中国古代哲学的逻辑发展》（上册），上海：上海人民出版社，1983 年，第 97 页。

厚[①]、詹剑峰[②]等人。

我们认为，古代有以政治为基础的等级和阶层，但没有明确的以经济为基础划分的阶级，因此用阶级分析方法对诸子进行划分，有其局限性。如对于墨子的“天志”“明鬼”与“非命”的认知，过去就往往认为它们是矛盾的，而原因则归结为小生产者自身的二重性，失之简略。

就墨子的身份而言，他确实带有平民的色彩，并与下层渊源较深，甚至一开始身份还比较低。在《贵义》篇中，楚国大臣穆贺称墨子学说是“贱人之所为”，《荀子·王霸》指出“役夫之道也，墨子之说也”，钱穆则认为墨翟之墨不是姓而是刑徒之称。[③]

但是总体来看，墨子仍属于士这个阶层，《贵义》篇中墨子说“翟上无君上之事，下无耕农之难”，自我的这种定位已经算是士了，《吕氏春秋·务大》直接说墨子是“布衣之士”，《汉书·艺文志》则说“墨家者流，盖出于清庙之守”。而且，从《墨子》一书的相关记载可看出来：墨子读书甚多，有丰富的知识与技能；墨子地位比较高，在各国的影响也比较大，故而可以推荐弟子去任职。因此如果说孔子是带有贵族色彩的士，那么墨子则可说是带有平民色彩的士，这种身份，使墨子会沿用下层仍比较相信的鬼神作为自己思想的论证工具，同时又与以前的鬼神观有所区别，更具理性，也更有现实针对性。

3. 社会变动、观念转型与墨子关注重点的转移

社会与观念的转型，在周初时已有萌芽。殷商时期，鬼神成为整个社会观念认识的主体，所有的问题最终都要通过鬼神来解决（主要是通过占卜的形式），鬼神对人与社会的影响几乎遍及任何领域。周初统治者阶层对于殷周之际的变动进行了思考，并形成一些新的理论观念与思维

---

① 李泽厚：《墨子初探本》，《中国思想史论》（上册），合肥：安徽文艺出版社，1999年，第57页。

② 詹剑峰：《墨子及墨家研究》，武汉：华中师范大学出版社，2007年，第50页。

③ 钱穆：《墨翟非姓墨墨为刑徒之称考》，《先秦诸子系年》，北京：中华书局，1985年，第90—96页。

方式。不过值得注意的是，虽然周初在鬼神观念上已经开始理性化与人文化，但是鬼神在整个西周，仍占有重要地位，对鬼神的祭祀仍然是国家政治宗教生活非常重要的组成部分，并且所谓的“周礼”，其大部分也是祭祀鬼神的礼仪。这一特点直至春秋时期仍未有大的改变，所以《左传》《国语》等书中，谈到各种鬼神以及与之相关的祭祀礼仪。当时的人们，即使是比较理性开明的人，都没有否定鬼神，鬼神仍然是维系社会的一个重要纽带。到了战国时期，在一些士人那里，或许已经开始有否定鬼神的思想，但是无论在上层的君主贵族，还是在下层的普通民众，对鬼神的信仰都还比较普遍。在这种背景下，墨子以鬼神作为自己理论的论证工具，现在看来虽然带有一些神秘色彩和非理性化，但在当时却是一个理性而明智的选择。

然而处在春秋战国之际的墨子，所面临的社会形势已经不同于以前。第一，生产技术与生产工具的更新，促进了整个社会的快速发展，墨子就是一个很有技术的人；第二，随着工具的革新，许多新的原来处于边缘地区的土地被大量开发，人们的活动范围得到极大扩展，地缘性因素的影响在增加；第三，比之春秋时期，这一时期的战争更加频繁，规模越来越大，伤亡也越来越多，它加快了人们的流动，更使许多“血缘性国家”被灭，而强大起来的几个大国，虽然未脱离血缘的影响，但是已经可以说是“地缘性国家”；第四，随着地域的扩大与人口流动性的增强，一个更具活力的游士阶层①出现，这既是春秋以来社会阶层变动的结果，同时又加速了原有宗法体制的解体；最为重要的是，西周所建立的森严的宗法等级的政治社会秩序，已经难以适应社会的发展，逐渐解体甚至开始崩溃，如何在世俗与现世的基础上重建新的政治社会秩序，成为这一时期所有思想家关注的重点。

① 虽然在以前的等级秩序中就有士，但正如余英时所言，孔子以后的士已经不是以一定职事为基础的士了，而已经“思出其位”。参看余英时《中国知识人之史的考察》《道统与政统之间》《古代知识阶层的兴起与发展》等文，均收入《中国知识人之史的考察》一书，桂林：广西师范大学出版社，2004 年。

在这种背景下，墨子关注的重点也必然与以前不同，他着重要解决的课题已经是如何重构新的社会秩序。体现在墨子的理论结构上，就是与重构政治社会秩序有关的问题，最为墨子关注，分量也最重。这在墨子提出的基本主张中都有体现，尚同、尚贤、非攻是直接阐述其政治思想和政治理想的；兼爱、节用、节葬、非乐也是他要建立的新的社会秩序的一部分；非儒则是要去除与他所要建立的社会秩序不相适应的思想观念；同样，天志、明鬼、非命也是墨子为了建立新的社会秩序所悬设的终极性依据。在墨子那里，人是主体，社会秩序的建构也主要靠人之力，鬼神则只起监督和警戒作用，它不能决定人的行为结果，而只是依据“义”的标准对人的行为进行赏罚，为新的社会秩序的重构保驾护航。

总之，在墨子的理论结构中，鬼神的内涵发生变化，甚至可以说鬼神只是拥有一定意义的工具、符号与象征，对于这样的鬼神，无论墨子如何强调要“尊天事鬼”，都掩盖不住其现世性、政治性的指向与意图。墨子之后的战国，鬼神对于世界的支配已经瓦解，不仅新的理论结构中再无它的位置，新的社会政治体制也与它渐行渐远。

试论墨家的组织特征

王玉堂[①]

战国初期的墨子创立的墨学与儒学并称“显学”，不仅在当时有“非儒即墨”“非道即墨”之说，而且墨家与儒家两大学派对垒，墨者与儒者两派弟子激辩，开创了中国古代思想史上的一个鼎盛时代。但是，历史上的墨家，并不是一个单纯的学派，而是一个集学术、政治、经济、军事等于一体的综合体，具有鲜明的组织属性，实际上是一个政党的雏形。[②]他们“兴天下之利、除天下之害”的使命担当，“兼爱交利、尚贤尚同”的政治主张，“强本节用、兴利富民”的经济思想，“非攻善守、常备无患”的军事谋略，“说教行义、全面发展”的教育理念，“不泥古人、述而且作”的创新精神，“舍身救世（不惜“杀己以存天下”）、自苦为极”的价值追求，无论在当时还是对后世，都有举足轻重的影响。

墨家的组织特征可以概括为以下几个方面。

1. 使命型

墨子是一位有抱负的政治家，其创立的墨家学派，具有很强的使命意识和使命担当，他们为使命而立，受使命驱动，从成立那天起，就把

---

① 王玉堂，中共山东省东平县委党校常务副校长。

② 王玉堂：《踏石留痕》，长春：吉林文史出版社，2019 年，第 186 页。

“兴天下之利，除天下之害”作为自己的政治理想和价值追求，墨家弟子一生都在为之不懈奋斗。

为实现其“兴天下之利，除天下之害”的政治理想，墨家认为：“凡入国，必择务而从事焉。国家昏乱，则语之尚贤尚同；国家贫，则语之节用节葬；国家喜音湛湎，则语之非乐非命；国家淫僻无礼，则语之尊天事鬼；国家务夺侵凌，则语之兼爱非攻。”（《墨子·鲁问》）这些救世主张和治世策略，具有很强的针对性、灵活性和可行性。尽管墨家学派“其兴也勃焉，其亡也忽焉”，但从战国之际的显学，到秦汉以后的式微，再到清末民初的复兴这一历程中，不难窥见其独有的价值。墨子对自己的学说有着超强的理论自信。先秦时期，诸子“各以学术名其家，独墨家乃系以姓”[①]，墨学是先秦诸子中唯一以自家名号命名的学派，这本身就是一种自信。墨子坦言：“吾言足用矣。舍吾言革思者，是犹舍获而捃粟也。以其言非吾言者，是犹以卵投石也。”（《墨子·贵义》）“王公大人用吾言，国必治；匹夫徒步之士用吾言，行必修。”（《墨子·鲁问》）“天下无人，子墨子之言也。犹在。”（《墨子·大取》）

不过，有研究者认为，墨家这些主张有许多地方互相矛盾。其实，仔细研究就会发现，这是一个既相互独立，又彼此联系、相辅相成的完整思想体系，非但不矛盾，而且蕴含着墨家的智慧和谋略。这一思想体系的核心是“兼爱”，非攻、尚贤、尚同、节用、节葬、天志、明鬼、非乐、非命等，都是为其“兼爱”主张服务的。其中，尚贤、尚同是实现路径，天志、明鬼是实现手段，节用、节葬、非乐、非命是保障措施。事实上，墨子是一个唯物主义者，天志、明鬼等主张，乃墨家欺君、愚君之举，实属不得已而为之。

墨家的政治活动并不是一定要做官，而是要通过推行他们的兼爱、非攻、尚贤、尚同、节用、节葬、天志、明鬼、非乐、非命等救世主张，“兴天下之利，除天下之害”（《墨子·尚同中》），让饥者得食、寒者得衣、劳者得息、乱者得治，最终实现其“强不执弱，众不劫寡，富不

① 孙诒让：《墨子间诂》，北京：中华书局，2001年，第763页。

侮贫，贵不敖贱，诈不欺愚”（《墨子·兼爱中》）的兼爱主张和“国家之富，人民之众，刑政之治”（《墨子·尚贤上》）的政治理想。两千多年前，在那个“人不为己，天诛地灭”的战国时代，能有这种境界，是非常难能可贵的。不过，墨家只为推行自己的主张而不谋求取得政权，这与后来的梁山泊农民起义“只反贪官，不反皇帝”颇有相似之处，体现了墨家思想的局限性、革命的不彻底性和政治上的妥协性。

孟胜守义是体现墨家信仰与使命的标志性事件。据《吕氏春秋·上德》记载，墨家巨子孟胜与楚国的阳城君是上下级兼好友关系，阳城君外出时就委托孟胜守护他的封地，并且敲碎一件玉器分给孟胜一半，作为信物。公元前 381 年，楚悼王撒手西去，曾经受到楚悼王重用并被任命为楚国令尹的吴起，被群起叛乱的大臣用乱箭射杀。吴起自知性命难保，便故意扑到楚悼王遗体上。这样也就有很多箭射中了楚王的遗体。按照楚国法律，毁坏王尸，罪灭三族。楚肃王继位后，他命令杀光“射吴起并中王尸者”，共有 70 多个家族被牵连，阳城君便是其中一个。阳城君闻讯而逃，留下孟胜为其守城。孟胜也知道城是守不住了，但既已受人之托，无法为其守城，便唯有一死，弃城守义。孟胜的弟子徐弱劝他：事已至此，你的死对阳城君没有什么好处，对墨家则损失惨重，更有可能“绝墨者于世”。但孟胜坚持认为，他和阳城君有朋友之义，如果不能为阳城君守住封地，又不能以死谢罪，恐怕将来就没有人会相信墨者了。孟胜遂决定将巨子之位传给宋国的田襄子，这样墨者有人管理，墨家的组织在，墨者就不会绝迹于世。而徐弱见孟胜心意已决，便首先赴死。孟胜命令三个墨家弟子，到宋国把巨子的位置传给田襄子，然后带着一百八十名弟子慷慨赴死。[①] 去宋国宣布传位的三名墨者，在完成任务之后，虽然新任巨子田襄子命令他们留下来。但他们三人却说：我们首先接到的是前任巨子的命令，前任巨子命令我们传位给你，现在任务完成了，我们必须回去赴死。于是三人再从宋国赶回楚国赴死。

这就是墨者，这就是墨家，这就是墨家巨子，他们把守初心、担使

① 是战死还是自杀，史料中没有记载。

命看得比自己的生命都重！这也是当时社会上“求严师必于墨者，求贤友必于墨者，求良臣必于墨者”的重要原因。

2. 纪律型

墨家内部组织严密。他们有共同的理想、信仰，有自己的政治主张和行动纲领，有系统的理论体系，有稳定的收入来源，有严明的纪律和规矩，具有现代政党的基本特征，是一个典型的政治组织。

墨家内部实行“巨子制”，巨子就是墨家的领袖和领导核心，拥有绝对权威。《庄子·天下》篇记载，墨者“以巨子为圣人，皆愿为之尸，冀得为其后世”。但“巨子”的记载并不见于《墨子》原典中，而是出现在墨子以后、战国末期墨家以外其他学派的著作中。民国时期著名墨学家方授楚在其《墨学源流》中认为，墨子“必为第一任当然巨子。以禽滑厘在墨家地位之高，如非卒于墨子以前，则禽氏必为第二任巨子”①。不过，这只是一种推测，史料中并无记载。历史上，有据可查的墨家“巨子”只有孟胜、田襄子、腹䵍三人。“巨子”传贤不传子，既不实行世袭制，也不实行选举制，而是由前一任巨子传给另外一位众望所归的贤者。“田襄子，贤者也。”（《吕氏春秋·上德》）田襄子的巨子之位，即是由上一任巨子孟胜传给他的。

墨家内部有“杀人者死，伤人者刑”的墨者之法。《吕氏春秋·去私》记载，墨家巨子腹䵍，他的儿子在秦国杀了人。秦惠王念及腹䵍已老，且只有一个儿子，决定予以赦免，但腹䵍坚持认为，自己身为墨家巨子，必须执行“杀人者死，伤人者刑”的墨者之法，最终还是杀了自己的儿子偿命。

墨家对其弟子实行“召回”制度。墨家常把其弟子推荐到各诸侯国从军、做官或做工。但墨家弟子到各诸侯国后，必须遵守墨家的纪律、规矩，并推行墨家的主张和学说。仅《墨子》一书就有“子墨子游荆耕

① 方授楚：《墨学源流》，北京：商务印书馆，2015年，第126页。

柱子于楚”“子墨子使管黔游高石子于卫”“子墨子游公尚过于越”“子墨子仕人于卫”等记载；耕柱子、高石子、胜绰、公尚过、曹公子等，曾先后被派往楚、卫、齐、越、宋等国从政从军。弟子从政从军，违背墨子的主张，可能会被召回，重新接受教育。胜绰跟随墨子学成后被推荐到齐将项子牛那里做官，“项子牛三侵鲁地，而胜绰三从”，墨子听说后非常生气，严厉批评胜绰“言义而弗行，是犯明也”“禄胜义也”（《墨子·鲁问》），并派高孙子请求项子牛把胜绰辞退回来。曹公子被推荐到宋国做官，家里富裕了，“然而人徒多死，六畜不蕃，身湛于病”，并因此对墨家学说产生了怀疑，结果过了三年就回来了。墨子责备他“处高爵禄而不以让贤”“多财而不以分贫”“事鬼神唯祭而已”（《墨子·鲁问》），违背了墨家的主张。据孙诒让考证，胜绰和曹公子皆因“违道见责”，未得墨子真传。[①] 这些事例说明，墨家弟子学成“就业”后，仍然要接受墨家的管理和约束。

墨家内部设有“巡察”制度。墨家为了便于掌握到各诸侯国做官、从军的弟子的表现情况，会安排其他弟子到各诸侯国进行“巡察”，看其是否按照墨家的规矩和主张行事。耕柱子仕楚期间，就有“二三子过之”，以探望为名，考察耕柱子的表现，因耕柱子对他们“食之三升，客之不厚”（意为招待不周），回来后向墨子报告说：“耕柱子处楚无益矣。”墨子回答：“未可知也。”没过多久，耕柱子“遗十金于子墨子”（送十金给墨子），验证了墨子的判断是对的。

墨家弟子中，有为官从军者，也有不少人都是能工巧匠。《孟子·滕文公上》中的墨家弟子许行，“其徒数十人，皆衣褐，捆屦织席以为食”。他们在谋生的同时，必须将收入的一部分上交给墨家。这就使得墨家有了稳定的活动经费。墨家弟子上交部分收入给墨家，这是墨家的规矩和墨者必须履行的义务。他们将部分收入上交墨家后，自己都过着非常俭朴的生活；“朝得之则夕弗得”（《墨子·鲁问》），就是墨家弟子生活的真实记录。在楚国做官的耕柱子就曾一次“遗十金于子墨子”，并说：“后

① 孙诒让：《墨子间诂》，北京：中华书局，2001 年，第 716 页。

生不敢死，有十金于此。”这说明，墨家弟子有了收入不上交，是要治死罪的。

正是因为有了严明的纪律做保证，才使得墨家内部组织森严，“墨子服役者百八十人，皆可使赴火蹈刃，死不旋踵”（《淮南子·泰族训》）。

3. 军事型

历史上的墨家以“善守御”[①] 著称，成语“墨守成规”即源于墨家善于守城。他们拥有守御之术（军事理论和技术）、守御之器（守城器械）和守御之士。“墨子之门多勇士。”（《新语·思务》）墨家不少人既能纸上谈兵，又能上阵杀敌，是一个典型的军事集团。后来，墨家组织解体后，一部分墨家弟子成为行侠仗义的游侠。历史学家王桐龄称：“游侠之宗，当首推墨子。”[②]

墨子不仅是一位伟大的思想家，也是一位杰出的军事家。墨子大约比兵圣孙武略后二三十年出生，基本可以肯定两人是同一时期的人[③]，但他在军事上的成就绝不亚于兵家孙武，只是他的兼爱、非攻学说更为著名罢了。胡适等人认为《墨子》中的“《备城门》以下到《杂守》凡十一篇，所记都是墨家守城备敌的方法，与哲学没甚么关系。研究墨学的……可以不必细读”[④]；梁启超也说，《备城门》以下“这十一篇是专言守御的兵法，可缓读”[⑤]，致使人们对墨家军事思想的研究未予重视。著名学者岑仲勉早就说过：“墨子这几篇书，我以为在军事学中，应该与《孙子兵法》同当作重要资料，两者不可偏废。”[⑥]

---

① 司马迁：《史记》，北京：中华书局，2009 年，第 457 页。

② 王桐龄：《王桐龄中国史》，长春：吉林人民出版社，2013 年，第 194 页。

③ 张知寒：《墨子志》，济南：山东人民出版社，2009 年，第 149 页。

④ 胡适：《哲学的盛宴（中国篇）》，北京：新世界出版社，2017 年，第 122 页。

⑤ 梁启超：《老子、孔子、墨子及其学派》，北京：北京出版社，2016 年，第 164 页。

⑥ 岑仲勉：《墨子城守各篇简注》，北京：中华书局，1958 年，第 2 页。

墨子与孙子同为杰出军事家，但两人的军事思想既有共通之处，也有很大不同。他们都热切地追求和平，不希望进行战争，但又都主张不放弃武力，追求的境界都是不战而屈人之兵。但墨子立足于小国、弱国，强调防守；孙子则立足于大国、强国，强调进攻。墨子强调军事技术和装备，孙子则强调谋略和战术。墨子主张非攻，从来不主张进攻别人，在战争中重视发挥群众的作用，善于打“人民战争”；《孙子兵法》中没有论及群众在战争中的作用。

墨家还具有超强的社会动员能力，这在当时是任何一家一派都无法比拟的。墨子听说楚国要攻打宋国，一方面，他自己从鲁国出发，裂裳裹足，“行十日十夜而至于郢”（《墨子·公输》），去说服公输盘和楚王；另一方面，令“弟子禽滑厘等三百人”，持“守圉之器，在宋城上而待楚寇”（《墨子·公输》）。在当时通信联络条件极为落后的情况下，能够在短时间内迅速组织三百多人到宋国城下备战待敌，足以说明墨家内部的组织系统是何等神秘、森严和高效。

墨家在当时受到各诸侯国的重视，与他们拥有强大的军事力量和超强的动员能力有很大关系。

4. 科技型

墨家重视劳动，重视生产实践，重视科学技术，是一个典型的科技型组织，他们在自然科学上卓有建树。墨家创始人墨子，不仅是我国古代最有创见的思想家之一，也是一位科学巨匠，被后人尊称为“科圣”“中国科学家始祖”。

方授楚曾经说过，墨子之学，极富于创造精神。[①] 墨子在力学、数学、几何学、光学、声学等领域都有辉煌成就，是我国第一位真正意义上的科学家，其研究成果在深度和广度上都达到了那个时代的顶峰，让

① 方授楚：《墨学源流》，北京：商务印书馆，2015 年，第 168 页。

当时的西方人难以企及。[①]墨家经典《墨子》中丰富的科学知识，在先秦诸子中堪称一绝。墨子不仅最早记述了小孔成像现象，而且第一次对光沿直线传播进行了科学解释。著名物理学家钱临照称，《墨子》中的光学部分，“就体制而言，俨然是一部完整的几何光学。就内容而言，是不尚空论而是老老实实的实验记录。……就年代而言，墨经比今日欧美学者所认为世界上最古的光学书籍，传说为欧几里德所写的光学一书，还要早。所以，就只凭这光学一部分的记载，墨经[②]在世界自然科学古籍中，应有它光荣的地位。”[③]2016 年 8 月 16 日 1 时 40 分，我国在酒泉卫星发射中心发射升空的世界首颗量子科学实验卫星命名为“墨子号”，就是因为墨子最早提出光线沿直线传播，设计了小孔成像实验，奠定了光通信、量子通信的基础。

墨子不仅“好学而博”（《庄子·天下》），而且非常善于对大自然的观察与研究。据《墨子·贵义》记载，他曾从一个人帮助另一个人扛起一袋粮食这件事，认识到“力”的重要：“今有人于此，负粟息于路侧，欲起而不能，君子见之，无长少贵贱，必起之。”并在《墨子·经上》进行了科学归纳：“力，形之所以奋也。”“力，形之所以奋也”，是墨家给“力”下的定义，这其实就是牛顿第二定律的内容，只是没有明确提出“加速度”的概念罢了。实际上，“奋”字古人释为“动也”（《广雅·释古》），不只是代表运动，而是代表运动的变化，即变速运动。《墨子·经说下》中“上者愈得，下下者愈亡”，“上者愈丧，下者愈得”等，这些“愈”字，也都含有加速度的意思。[④]

墨家的科技思想、科技成就和许多发明创造，很大程度上源于他们追求兼爱、非攻理想和守城作战的需要，是他们重视生产、重视实践、

---

① 王玉堂：《读懂墨子》，《学习月刊》（下半月），2016 年第 11 期。

②《墨子》书中的《经上》《经下》《经说上》《经说下》《小取》《大取》6 篇，习称“墨经”。

③ 钱临照：《古代中国物理学的成就 I 论墨经中关于形学、力学和光学的知识》《物理通报》，1951 年第 3 期。

④ 任继愈：《墨子与墨家》，北京：北京出版社，2016 年，第 116 页。

重视观察的结果。遗憾的是，墨家一些精英弟子在守城作战中死于非命，后期组织解体，而这些科技思想和成就又为儒家主导的宗法社会所不容。因为科学的任务在于探究自然的规律，而血缘宗法制则崇拜祖先，崇拜圣贤，敬天事鬼，依靠愚昧、迷信维持其统治，迷信的天敌正是科学。作为封建统治经济基础的小农经济自给自足，封闭保守，墨守成规，不求变革，无须科学，科学被斥为“君子不齿”“壮夫不为”的“雕虫小技”和“奇技淫巧”，普通劳动者所掌握的技能被视为“鄙事”[①]。在一些儒者眼里，“儒术诚行，则天下大而富”（《荀子·富国》），自然科学再好，终究还是不如儒家的“大道”:“夫道，弥纶宇宙，涵盖古今。成人成物，生天生地。虽《中庸》《周易》已详，要非俗儒所能知，亦非后天形器之学所可等量而齐观也。”[②]在这样的社会认知和氛围中，墨家的科学思想自然难有立足之地。我们完全有理由说，中国古代的科技思想萌芽于墨家，扼杀于儒家。

5. 服务型

墨家弟子众多。《淮南子·泰族训》中说“墨子服役者百八十人”，而《韩非子·五蠹》记载:“仲尼，天下圣人也……而为服役者七十人。”至于司马迁在《史记·孔子世家》中说:“孔子以诗书礼乐教，弟子盖三千焉，身通六艺者七十有二人。”[③]“弟子盖三千焉”不过是一个累数而已，而墨家同时拥有“百八十人”（《淮南子·泰族训》《吕氏春秋·上德》等）甚至“禽滑厘等三百人”（《墨子·公输》），则是史料中记载的事实。可见，墨家弟子比儒家要多，墨家集团是一个十分庞大的组织。不仅如此，墨家内部还具有相对明确的社会分工，即“能谈辩者谈辩，能说书

① 《论语·子罕》记载:“太宰问于子贡曰:‘夫子圣者与？何其多能也？’子贡曰:‘固天纵之将圣，又多能也。’子闻之，曰:‘太宰知我乎！吾少也贱，故多能鄙事。君子多乎哉？不多也。’”

② 郑观应:《盛世危言》，呼和浩特：内蒙古人民出版社，1996年，第3页。

③ 司马迁:《史记》，北京：中华书局，2009年，第329页。

者说书，能从事者从事”（《墨子·耕柱》）。谈辩是游说诸侯，参与政事，推行墨家学说；说书指从事记录、整理和传授墨家思想；从事指从事守城防卫和器械制造。分工是为了更好地合作。有了分工，使得墨家组织能够高效运转，墨家弟子能够各展其长，相互之间还可以互补。

墨家强调互助，主张“有力者疾以助人，有财者勉以分人，有道者劝以教人”（《墨子·尚贤下》），认为“据财不能以分人者，不足与友”（《墨子·修身》）。当年，墨子和他的弟子们都过着非常艰苦甚至“朝得之则夕弗得”（《墨子·鲁问》）的生活，但他们总是“自难而易彼”，宁愿自己忍饥挨饿，也要倾其所有去帮助别的国家和他们认为需要帮助的人。[①] 从某种意义上说，墨家实际上是一个互助组织。在河南鲁山一带，直到中华人民共和国成立前还存在着一种叫“堂匠班”的组织。“堂匠班”实际是个“互助组”，专门帮助穷人修房盖屋、挖渠垒堰，由信奉墨家的各种工匠组成。凡是参加“堂匠班”者，必须在自家内室摆上“墨祖”牌位，早晚焚香朝拜，每逢刮风下雨天，他们就聚在一块儿颂讲“墨经”，劝善诫恶，鼓励大家济世救人。

6. 草根型

墨子出身贫贱，是“农与工肆之人”利益的代表。直到他献书惠王时，仍自称“贱人”（《墨子·贵义》），由此推测，墨子可能一生未仕。

墨家弟子也多为“贱人”出身，来自社会中下层。在有据可考的墨家弟子中，高何、县子石原来都是“齐国之暴者也，指于乡曲”；索卢参原为“东方之巨狡”（《吕氏春秋·尊师》）。墨家后学许行（即许犯），“其徒数十人，皆衣褐，捆屦织席以为食”（《孟子·滕文公上》）。其他如禽滑厘、跌鼻、田系索、彭轻生、腹䵍、苦获等，从姓名推测，也都来自社会下层。[②]

① 王玉堂：《毛泽东视野里的墨子与墨家》，《职大学报》，2019 年第 3 期。

② 范文澜：《中国通史简编·上册》，北京：商务印书馆，2010 年，第 101 页。

非常可贵的是，这些来自社会中下层、原来表现不好甚至应该“刑戮死辱之人”，在墨家思想的影响熏陶下，不少人都成为贤能之辈。如高何、县子石因“学于子墨子”、索卢参因“学于禽滑厘”而成“为天下名士显人，以终其寿，王公大人从而礼之”（《吕氏春秋·尊师》）。

出身贫贱的墨家弟子，从“草根”成长为“精英”本来就难，加之大批精英弟子为奉行其“兼爱”“非攻”主张而在战争中死亡，使得墨家没有了传人，这是后来墨家组织解体、墨学淡出人们视野的一个不可忽视的重要原因。

墨家思想的当代价值刍议

魏泽民[①]

墨家学派的创始人和集大成者墨翟是战国时期的鲁国人，出身于工匠世家，善于制造器械。后曾“学儒者之业，受孔子之术”，发现儒家所重视的周礼过于烦琐，不容易实行，儒家主张的厚葬久丧既浪费钱财，又贫民害事，于是创立了墨家学派。墨子言行和墨家思想在其弟子及其后学记录、整理、编纂而成的《墨子》中有较为集中的反映。

一、墨家思想述要

墨家学派的思想主要体现为十大主张。

一曰“兼爱”。就是要求人与人之间实行普遍的、无差别的互相友爱。这种博爱超越了儒家对待亲人的亲相亲，父兄慈、子弟孝、尊长友、年幼悌……把爱扩展到非亲人身上，接近老子所倡导的老吾老、幼吾幼。墨子认为天下一切祸害皆起于人们之间“交相别”，诸侯不相爱则必野战，家主不相爱则必相篡，人与人不相爱则必相贼，君臣不相爱则必不忠惠，父子不相爱则不孝慈，兄弟不相爱则不和调。天下之人皆不相爱，强必执弱、众必劫寡、富必侮贫、贵必敖贱、诈必欺愚。要除去天下之

① 魏泽民，甘肃省西和一中高级教师，陇南市民协副主席。

大害，就必须以兼相爱、交相利之法易之。作为墨子思想的核心，“兼爱”有两个层面的意义：一是人与人之间的“兼相爱”，就是要人们待人如己、爱人如己、相亲相爱，墨家主张视人之国，若视其国；视人之家，若视其家；视人之身，若视其身，使彼此的利益兼而为一，为彼，犹为己也，为己，犹为彼也，我为人人，人人为我。二是人与人之间要“交相利”，也就是施与“爱”的同时施与“利”，所以墨家还提出了“义，利也”的主张，突出了“利”在协调人与人，解释各种社会问题和道德范畴的标准和基础，以此实现和谐的社会关系。

二曰“非攻”。这是墨家“兼爱”思想在处理国与国之间关系上的一种运用。墨家反对伤人性命、损人财物、破坏力极强的侵略战争。他还把战争分为正义、非正义两种。墨子认为发动掠夺战争是一种极不正义的犯罪行为，不仅劲杀其万民，夺民之用，废民之利，给普通百姓带来巨大的灾难，而且“燔溃其祖庙”，最终的结局就是两败俱伤，战争成为“天下之巨害”。墨子认为战争与掠夺使饥者不得食，寒者不得衣，乱者不得治，成为天下之大害。之所以有此大害，根源就在于缺失“兼爱”精神，所以墨子主张“非攻”。在墨子看来，只有“兼爱”才是为天下兴利除害之道。只有制止互相征伐，社会才能得到安宁。但是，墨子的非攻思想也不是笼统地反对一切战争，他也区分“攻”与“防”，区分“伐”与“诛”。直面当今的国际社会中明显增加的不稳定、不确定因素，以及国际政治、经济和安全领域中的霸权主义、恐怖主义、贸易保护主义，还有南北国家之间的贫富差距，人道主义危机以及难民、贫穷与饥饿等诸多问题，国内存在的阶层固化、贫富悬殊、发展过程中的东南与西北地区的极不平衡、就业和老龄化带来的巨大压力，“兼相爱”“交相利”兼爱交利，构建包容和谐的社会关系就显得更具有现实意义。

三曰“尚贤”“众贤”。墨家所谓的贤人，是指“有力者疾以助人，有财者勉以分人，有道者劝以教人”的人。这个标准其实是墨子“尚贤”思想的内核，贯穿于墨子的整个政治理念。“尚贤”就是要尊重并重用那些贤人，崇尚有德才之人，形成崇尚贤人的社会风气，无论其身份贵贱，都要“高予之爵，重予之禄，任之以事，断予之令”，所谓“官无常贵，民无终贱；有能则举之，无能则下之”。墨子主张在用人上“尚贤”“众贤”，采取措施增多社会上的贤良之士，实行贤人政治，将使贤者富之、贵之、誉之。他认为国家治薄的原因在于贤良之士寡，所以提出“众贤”“尚贤”措施。在贤良之士增多后，要“听其言，迹其行，察其所能而慎予官”，也就是要依据贤良之士各自的能力与禀赋慎重选拔和使用之，这就是所谓的“使能”。墨子的“尚贤”思想并非空泛的概念，而是一种有可操作性的选贤制度，可使国家长治，官府殷实，万民富足，从而最终达到“尚同”。

四曰“尚同”。所谓“尚同”就是崇尚与贤人的思想认识同一，就是所谓上之所是，亦必是之；上之所非，亦必非之，也即见贤思齐。这里所说的上者，必须是贤者，这是墨子“尚同”思想的前提。墨子的“尚贤”“尚同”思想是出于消除战国初期混乱割据的局面而提出的政治解决方案。

五曰“节用”。即反对贵族的铺张浪费：“凡足以奉给民用则止；诸加费不加于民利者，圣王弗为。”民利是用财的标准，如果加费而又加于民利的事是可以去做的；加费而不加于民利的事是不可以去做的。可是当世之主往往暴夺民衣食之财，造成富贵者奢侈，孤寡者冻馁的可怕结局，因为贵族无节制地享受财富和浪费资源，就有可能导致黎庶群起为盗。

六曰“节葬”。他认为厚葬久丧使极为匮乏的财富被埋葬，使劳动者长时间不能参加生产，生之者有时而用之者无度，以此亏夺民衣食之财，只能造成社会贫困。

七曰“非乐”。墨家认为，贵族们钟鸣鼎食，礼乐盛行，既费时耗事，妨碍男耕女织，又花费甚大，只能加重百姓的灾难，成为民之所患。民有三患：饥者不得食，寒者不得衣，劳者不得息，所以墨子主张摆脱划分等级的礼乐束缚，废除烦琐奢靡的编钟制造和演奏。为了鼓励男耕女织，墨家甚至限制“男女之交”。

八曰“非命”。墨子不信天命论，认为“命者，暴王所作，穷人所术（述），非仁者之言也”。否定命运的存在，认为天命论无非是统治者们编造出来愚弄人的把戏，信之则会受苦。世界是公平的，各种人之所以都能生存，并不是天命使然，而是因为他们懂得各自生存的道理：为官者懂得“强必治，不强必乱，强必宁，不强必危”；为吏者懂得“强必贵，不强必贱，强必荣，不强必辱”；劳力者懂得“赖其力者生，不赖其力者不生”；农夫农妇懂得“强必富，不强必贫，强必饱，不强必饥，强必暖，不强必寒”，只要各司其职，各尽所能，按章办事，就能生存下去。

九曰“天志”。墨子一方面反对天命，另一方面又相信“天志”和鬼神的存在，认为天是有意志的，天志是衡量人世间一切言行的尺度，我有天志，譬若轮人之有规，匠人之有矩。仁，内也，是心的感觉；义，外也，是外在的标准。顺着天志，必得赏；违背天志，必得罚。为此，墨子要求人们兼相爱、交相利，人之有力相营，有道相教，有财相分。

十曰“明鬼”。虽然不信巫术，不信命运，却信人死后会有灵魂。博大的墨家思想，在春秋战国时代，让墨家成为与儒家、道家、法家并驾齐驱的显学。

二、墨子的节用思想及其体现

墨家不仅在宏观上反对劳民伤财的掠夺战争和铺张浪费的礼乐制度，在衣食住行和提倡薄葬等微观的层面上也主张“节用”。比如在服饰方面，墨家认为衣服的作用就是冬以御寒，夏以御暑：“其为衣裘何以为？冬以圉寒，夏以圉暑。”（《墨子·节用》）可是有人却强夺民财，横征暴敛，以制锦绣华丽之服，墨子对此深恶痛绝。他在《辞过》中指出：“单财劳力，毕归之于无用也，以此观之，其为衣服，非为身体，皆为观好”，终将导致“其民淫僻而难治，其君奢侈而难谏也”。（墨子·辞过）为此，墨子提出“凡为衣裳之道，冬加温、夏加清者，芊䱉不加者，去之”（《墨子·节用》）。又比如在饮食方面，墨子认为饮食的目的是“充虚继气，强肱明目”（《墨子·节用》），“其为食也，足以增气充虚，强体养腹而已矣”（《墨子·辞过》），而不是以食物的奢华来显示实力之强大，凸显地位之显赫的，墨子认为王公贵族追求生活奢华排场，无节制地征收百姓的食物，厚敛百姓钱财，享受美味，必将使无土地的农奴难以维持生计，而一旦生存受到威胁，国家的稳定就有隐患，更不用说强其国以御外敌了，所以墨子说："是以富贵者奢侈，孤寡者冻馁，虽欲无乱，不可得也。君实欲天下之治而恶其乱，当为食饮不可不节。"（《墨子·辞过》）再如在住房方面，墨子认为古圣先王造宫室是为了"御风寒避暑雨"，"冬以圉风寒，夏以圉暑雨"（《墨子·节用》），防御盗贼，主张营造宫室只需要"其旁可以圉风寒，上可以圉雪霜雨露，其中蠲洁，可以祭祀，宫墙足以为男女之别，则止"（《墨子·节用》）。可是现今的王公贵族横征暴敛，营造的宫室极尽华美之饰，"台榭曲直之望，青黄刻镂之饰"，失去了它的本来意义。在舟车出行方面，墨子认为圣王造舟车的目的是"通四方之利"，"负重行远以利百姓"。（《墨子·节用》）"车为服重致远，乘之则安，引之则利，安以不伤人，利以速至，此车之利也。古者圣王为大川广谷之不可济，于是制为舟楫，足以将之则上。虽上者三公诸侯至，舟楫不易，津人不饰，此舟之利也"（《墨子·节用》），可是当今之主违背了圣王制舟车的初心，"其为舟车与此异矣。完固轻利皆已具，必厚作敛于百姓，以饰舟车，饰车以文采，饰舟以刻镂。女子废其纺织而修文采，故民寒；男子离其耕稼而修刻镂，故民饥。人君为舟车若此，故左右象之，是以其民饥寒并至，故为奸邪。"（《墨子·辞过》）又比如在丧葬方面，墨子反对儒家倡导"厚葬久丧"，认为"厚葬久丧，重为棺椁，多为衣衾，送死若徙，三年哭泣，扶后起，杖后行，耳无闻，目无见，此足以丧天下"（《墨子·公孟》），所以主张"节葬"。墨子认为应效古圣王之法——"棺三寸，足以朽体；衣衾三领，足以覆恶。"（《墨子·节葬》）"非乐"也是墨家"节用"思想的重要构成部分之一。墨子认为："仁人之事者，必务求兴天下之利，除天下之害。将以为法乎天下，利人乎即为，不利人乎即止"（《墨子·非乐上》），凡事应该利国利民，以万民之利为标准。"乐"虽能娱人耳目，愉悦心情，但"上考之不中圣王之事；下度之不中万民之利"。所以墨子认为"为乐非也"（《墨子·非乐上》）。

今天，我国人民的生活水平有了极大的提高，加之受中国传统的"面子文化"和"买着不用，用着不买"的礼品消费观念影响，各种各样的浪费十分严重，尤其是餐桌上的浪费。面对生活中的水、土地、粮食浪费以及消费中的过度包装现象，墨家"节用"的理念在当代就彰显出了其思想文化价值。因此，必须大力倡导墨家节用思想，大力弘扬勤俭节约的优秀传统，宣传节约光荣、浪费可耻的思想观念，以形成厉行节约、反对浪费的社会风气。

三、墨家科技思想及其体现

墨家子弟中有许多能工巧匠，他们在生产劳动中积累了丰富的实践经验，并将这些生产经验和技能升华到科技理论的高度，在诸如数学、物质结构、时空运动、声、光、电、力学、几何学等领域都有深入而卓越的研究成果，代表了当时科学技术的发展方向和最高水平，在中国科技史上乃至世界科技史上有着重要的地位。比如在数学研究方面，墨子不仅对"十进位制""全量分量公理"等有所论述，还提出了方、圆、直线等的基本定义、作用和关系，分析了直线平行、直线相交、直线重合、直线相接、直线相离等关系。在微积分研究方面，《墨子·经说上》早于西方德谟克利特提出了"穷，或不容尺有穷；莫不容尺无穷也"的命题。在力学研究方面，墨子对力学概念、杠杆定理、机械运动的研究，认识到物体位移是机械运动的本质，还在斜面、重心、滚动摩擦等方面也有独到的见解。在时空研究方面，墨子对空间和时间、运动和静止两对科学范畴的含义及辩证关系都有独到的理解。《墨子·经说上》曰："久，弥异时也""宇，东西家南北""宇或徙，说在常宇久"（《墨子·经下》）；"动，或从也""止，以久也"（《墨子·经上》）。在光学研究方面，墨家不仅发现了光的直线传播、光的反射现象、平面镜成像、凹凸面镜成像等现象，还在世界上首次做了"小孔成像"实验，最早阐述了投影和针孔成像："景不徙，说在改为""景到，在午有端与景长，说在端。"（《墨子·经下》）英国学者李约瑟在《中国科学技术史》中评价说：墨家光学研究的开始，比我们所知道的希腊的情况还早。在军事学研究方面，墨子主张建设军事工程设施和先进的武器系统，《墨子·备城门》详细阐述了城门的防卫构造，包括吊门、城门的关锁、活动保险门和“属城”等四层防线，还研制了诸如转射机、连弩车、藉车、云梯等设计巧妙，威力巨大的武器装备系统。遗憾的是，由于墨学中绝，其科技思想没有得到有效传承，这不能不说是中国科学史的不幸。

深入发掘并吸纳继承墨子的科技创新思想，对当今富国强兵仍然具有重要借鉴意义。在今后相当长的时期内，我国要深入推进科教兴国战略和自主创新工作，千方百计提升科技创新能力，特别是要深化科技管理体制改革，消除制约科技发展的管理体制，为科技进步营造一个有利的发展环境，缩小与发达国家之间的差距。①

结　语

墨家不仅在人文思想领域造诣非凡，而且在科技研究中也曾引领风骚。在当时的社会中，等级尊卑、礼乐制度、敬祀祖先、事死如事生的观念早已深入人心。诚如美国著名汉学家史华兹所言:“奢靡的丧葬、仪式性的音乐、讲究礼仪的衣饰和优雅的礼貌，不管变得何等徒具形式和偏离实质意义，但的确是传统精英文化的组成部分之一。”② 墨家学说中绝，以致当今的许多人不知道墨家思想的先进性。在“国学”昌兴的今天，在某些人观念中的“国学”并不包括科学技术，原因是一些人并不了解中国科技史，不了解古代墨家的科技思想和科技贡献。

同时，当前要重组中国与世界关系，迫切需要重构中国知识体系，重塑中国与世界的知识主体性。由文化自信开启的文明自觉，迫切需要一种立足中国道路实践的认知态度和知识体系，这种知识主体性的成功

① 于光胜、刘长明:《墨子的科技思想及其当代价值》,《自然辩证法研究》,2015 年第 4 期。

② [美] 本杰明·史华兹:《古代中国的思想世界》，南京：江苏人民出版社，2004 年，第 175 页。

重塑，不仅对于中国有意义，而且可以为人类解决共同难题，丰富对自我和对世界的认识，提供更多的思想资源和实践可能。

坚守与创新：墨子文化和鲁山旅游深度融合[①]

常民强[②]

旅游是文化的载体，文化是旅游的灵魂。“文旅”融合越来越成为共识，并逐渐成为重要的发展方向之一。当前，鲁山要想从“优秀旅游”目的地真正成功跃升中国旅游“强县”就必须充分依托本地丰厚的文化资源，真正推进文化和旅游的深度融合发展。基于此，我们有必要全面、科学地分析鲁山墨子文化和旅游融合发展的优势及不足，进而为鲁山县域文旅融合的高质量创新发展描绘美好的蓝图。

一

文化是旅游之根脉、之魂魄，旅游业也是大文化业的一部分。2018年3月19日，十三届全国人大一次会议第七次全体会议经投票表决，决定将国家旅游局与文化部合并，组建文化和旅游部，作为国务院新组成部门。这是近二十年，旅游管理体制最重大的变革。在文化与旅游领域，改革的序幕正式拉开。国家组建文化和旅游部是为增强和彰显文化自信，统筹文化事业、文化产业发展和旅游资源开发，提高国家文化软实

① 本文系河南省社会科学规划决策咨询项目“乡村振兴战略背景下河南乡村文化建设问题研究”（项目批准号：2019JC45）阶段研究成果。

② 常民强，平顶山学院新闻与传播学院副教授。

力和中华文化影响力，推动文化事业、文化产业和旅游业融合发展。党的十九大报告明确提出：文化自信是一个国家、一个民族发展中更基本、更深沉、更持久的力量。“文化＋旅游”是 1 ＋ 1 ＞ 2，是双赢、多赢。

诚然，鲁山有比较丰厚的山水旅游资源，但是目前优质的山水资源已经开发得差不多了，许多传统的旅游项目亟需升级换代，而文化和旅游的融合发展才是下一阶段旅游行业的重头戏。依托鲁山丰厚的文化资源，来提升发展旅游产业，是一条康庄大道。IP 是将来旅游升级发展的新动力，IP 携带的是文化基因，影视、广告、文学、艺术、媒体等文化形式是做大 IP 旅游的关键。很多地方成立负责旅游发展的集团，都称之为“文旅”集团，可见文化与旅游的孪生关系。这也给我们鲁山文旅融合的创新发展带来诸多启示。除了青山绿水的大好自然风光，鲁山有深厚的历史文化底蕴，“文旅融合”可谓得天独厚。如果巧妙结合墨子“科技”“兼爱”“非攻”等博大精深的思想理念，高起点打造以爱国名人墨子为核心的文化名片，以县域经济为基础，融合旅游和文化产业所形成的全局旅游名胜区呼之欲出。

鲁山如果能把旅游与文化融合发展，那么旅游就找到了根魂，文化也找到了实体，二者一定会相得益彰。正是基于此，我们觉得墨子文化和鲁山旅游深度融合，创新发展，可谓正当其时。

二

SWOT 理论，也叫道斯矩阵、态势分析法，是 20 世纪 80 年代由美国旧金山大学的教授韦里克提出的管理学理论方法。SWOT 理论的核心基于竞争环境（内部和外部）及竞争条件下的态势分析，也就是将与研究对象密切相关的各种主要内部优势、劣势和外部的机会和威胁等，通过调查列举出来，并依照矩阵形式排列，然后通过系统分析，把各种因素通盘考虑从中得出一系列的对策性结论。

运用 SWOT 理论方法需要综合考虑四种因素：S(Strengths) 是优势，W(Weaknesses) 是劣势，O(Opportunities) 是机遇，T(Threats)

是威胁。该方法可以对研究对象所处的情境进行全面、系统、准确的研究，从而根据研究结果制定出相应的发展战略、计划以及对策等。[①]结合管理学的概念，所谓发展策略就是一个单位“能够做的”（单位的优势/强项和劣势/弱项）和“可能做的”（面临的机遇和威胁）之间的科学组合。

基于SWOT理论，以“墨子文化和鲁山旅游深度融合”为研究对象，深入探索鲁山县域文化产业的历史发展脉络，总结经验教训，厘清鲁山当前区域文化与旅游产业融合发展的优势、劣势、机遇与风险，针对其存在的欠缺和不足进行深层次的研究与全方位的提升，期望为我市经济转型中文化产业的发展提供历史借鉴和决策依据。

（一）优势

以墨子文化为代表的鲁山文化资源作为当地非物质文化遗产，在其旅游发展，乃至经济发展中必将起到不可替代的作用。

就墨子文化而言，鲁山境内拥有着中国古代思想家墨子故居，在这里还流传有关墨子诞生、学习、研讨以及其与鲁班的传说佳话。鲁山以其独特的民间歌谣形式，将墨子文化与传统的祭祀风俗相结合，更好地展现墨子在中国古代百家争鸣时代厚重的文化基础，这也为更好地钻研和宣传墨子文化奠定了良好的基础。

近年来，通过举办大型墨子研讨会和成立墨子研究中心等学术活动，鲁山县不断挖掘这种文化产业链的附加价值，也打造了墨子商场，举办各种墨子文化活动吸引游客来访。

总之，河南省鲁山县域地理位置优越，自然资源丰富。可以用“山、泉、湖、俗、古、军、食”来形容鲁山县的旅游业[②]，其中，以山、

① 常民强：《SWOT理论视域下马街书会保护与传承的路径创新》，《广西职业技术学院学报》，2019年第4期。

② 山：尧山；泉：上汤、中汤、下汤；湖：昭平湖；俗：包括饮食文化的民俗风情；古：历史人文；食：鲁山特色饮食；果：野生果蔬。

泉、湖最具代表性。[①]政府大力扶持和宣传愿景，名声在外，每年有500多万人次旅游基数，如果能将墨子文化和鲁山旅游深度融合发展，可以预见，这一定会成为支撑鲁山经济行稳致远的朝阳行业。

（二）劣势

首先是务虚不务实。尽管鲁山县提出了“实施二次创业，打造旅游强县”战略愿景，把旅游业确定为重点发展的支柱性产业、第三产业全面发展的龙头。但是从实际情况来看，雷声大雨点小，政府及社会公众还没有完全形成共识，加之鲁山财力有限，对发展旅游业一般号召多，口头支持多，具体落实力度小。

旅游是一个吃—住—行—游—购—娱等一条龙的系统综合服务体，任何一个环节不完善，都可能会影响旅游者的综合体验。偌大一个鲁山县城没有一家高品位宾馆，街道卫生状况叫人不敢恭维，车辆乱停乱放司空见惯，墨子商场还是停留在几十年前的低端地摊状态。

其次是战略理念匮乏。全县旅游产业发展的战略性规划不到位，对旅游开发的战略方向、市场定位、战略布局等没有确定。项目开发具有盲目性，发展具有无序性，建设具有重复性。一些项目投资不足，建设规模小、档次低、质量差，既浪费了旅游资源，又降低了市场竞争力。思想不够解放，理念比较落后，粗放型增长方式也是理所当然。这直接导致旅游六要素产业培育不充分，整合不到位，尚未形成完善的产业链。我国旅游先进城市的门票、交通、餐饮基础性消费在40%左右，而鲁山达到60%。这些都说明，消费模式的思想观念还有待改变，旅游发展的重点没有突出，鲁山旅游发展的思路、理念需要加快转变。

第三是品牌意识淡薄。目前，鲁山旅游的大品牌意识和大旅游观念缺乏，对外宣传没有形成统一的品牌和主题，品牌主题形象不突出，旅游市场认知模糊。如鲁山以山而闻名，尧由石人山更名而来，鲁山大佛也频繁更名，鲁山温泉没名，这些都严重影响了鲁山旅游的文化品牌建设。此外，项目开发和宣传促销都各自为战，各景区还自主经营，导致

① 白蒙恩：《鲁山县旅游产业发展问题与对策》，《现代企业》，2016年第1期。

有投入高、效益低、形象差等负面影响，这也导致整个旅游行业无法快速发展。

（三）机遇

如今，文化与旅游融合的春天已经真正来临，墨子文化和鲁山旅游深度融合发展也迎来了难得的历史大机遇。

墨子是中国春秋战国之际一位伟大的思想家、哲学家、教育家、科学家。墨翟的《尚贤》《尚同》《兼爱》《非攻》《节用》《节葬》等经典名篇，至今还被人们口耳相传。他超越民族家国的无私大爱："天下之人皆相爱，强不执弱，众不劫寡，富不侮贫，贵不敖贱，诈不欺愚"（《墨子·兼爱中》），"顺天意者，兼相爱，交相利，必得赏；反天意者，别相恶，交相贼，必得罚"(《墨子·天志上》)；他高瞻远瞩的民本思想："官无常贵而民无终贱。有能则举之，无能则下之"(《墨子·尚贤上》)，"兴天下之利，除天下之害"（《墨子·非攻下》），"顺天意者，义政也；反天意者，力政也"(《墨子·天志上》)；等等，百代而下，仍然熠熠生辉。而今我们研究传承墨子文化，对弘扬中华民族优良传统，建设社会主义乃至人类命运共同体，有着非同寻常的历史意义和现实价值。

墨子是战国时期楚国鲁阳人，即今河南鲁山人。2500 年前，墨子曾在鲁阳著经立说，留下不少珍贵印记。"正好"与"沿墨儿"，"中，不中"与"没有规矩不能成方圆"，"上梁不正下梁歪"，"跟着好人学好人，跟着筮婆子下假神"等，至今，这些在鲁阳人们日常生活的行为、语言中还被沿用。这些形象比喻和简练语言，蕴含着深刻人生哲理，影响着一代又一代鲁阳人乃至中原人，甚至影响到整个中华民族。

鲁山在河南省乃至全国打造了唯一彰显浓郁墨子文化的古街。墨子文化古街融合多种休闲度假业态，科学地规划出以墨子文化为主题的小吃一条街，整个建筑风格以墨子文化为基调，结合农耕文化为活动场景打造，依托沙河水景元素，营造房中有院、院中有街、韵味十足的集市盛景。墨子古街汇集了河南和豫西的名优土特产等特色旅游纪念品，成为游客在尧山镇旅游购物、淘宝、逛街的首选目的地。中原名特小吃街位于尧山镇西印象·尧山水世界，是墨子文化和鲁山旅游深度融合典范。①

（四）挑战

机遇与挑战并存，挑战在某种意义上也可理解为机遇。21 世纪高度智能化的信息社会，创新型的文化和旅游深度耦合，进而带动经济产业的融合大发展，也必将为鲁山整个县域经济带来更大的发展机遇。

墨子是我国古代的思想家，墨子故里之争一直存在。1982 年，原山东省社会科学院院长刘蔚华曾撰文《墨子是河南鲁山人——兼谈西鲁与东鲁的关系》。1990 年，郭成智的《墨翟故里考辨》在中州学刊发表后，引起山东方面的关注。1991 年 6 月，山东大学和山东省滕州市联合召开了墨子研讨会。据山东大学教授张知寒考证，墨子出生地应为古代郳国的“滥邑”（现滕州境内），滥邑后来归属鲁国。墨子死后也葬于滕州。1991 年山东省滕州市宣称，墨子故里在滕州，而河南省鲁山县以诸多遗迹和佐证印证“墨翟鲁山人也”。1993 年，郭成智写成了 31 集电视剧剧本《墨子》。一些电视台很看好这个剧本，因为资金等原因，至今仍束之高阁。

2009 年，郭成智提出，《墨子》书中的鲁山方言有 70 多处，加之墨子遗迹、传说、墨子祠庙和各种典籍记载的证据共 110 多条，这些都为鲁山提供了有力的佐证。他举例说，《墨子》书中方言与鲁山县现在方言如出一辙。如“荡口”（意为“言不由衷、唠叨不休、夸夸其谈”）、“隆火”（意为“生火点火”）、“安生生”（意为“安静、安宁”）、“中不中”（意为“行不行”）、“强梁”（意为“蛮横、霸道”）、“不材”（意为“没能耐、没出息”）、“宾服”（意为“服气、服从”）等。

2009 年 8 月，河南省平顶山网友要求“紧急叫停山东滕州关于墨子故里的错误宣传”的帖子，再起波澜。而滕州除了投资近千万元，建国际墨子研究中心和墨子纪念馆外，还举办了两届高规格的国际墨子文化

① 杨航、李严明：《鲁山县墨子古街景区 SWOT 发展战略分析》，《山西农经》，2018 年第 10 期。

节和八届墨子国际学术研讨会。[①]

鲁山重证据，滕州多宣传。2002 年，滕州投资 700 万元建成了国际墨子研究中心和墨子纪念馆，又花费近百万元在市中心立了一尊墨子铜像。墨子纪念馆已成为国家 AAA 级旅游景区。2008 年 11 月，由河南省墨子学会、河南省中原文化研究中心主办的“墨学与和谐世界”国际学术研讨会在鲁山县举行。而滕州已经在北京人民大会堂举办了八届墨子国际学术研讨会。2009 年 5 月 16 日，山东滕州举办的第二届国际墨子文化节开幕，而作为文化节的一部重头戏——“祭墨大典”仪式也隆重举行。郭成智说，在佐证上鲁山占上风，在宣传推介上滕州占上风。

河南墨子学会副会长萧鲁阳认为，墨子故乡在鲁山县的说法，得到国内很多专家的认可。鲁山不会做无谓争论，而是深入研究，找出更多的文献资料，确定墨子故乡，还原历史真相。

三

基于 SWOT 理论分析，我们已经比较全面、科学地了解到鲁山墨子文化和旅游融合发展的优势及不足，这就为我们高起点擘画鲁山县文旅融合的创新发展打下坚实的基础。

漫画《墨子攻略》《秦时明月之诸子百家》以及电影《墨攻》《墨子》等的影视作品不断面世，墨子的思想和传说故事已经栩栩如生地呈现在我们面前，这也引起不少专家学者对墨子文化产业开发的畅想。

（一）坚守本来，形塑墨子文化和鲁山旅游深度融合的龙头品牌

电影《墨攻》改编自日本作家酒见贤一的同名小说《墨攻》（也称《墨子攻略》）。导演用《墨攻》讲述了一个绝对“非攻”的故事。擅长于历史传记类型的森秀树，在 1995 年就以《墨子攻略》获得日本小学馆漫画奖，参考中国历史资料，再加上作者个人想象的传奇故事，情节引人入胜，颇受漫画迷好评。刘德华主演的取材于墨家思想的电影《墨攻》，

① 杨菲：《两省三地争夺墨子故里声势逐浪高》，《中国地名》，2013 年第 11 期。

贾钢执导的电影《墨子》及优秀国产动画片《秦时明月之诸子百家》[①]，这些影视作品把墨子的思想比较生动地呈现在我们面前，引起大家对墨子文化的思考，引发专家学者对墨子文化产业的开发热议。

墨子文化资源的旅游业开发应该包括墨子文化历史遗迹资源、墨子文化历史建筑资源、墨子文学艺术资源、墨子文化民俗旅游业，要形成三大墨子文化旅游市场：以墨子文化为主要资源的旅游市场，如墨子游览文物景点；以墨子文化为主要目的的旅游市场，如学术、墨子文化知识展示等；以墨子文化为主要内容的旅游文化市场，如在墨子旅游景点的各类商业性演出及各类旅游纪念品市场等。[②]

旅游是不同文化沟通与交流的窗口，因此，旅游开发为墨子文化保护提供了必要条件。可借鉴的例子如日本长崎灯笼节，从一个街道的华侨节日变为长崎最大节日。墨子文化资源的旅游业开发要借鉴这些有益的经验和做法。墨子文化资源与创意产业结合形成墨子文化创意产业，即通过创意和信息技术改造墨子文化产业业态，挖掘墨子创新文化资源，包括与墨子文化相关的视觉艺术产业、音乐与表演艺术产业、墨子文化展演设施产业、工艺产业、电影产业、广播电视产业、出版产业、广告产业、设计产业、数字休闲娱乐产业、设计品牌时尚产业、创意生活产业、建筑设计产业等。墨子文化资源与贸易产业结合形成文化贸易产业，墨子文化贸易产业包括文化产品贸易和墨子文化服务贸易。墨子文化资源产业化开发通过影响、带动文化贸易产业，直接影响着区域文化产业的竞争力。

（二）面向未来，建构数字化墨子文化和鲁山旅游深度融合的外宣平台

利用高科技手段对墨子文化进行数字化、可视化开发。数字化故事

---

① 王丹、樊小兰：《墨子文化资源产业开发研究》，《齐鲁师范学院学报》，2014年第3期。

② 洪蔚脍、张佑林：《西部地区文化资源产业化开发机理研究——以西安市为例》，《改革与战略》，2012年第1期。

编排与讲述技术是基于人工智能的一种虚拟环境技术，其创造的环境包括虚拟音乐中心、虚拟戏剧中心，该技术整合了多种音乐、诗歌、故事、戏剧等内容，具有自动对故事的情节编排、导演的智能，而且具有交互参与性。[①]有关部门应该积极利用这些现代高科学技术对墨子文化进行全方位产品创意，积极创造墨子文化与旅游产业深度融合的新业态，譬如墨子与鲁班等人的历史故事情景再现，墨子号火箭及墨子科技思想演示等。通过现代科学技术的改编包装，制作微电影、电视连续剧、动漫等，全媒体扩大墨子文化的影响力，并努力与鲁山旅游携手互动，深度融合进而形成新的文化业态。

（三）抢抓机遇，凸显墨子文化和鲁山旅游深度融合的品牌优势

当前，旅游已经由早期的观光游向观光、文化、娱乐、休闲、养生等立体复合型文旅融合过渡，并跨入高品位精神文化休闲度假的旅游消费需求的全面扩张期。鲁山县域旅游业正处于发展的关键期，既面临激烈的同类市场竞争，也即将迎来消费转型、市场扩容的难得历史性大机遇。

鲁山旅游应该以墨子文化和旅游深度融合为龙头抓手，以打造高品质伏牛山生态康养休闲旅游为目标，借助中原伏牛山生态旅游大开发的官方宣传和政策优势，积极引资、引智，多方争取项目和资金支持，全方位提升旅游基础设施；进一步加快龙头景区升级改造；加快建设漂流、滑雪、水上游乐、温泉度假、农家乐生态园等休闲、养生、度假旅游新产品和旅游新业态；加快软件建设，提高经营服务水平，努力打造出精品景区。要保持游客数量增加的良好势头，加大宣传营销力度，真正叫响“学墨子，拜大佛、游尧山、浴温泉”旅游品牌，舞起伏牛山生态休闲、养生、度假旅游的龙头，吹响鲁山文化旅游业深度融合的集结号。

---

① 王丹、樊小兰：《墨子文化资源产业开发研究》，《齐鲁师范学院学报》，2014年第3期。

（四）搁置争议，努力提升墨子文化和鲁山旅游深度融合的内涵

关于墨子故里之争，鲁山县应该以更加开放包容的态度，站位高远，理性搁置争议。首先把自己的事情办好，“坚持渠道多元化融资，构建开发资金支撑平台”[①]，真正提升墨子文化和鲁山旅游深度融合的内涵。一方面，鲁山县应该以适量持续的投入鼓励本地高校、科研院所对墨子文化持续研究推广，培养墨子文化研究的后继人才；另一方面，要以墨子文化为龙头品牌，持续加大文化旅游深度融合产品开发强度，打通文化旅游全产业链条。

第一，以“墨子文化之乡”为主题，将墨子文化元素融入城镇建设、交通标识、基础服务设施、民居、沿街建筑立面等各个方面，特别是旅游标识系统、旅游服务设施、旅游信息系统。

第二，要在墨子旅游纪念品的地方特色上下功夫。挖掘墨学中服饰文化资源，建立专门的场馆进行展示；把代表墨子思想文化的符号印到衣物上，作为特色旅游纪念品发售等；在常见纪念品如扇子、茶杯、笔筒、微雕作品上镌刻墨学中的词句、人物等。如此，既提高墨子旅游产品的底蕴和内涵，又弘扬博大精深的墨子文化。

第三，应将墨子文化、大佛文化、温泉疗养等产业进行整合开发，实现产业部门景点合作、博物馆通票、旅行社合作、联手开辟旅游线路、投资合作、公路铁路交通运输联合、文化科技服务合作一体化等。

---

① 张胜冰：《文化产业与城市发展》，北京：北京大学出版社，2012年，第208—209页。

墨子“尚贤”思想及其现代转化

胡可涛[①]

在先秦典籍中，只有《墨子》中单列“尚贤”篇，而且“尚贤”构成墨子所提出的十大学说之一。从墨子的整个思想体系而言，“尚贤”成为墨子政治哲学思想建构不可或缺的理论环节。墨子所建构的是一个“兼相爱、交相利”的无阶级、无对抗的平等社会。为实现这个政治目标，必须依赖众多贤能之士的协同努力，即只有“尚贤使能”才能提供有力的人才保障，并决定了这个理想实现的坚实程度。在墨子思想中，对于“尚贤”的理由，对于贤才的标准以及如何重视贤才都有很好的说明。

一、为何“尚贤”:“为政之本”

《中庸》有言:“其人存，则其政举，其人亡，则其政息。”这句话非常典型地反映了儒家强调人才与政治治理的一体性。与此类似，墨子也非常强调人才对于国家治理的重要性，明确将之视为“政之本也”。精于名辩的墨子从三个方面论证尚贤是“为政之本”，可谓“言之成理”“持之有故”“闻之足据”。

① 胡可涛，中国矿业大学马克思主义学院副教授、硕士生导师。

（一）说理的论证：墨子以其论辩的有力和逻辑的严谨卓然于先秦诸子。他对尚贤的论证，有破有立，有理有据，掷地有声。在墨子看来，"尚贤"首先有助于君王建功立业。士的功能是"辅相承嗣"，替君办事，为君分忧。君王得到了贤士，就能有计谋而不致殚精竭虑，有安逸而不致疲于奔命。历史上无数惨痛的教训也说明了，君主的乾坤独断很容易带来政治决策的失误，祸及天下苍生。事实上，社会中的每个个体都是有限存在者，无疑个体智慧也是有限的，不论是普通人还是君主并无不同。只有君主懂得凝聚众人的智慧，才有可能摆脱个人的偏狭与认知的局限，减轻自我的决策压力以及缓解政治事务繁忙所带来的精力不济的问题。

其次，"尚贤"符合社会的良序结构。所谓"自贵且智者为政乎愚且贱者则治，自愚且贱者为政乎贵且智者则乱，是以知尚贤之为政本也"（《尚贤中》）。墨子最终的社会理想是实现一个无贵无贱，兼相爱，交相利的平等社会，但这是一种理念层面的设计。从墨子对于现实层面的考虑来看，他也注意到社会中存在的"差等性"，这一点与孟子对于"劳心""劳力"的区分有点类似。从社会因素看，现实的社会永远是不完美的，这就注定了人的出身的偶然性，或"贵"或"贱"。从自然因素来看，同样也是不完美的。遗传基因和模式的多样性决定了人的存在样态的偶然性，必然有人"智"，有人"愚"。这两类天然的不平等，是墨子的理想社会构造的逻辑前提，也是必须尊重的理性法则。

再次，"尚贤"有助于政治效能的提高。所谓贤者之治国，"国家治而刑法正"；贤者之长官，"官府实而财不散"；贤者之治邑，"菽粟多而民足乎食"。贤人政治如此，若政治为不肖之人把持，则情形恰与之相反。对此，墨子亦有详细的说明。"贤者"在墨子的论域中属于集合概念，它涵盖了各式各样的人才，有的具备"治国"的才能，有的具备"长官"的才能，有的具备"治邑"的才能。人的才能由于先天之禀赋的差异再加上后天教育环境的不同铸造了不同的风格，所以只有帮助有才能的人找到合适的位置，才能够使才能从"潜能"转化为"现实"。事实上，每个人都有程度不同的才能和资具，只不过，贤能之士，将这种私有性的“才能”接轨到公共性的社会服务上去，而对于不肖之徒而言，他的才能则立足于个人私利的谋求，甚至其才愈大，对公共社会造成的伤害愈大。因此，提倡“尚贤”，让贤者在位、能者在职，才能够最大程度地利用人的才能，激发政治的效能，推动社会的进步。

（二）经典的例证：墨子在认识论上提出了判断正误的“三表法”，其中有“上本之于古者圣王之事”。墨子认为在治理国家方面，前人已经积累了很好的经验，就是让后人少走弯路、汲取经验教训。他认为在古代，圣王明白了尚贤的道理，于是就写在布帛上，刻在盘盂上，传给后世。这些文字大抵就是后世流传的典籍，其中多有“尚贤”之语。墨子提到的就有“五经”的《诗经》《尚书》中的诸多篇幅。如《诗》曰：“告女忧恤，诲女予爵。孰能执热，鲜不用濯。”《汤誓》曰：“聿求元圣，与之勠力同心，以治天下。”此外，墨子还引用一些后世已经失传的著作，如《距年》。墨子引用经典的目的在于增强说理的有效性，证明尚贤使能并非个人的主观臆造，而是前人历史经验的总结。他在接续先贤的智慧的基础之上，将“尚贤”思想置于历史主义的脉络之下，使其具有了坚实的基础。

（三）事实的证据：俗话说“事实胜于雄辩”，墨子在名言的说理的基础之上，并没有忘记摆事实去证明“尚贤”作为政治的根本。他列举了尧任用舜，天下大治；禹提拔益，天下统一；汤重用伊尹，治理有方；文王任用闳夭、泰颠，西土大服。墨子通过这些事例，得出这样的结论：“故得士则谋不困，体不劳，名立而功成，美章而恶不生。”（《尚贤中》）在他看来，不论君王得意还是失意，若是想继承尧舜禹汤的大道，就必须“尚贤”。墨子从经验主义的立场出发，自觉地以归纳法为工具，认识到“圣君”与“贤相”的不可分离性，这一点也深刻地影响着中国几千年来的政治思维和价值观念。

二、所尚何“贤”：“厚乎德行，辩乎言谈，博乎道术”

谈“尚贤”，还必须搞清楚一个问题，那就是墨子崇尚的“贤人”，到底是什么样的人，他与儒家所推崇的贤人有没有区别？对此，墨子对“贤人”给出了三条标准：“厚乎德行”“辩乎言谈”“博乎道术”。

提到“德行”很容易联想到重视道德的儒家，那么儒家与墨家所讲的“德行”有没有区别呢？当然，墨子深受儒家思想的影响是可以肯定的，但是墨子所说的德行与儒家还是有差异的。儒家的道德是以血缘亲情为根基，强调“爱有差等”“施由亲始”，最后通过“推己及人”“能近取譬”式的外推来实现社会的和谐稳定。墨子则提倡“爱无差等”，他所倡导的是近乎一视同仁式的道德利他主义，所谓“兼相爱、交相利”。或可说，墨子所讲的德行就是能够“兴天下之利，除天下之害”，无私地奉献社会的道德和行为。做到这一点，首先要有能力。所以，在墨子看来，贤者必定是能者。

从“辩乎言谈”的层面来看，跟儒家的主张更是方枘圆凿。孔夫子明确提出“言”不如“讷”，甚至认为“巧言令色，鲜矣仁”（《论语·学而》）。到了孟子，虽然也主张论辩，但是他一再强调是“不得不辩”。墨子与孔孟对言辩的消极态度截然不同，他之所以强调“辩乎言谈”的能力，至少有两重需要：一是理论层面上，墨子名学发展的客观要求，毕竟，论辩是墨辩逻辑发展的思想“土壤”。二是实践层面的需要，墨子提倡“非礼”“非攻”“非乐”等政治主张，是需要向统治者游说的，若是没有嘴皮子的技巧是很难达成的。

最后，关于“博乎道术”问题，墨子身处的是“道术将为天下裂”的时代，诸子百家都有各自的“道术”。对于墨子而言，他的道术显然涵盖他所提出的各种学说主张。“博乎道术”的贤人，正如有学者所说的：“依墨子全部思想观之，当是敬事天、鬼，有兼爱、贵义、节约、非攻等思想言论，且能自身实践而宣传推广之者。此种人为政，必定诚恳勤勉，公正廉明。对公务而言，可富足人民，安定社会，敦睦邻邦。”①

在墨子的论域中，到底什么样的人才算人才可以从其作品中寻找到基本的线索。墨子所崇尚的人才首先是保持大公无私、勤俭节约、热爱

① 孙广德：《墨子之政治思想》，北京：中华书局，2017年，第104页。

和平的价值理念的一群人，后世“侠之大者、为国为民”可以说就是墨子思想的流变；其次这类人不好空论，不托虚言，具有较强的逻辑思维和动手能力，能够真正为社会做出贡献。故而，不论从墨者之“志”，还是墨者之“功”来看，都呈现了与儒家对人才标准的见解完全不同的特点。

三、何以“尚贤”:“众贤”“进贤”“使能”

“尚贤”不仅仅是一种尊重人才的态度，更需要落实到行动上，以具体有效的措施去选拔人才、任用人才和管理人才。墨子对于何以“尚贤”有着自己独到的见解。具体包括以下三个层面。

其一，“众贤”，即在管理阶层中增加贤人的数量，以激活行政的效能，其途径无非就是厚待贤能之士。凡是贤能之士，不论出身如何，皆享有物质和精神的优渥待遇。《墨子·尚贤上》云:“故古者圣王之为政也，言曰：不义不富，不义不贵，不义不亲，不义不近。”陈柱在《墨学十论》中指出:“义即贤也。”“富之，贵之，敬之，誉之”就是墨子所说的“众贤之术”的具体内容。有才能的就选拔他，给予他高的爵位，赐给他丰厚的俸禄，任命他做事，给予他足够的决策权。如此不仅是为了获得人才的信任与忠诚，更为重要的是，从被治理的对象来看，爵位不高，老百姓就不尊敬他，俸禄不丰厚，老百姓就不会相信他，政令不决断，老百姓就不会畏惧他。此举事实上是为贤能之士更好地施展才华、做成事情创造条件。难能可贵的是，墨子不仅较早注意到在人才任用中以“待遇留人”的问题，还涉及精神层面对于人才的心理关怀问题，即使是在现代性背景的政治治理模式之下，亦具有较强的前瞻性。

其二，“进贤”，即选取贤能之士进入管理阶层。墨子明确提出选拔人才的三条基本准则:“举义不避贵贱”“举义不避亲疏”“举义不避远近”。他认为:“故官无常贵，而民无终贱，有能则举之，无能则下之。举公义，辟私怨，此若言之谓也。”(《尚贤上》）他提选拔人才的核心是“唯才是举”。在墨子看来，很多王公大人也在口头上提倡“尚贤”，但是事实上做不到，原因在于“一己之私”。也就是说，管理者从自身利益和人情的角度，往往希望使用自己有血缘关系的人、亲近的人，出身较好的人，甚至是长得姣好的人。墨子认为这种“差等”观念非常不利于人才的选拔。在他看来“选拔人才”需要“取法于天”，从“公义”的角度出发，尚贤抑不肖，如此才能实现良治。

其三，“使能”，即根据贤人所具有的才能安排其职位，并进行有效的考核监督。墨子说：“圣人听其言，迹其行，察其所能而慎予官，此谓事能。”(《尚贤中》通过对贤人的言行举止加以综合考虑，尤其是考察其行政的效能，由此给予相应的官职，因材任使，实现人尽其才。对于具体的人才管理方面，则依据“以德就列，以官服事，以劳殿赏，量功而分禄”(《尚贤上》)的原则，即根据品德高低确定官职，按照职责范围行事，根据功劳大小而决定赏赐，根据功劳大小来给予俸禄。墨子的这一说法涉及人才考核之前的任用，考核之中的监督以及考核之后的奖惩，其构思不可不谓周密与细致。

四、墨子“尚贤”思想的现代转化

墨子生活的时代已经迥然不同于当下的现代性社会，然而对人才的诉求也是当代社会健康发展的共同法则。所以，在剥离墨子“尚贤”思想的时代局限性的同时，必须根据现代社会发展的需要进行价值的转换，才能够为当下社会各级部门、各类组织、各种团体的人才工作提供有力的指导。

首先，从尊重人才的角度而言，墨子非常敏锐地注意到贤才的人性需要。“尚贤”的表面意思就是尊重人才。尊重人才是选拔人才、任用人才的前提基础。如果仅仅将人才视为政治统治的工具，势必带来离心离德，最终失去人才的结局，毕竟人不是物，不是单纯意义上的工具。墨子意识到了这个问题，他虽然没有如美国社会心理学家马斯洛那样提出“需要五层次理论”，但是与之却颇为暗合。在他看来，对人才的尊重落到实处，必须做到四点，即“富之，贵之，敬之，誉之”。易言之，必须重视人才的人性诉求。当然，在人才问题上，墨子的平等观念还可以向前推进。不仅尊重人才，而且需要尊重每一个人，如此才能形成人才成长的良好环境。中国古人的“吃得苦中苦，方为人上人”的观念很容易衍化为对平庸者的歧视，形成一种自负的精英主义观念，甚至“官本位”思想。反观现代社会所提倡的人格平等、权利平等的观念，确实可以祛除这种不健康的心态，而且可以将“尊重人才”与“尊重人”结合一处，形成人才培养的良好社会氛围。

其次，从选拔人才的角度而言，墨子的选贤观念最大的亮点就在于凸显“不拘一格降人才”的理念。由于传统政治深受儒家思想的影响，儒家的“爱有差等”极其容易造成“家”“国”不分，将血缘亲情植入具有公共性的人才选拔之中，从而带来极其泛滥的“任人唯亲”问题，严重影响了政治生态，并衍生出更为严重的“结党营私”问题。墨子旗帜鲜明地提出“举义不避贵贱”“举义不避亲疏”“举义不避远近”等理念，凸显了政治的公共性特征。然而，对于到底如何做到不避贵贱、不避亲疏、不避远近，墨子似乎寄托于任人者的个人品格和气魄。问题是，道德作为一种“软约束”依然还是无法有力地保障人才选拔的客观性和公正性，到了现代社会，诉诸制度，诉诸法律，提升人才选拔的透明度、客观性、公正性应当是一个必然的趋势。

最后，从任用人才的角度来言，墨子“合其志功而观焉”的认知方法，有利于对人才的评估。在人才的任用和考察方面，墨子不仅考察行为的动机，而且考察行为的结果，不仅强调“听其言”，而且“迹其行”，结合起来考察人的才能，根据其才能给予适当的职位，继而再根据各人的德行、职守、功劳来给予相应的考核与分配。这样的政治见解在今天依然没有过时。不过，由于墨子的政治思想是在传统“人治”的框架之下建构，所以，他寄托于完美人格“圣人”来达成这一任务，这就加强了其学说的乌托邦色彩。当代社会格局之下，对人才的使用已发展出人才学、人事管理学、人力资源等学科，不可不谓时代的进步。在任用人才问题上，从“一己之力”走向“群体之力”，从期待“伯乐的出现”到展开“科学的管理”，应当是墨子人才思想需要继续向前努力的方向。

总之，墨子“尚贤”思想的基本原则即使到了今天并无太大问题，只不过需要根据时代发展的客观要求，做出合理的价值调整。难能可贵的是，他的“尚贤”思想完全摆脱了儒家血亲伦理的偏私性，且与现代性的价值观念并不冲突。若是借助于现代人才管理思想与之接榫，将“唯才是举”的原则贯彻得更为彻底，其人才思想的原则与构想，对于当今社会治理的价值将是巨大的。

关于墨子里籍论争

杨晓宇[①]

一、关于墨子里籍诸说

汉代之后墨家影响渐微，司马迁著《史记》时，并未把墨子及其学说放在“显学”位置，而只在《史记·孟子荀卿列传》中以“盖墨翟，宋之大夫，善守御，为节用。或曰并孔子时，或曰在其后”[②]，寥寥数语一笔带过。也有学者认为在此句前还有文字，只因脱简已无从考。于是，在墨子里籍问题上，留下了千古悬案。历代史家相持不下，主要的就有四种说法。

其一，为“外国人说”。1928年胡怀琛的《墨翟为印度人辨》[③]一文肇其始。他认为，墨子面黑而称墨，应是印度人。其摩顶放踵，苦而为义，节用尚俭乃是佛教徒所为。卫聚贤撰文认为，墨子是阿拉伯人。他们共同认定的证据是墨子色黑，鼻高，不是中国人的面相。金祖同、陈盛良等也认为墨子是阿拉伯到中国定居的回人，根据是《墨子》一书句

① 杨晓宇，河南省社科院墨子研究中心特邀研究员，河南省墨子学会副秘书长、平顶山市炎黄文化研究会副会长。

② 司马迁：《史记》，北京：中华书局，1959年，第2350页。

③ 胡怀琛：《墨翟为印度人辨》，《东方杂志》，1928年第8号。

法难懂，有回民族的句法。此“外国人说”一出，即受到史学界批驳。

其二，是“宋国人说”。根据即《史记》中说墨子当过宋国大夫，《墨子》书中也有助宋拒楚的记述。但人所共知，春秋战国时期异国为官是正常的，甚至有一人为数国之官者。有为之士帮助别国治国打仗也是正常的。把此作为确定墨子里籍的根据是说服不了人的。再者，《墨子》一书虽记载有墨翟在宋国的活动，但经调查，古宋国商丘一带并无墨子遗迹，也找不到任何记载墨子仕宋的资料。此说现已被史学界否定。

其三，是“鲁国说”。持“鲁国说”者，认定此“鲁人”即“鲁国人”，此“鲁国人”即曲阜鲁国人。此说以清末孙诒让为代表，是针对高诱、毕沅、武亿的“鲁阳说”提出来的。其后，有关墨子里籍的争论在“鲁国说”与“鲁阳说”之间，久争不下。到了现代，随着争论问题的逐步清晰化，“鲁国说”因论据益穷而放弃论争，山东曲阜市亦不再参与。

其四，是“鲁阳说”。墨子为鲁阳人。最开始是汉代高诱注《吕氏春秋》时，经考证认为墨子为鲁人。《路史·国名记》认为，此鲁人之鲁，为“汝之鲁山县”。到了清代，毕沅据此在其《墨子注序》中认为，墨子“姓墨名翟，鲁人则是楚鲁阳，汉南阳县，在鲁山之阳”。武亿编纂嘉庆《鲁山县志》时，又把墨子里籍在鲁阳写入志书，并说明“鲁即鲁阳，春秋时属楚，古人于地名两字，或单举一字，是其例也”“鲁四境非鲁卫之鲁，不可不察也”。“鲁阳说”记载最早，论据充分，得到了史学界大多数学者的肯定。

二、“滕州说”及其论争

墨子里籍鲁阳说经汉高诱，清毕沅、武亿等人考证，为部分学者所接受。但由于清末学者孙诒让在《墨子传略》中仍存“鲁人”“宋人”两说，且明言此“鲁人”为“鲁国人”，并在《案语》中对毕、武之说进行反诘。这就成为“鲁国说”百年争鸣之源头。到了近年，鲁国旧都所在地之曲阜最先开始把墨子列为本市历史名人进行研究，但相关史料遗迹诸方面证据均欠缺。山东部分学者又将墨子里籍推定为菏泽市，并着手筹备墨子里籍研讨会，墨子里籍问题在山东呈现争执不定局面。

持鲁阳说的清代经学家、考据学家毕沅，曾任河南、山东两地巡抚；把墨子里籍明确载入《鲁山县志》的武亿，是著名方志学家，也曾任山东博山县知县，他们都对山东、河南较为熟悉，又都是治史大家，既有实地考察之条件，又有史学研究之经验，为什么都把墨子里籍认定在河南鲁山而不是山东某地呢？道理自然只有一个，就是不囿于地域之见，下一番功夫考证。当代学者刘蔚华，经过考证研究，发表《墨子是河南鲁山人——兼论东鲁与西鲁的关系》[①]一文，厘清了为什么墨子为“鲁人”是指河南鲁山人，以及河南鲁山之古鲁国与曲阜古鲁国的上下相承关系，为“鲁阳说”找到了新的依据。

以滕州籍的山东学者张知寒为首，在《枣庄日报》《山东社会科学》杂志上针对刘蔚华先生的文章，先后发表了《墨子原为滕州人》《墨子里籍新探》两文，把“鲁国说”变为“滕州说”，开了墨子里籍“滕州说”之端。枣庄市借机抓住墨子故里“滕州说”，从 1991 年 6 月起，在滕州连续召开全国、国际墨子学术讨论会，建造墨子“遗迹”，立起墨子铜像，成立墨子研究中心、墨子研究会，展开了声势浩大的宣传。

在山东学术界打响的新一回合的墨子里籍之争，理所当然受到“鲁阳说”墨子故里河南省、平顶山市和鲁山县知识界的关注。萧鲁阳、杨静绮、郭成智、潘民中、杨晓宇、陈金展、郑建沛、张新河、张九顺、张怀发等同志进行了大量考察调查，在山东《哲学社会科学动态》《中州学刊》《求索》《平顶山日报》《平顶山师专学报》《墨子在鲁山的史料与传说》等报刊和文集中，陆续发表了《墨翟故里考辨》《墨翟故里觅踪》《墨子里籍考辨》《“儒墨同源”与“法夏绌周”考辨——兼论墨子里籍问题》《墨子中的鲁山地区方言》《墨子鲁山人十二证》《关于墨子遗迹与墨教传承的调查》等一大批文章。并就“滕州说”发表了《“墨子里籍滕州说”质疑》《墨子本来就是鲁阳人——与张振衡、徐治邦先生商榷》《臆

---

① 刘蔚华：《墨子是河南鲁山人——兼论东鲁与西鲁的关系》，《中州学刊》，1982 年第 4 期。

断岂敢立论、附会何能为据——评张知寒先生“墨子里籍滕州说”》《对鲁国的再认识——兼与李永先、魏正峰等同志商榷》《墨子滕州人说纰谬——读张知寒、李永先论文有感》等数十篇论辩文章。平顶山市和鲁山县保护性开发和对外界开放了一系列的墨子遗迹，国家、省、市、县四级墨子里籍研究会（或研究中心）也筹建起来，这一切都当然地引起国内外史学界的关注。“滕州说”与“鲁阳说”关于墨子里籍之争被称为国内继南阳与襄阳诸葛亮躬耕地之争后的又一场跨省际历史名人之争大论战。

三、关于“鲁阳说”的论争优势

墨子里籍“鲁阳说”存在相对优势，主要有以下几个方面。

1. 历史资料、方志、墨子研究典籍中有明确记载。主要有汉高诱的《吕氏春秋注》，宋代罗泌的《路史·国名记》，清代毕沅的《墨子注》，清代武亿的《跋墨子》，清嘉庆《鲁山县志·艺文志》《鲁山县志·集传》《鲁山县志·循政记》，新纂《鲁山县志》《平顶山历史名人传》《平顶山名胜古迹》《墨子在鲁山的史料与传说》，新纂《平顶山市志》等资料。而且，在方志中记载墨子里籍，嘉庆《鲁山县志》是目前所见全国旧志中唯一的一本，山东曲阜、滕州历代修志均无有墨子的任何记载。

2.《墨子》等书中有可靠的证据。其一，在《渚宫旧事》中，鲁阳文君对楚惠王说：“墨子北方贤圣人也。”《吕氏春秋》中墨子向楚惠王自称为“北方之鄙人也”。这里的北方，自然是楚国北方，正与鲁阳在楚国北方的位置相一致。墨子在《鲁问》篇中，两次谈到自己是“中国人”，当时“中国”的概念，只指夏商活动的中原地区。鲁阳原是中原之地，为夏民族活动的中心区域，现有尧的后代，夏的臣子刘累居鲁县的史料记载，今鲁山县著名国家级旅游风景区尧山，上有尧祠与累亭等名胜古迹，墨子之祖，大禹之师墨如亦尧之后裔。周灭商后，鲁阳始为周王室姬姓封国，继而属郑，后来才被楚国吞并，成为楚国北方重镇。作为鲁阳人，墨子自称“中国人”即中原人，是完全说得通的。他在《鲁问》

中向鲁阳文君谈“中国之俗”，正是向不甚了解中原习俗的楚王室贵族子宽进谏治理鲁阳之策。此“以中原之俗治中原之地”不失为墨子给鲁阳文君进献的定国之策。以上例证也说明了墨子与鲁阳文君的君民（臣）的关系，进而可知墨子是鲁阳人。

其二，墨子著作中有大量的鲁山地区方言。据河南省社会科学院研究员萧鲁阳、鲁山县史志办副编审郭成智先生考证，《墨子》一书中有许多鲁山一带方言，如“荡口”“隆火”“安生生”“强梁”“不材”“中不中”“饥”等近百处之多。而山东滕州则无此说法，只称“饥”为“饿”，称“隆火”为“点火、引火”；称“好不好”为“管不管”，更不说“中不中”。“中”字用法为明显的、极具特色的河南方言，甚至成为河南人口音的象征。语言，特别是一个地区的方言土语，可以说是研究该地区历史情况的活化石，《墨子》一书中大量河南方言、鲁山方言的应用，是墨子里籍在鲁阳的有力证据。

3. 考古发现和古迹遗存。鲁山县有大量的墨子遗迹：经文物部门考古发掘和社会调查，有多处实物佐证。如：①尧山镇“墨子故里”石碑。立碑时间不知为何年，1934 年因扩路被搬掉，1941 年国民党汤恩伯部驻军鲁山，为修上汤花园和温泉浴池，把路旁历代石碑统作墙基，“墨子故里”碑从此埋入地下。②赵村乡中汤村“墨莲池”。③辛集乡龙鼻村“墨井”。④赵村乡、四棵树乡、熊背乡、辛集乡等处“墨子庙”。⑤大茅山“墨子聚徒学艺处”。⑥董周乡“墨子为鲁阳文君解围处”。⑦四棵树乡“墨子请鲁班抽中心板”的古银杏树。⑧修尧山风景区发现的“墨子洞”，该洞有可能为墨子晚年创立隐灵教的第一教庭。⑨熊背乡“黑隐寺”，为墨子老年隐居地和卒葬地。⑩熊背乡“土掉沟”，相传墨翟为隐居故乡而去“土”为“黑”姓，鲁山黑姓亦视墨子为其始祖。此外，鲁山还有相当多有关墨子的遗迹与传说。

4. 鲁山一直活动着墨家传人。他们长期宣传墨家思想，劝善禁恶，救世济人。这些人又多从事木工建筑等技艺，并有一定的民间组织。如瀼河乡黑石头村尹辰太、马楼乡官店村姜套等，他们尊“墨祖”，传“善人”，对外称“善巨”，与墨家“巨子”的称谓相一致。这也与墨子弟子多楚人，墨家后传多南方人的情况不无关系。

5. 今人的考证。如本文第四部分所述，豫、鲁有关墨子里籍之争引起史学界极大反响，越来越多研究墨子的专家学者援笔介入来支持“鲁阳说”，写了大量的学术论文对“滕州说”进行反驳，以大量的历史依据和严密论证，证明墨子里籍在鲁阳。

四、关于近年河南墨学著述情况

墨子里籍之争，也带来了墨子研究的繁荣。据不完全统计，近年来，自杨晓宇、潘民中主编的我国研究墨子里籍问题的专著《墨子里籍考辩》出版后，又出版的《叶公沈诸梁与楚“方城之外”》，也涉猎墨子里籍在鲁阳的问题。台湾鲁山籍冯成荣先生的《墨子》研究系列丛书，对墨子里籍进行了论证。复旦大学博士、中国社科院研究员徐希燕《墨子研究》，对墨子鲁阳说进行了全面阐述。萧鲁阳、李玉凯主编的《中原墨学研究》，总结了当时的墨子与墨学研究成果；萧鲁阳《鲁阳墨论》《墨子元典校理与方言研究》《行侠仗义说墨子》等著述，对墨子学说和里籍问题进行了系统的考释。郭成智的《墨子鲁阳人考论》，陈金展的《墨子在鲁山的史料与传说》，张斌峰的《近代墨辩的复兴之路》，高秀昌的《墨子》校注，张新河、张九顺的《墨子鲁阳悬疑案——墨子里籍与事迹考实》，潘民中、杨晓宇的《平顶山历史名人传》《平顶山名胜古迹》，平顶山文史资料中有《平顶山历史人物》，宛芳卿、杨晓宇的《平顶山十大历史名人》，鲁山县筹拍的数字电影《墨子》，制作有杨晓宇、郭成智为嘉宾的《鹰城墨子》专题文化宣传片，平顶山市图书馆申报并完成国家级项目《墨子文化研究数据库》建设。这些成果丰富了中华民族的思想宝库，也使墨子思想文化得到了更大的弘扬。

五、社会组织建立和学术研究简况

20 世纪 90 年代初，在时任社科联秘书长、副主席和常务副主编杨晓宇的努力下，率先在平顶山市社科联主办的理论刊物《求索》上开辟了“墨子研究”专栏。平顶山师专（现平顶山学院）教授谢照明、平顶山史学专家潘民中等一起，着手与河南省社科院及有关大专院校专家联系，筹备全国墨子里籍研讨会和平顶山市墨学学会。后平顶山市墨子学会的筹备工作改由河南省社科院赵保佑副院长和河南省图书馆馆长萧鲁阳研究员等筹建河南省墨子学会。在此期间，萧鲁阳做了大量的研究、交流、协调工作。

1997 年 10 月，全国墨子里籍研讨会暨河南省墨子学会成立大会召开，时任中共河南省委宣传部常务副部长的葛纪谦任第一届会长。经过两次省、市学术讨论之后，2003 年，河南省社科院成立墨子研究中心，2004 年 8 月，墨学与现代社会国际学术研讨会召开。2008 年初冬，墨子与和谐世界国际学术研讨会召开。2009 年年底和 2011 年秋，在鲁山召开了两次墨子故里高层文化论坛。2010 年 10 月，在平顶山市召开了鲁班与鲁班文化研讨会。2011 年 7 月，平顶山学院墨子学院挂牌。2011 年 11 月，鲁山县成立鲁山县墨子文化研究中心。2012 年春，以“墨学与华夏历史文明传承创新区建设”为主题的第四届国际墨子学术研讨会召开。中国民间文艺家协会组成专家组对鲁山的墨子故里文化遗存数次考察，2013 年 1 月授予鲁山县“中国墨子文化之乡”称号，并同时批准建立“中国墨子文化研究中心”。2014 年，《墨子文化数据库》在河南立项建设。2016 年，河南尧山投资集团在墨子故里尧山镇成立中国墨子文化旅游区，投资一亿多元，建成墨子古街对外开放。2016 年 9 月，鲁山县召开墨子文化与旅游文化深度融合座谈会。墨子文化与墨学，这一中华民族思想宝库里的璀璨明珠，必然会在华夏历史文明传承中，绽放出更加绚丽的光彩。

墨子里籍论略

萧鲁阳[①]　李玉凯[②]

墨子里籍问题，一直存在着争议。其中比较重要的是“东鲁”即山东滕州和“西鲁”即河南鲁山说。比较起来，“西鲁”说论据充分，真实可靠，令人信服，应当引起学术界的充分关注。

一、墨家学派以楚国为根据地

当墨子裂裳裹足，千里至郢，止楚攻宋，其弟子禽滑厘同时率墨家弟子三百人亦自鲁阳出发，长途跋涉，赴宋之难，助宋守城。为了一次军事行动，能派出三百弟子，慷慨赴难，足见墨子队伍的壮大。然而这只是禽滑厘一支的部下，不当理解为全部墨家弟子。墨家学派有严密的组织，带有军事集团性质。

墨家子弟有游仕的风气。就《墨子》之书所见，有：子墨子游荆耕柱子于楚；子墨子游公尚过于越；子墨子出曹公子而于宋；子墨子使胜绰事项子牛；子墨子使管黔敖游高石子于卫。以上所见子墨子游弟子出外之地，有楚、越、齐、宋、卫诸国。五处用语稍有不同。于楚，于越，直云子墨子游某人；于宋言出曹公子而于宋；于齐则说使胜绰事项子牛；

① 萧鲁阳，河南省社会科学院研究员。

② 李玉凯，河南省墨子学会副会长，鲁山县国税局原局长。

于卫则是使管黔遨游。据此，墨子能够直接向楚、越推荐人才，至于齐、卫两国，尚需通过其他人完成此类工作。墨子的徒众出仕，他们的老师有推荐毕业生的义务。他的影响力较大的所在，依次当为楚、越、宋、齐、卫。事实上，墨家学派在楚国有极大的势力和影响。《吕氏春秋·离俗览·上德》篇有墨掌巨子孟胜事："墨者巨子孟胜，善荆之阳城君。阳城君令守于国，毁璜以为符，约曰：符合听之。荆王薨，群臣攻吴起，兵于丧所，阳城君与焉，荆罪之。阳城君走，荆收其国。孟胜曰：受人之国，与之有符，今不见符，而力不能禁，不能死，不可。"于是孟胜使人传巨子命于田襄子而后死，其弟子徐弱等183人同时殉难。

上文的"荆"即楚。阳城，此谓楚之阳城，非今登封，乃在今方城县境。此处扼宛叶通道，亦军事重镇。阳城而有近200名墨家子弟，当知墨家势力之大。

墨家学派在楚有较大影响，参与楚国的军事、政治生活，当墨家徒众在国外遇到困难时，楚国在外交上、政治上要给予相当的支持。

《吕氏春秋·孝行览·首时篇》记载墨者田鸠见秦惠王事："墨者有田鸠，欲见秦惠王，留秦三年而弗得见。客有言之于楚王者。往见楚王，楚王说之，与将军之节以如秦。至，因见惠王。"按，田鸠，齐人，学墨家学术。郭沫若《青铜时代》说就是田襄子，留秦三年，秦惠王不见。一见楚王，便授将军之节，驰而入秦，得见惠王。此殆不可以楚王大说解之。盖墨家学派，几乃楚之国学，墨子学派，参与楚国社会活动，影响至深至大所致。

墨学以楚为根据地，与墨子为楚鲁阳人，有直接关系。

二、《鲁山县志》载墨子事迹是二千年墨子研究结晶

距今200年前，嘉庆元年（1796）修《鲁山县志》，卷二十二《集传》，所列第一人，赫然便是墨翟："《吕氏春秋·慎大览》高氏注：墨子，名翟，鲁人也，著书七十篇，以墨道闻也。"毕沅《墨子叙》："高诱注《吕氏春秋》，以为鲁人。则是楚鲁阳，汉南阳县，在鲁山之阳。本书

多有鲁阳文君问答，又亟称楚四境非鲁卫之鲁，不可不察也。”嘉庆元年《鲁山县志》，武亿所修。亿号虚谷，清乾隆庚子科进士，长于金石考据之学。武亿为河南偃师人，然其祖籍山东聊城，曾任山东博山知县。武亿在《鲁山县志》集传中大书一笔墨子鲁山人，论据是毕沅《墨子叙》中的一段话。当时，这是相当权威的一件事。

墨学大体创立于公元前5世纪，与儒学并为显学，《吕氏春秋·有度》称:“弟子徒属，充满天下。”《荀子·成相》说:“礼乐灭息，圣人隐伏，墨术行。”《孟子·滕文公》下也说:“墨翟之言盈天下。”然而，就是这样一个与儒学并世方驾平分秋色的显赫学派，秦灭之后，一下子销声匿迹了。司马迁作《史记》，只给了二十四字的附传，还用了“盖”“或曰”等闪烁不定的词语。晋鲁胜为《墨辩》作注，这大概是中华民族历史上第一次整理《墨子》著作。被苏轼誉为文起八代之衰、道济天下之溺的韩愈，写过一篇《读墨子》，在孟子不遗余力地攻击墨学千载之下，难得地为墨家说几句好话。因而难怪俞樾要发“乃唐以来，韩昌黎外，无一人能知墨子”的慨叹了。明末清初，山西傅山（傅青主）曾为《墨子·大取》篇作注，实开清代学者整理、研究《墨子》的先河。在武亿纂修《鲁山县志》之前，清代学者汪中曾为《墨子》作注，并收集有关墨子资料编为《表微》一书。惜乎《墨子》注、《表微》两书已佚，仅有《墨子叙》《墨子后叙》行于世。汪中推崇《墨子》，被翁方纲称为“墨中汪者”，即是“名教之罪人无疑”。清乾嘉之间，整理《墨子》的学者阵容十分庞大，其间著名的有卢文弨、王念孙、孙星衍、毕沅等。其中成就卓著，影响较大者，当属毕沅。

毕沅，江苏太仓人，乾隆年间进士，曾任河南、山东巡抚，他是第一个系统地为《墨子》全书作注的人，真可谓功不可没，而且，毕沅整理墨子，还吸收了同时学者的成果。他在《墨子叙》中说:“《墨子》71篇，见《汉书·艺文志》。隋以来为15卷，《目》一卷，见《隋经籍志》。宋亡9篇，为61篇，见《中兴馆阁书目》，实63篇。后又亡10篇，为53篇，即今本也，本存《道藏》……今上开四库馆，求天下遗书，有两江总督采进本，谨案，亦与此本同。”以上这一段，讲《墨子》书版本源流，极其清晰，毕沅整理《墨子》从版本目录入手，此是正途。接着又说："先是仁和卢学士文弨、阳湖孙明经星衍，互校此书，略有端绪。沅始集其成，因遍览唐宋类书，古今传注所引，正其讹谬，又以知闻疏通其惑。"可知毕沅整理《墨子》，用力甚勤，用功甚多。采纳吸收了同时学者研究成果，又遍查唐宋类书，古今传注，做了很多功夫，古人不虚夸，毕沅自称集其成，自当是集大成者。正是在这样的基础上，方始有墨子为楚鲁阳人的结论。这是《墨子》书问世2000余年间学术研究的成果与结晶，未可等闲视之。毕沅校理《墨子》在乾隆四十八年（1783），13年后，武亿将这一结论写入《鲁山县志》，当时也算是最新学术成果了。

嘉庆《鲁山县志》所书墨子鲁阳人这一论断，还包含着武亿对墨子研究的成果与心血。武亿对墨子里籍有着独立的研究、独到的见解。嘉庆《鲁山县志》所罗列之墨子文献资料，集中在卷十六的《艺文志》中，计有：《汉书·艺文志》《吕氏春秋·慎大览》《隋书·经籍志》《意林》《韩昌黎集·读墨子》《唐书·经籍志》《新唐书·艺文志》《宋史·艺文志》《通志·艺文略》《文献通考·经籍考》《玉海》《郡斋读书志》《遂初堂书目》《子略》《直斋书录解题》《汉书艺文志考证》《读书敏求记》《国史·艺文志》《钦定四库全书简明目录》《墨子叙》《墨子后叙》等，同时加了大量的按语，考证精审，甚有功力。如说："《汉书·艺文志》，《墨子》70篇，注云墨翟为宋大夫，在孔子后，而不注其地。唯《吕氏春秋·慎大览》高诱注，墨子名翟，鲁人也。鲁即鲁阳，春秋时属楚。古人于地名两字，或单举一字，是其例也。《路史·国名记》：鲁，汝之鲁山县，非兖地。翟见诸传记，多称为宋大夫，以予见之，亦未尽举其实。盖墨子居于鲁阳，尝为文子之臣。"为论证墨翟为鲁阳即鲁山人，曾居鲁阳，嘉庆《鲁山县志》中武亿又引《墨子·鲁问》，墨子有"吾愿主君之上者尊天事鬼，下者爱利百姓"，"吾愿主君之合其事功而观焉"等语，并加以考证。《左传·昭公二十九年》，齐侯使高张来唁公，称主君。《礼记·礼运》仕于家为仆，方氏曰"仆者，对主之称"。然后又说："故仕于家曰仆，而大夫称主是也，翟在鲁，眷然知乡邦之事，始劝文子屈礼事齐，继止文子攻郑，皆反复言之……文子卒能受听。故于时鲁阳之民身不致重困于兵役，以保其家室，皆翟之赐也。”鲁山县古之鲁阳，夏代称鲁，周公封鲁，即此，史称西鲁，山东曲阜之鲁，称东鲁，甚晚。西鲁东鲁之说，学术界已有定论，此不具述。张衡《南都赋》：“远世则刘后甘厥龙醢，视鲁县而来迁，奉先帝而追孝，立唐祀乎尧山。”说的是刘累行鲁，立尧祠，故称尧山。尧山也就是古时的鲁山，又名天息山、高陵山、大龙山、大盂山、大陌山等，说的就是今石人山及其以北这一大片山地。鲁阳文君所居之鲁阳城，地处当今鲁山县昭平湖，在鲁山之阳，故称鲁阳，其地当宛洛通道，向南即三鸦道，往北有歇马岭关，大河在其前，龙山踞其后，与叶、犨一起，构成楚国在东西100华里沙河沿线的三处军事重镇，可知其地之重要。墨子生于斯，长于斯，在鲁阳教授徒众，著书写经（鲁山昭平湖金山环岛上有墨子著经阁），讲论兵法，并演练城守事项。墨子遗迹，分布于他的出生地石人山的附近以及鲁阳城区、鲁阳城至鲁阳关沿线，绝非偶然现象。毕沅首次揭出墨子为鲁阳人，功莫大焉。武亿第一次将墨子是鲁阳人的论断写入嘉庆《鲁山县志》，符合历史的实际。

武亿另有《授堂文集》，集中论及墨子事，观点与其在《鲁山县志》所述一致。因此，《鲁山县志》所书，包含有武亿的独立研究成果。

总起来说，《鲁山县志》所说墨子为鲁阳人，是墨子公元前5世纪诞生至18世纪2000多年间墨子研究、《墨子》书籍整理中所得出的最重要的成果之一，应予珍视。

清代晚期，对墨学做深入研究的，当属孙诒让。“五四”前后，梁启超、胡适等人在墨学研究上都有相当贡献。中华人民共和国成立以来，冯友兰、侯外庐、赵纪彬、杜国庠、任继愈等学者，都把墨学作为重要学派加以研究，墨学瑰宝所蕴含的丰富的内容，逐渐为世界了解，墨学的宝贵价值及其在世界文化学术史上的地位，也逐渐被更多的人所承认。这是墨子故里鲁山人的一份光荣。

1991年6月，山东大学在滕州召开墨子学术研讨会，并成立墨子学会，对推动墨学研究，起了很大作用。张知寒先生等运用音韵训诂的办法，推断墨子为滕州人，或曰鲁人，姑且称之为东鲁说。据现已发表的成果看，墨子作为东鲁滕州人，理由尚不充分，学术界发表有许多文章，兹不赘述。

三、墨学只能诞生于夏人之区鲁山

孙星衍在《墨子后叙》中论及墨家学术说：“墨子与孔异者，其学出于夏礼。司马迁称其善守御、为节用。班固称其贵俭、兼爱、尚贤、明鬼、非命、尚同。此其所长，而不知墨学所出。淮南王知之……其识过于迁固。古人不虚作，诸子之教，或本夏，或本殷，故韩非著书亦载弃灰之法。《墨子》有《节用》，节用，禹之教。”是从学术渊源上说，儒家源于周礼，墨家源于夏礼。儒家学派出现于周礼传统浓重的鲁国曲阜一带，墨家也应而且只能诞生于夏礼传统浓厚的夏人之区，换言之，东鲁不具备诞生墨家学派的条件。

今之鲁山，古之鲁阳、远古之鲁，古属夏人之区。司马迁《史记·货殖列传》说：“颍川、南阳，夏人之居也。夏人政尚忠朴，犹有先王之遗风。颍川敦愿。秦末世，迁不轨之民于南阳。南阳西通武关、郧关，东南受汉、江、淮。宛亦一都会也。俗杂好事，业多贾。其任侠，交通颍川。故至今谓之夏人。”就是说到西汉武帝时，南阳、颍川一带的百姓，还被称作夏人。这是夏王朝的核心地带，保持着浓厚的夏礼、夏风、夏文化习俗。

潘民中教授在平顶山市社科联《求索》杂志1997年2期发文说：

> 《汉书·地理志》载，颍川郡辖县20，即阳翟、昆阳、颍阳、定陵、长社、新汲、襄城、郾、郏、舞阳、颍阴、崈高、许、傿陵、临颍、父城、成安、周承休、阳城、纶氏；南阳郡则辖37县，分别为宛、犨、杜衍、酂、育阳、博山、涅阳、阴、堵阳、雉、山都、蔡阳、新野、筑阳、棘阳、武当、舞阴、西鄂、穰、郦、安众、冠军、比阳、平氏、桐柏、随、叶、邓、朝阳、鲁阳、舂陵、新都、湖阳、红阳、乐城、博望、复阳等。二郡犬牙相交。其中，犨，相当今鲁山县之东半

部，鲁阳相当今鲁山县西半部，同属南阳郡。

据马非百《先秦史·郡县志》研究，犨县、鲁阳在秦代就属南阳。直到汉代，含鲁阳县在内的南阳、颍川人民，仍被称作夏人。直至今日，这一带群众，虽然不再被称为夏人，但保持着浓重的夏人忠朴遗风。

据潘民中先生考证，历史上居住在鲁山地区的夏人，至少有两支，一支是炎帝裔夏人应龙氏，一支是尧裔夏人刘累家族。《楚辞·天问》有言："洪泉极深，何以填之？地方九则，何以坟之？应龙何画？河海何历？鲧何所营？禹何所成？"说的是远古时期，洪水滔天，浩浩怀山襄陵。尧派鲧治水，鲧用堵塞的方法，治水无成，殛于羽山。舜派禹治水，禹用疏导的方法治水，应龙是大禹治水时在前探察山川高下，提出疏导各大水系方案的人。大禹治水成功，应龙氏与有功焉。应龙氏部落居住在沿滍水流域，即今鲁山沙河以北，平顶山市西南，当应水与滍水汇流处。炎帝裔应国存于夏代。西周初年，周武王第四子封应，应国公族成为姬姓，但他的居民，仍是炎帝裔夏人。刘累乃尧的裔孙。《左传·昭公二十九年》："及有夏孔甲，扰于有帝，帝赐之乘龙，河汉各二，各有雌雄。孔甲不能食，而未获豢龙氏。有陶唐既衰，其后有刘累，学扰龙于豢龙氏，以事孔甲，能饮食之。夏后嘉之，赐氏曰御龙，以更豕韦之后。龙一雌死，潜醢以食夏后，夏后飨之，既而使求之，惧而迁于鲁县。"夏代十六王（不计大禹），孔甲为第十三世。这正说明鲁山在夏时称鲁，刘累迁鲁山，不忘厥祖，在鲁山立尧祠，这个鲁山，就是今天的石人山。张衡《南都赋》"立唐祀乎尧山"，说的也是石人山。山有尧祠，故有是名。《水经注》说刘累"迁于鲁县，立尧祠于西山"，谓之尧山。按，刘累所迁居的鲁，地当今鲁山县昭平湖之邱公城，尧山在其西，故称西山。至今，鲁山东半部仍称尧山等处为"西山"。

鲁山东部的应龙氏，西部的刘累家族，皆属夏人。历夏商周三代，以迄于汉，生生不息，遗留夏人忠朴之风，墨子诞生于此，耳濡目染夏禹之道，创立墨学，极其自然。

刘累为刘姓之祖，汉高祖为其后，刘姓根系尧山，石人山为刘姓祖庭。墨子亦生于尧山之下，摩顶放踵，功高天下。

刘累家族有御龙之术，应龙部落在大禹治水时，应龙划地，立下卓越功勋。在鲁山东50公里处，今曰叶县，古称叶，即好龙沈诸梁的叶公的治所，叶公好龙的故事，家喻户晓。据刘向《新序·杂事》，说沈诸梁“钩以写龙，凿以写龙，屋室雕文以写龙，于是天龙闻而下之，窥头于牖，施尾于堂。叶公见之，弃而还走，失其魂魄，五色无主”。

如果我们抛开叶公好龙，所好者似龙而非真龙这层意思不说，不妨说，鲁山、叶县，在古代就是龙的故乡。墨子生于此，所以墨子谈到龙的时候，五方之龙具备。《墨子·贵义》谓：“帝以甲乙杀青龙于东方，以丙丁杀赤龙于南方，以庚辛杀白龙于西方，以壬癸杀黑龙于北方。”这种观象，和中国的文化传统有关，也和墨子生地所处环境有关。

与此相反，鲁（东鲁）为儒学奥区，不具备产生墨学的条件。司马迁曾到鲁国考察，对于儒家的庙堂车服礼器，印象良深，徘徊留恋不能去。《史记·货殖列传》：“邹鲁滨洙泗，犹有周公遗风，俗好儒，备于礼。”孔子徒众众多，弟子三千，遍布鲁卫，不容墨学染指，在这样的大气候下，很难设想会在今滕州古小郳国冒出一个墨家圣人来，再以春秋诸子分布看，大体上儒在鲁（东鲁），兵家在齐，道家在楚，墨家产生于夏人之区的河南中西部，从伊洛至南阳之间。就现有文献资料，《墨子》书籍本身以及其他各种情况判断，墨子故里在鲁阳，比较合乎历史的实际。

四、方言可证

墨子书中使用的大量方言词汇，至今在河南省鲁山县及其周围若干县市仍广泛使用。有些词语如果让语言学家辗转训诂，百思不得其解，如果纳入鲁山方言，一下子就豁然贯通。例如《墨子·非攻下》说：“天命融隆火于城门西北之隅”，这“隆火”二字不知难倒了多少大学问家。毕沅注《墨子》，怀疑“隆”为“降”之误。王念孙《读书杂志》考证再三，认为“隆”与“降”同。孙诒让也奈何不得这个“隆火”，只好从毕、王之说，说“隆火”就是“降火”。实际上隆火乃是鲁山县及其附近地区方言，意思就是“生火”“点火”。一堆火可以叫一隆火。冬日串门，第一件事就是主人隆火让客人取暖。再如《墨子·尚贤下》说:“若饥得食，寒得衣，乱得治，此安生生。”“安生生”是什么意思？历来学者说不清楚。张纯一说安生生是“乃得生生”，乃得生生是什么意思，仍是个谜。其实，“安生生”三个字，在鲁山妇孺皆知，鲁山方言中“安生”二字有安静的意思，主要指小孩不胡闹不淘气叫安生；有安定的意思，主要指社会政治稳定，人民群众能安居乐业。“安生”也可以说成“安安生生”，有加强的意思，也可以说成“安生生”，第二个“生”字儿化，带有喜悦、亲切的意思。如果社会动乱，民不聊生，鲁山方言说是老百姓不得安生。墨子这里所说的“安生生”指的是社会安定。又如《非攻下》说“帝乃使阴暴毁有夏之城”，“阴暴”一词也难煞学者。其实“阴暴”在鲁山及其周围地区是一个使用广泛的方言词汇，家喻户晓。“阴暴”有明的或暗的，主要是暗的欺凌、糟蹋、坑害他人的意思。如果说是明地阴暴人，似乎是打着为别人的旗号又叫受害者有苦说不出，这就叫阴暴人。类似上述这些在古汉语中很难索解的词语，在鲁山方言中明白易晓的例子，在《墨子》一书中俯拾皆是。近年经我省学者努力，已在这方面取得了丰硕成果，有突破性成就。从《墨子》一书所使用的语言词汇看，墨子为鲁山人，确定不疑。

五、鲁山有墨子传说、传人、遗迹、遗事

鲁山墨子遗迹很多，传说很多，与墨子生于斯、长于斯、葬于斯有关。鲁山县城西五里岭西侧，荡泽河与沙河交汇处，传说为墨子率领弟子为鲁阳公解围，击退韩国大军，日返三舍。这里有明山、娘娘山和抱子坡，均与《淮南子·览冥训》所载鲁阳公与韩大战有关。在鲁山县通往南召县的公路旁，有风筝山，传说是墨子与鲁班放木鸢的地方。鲁山县中汤有墨子染布晒布的晒布崖，有墨子洞，有墨子教授徒属练兵的墨子城。鲁山县有墨子庙、墨子祠 8 处，都是历史上传留下来的。鲁山人称墨子为墨祖、墨爷，也有称墨子为穷爷的。鲁山县辛集乡徐营村专有一个敬祠墨子的庙，就叫穷爷庙。在鲁山县城西南约 40 公里处有一座海

拔1600米的高山，当地人称大石垛，山巅建有墨子庙，楹联“放踵走天涯，摩顶归故乡”，很有气派，庙基下出土有宋代砖瓦，可见其年代之久远。鲁山县昭平湖西北角金山环岛上有墨子著经阁，传说是墨子著《墨经》的地方。据鲁山县文物部门调查，鲁山县在中华人民共和国成立前一直活动着一个叫成义堂的组织。这个组织不敬神不立庙，只敬墨祖。不讲修仙成道，只讲济世救人，成义堂的主持人叫作“善巨”，这当与墨家组织的领袖叫作巨子有关。墨家精神在鲁山西部和邻近嵩县等广大山区有着浓重的影响。据《鲁山县文史资料》载，在鲁山西部山区及其邻近各县，在中华人民共和国成立前活动着很多支堂匠班，实际上是一种群众互助的组织，他们的主要任务是开辟荒地，修渠垒堰，筑墙盖房。堂匠班成员均为男子，从十三四岁的小孩到五六十岁的老人，都可以参加。堂匠班纪律严明，敢于吃苦，住处设有墨祖牌位，晚上要跪拜墨祖，吃饭要先敬墨祖，再由领班讲一段墨子书，然后才能开饭。

墨姓得姓甚早，《百家姓》说墨姓源于梁郡，梁郡就在现在鲁山县北的汝州市。有人说墨姓自墨胎氏演化而来，那是另一支，与墨子毫不相干。现在鲁山无墨姓，有黑姓，黑姓人家自称是墨子后裔。鲁山县前人武部长黑丙午就自称是墨家后裔。连墨子晚年所居之处，也分别改称黑隐寺和土掉沟，土与黑合起来仍然是墨。此外，在鲁山县二郎庙乡历史上有墨子故里碑，有墨子祠堂，看守墨子祠堂的是姓相的人家，这应该与墨家之后分为相里氏之墨、相夫氏之墨有关。

在鲁山县四棵树乡，近代历史上有习武行侠遗风，有墨灵学馆、成义堂、紫义堂等组织，成员要读墨子书，要练武术，要行侠仗义，保卫一方安全。墨灵学馆让人想起了墨家学派转入地下后以隐灵教出现的事情，鲁山县可能是隐灵教最早的秘密洞府所在地。

鲁山人甚至知道墨子诞辰是农历九月初八，只有乡里乡亲才有可能知道墨子的生日。

所有上述墨子遗迹、遗事、遗风、遗韵、传人、后裔，无一不说明墨子作为鲁山人所留下的巨大影响。

墨家“兼爱”思想的“同野”旨归述论

崔壬杰[①]

每当谈及墨家与其学说的千年衰绝，都无不令仁人志士深表遗憾，其中最为人们追问的话题之一自然也是墨家为何在墨子之后没有出现像孟子之于儒家、庄子之于道家等那样的学派思想大继承者，去传承、继续完善自家学说理论体系的文本建构，并以卫道者的姿态大肆鼓吹自家学说才是赓续先王圣治的正宗与正义。关于墨家成为中华绝学的原因，有着诸多极其复杂的历史变易因素，并不能简单地概述或一言以蔽之，此也非本文的重点，故不赘述。不过，《墨子》文本有关墨者、贤士人格形象修养的微言大义，如《墨子·修身》中“慧者心辩而不繁说，多力而不伐功，此以名誉扬天下。言无务为多而务为智，无务为文而务为察……思利寻焉，忘名忽焉，可以为士于天下”，以及《墨子·公输》“治于神者，众人不知其功；争于明者，众人知之”等，这种义利并举却又功成身退的墨学文化精神宗旨的熏染与导向，让“墨子服役者百八十人，皆可赴火蹈刃”(《淮南子·泰誓训》)“以巨子为圣人，皆愿为之尸”(《庄子·天下》)便使墨家徒属更为注重对墨子元典教义的忠诚尊奉与实际执行，《墨子·大取》“天下无人，子墨子之言也。犹在”的昭示即证明了墨者对圣尊墨子学说的坚实信仰，他们的言行也就如李白《侠

① 崔壬杰，武汉科技大学国学研究中心客座研究员。

客行》中所写的:“事了拂衣去，深藏身与名。”实际上，墨子之后的墨家巨子如禽滑厘、孟胜、腹䵍等多人，不仅在当时享誉列国，且都是留名于后世的墨家贤士。只是在那个“饥者不得食，寒者不得衣，劳者不得息”(《墨子·非乐上》)的硝烟弥漫的战国乱世，要想做到或有效实现墨家“兴天下之利，除天下之害”(《墨子·兼爱中》)的价值追求，于社会及民众较为现实的可行方法只能是务实利，轻虚名，而践行墨家“兼爱”“非攻”“尚贤”“尚同”的初心与教义，务实求真、舍生取义的品质和性格也让他们根本无暇，更无条件在如此紧迫的大氛围中塑造自己个体化的形象，他们只有更加团结及团体性协作地去完成为弱国守城、非攻止战的重任，其以身载行而来的实践成果也最终冠以先师墨子或墨家集体思想智慧结晶的名义融入《墨子》一书传世。

孙诒让在其大作《墨子间诂》中虽考辑墨家诸子著录《汉书·艺文志诸子》：尹佚、田俅子、我子、随巢子、胡非子、缠子等墨家学人与著作，然终因整个墨家学派的陨落与其个人作品的散佚，并未能独当一面地撑起墨学历史行军的大纛。那么，时隔千年，于坚船利炮的“鸦片战争”中伴随西学传入而兴盛起来的墨学研究与阐释，在“百年未有之大变局”的新时代，创立出如儒家后学孟子的“不忍人之心”的性善论、“存心养性”的道德修养学说、以“仁心”行“仁政”的治国理想，道家后学庄子的“齐物论”“道通为一”“逍遥游”等这般体系完善、理论成熟的后继思想学说，完成当代墨学话语体系的有效建构及新流派学团的发展，对墨家学派的自身发展和助力中华民族伟大复兴，都正当其时，大有可为，这也是对习近平总书记在中央人才工作会议上指出“要培养造就大批哲学家、社会科学家、文学艺术家等各方面人才”的正面发力与直接回答。

历史上的后期墨家，由于当时“非攻止战”的守备需要，将墨家伦理哲学逐渐转向自然科学领域，故而促进和奠定了中国古代物理学、几何学、数学、技术发明等理工学科的发展与基础，其中独具特色的逻辑学——墨辩，更是与古希腊逻辑学、古印度因明学共同成为世界三大逻辑体系。今日的墨学者是否能够继续站在往圣先贤的肩膀上返本开新、推陈出新，既是考验当代墨学者的学术思想的理论水平，也是检验墨学之于当代中国能否有效提供中华优秀传统文化创新性发展和创造性转化方式方法，更是事关墨家学说自身体系的可持续性兴盛传承与延续存亡。

笔者曾在拙作《〈周易〉同人卦与墨子兼爱思想》一文中将同人卦的主卦辞“同人于野，亨，利涉大川，利君子贞”与墨子学说的核心——“兼爱”思想，进行了融会贯通的论述，得出并首倡“同野”说。目的即是论证和赓续墨子学说的“兼爱”思想旨归。诸多墨学者就墨子的“兼爱”思想，始终都围绕《墨子》文本既有的表层义理做反复的咀嚼与阐释，并不能突破文字而探究其背后的哲思深意。笔者论述的“同人于野”的兼爱大同诚然是墨家学说求取万民之利福祉宽广的大公约数，而今以“同野”说“文明在野”为体系的整体性、双向性的安乐与生生不息则是墨学命脉和价值所在的哲学思想新命题，是有望建构当代墨学文化新流派的一块基石，也是墨学在当代复兴与发展的新流派体系建构的重要组成部分。

一、“赋于斯土以文化”：当代墨家学者的责任与使命

人对文化与文明的渴望与创造，来自人在劳动实践中对生与美的需求。这必然是自人类起源便不断实践，并精心观察而得来。其文化与文明的实质，自不可以少趋利避害、趋吉避凶的属性。人类把这种能离苦得乐、求生脱死的经验所得，以地域、民族等为群体性而凝聚结晶，最终形成了某种独具特色的文化和文明。而所有的文化与文明如果不是这种能让人类（所有人）获得完满解放的形态，则算不上真正的文明或称为高级而外的次文明。不能把某一区域性的物质的或非物质的产出现象，称作文化，乃至文明。比如土匪文化、海盗文化、战争文化等，这都是对文化这一词性的亵渎和误解。

笔者曾在时年 15 岁左右，开始有所思考，深感自己生活的乡村社会风气的极端恶劣与发展处境的相当落后。例如村人邻里间发生日常生活的纠纷或矛盾时，解决问题的办法不是依靠来自国家政府的公安

机关进行法律的裁判，“多欺少”“强凌弱”“众暴寡”“诈谋愚”“贵傲贱”“富辱贫”等带有浓厚原始色彩的行为方式才是大家的首选和必然。面对这种法治观念淡薄、文明理念缺失的现象，笔者作为身处其中的一个单元体，对文化的渴求与呼唤是显而易见和迫切需要的。“赋于斯土以文化”的呐喊和志愿也就应然而生。《周易·贲卦》彖传曰：“刚柔交错，天文也；文明以止，人文也。关乎天文，以察时变，关乎人文，以化成天下。”文明教化，规矩、公约的通行大道是人类群体赖以有序繁衍生息和发展演进的重要保障。加之，求学生涯中受老师讲解历史先贤的人格感召与文化名士的风气效应，始终确信很多人并不是有意作恶，居住位置的偏僻和信息的封闭使其犹如文明共识之外的“野国”，画地为牢的冥顽不化才是他们不能与人兼爱的重要原因之一，以及村庄生产力低下而造成的资源限制，人们的物质与精神都极度缺乏“文化”气息的熏陶与照亮。

比如封闭且腐朽的晚清政府，当政者专权独断以塞视听，为官者争逐名利丧失士大夫该有的操守，迫使民众生活穷困潦倒，不堪赋税之重，最终导致社会乱象丛生。彼时，人人皆沉浸在泱泱天朝大国地大物博，既有觉醒学人亦无进行革故鼎新的思想启蒙，庞大的清帝国终于在不思进取的作茧自缚中逐渐失去了创造活力和创新精神，被“辛亥革命”的正义炮火取而代之。只是民族性的麻木到了“五四”新文化运动才逐渐苏醒过来。“天道尚变”，常事亦无定理，不革新变法，则亡国改朝。革故鼎新，诚然会在所难免地损害一些人的实际利益，但若改朝换代，必然会导致更多人亡命失所。所以，仁人志士，无不有所为有所不为，“赋于斯土以文化”，防患于未然。那么，人人仗义而行，是否造成天下人各执一端，而有悖于墨子同义之教？自然是不会的。笔者的宗旨是希冀大家皆能具备学以成人的责任与担当，在社会运行中以贤士形象的言传身教因势利导，不离“文化”的本质。即文明导化，赋文造物，此必能利人救世。

由此可知，人类社会的“文化”并非先天生成和亘古不变的，每一代人的积极创制与累积才能使后来的社会生活变得更具“文化”底蕴，更加文明有序。政权统治阶级，于内富民强国，于外济利世界，便是圣贤道德齐备，身体力行，以身载道即是“赋于斯土以文化”。一个新的时代，必有一种为之适宜的哲学。大家都知道有古今传承的文化，并没有去来不变的道德。一切历史、思想，都是当代哲思、学问。“赋于斯土以文化”，并非某个人或某个团体的专利，只要有志于人类社会文明演进和生生不息的仁人志士，无论身处庙堂之上的王侯将相或山野田间的贩夫走卒，于自己的“位域”，安身立命的专业有所觉醒彻悟，推陈出新，积极创造丰厚的物质产品或深远启蒙的精神财富，既能独善其身，又兼济天下邻人，都是“赋于斯土以文化”。在“百年未有之大变局”的新时代，当代墨家学人更应该紧跟时代步伐和中华民族的需要，“赋于斯土以文化”，“摩顶放踵利天下”，无论是物质财富创造，抑或精神文明建设都有着时代赋予的责任与使命。

真正的合格的墨者是阳光的、勇敢的、刚毅的、悲壮的、积极的、弱我的、大无畏的，他断不会质问“这个世界会好吗”这样感性的问题，而是起而行之去实践“我能为这个世界做些什么”。此即墨家学说之于人类而积极贡献的三大文明信条或三主德：爱（真、愿）、利（善、行）、义（美、信），也是墨家于两千五百年前赤诚赋于斯土的文化。

墨家学人毕生追求的“兴天下之利，除天下之害”，实际就是谋求一种“兼相爱，交相利”的“非攻”和平的文化本质与文明导向。即让世界充满爱，让天下长治久安，让人众丰衣足食的文明化成。

二、“位域”“弱我”：当代墨家学者的哲思理念与行为担当

“位域”概念，即一个生命体或单元、组织、系统、整体，在自然法的大前提下，享有天赋、神圣不可侵犯的本位区域——主体性的价值存在场。该位域内应拥有绝对的自由和无限性发展可能。小前提是，不能进行超位域延伸。如基本位域：生命（人）位域、生存（权）位域、生产（物）位域；具体位域：农民位域、工人位域、学者位域、艺术家

位域、医护位域等。位域本身是有原则性的，即本体自身不得破坏位域并需要遵守位域原则，但位域只限于本体当下时段，即位域不是阶级固化模式，本体有权利和资格，通过自身能量的充盈而自主选择进入新的位域，并拥有该位域权利。即首先具备本体位域精神，遵守本体位域原则，各安其分、各司其职、各尽其责、各行其是。（注意：此论若在辩证法下，形成固化或死循环，则为悖论，不能成立。）

位域的概念好比是一个常数；同野，就是生生变易之道。生命体只要守住这个常数就能达到基本的生存，如果继而能不断地保持革新变易的状态，则必定能实现同野意蕴的大生。这就是墨子思想所谈到的“非命”，其中也包含了“尚同”的妙理。所非愈多，新同愈博；所同够野，位域愈大。

《墨子·兼爱上》：

> 圣人以治天下为事者也，不可不察乱之所自起。当察乱何自起？起不相爱。臣子之不孝君父，所谓乱也。子自爱不爱父，故亏父而自利；弟自爱不爱兄，故亏兄而自利；臣自爱不爱君，故亏君而自利。此所谓乱也。虽父之不慈子，兄之不慈弟，君之不慈臣，此亦天下之所谓乱也。父自爱也，不爱子，故亏子而自利；兄自爱也，不爱弟，故亏弟而自利；君自爱也，不爱臣，故亏臣而自利。是何也？皆起不相爱。虽至天下之为盗贼者，亦然。盗爱其室，不爱异室，故窃异室以利其室；贼爱其身，不爱人，故贼人以利其身。此何也？皆起不相爱。虽至大夫之相乱家、诸侯之相攻国者，亦然。大夫各爱其家，不爱异家，故乱异家以利其家；诸侯各爱其国，不爱异国，故攻异国以利其国。天下之乱物，具此而已矣。

这种不能视人之身若己身、视人之家若己家、视人之国若己国的自私侵攻行为，实际上就是对他人本元“位域”的无理破坏和权属践踏。《墨子·法仪》：“今天下无大小国，皆天之邑也；人无幼长贵贱，皆天之臣也。”普天之下，人生而平等且为天所兼爱，人人“莫若法天”，“天之行广而无私，其施厚而不德，其明久而不衰，故圣王法之。”“天必欲人之相爱相利，而不欲人之相恶相贼。”人们若能敬天爱人，达成通识公约，保护主体本元“位域”，社会风气自然永葆欣欣向荣，其乐融融。

社会生活中出现的高离婚率、暴戾事件等问题，就是社会大众“我相”太重的显现，即太过自我，在盲目与无知的一味地追求个性解放与独立自主的过程中，很多时候忽略了作为人类该有的责任担当，于是便造成了对家亲、邻人、伴侣或他人有意或无意的伤害，这是“自我”的弊端，也是对本体位域的肆意妄为和对他人位域的戕害破坏。当然，我们不可能在“无我”中消解掉主体性的存在，墨家哲学必须为主体与“位域”的真实有效存在做强劲理论支撑。“多力而不伐功”的自强与“弱我”，方是人类“修爱义利”和社会文明进步的健行途径。

希腊德尔菲神庙铭刻的三条箴言里，其中一条即是“认识你自己”，这当然是希腊的神以他的口吻说予世人的，如果世人接过来知行，也就是“认识我自己”，也就是认识“我”或认识“自己”。这就首先需要承认或确立“我”或“自己”的真实存在，如果“我”或“自己”不能实有存在，则所有的，或者所谓的“认识”也就不能成立或存在，或者也就不过是一种虚妄的悖论。当明确人这个“我”的本位性、真实性、神圣性，一场关于人生的认识之旅才能顺理成章地开启。西方哲学之父苏格拉底假用“认识你自己”的神域箴言，将他以前的古希腊哲学研究对象，从抽象且易虚幻的自然界拉到了具体的人类社会生活现场，也正是基于此，西方的哲学思想在与各种的宗教、政权势力斗争中，由神文律令逐渐趋向人文主义，理性、民主、科学的普世价值深入绝大多数人心，同时也早于东方进入现代化文明。可见，“弱我”的前提条件是客观承认“我”这个本体性的有效存在，否则不能成立。

人、物的本性，为什么都有趋强凌弱的倾向呢？这实际上是强者的能量场所致。强者何以称强？正因为他们先天及后天聚积的能量多，所以成就的可能性就大，运作的机能性就强。物和人都有这种性质，也是物与人都渴望生而惧怕死，想要富而厌恶贫，想变强而鄙弃弱，想安定而不喜奔乱。同野的终极目的，就是让单元体变强，聚集更多的能量。相反，如果疏野不同的话，就会离散主体的聚能，从而失掉力量，必然沦变为弱。不过，弱者的意思不是主体的虚弱，而是没有使体、能、力、量有效聚合。因此，弱者如果继续保持弱化本我主体，就会消解和否定掉主体的存在。没有主体的存在就不能自主、自为、自强、自立。所以，弱我更应当为强者的德行，成为主体成就者修身治道的一个“位域”，进而成为他们对有效利人而必要践行的首义。为什么是这样？墨子说：“治于神者，众人不知其功”，即是主体弱我而不争图其功，志在兴利除害、济世生发。人人皆可尚力以非命，聚能而强本，成为具备弱我之德的强者，这既不是太过自我的强者，也不是无我主体本位的弱者，失掉本我主体而寄生的伪者。实际上，这就是拥有忠诚智慧的信行者。将自己看小而将他人看大，在利益面前能做到先利他人后利自己，必然就能不会因自我的过分执念而障见重重，也不会在没有本我主体的生发中陷入虚妄。

三、“兼爱”“同野”：墨子思想的现代哲学语境阐释

谢光辉主编的《汉语字源字典》，解释“朝”含义的其中一条即：（朝廷）古代宫廷聚众议事都是在早晨进行，所以就把早晨聚众议事的地方称为“朝”，代表整个宫廷。而大臣到朝廷觐见皇帝则称为“朝见”。与“野”相对。这就很明显看出“朝”的方位指向性和内聚性，可延伸为“中心”或“朝向”。而对“野”字的释义则是：甲骨文、金文的野字，从土从林，本指山林旷野之地。野字的本义指郊原、田野，又指边邑、边鄙；引申指民间，与“朝廷”相对。笔者将我国古代王朝的政治术语“朝野”引入哲学的范畴进行重新审视，用墨家思想的“兼爱”与“同野”来做融合辨析，尝试能厘清和有效解决几千年来政权与民间的学术话语性对立。正如黑格尔在《精神现象学》中所叙述的：“个人的自信构成国家的现实性，个人目的与普遍目的的这双方面的同一则构成国家的稳定性。人们常说，国家的目的在谋公民的幸福。这当然是正确的。

如果一切对他们说来不妙，他们的主观目的得不到满足，又如果他们看不到国家本身是这种满足的中介，那末国家就会站不住脚的。”“朝野”的引入与延伸，就是基于黑格尔这种中央与地方、官方与民间，集体与个体的学理探究。

《汉书·艺文志》:“仲尼有言，‘礼失而求诸野’，方今去圣久远，道术缺废，无所更索，彼九家者，不犹愈于野乎！”为什么“礼失求诸野”？这既是说王朝动乱或更替导致官制礼仪沦落民间成为一种风俗，也可以理解为民间保存了礼仪文明的火种，还可以看作民间延续着人类民族的原貌文明。即文明在野，看见民间“野”地的本元力量，就知道种族的生息不休。只是孔子之言是在于失而求，自然是既得当不必求。这样一来，“朝野”依然决裂，就不能有效“同野”。不能同于野就不会有同人于野的这种宽广生机，必定会丧乱而衰败。之所以说同野者能拥有无限生机，是因为国家的起源——王朝的建立意愿来自四野民众的“尚同之义”，因而，事物中心（朝）的存在本质有赖于其自身周野的存在意志与范围。《诗经·玄鸟》云:“邦畿千里，维民所止，肇域彼四海。”《大学》:“大学之道，在明明德，在亲民，在止于至善。”国家的辽阔形在千里江山，实本质也在于“维民所止”。若不能兼及民所居止，即是枉为千里。“维民所止”，民为国朝之最大野，同则“邦畿千里”，异则仅是一朝。而大学之道止于至善，至善当止于何处？至善止于大野，“维民所止”。《庄子》:“予方将与造物者为人，厌则又乘夫莽眇之鸟，以出六极之外，而游无何有之乡，以处圹埌之野。”庄子的大野，就是大道的所在。“乡无何有”，看似一无所有的空空之野，其实恰恰是野的圹埌，自有“圹埌之野”。“天之苍苍，其正色邪？其远而无所至极邪？”这正是极野之境。郭象《逍遥游注》:“天地者，万物之总名也。天地以万物为体，而万物必以自然为正。自然者，不为而自然者也。”宇宙混沌，鸿蒙就是大野，众生不过是其间的流浪浮萍，万物如同是夹杂的须弥芥子，大家都在求取更大的同野而谋生。王阳明《传习录》所言:“身之主宰便是心，心之所发便是意。”刘长焕在《诗品道心》中沿用此说问“心”，而后继续追问“道”，即“道”是“心”所呈现出来的“格局”和“境界”。那么，补言之“道”则为“心”的形之于外，而“心”则是“道”的付之于内。即“道”为“心”的范式，“心”为“道”的内核。自然就是心为朝，道为野。心道合一，无外乎是大道同野的朝野同参。

荀子《富国》:“田野县鄙者，财之本也；垣窌仓廪者，财之末也。百姓时和、事业得叙者，货之源也；等赋府库者，货之流也。故明主必谨养其和，节其流，开其源，而时斟酌焉，潢然使天下必有余而上不忧不足。”荀子此论，颇与笔者论“朝野之野”有几分近似，野之重要性即在此。朝野互为本末，兼生而兼存，兼辅而兼成。互弃则互害，互疏则互无。

朱熹在周敦颐《太极图说解》中“无极之真，二五之精，妙合而凝。‘乾道成男，坤道成女’，二气交感，化生万物。万物生生，而变化无穷焉”一则中解释:“自男女而观之，则男女各一其性，而男女一太极也。自万物而观之，则万物各一其性，而万物一太极也。盖合而言之，万物统体一太极也；分而言之，一物各具一太极也。所谓天下无性外之物，而性无不在者，于此尤可见其全矣。”也就是一人一同野，一人一位域；男女一同野，男女一位域；万物一同野，万物一位域。笔者不同于朱熹的义理，则是看待事物造、成、文、化的核心的差异。笔者的旨归毫无疑问的是兼爱尚贤。兼爱就是此心量的愿力，尚贤就是此愿力的正知正见。

继续探究“野”的义理，也就是“极”，有极、太极、无极。因为有极所以得生，因为太极故能大生，因为无极进而永生，所以需要弱化名教的过度强能，而多一些道法自然的平和，窥探事物的本质而平淡其人为的贵贱以审视事物的详情，让学以成人却不泯灭天赋自性，实现真正的爱人，让所爱之人享有返归山林般的自由。“有诸己不非诸人，无诸己不求诸人。”《墨子·经下》:“鉴团，景一大一小而必正。”此大小之物并非色相浅显的大小之义，实际上刚好是二物互参共证，求取本真。

哲学人类学家马克斯·舍勒在《人在宇宙中的地位》一书中说:“人是一个能够向世界无限开放的X。”我们可以用中国哲学思维理解为心量大，而后体量大，而后能量大，而后力量大，乃至无穷，也就是笔者提倡与建构的：同野。即心、体同，心、体、能、同，心、体、能、力同，臻于野，然后就能至真至善至美。其必然可鉴于天地，昭昭日月，彰显大道在斯。

一滴水只有汇入大海才不会干涸，一个人只有融入社会才不会孤立。但烈日之下最先被蒸发的依然是处于最表层的水滴，动乱之间首先被伤害的同样是处于最外野的人群。如何能改变或减少这样的事情发生？那就只有群策群力完善大环境，这个过程就是兼爱同野。

一个打着手电筒走夜路的人，他能所见的前途是一步之遥，且难免心中充满恐惧。而被太阳或明月普照的四维山海是皆可奔赴的。这即是同野之喻。正如著名的国际与地区问题研究专家、哈佛大学教授塞缪尔·亨廷顿在其著作《文明的冲突与世界秩序的重建》一书中所阐述的：我们已经进入了"世界政治"的"新时代"，即一个以"文化范式"解释世界政治的时代。他所说的"多极和多元化的世界""无极世界"等，可以视作一种对"同野"理念无意识的精准诠释。而在这样一个发展进程中，"弱我"的价值论更应被奉为共识。这世界不论怎样发展，它都不会真正地分裂或永久地分裂。因为，从目前看，人类并没有完全丧失理智或愚不可及。这样就有无限的可能性将人类的历史继续向前推进。人类需要生存下去，"兼爱、非攻、尚贤、贵义"，乃至"尚同"，这都是不可或缺的。

国泰民安、野无遗贤，是中国古代君王对自己政治成绩的理想与基本标准。这也是由内向外、由朝延野的双向性发展。遗憾的是，这种很好的健康的理想模式，不过是绝大多数君王糊弄民众的口号而已，其门阀宗族尚处于尔虞我诈的争权夺位之中，何况王朝之野。然而，若此得到真正的观照与抬举，则必然不会因私欲的膨胀而蒙蔽正常的心智，最终导致改朝换代或国破身戮、祠毁裔灭。中国与西方古代的历史之所以出现那么多次易帜换主，根本上是朝野的割裂，即整体的分离，系统与器官的断开。而那些若隐若现、时有时无的学派、门派等组成的武林，亦不过游离于朝而驾于野，既没有起到真正的连接朝野的作用，也没有捍卫住所谓的天地正道，只是更乱而已。纵使有一些真正的被称为大侠的儿女，也不过是"缥缈孤鸿影"，江湖烟雨客。

朝是人民之朝，野是国家之野。朝是人民组建，以聚四野之义，朝固不可弃野于不顾，弃野则是弃人绝民，朝将不复存在。野亦弗能离朝自生。无朝则无心向，无向则无道理，必然失序，强执弱，众暴寡，富侮贫……必有强或义人起，再造一朝。同，即是同，是整体；野，即是异，是具体。同是普世之同，野是个性之野。同野，即是同人于野，即同于野，同野。亦是同是同，野是野。即同外有野，野内有同。同是向心凝聚，野是分体发布。同是普遍性，野是特殊性。二者对立统一，不可分割、不可或缺，息息相关，相辅相成。朝是具有神圣性的，但其意义与价值及合法性来源于野的需要，即人民的需要。现代政治的改革及其科学性，即是深刻且真诚地看到人民的重要性，这并不是历史上的水舟关系，而是实实在在地论证了人民群众是历史的推动和创造者，并试图和尽力以各种较为合理和可行的方式，来弥合这原本一体，却因历史原因被割裂的缝隙。现代政治，在边野之民的文明性观照上，取得了相当客观的成绩。之于这个过程中出现或伴随的种种不文明现象，这不仅仅是现代政治所要承担的事情，没有一个完全无辜的个体。没有野的自觉，就不能同。朝即使呐喊，野必沉睡而不应。

正如“野”的无限性或内核的外野性发展的可能性，决定了核心的无限性和可能性。在“人类命运共同体”中，人类命运是基核，共同体是外野，但这个整体的边缘——野，看以什么或在哪里为终止。人类命运共同体，当然是关于人类生生不息、休戚与共的价值观倡议，但人类的命运共同体应该又不仅仅包含人类，甚至单独的地球。这就是哲学思考的三种关系：人与人（个体与个体）、人与社会（国与世界）、人与自然（生命与宇宙）。老子《道德经》的论述：“人法地、地法天、天法道、道法自然；道生一、一生二、二生三、三生万物。”地为人的野，天为地的野，道为天的野，自然为道的野；一为道的野，二为一的野，三为二的野，万物为三的野。此即是笔者所提论的真理是生不是死，是一不是生，是二不是一，是三不是二，是万物不是三，是生不是万物，是同野不是万物，因为只有最大可能的同野，才有最大可能的生生不息。所以，人无力而法天志，以寻求自然大道的生路；人有力而非宿命，以完成同野生物的可能。生命无常，即说物质的无限性不停止运动，并非消极的慨叹和生命的无能性，而是承认了生命的脆弱性和物质运动的多变性，此多变性也并非物质运动的无规律或不稳定性，是说环境的复杂性和多样性，佛教把这个称为"诸法缘起"，即条件或因素环境的运动。又说"缘起性空"，即是为了解决环境变化的具体变化。

当然，任何事物的发展，首先不是从"野"开始，而是以"朝"外延，即聚合点、中心、内朝是事物发展的起点，此如画一个圆，必须先得确定一个点，如做一个饼，先从面团揉开，但圆周和面饼外野决定了圆和面饼的量，即形状、大小、薄厚等。生命的孕育也是如此，从受精卵这样一个基核开始，但同样的，生命体的外野亦决定了此受精卵的量，即此受精卵的成败、完善与缺陷决定于此生命体的外野的成败、完善与缺陷。所有的事物都有朝，也都有野。朝决定了事物的生成，野决定了事物的文明。

《易·乾·文言》中的"见龙在田，天下文明"，"见龙在田"即是同人于野，同生大野，所以，"见龙在田，天下文明"即是"文明在野"。万物没有不去保持同野的，不去同野的事物就不能健康地繁衍生息，这种良性的循环是无穷无限的。其大无外，其小无内，最大最小者就是一种野子，促成了事物的有效生发。

文明在野，就是归结在自然、本原、无拘束、真性解放、自觉，在以木桶最短的板块，以事物的内核为运动中心，以事物的边界为规范标准。如此以达到事物本质的大美，诚如鬼斧神工，自然天成；行为奇巧、而最终的规范止于位域。也就是事物的无限可能性依然不超脱自性位域极限。即有限是真实的，但无限是另类的不断演化。位域也是一种既定的无形的客观规矩，或者说是在人类不断探索生存之道的进程中自然而然、约定俗成并潜移默化了的文明规范。位域本身享有神圣性，即外在人为不可侵犯性。但位域不完全限制主体的发展，乃至跨越，即进入新的位域。这如同主体性也具有神圣性一样，而在主体性面前，主体优于其他。外界不可暴力或强制性摧毁某一位域，但可以通过实质的对话，对该位域进行填充、升华，即正面的积极向上的，并且不违反该位域主体意志的完善生发。

文明在野的定义，并不是对文明在朝（政权、社会、集团）积极方面的彻底否定，而是对野（民间、自然、个体）的重视与敬重。是对强者的限制和对弱者的关照，这是对人类文明的真正衡量尺度及规矩。其核心即爱与生息。

野，既是同事物的广延，也是同事物的界限。没有绝对无限的野，而无限性的野则是同野文明后所产生或还归的最高自由，便是“摹略万物之然，论求群言之比”后的本真、至善、实美。可以推论：所有的事物都不是被固定下来，就像变易本身也是一种不能固定的运动和变化。世界上的事物因变易而完善，因变易而充实，因变易而经久不息。不能完成自身变易的事物，其生命便是极为有限的。而能保持这种恒常或规律性变易的，莫过于任何事物本身所蕴藏的矛盾对。同野也是。但这个矛盾对即使与生俱来就存在于事物体内，依然需要事物体做智慧的观照和考察，并且事关主体是否能精准地把握和利用。所有的矛盾对都是有极其严密的精致的规律性，“顺之者昌，逆之者亡”。对自身矛盾对的客观把握和科学转化，则决定了主体整体的完整性和层次境界。实际上，对于它的掌握程度的娴熟与否，已然体现了主体的自我修养和综合素质。当然，同野说不是玄之又玄的东西，它不过是矛盾对之中最本质、最普遍，却最实在的一体两面。但需要注意的是，这个一体两面它不是善恶、美丑、高低、贵贱、大小、有无、重轻等这样的矛盾两极。它可以比同于心脏房室之左右，肺脏之两叶，髓海之四脑。

国家的出现或形成，其最初的目的是解决族群中物质分配和公共秩序、宗教、学派等而形成或出现，是对国家不能朝野一体，朝逐渐疏离并凌驾于野之上，个体朝野不能获得整体或集团朝野的公正与平等，人性分化、阶级出现，苦不堪言的情况下进行的民间和平自觉重组的形式。动乱、侠客、起义等，则是属于暴力奋起的企图重组。这里至少有两点需要说明：一即宗教的存在意义，对人类社会是现实的、至关重要的；二则是集团朝野的失格失信，必定会随着量变达到质变——激起个体朝野的否定和更换。所以，朝野的一体性是现实的、必须的、神圣不可侵犯的。野不同朝，朝必衰败；朝不同野，野必先乱序而后求新生。个体朝野寓于整体朝野之中，整体朝野形于个体朝野之外。个体无依尚可自立自强，国家无依岂能实有当在？个体所依者个体，整体所依者而非整体，亦是个体。个体生，当整体存；个体灭，当整体败。当然，整体的变是属于质范畴，个体的变需要量积累。一荣俱荣，一损俱损。

东西方历史的循环往复与朝代的频繁更替，即是朝对野的一次次失信与弃置，这包括不顾及野的存续和发展状态，也内含对野范畴的侵夺与破坏。其结果则是必然的野社会文明的崩溃，乃至由新朝同野起来而生成的反作用力。在这种王朝变换的过程中，旧朝的破败导致的不仅是其自身的衰亡，也催化了旧野的失序。于是，新朝的建立，团结游离的新野，重新进入一种新生的起初充满活力和无限美好的同野状态。然而，这种状态终究是不彻底的、不真诚的、无根本的。其中关键的要素即是缺乏兼爱文明的属性，所以，即使偶尔出现一过性国泰民安，但终究不能长久。而这种短暂性从序，或因新朝建立需要的元气休养生息——“盛世”，或旧朝败亡之际的悬崖勒马——“中兴”。总之，从来没有任何一个君王真正理解兼爱的深远意义，更遑论做到朝野一同，以野为鉴，大道同野，爱利生物。

子墨子论曰：天下之乱，起自人不相爱。不相爱必不相利。不相利必不相义。自不相同野，必一意孤行、单边自我而主，以祸天下。墨子兼爱，周爱人而不外己。即是对同野最准确的诠释。这便是后来人们发现和肯定的内外、主客、人我的和谐共生、对立统一。

同野，是对墨子兼爱、尚同之“一同天下之义”的再阐释与发展。以兼爱而同野的尚同，上为之天，同在乎义，文明在野。事物野的宽广性与深远性检视着事物朝的文明所在和程度高低，所以说，生死在朝，文明在野。朝即是事物的核心或主体，是我的存在。国家有朝野，个体亦有朝野。事物不可以无朝野，无朝则无我、无野则无体。无我物不可以运动，自我物不可以同野，唯有弱我之态，兼爱之志方能生物成事，以求心体全在，朝野健有。朝野是事物存在的两种基本本质，同野是事物发展的必然要求，兼爱是联系事物之间的万有引力，这不是人选择不选择的事情，不以人的意志为转移，是事物生生不息、大道恒久的客观实在。这是理性规律的实有，感性认识的知觉。不过，需要指出的是，兼爱并不能一而遍，遍而全。这主要取决于朝野本体的能力场的大小。如国家朝野即可以兼爱同野至领土属民，甚至广大到他方人域。而个体朝野则差异颇大，可一可二或可三，但不至可无。人生而同野，存而兼爱，不同野者无生，不兼爱者无存。同于村落之野，生于村落之间；兼于山川之爱，存于山川之广。

伊壁鸠鲁在快乐的伦理学主张中论证了快乐为善、痛苦为恶的正确性质，感情显示了趋乐避苦的自发性和自明性。按照其感觉主义的原则，快乐主义是直观的真理，无须做思辨的理论论证。他不仅关心个人的快乐，也十分重视友谊和社会正义。他说："在智慧提供给整个人生的一切幸福之中，以获得友谊为最重要""在注定给我们的生活条件中，友谊最能增进我们的安全"。诚如伊壁鸠鲁的论证，墨子的天志之兼爱学说的指归——人类非攻，即是这种普天之下，国际、人际的友谊的形成与世间生活的安全环境的造就。兼爱性的哲学思维与理论价值是导向人类文明同野生物的生生不息的唯一法门。天下法理，唯兼可大，唯兼可通，唯兼可生。然而，此兼即兼爱之兼，非兼并之兼。墨家的兼性文化思想是非攻的、文明的、生息的。正如同野的本质含义是生物，而非吞野自成，是朝与野的文明的基准与步伐的一致，是官方与民间的生活的水平与保障相同。此即文明在野。事实上，野不能也不可能被朝吞并或吞没，当然，野也无法替代和取消朝的必然存在性。二者只能是保持相辅相成、内外相惜的共存状态。没有朝的野是空洞的，而空虚的核心越大，失序将越发严重，混乱也是。没有野的朝是不存在的，不存在就是谁也不能否定自身存在所处的范围。

笛卡尔在《谈谈方法》中提出："我思故我在"，他是用"我思"来证明"我在"的，那么用什么来证明是"我思"或"我"在"思"呢？如果不能做有效的证明，则是不能证明"我在"的。但"我在"是可以被证明的，也就是说"我在"是真实存在的论证，因为有"我思"或"我"能"思"或"我"在"思"，显然，"我思"是"我在"的参照物，这即是"我思"为"我在"之野，"我在"之所以存在，正是因为"我在"同野于"我思"，"我思"与"我在"互同为朝野。然而，"我在"虽真实不虚，却也并非因"我在"而在，恰恰是"我野故我在"。如果"我"没有"野"，"我在"是不存在或难以证明的。这就值得我们去思考"我"的唯一性或绝对性，事实是"我"不可能离开"我野"而存在或证明我的存在。这样来看，"我"固然是重要的，但毋庸置疑的是本体的真实存在有赖于建立在本体之野的前提条件。本体不过是自心的"朝聚"，"境野"才是本体的身心宇宙。"庄周梦蝶"的物我不分，是庄子心斋坐忘的逍遥境界，物我两忘并非物我的不实不在，实际上，因物我的真实性而才会出现并臻于物我合一或物我相容的境界。所以，物我或人我的重要性是同等价位的。对于"我"，"我"始终是本体，但对于"人""物"，"我"即为彼者之野。当然，肯定主体的本有存在是充满社会意义的，然而本有主体却不一定是"我"，这即是"我在"的"非唯一辩证"。所以，同野才是"我在"的状态，而"弱我"即是"同野"的"非唯一辩证"。

四、余论

马克思在1842年写的《〈科隆日报〉第179号的社论》一文中提出，"任何真正的哲学都是自己时代的精神上的精华。"所以，一个时代必当有一个时代的哲学，一切过去的哲学都当服务于当前的时代。那么当代哲学的养分从何而来呢？笔者以为古今中外之已有哲人的学思文藏、当代千万精英学人学思践悟的智慧成果、田野调查与推行社会以观运行功效的大众反馈，此可称为新三表法。

对事物的认识必须举有三个方面的例子，事物必定会有更为客观事实的参照。就像我们看见北方而反思身南，听闻东边的事物能想到心辩西面的问题。这样纵然也不能保证万无一失，也会有一些差别，但不至于出现荒谬的结果。物体的本性并不是生而完具的，只有在不断的同野状态中才能进行完善。也就是主体与环境的统一，才能体性见道。《左传·昭公三十二年》:“物生有两，有三，有五，有陪贰。故天有三辰，地有五行，体有左右，各有妃偶。王有公，诸侯有卿，皆有贰也。”唐韩愈《刘统军碑》:“苏民轧敌，多出公画。累拜郎中，进兼中丞，虽在陪贰，天子所凭。”章炳麟《文学总略》:“盖人有陪贰，物有匹偶，爱恶相攻，刚柔相易，人情不能无然，故辞语应以为俪。”可见，人类从初始社会以来，对礼法规定就有明确的文本记述。即一个物体不能不依靠他物而自我独化，一个人也不能离群索居而能自生繁衍。物体的自性有强弱，其“陪贰”也是。或如居住于一室、一厅、一角、一院，或游业于一村、一社、一山、一川，他所兼爱而同野的体面愈大，聚能则愈强。不过贤者纵使达于四海，也不毁位域，这主要是因为贤人始终坚守的德善义利的表里如一，此即文明在野。

没有超时代的物质文明，但可以有超时代的精神文明。墨子兼爱，不坏人伦。此不仅是在农业社会形成的以家为单位的人伦，而是以人为本的任何文明形态下的人伦。人人见爱即为兼，人人分利是为义。仁爱之心，善之存，欲之存。兼爱，制人性的弱点——恶、自私而立。若医者视病患如自身，岂有不尽心尽力，重利轻生，顾左右而言他？教师视学生为己子，怎会不全心全意，分优别差，心思全在教育外。律师、法官若视诉讼为亲友，怎么还会有昧心、枉法之举？墨子兼爱说的意义和价值，即在于此。墨子“兼爱”的伦理意义，还在于两千五百年前就冲破了宗族血亲的牢笼，为人性的另一层面获得解放而做出了坚决的批判和努力。即在不坏人性对血亲关系的重视和依赖的前提下，将爱及爱人的本质，提升到了前所未有的外源性发展境界。就人性除了因为生养而依托的血亲乃至宗族关系环境外，精准而又深刻地看到人性对友情、爱情等同等重要的矢志不渝的渴求。这种情感广泛存在于自然界中，之于人这种高级的极具自我意识的生命，更是不可或缺的。按照墨子的逻辑思路推理，“兼爱”的结果或社会，将是让世界充满爱的天下太平、社会和谐、人类友爱的互助共济、足物安生的大同社会。将是在以天志，即自然法意志——生生不息的运动状态为基核的物性自主发展的社会。这样的社会实际就是同野理念的社会。

天地宇宙之中所存有一切之物，本身都保有兼爱同野的属性。因为只有同野才能生，反之则不能。而一个物体想要生存，就必须与己身同野，与他体同野。所同的物愈大，生机就愈盛，继而越发的同野。同野之体积愈广，生存空间愈大，道路愈开阔，生机愈强盛。反之即是逆行。而同野之野，就是为大道的和同。大道的和同是不会损害大义的流布，就像人的心量开放而不狭隘，所以能奉给自身能量而不会私藏起来。因此，同野，必然能见花开，见道在，见爱、见利、见义，见天地能生万物，兼爱及万类。

《吕氏春秋·有始览》："天地万物，一人之身也，此谓之大同。"天地万物如一人之身，谓之大同；一人之身当非眼睛是鼻子，胳膊是大腿，谓眼睛是眼睛、胳膊是胳膊，整体和谐、对立统一。最能阐释位域的概念。中国哲学的精髓即在于此。朝、野的同一，就是文明平衡发展的最高尺度。所以，往圣先贤多称颂上古圣王三代之治，根本缘由即在于此。文明的高度须同朝，文明的深度须看野。究竟怎样才能同野？国家政府或官方将物质文明的资源共享于社会个体或民众。消除特权化，实行职业光荣化、公益化。凡是从事国家或社会公共性事务的职业，应当根据贡献的大小或意义的轻重依次享受等级性待遇，如教师、医生、军人、农民、工人、科学家等。兼爱大同或同野的社会，按照《吕氏春秋·有始览》的微言大义，就是不割裂国家和社会、人民，或者朝廷与山野（民间）二者关系的对立统一的社会形态。

同（朝）野之间的广阔或狭窄的区域，是属于公共域的，在公共域里面生活的每一个原体实体同时拥有着属于自己的位域。这个位域的客观存在既源自同野生物社会的需要，也由原体的需要而组建。比如农民位域与家庭位域，前者是一定条件和环境下的社会需要，后者则主要由原体的自主意识与存续伦理所形成。位域、弱我与同野构成文明在野的墨学术语新范式，肯定主体性存在与整体性发展的兼爱性思维，将为当代墨学的复兴及新流派学团的建构提供一条值得探索的学术路径，也为当代中国哲学的建构组成提供一份新墨学术语的学理性支撑。

墨子里籍辨析

李红昌

墨子姓墨名翟，是我国古代伟大的哲学家和思想家。其生活年代，正处于我国社会大变革、各种思想异常活跃、因而出现了“百家争鸣”的春秋战国之交，“或曰并孔子时，或曰在其后”。其思想主张中的尚同、兼爱、节用、非攻等观点，因代表了中下层劳动人民的要求和愿望，受到了普通大众的认可和欢迎，成为战国和秦汉之际与儒学并驾齐驱的一代显学。

至西汉武帝时，董仲舒“罢黜百家，独尊儒术”之后，墨学渐趋衰微。其经典著作《墨子》一书也未能完整流传下来，只残存大半，其传人也销声匿迹，致使墨子里籍等问题成为两千多年来的一大历史悬案。

关于墨子里籍，历史上曾有四种说法，后经学者、专家多方考证、研究，至今天，其争执的焦点大致集中在“鲁国”与“鲁阳”，亦即今山东曲阜和河南鲁山之争上。

持鲁国说和持鲁阳说的两家，又是依据同一条资料，即东汉学者高诱在为《吕氏春秋》作注时，在《当染》《慎大》篇中“墨子名翟，鲁人也”的记述。前者认定“鲁人”即“鲁国人”，亦即曲阜人（后来又有滕州人之说)。后者认定“鲁人”是“鲁阳人”。

较早为墨子考察里籍归属的是清代乾隆、嘉庆时，曾任翰林院修撰和河南、山东巡抚及湖广总督的毕沅。他在考察了河南、山东两处“鲁”

地后，在《墨子注叙》中指出:“高诱注《吕氏春秋》以为鲁人，则是楚鲁阳，汉南阳县，在鲁山之阳。本书多有鲁阳文君问答，又亟称楚四境非鲁卫之鲁，不可不察也。”嘉庆朝的著名方志学家，考据家武亿也指出:“鲁即鲁阳，春秋时属楚”“盖墨子居于鲁阳，疑尝为文子之臣。”(《跋墨子》)

据此，墨子里籍应是比较明确的。然而，清末学者孙诒让，以《墨子》中的片言只语，认定墨子是鲁国人，由此出现了鲁阳说和鲁国说的争端。

然而，历史毕竟为后人留下了许多有迹可循、有案可查的痕迹。只要我们仔细拂去附着在历史事实上的尘埃，有关墨子里籍的真相终会大白于天下的。

一、鲁阳之“鲁”早于曲阜之“鲁”，从东西鲁的关系看墨子里籍归属

据史料记载和专家考证，早在公元前20世纪至前17世纪的夏朝时，鲁山地区就称作“鲁”。《逸周书》中有“桀与其属五百人徙于鲁，鲁士民复奔汤”的记载。春秋前称鲁县，战国时称鲁阳。而直到商代，曲阜地区还称作“奄”。

公元前11世纪，周武王灭商后，曾进行了一次小规模的分封，将自己的弟弟周公旦分封于鲁山地区，称作鲁侯。因周公不能离开周都，由周公的儿子伯禽代父做了鲁侯。鲁阳故城（今鲁阳镇西10公里的邱公城遗址）就是鲁国的国都。武王在灭商后的第二年即死去，成王即位，成王的几个叔叔勾结商朝后裔——纣王的儿子，在今河南东部、山东西部（商丘、曲阜一带）发动叛乱。周公亲率周军东征，成王也“践奄”，鼓励士气，终于平定了叛乱。为表彰周公的赫赫战功，成王“因商奄之民，命以伯禽，而封于少皞之墟”（《左传》）。这时鲁国的国都，才由鲁阳而迁于曲阜，曲阜一带才由奄改称作鲁。历史上把鲁阳之鲁称作西鲁，把曲阜之鲁称作东鲁，东鲁实际上是西鲁的继承和延续。在《墨子》成

书的时代，东鲁和西鲁实际上是很容易区别的。

弄清了东鲁和西鲁的关系，孙诒让以“墨子自鲁即齐”“自鲁趋而往，十日十夜至郢”等为依据，而断定“鲁”即指鲁国，就显得苍白无力了。以此为据，倒是“鲁”即指鲁阳之说更令人信服了。在这方面，专家已多有论证，笔者不再赘述。

二、从《墨子》一书中的方言土语，看墨子的里籍归属

墨子提出了节用、节俭、非乐的口号，墨子主张尚质，反对尚文。这一思想和观点不但是墨家思想的重要内容之一，而且在墨家经典著作《墨子》一书中的章法结构、行文方式、语言特点方面，也带有明显的烙印和痕迹，使得《墨子》一书在先秦哲理散文中，以质朴无华著称。墨家学派在所著书立说中，采用的是当时的口语，甚至是某一地区的方言，而不是儒家经典中那种经过修饰的“文言”或“雅言”，这在当时使他们的文章有一种平易近人、娓娓道来的风格特色。虽然给后人阅读和理解《墨子》带来了一定的困难和障碍，但是，却给我们研究和考辨墨子里籍，带来了弥足珍贵的依据和凭证。

我们知道，由于区域文化的差异，不同地区的人们，在语言的表述、使用习惯上会存在一些差异和区别，尤其是一些极具地方特色的方言土语，虽经千百年历史沧桑，仍被后人继承和沿用。可以说，方言应该是研究一个地区历史、文化、风土人情的活化石。在《墨子》一书中，那些令史学大家费尽脑筋，难以注释清楚的冷僻词语，如果我们换一个思维角度，从鲁山及其周围地区的方言来理解，可谓是“柳暗花明”了。

在这方面，河南省社会科学院的萧鲁阳同志，鲁山县史志办的郭成智同志已有丰硕的研究成果。笔者仔细地研读了《墨子》一书，也发现了一些极具地方特色的方言土语，现不揣愚陋冒昧，试解于后，以求教于诸位老师和同人。

(1)“小”

在《墨子·杂守》篇中有“睨者，小五尺不可卒者”一段话。在这里睨通倪，意为小孩、未成年人，“小”作“不足”“低于”解。“小五尺”就是不足五尺。这句话的完整意义是：那些小孩或身高不足五尺以上，不可以服兵役的人。其实“小”作不足解，在鲁山及周围地区尚有多种用法，如年龄接近五十又不足五十的人称为“小五十”，接近三十不足三十的人称为“小三十”，等等。

（2）“窑”“灶”

《备穴》中有“斩艾与柴长尺，乃置窑灶中，先垒窑壁”。后面有“穴二窑”“为窑，容三园艾者”等句子。在这里，第一句中“窑灶”当为重叠用法，作“灶”解，后面三处用“窑”也应作“灶”解。在《汉语辞典》中“窑”有四种意义：①烧制砖瓦、陶瓷等物的建筑物，如砖窑、石灰窑等。②土法生产的煤矿，如煤窑。③我国西北黄土高原地区就土山的山崖挖成的洞。④妓院。“灶”有两种意义：①用砖坯、金属等制成的生火做饭的设施。②指厨房。

在《备穴》中，“窑”“灶”都指的是泥砌或挖成的用于点燃柴草、艾枝等用来熏烤敌人的建筑，其形状和使用上更接近于灶。在《备蛾傅》中有“五步一灶，灶门有炉炭”，《号令》中有“诸灶必为屏，火突高出屋四尺”，《杂守》中有“聋灶”等句子、词语。这里“灶”的用处，要么用于熏烤敌人，要么是升烽火以报警。

仔细究来，《墨子》一书中，似有窑、灶不分，混用的特点，这和鲁山及周围地区的口语也很吻合。在该地区，人们把用砖、坯、泥巴垒砌而成的灶，叫锅台，把用来燃烧柴草、煤的炉膛叫“锅底窑儿”，如人们常说，“锅底窑儿垒得太大了”，“在锅底窑儿里埋一块红薯，一会儿就烧熟了”。同时，把挖成的不大的洞穴，也叫“窑儿”，如“菜窑儿”“柿子窑儿”，甚至小孩子玩弹珠、砸杏核等游戏，在地面上挖的一个小坑，也叫作“窑儿”，进窑儿为胜者，进不去为输家。小一点的洞叫窑儿，大一点的洞叫窖，这和《墨子》中“窑”“灶”的用法是很接近的。直至今天，在农村还有这种用法。

另外，关于“聋灶”，一些学者解释为“灶”，一些学者解释为“垄灶”。垄是耕地上培成的一行行稍高的土埂。垄灶作何解，似无确切含义。其实，只要考察一下当今的偏远山区还在使用的灶台结构就可明白其含义了。

在农家，农民为了充分利用柴草或煤燃烧的能量，往往在主灶的后面或侧面再垒一个次灶，两灶相连，内有火道使两灶膛相通。这样，主灶的火苗可以蹿至次灶内，在次灶上可以炒菜、烧开水，以充分利用燃料能量。有时在主灶的两侧同时连两个次灶，就像两只耳朵长在主灶上一样。

《墨子》中所指的灶窑，都是用来点燃烽火的，只有一个主灶也就可以了。所以说，“聋灶”只是一个独立，没有分灶的灶台。

对于这一点，如果不研究鲁山及其周围地区的风土民情，即使皓首穷经地考证、辨析，恐怕也难以弄出个所以然来。

(3)“阴暴”

《非攻下》中有“帝乃使阴暴毁有夏之城”。有学者释“阴”为“隆”字之误，“暴”者“爆”之假借字。实际上“阴暴”一词，在鲁山及其周围地区，是一个使用很广泛的方言，也很容易为大众理解。阴为暗中、偷偷地不被人发现，“暴”有糟蹋、欺凌、损害、毁灭等含义。“阴暴”即暗中给人以伤害、损害、破坏。在俗语中，有“你阴暴人”“我被人阴暴了”等说法。

当然，在《墨子》一书中，还有一些鲁山周围地区的方言土语，从这里，我们可以找到墨子作为鲁山人的一个有力之佐证。

综上所述，墨子和鲁山有着千丝万缕的联系，鲁山的风土人情，民风习俗对墨子的感染熏陶，是很深厚的。这也证明了一个结论，即墨子是鲁山人。墨子是在鲁山这样一个社会文化环境中成长起来的，墨子的整个一生乃至其思想、其作品，都带有鲁山社会文化环境所留下的深深烙印。

从鲁山流传的墨子传说看墨子创新理念的当代价值体现

石随欣①

墨子诞生在黄河流域的汝滍流域。墨子是平民出身，其家族是一个工匠世家。作为一名手工业者，他注重创新，有过不少发明创造。活动在战国时期楚国鲁阳及周边的墨家，个个都是技艺精湛的优秀工匠，多从事工艺所谓“服役者百八十人”。在长期的工艺生产过程中，墨家注重创新发展，产生了诸多实践创新成果。

这些成果，在鲁山流传的墨子传说中也有所反映。

一、鲁山流传的墨子发明坑染术传说及其社会基础

墨子言及染色术的记载，见诸《墨子·所染》。该篇开篇说:“子墨子言：见染丝者而叹曰：染于苍则苍，染于黄则黄，所入者变，其色亦变。五入必，而已则为五色矣。故染不可不慎也。”墨子是不是家织土布染色术的发明者，典籍里并没有讲，只是说墨子“见染丝者”所进行的染丝生产活动中，本色的土布经由染色而发生不可逆转的变化，从而引发感慨，得出“故染不可不慎也”的结论。下文以染丝同“染国”“染

① 石随欣，鲁山县政协文史委主任。

士”做类比，分别以上古圣王舜、禹、汤、武王为例，言明“此四王者所染当，故王天下，立为天下，功名蔽天地”。复又以夏桀、殷纣、厉王、幽王四位昏君为例，指出“所染不当，故国残身死，为天下僇”的结果。无论“染国”抑或是“染士”，都同“染丝”是一样的道理。《周礼·天官·染人》记载，早在周代，即设有掌染丝帛等事的“染人”官职，一百多年后的荀子也有“青，取之于蓝，而青于蓝”的论述。可见，周代，染色技术已经发展到相当成熟的地步。但墨子是不是染色技术的发明者，实在也难以有定论。因为《墨子·所染》篇，是文学上惯用的一种手法，类比起兴，由常见的场景，引出深刻的道理。

但在鲁山民间，却广为流传着墨子发明坑染术的传说。鲁山县赵村镇中汤村周边不少群众都会讲述墨子染布的故事。2013 年，村民魏来发、李成才和县文化局退休职工张怀发讲述，鲁山县赵村镇赵村村民郝天明采录《染布种莲》这样说：

墨子小时候，常住中汤北坡灵凤山他外婆家。这里坐西北向东南，背风向阳，是个小山洼。虽说住的是三间茅屋，屋外有个小灶火棚儿，但屋里屋外收拾得干干净净。院里摆几个小石凳，中间摆块大扁石头算是桌子，吃饭时一家老小围在一起，粗茶淡饭照样吃得又香又甜。小院一边儿，有条小路通往坡底，一直到小河边儿。外爷人勤快，外婆不怕出力，一家人和和睦睦，让外孙小墨翟从小就知道爱别人。墨子从小就很勤快，常帮外婆隆火、做饭、扫地；学外公干点小农活，有眼色，干啥像啥。

一天下午，墨子穿着娘做的白褂子下山玩。天闷热，他就去水坑里洗澡。他急慌慌把脱下的衣裳放到坑边一块石头上，猛跳下水去。这一跳不打紧，溅起的水花儿弄湿了放在石头上的衣裳，弄脏了一大片。这水坑里淤了可多黑泥，把白褂子弄黑了。墨子心疼哩很，赶紧用手搓揉，搓了好几次，也没把白褂子弄白。咋跟娘交代哩？墨子一下子有了主意，回到家里，他跪在娘跟前，对娘说他洗澡弄脏了衣裳。不是当故的。他还问娘，要是专门把白布或白衣裳埋在水坑黑污泥里，时间长些，会不会把白布染成黑布。

外婆在屋里听见了，手托一块白布走出来，说："你们娘俩的话我都听见了，有道理，让孩子去试试！"娘接过外婆手里的白布，递给墨子。墨子高兴极了，三步并作两步，跑到水坑边，要把白布埋进黑污泥。又一想，刚才衣服是囫囵着放在石头上，溅上去的黑污泥星星点点哩，这次要动真格地把颜色染均匀，得把白布伸展开才好。他用双手把黑污泥扒平展，把白布抻平，放在黑污泥里头，再用双手从别处捧来黑污泥，均匀地盖在白布上，用手抚平。跑到凉阴处玩了约一个时辰，跑回坑边，捞出白布一看，只见黑中带蓝，蓝中带黑。墨子喜出望外，跑回去把这情况告诉了外婆和娘。

墨子从中悟出道理：用不同的泥土颜色，能染成不同的颜色。他到附近找黄土，用水泡湿，挖成坑，染黄布；听大人们说，三岔口有碎石渣滓，像紫色，就又到三岔口找那东西，把白布染成紫红色。经过多次试验，水坑染布染一回成一回。墨子为了多染布，干脆不回外婆家住了，就近住到三官庙嘴儿的三官庙里做工染布，又毫无保留地把这方法告诉邻居。一传十，十传百，不几天十里八村的百姓都学会了。

从这篇传说看，墨子坑染，以黑色、红色为主，也包括紫、黄等其他颜色。这同战国时期楚国崇尚红、黑二色，衣服色彩斑斓的特点也是相符的。

楚国地处南方，南方为朱雀，主火，因此红色是楚国人的最爱。此外，即是黑色。这在楚国着色器物和服饰上也得以体现。楚国漆器的主要色调是红、黑两色，继承的是"禹作为祭器，黑漆其外，而朱画其内"（《韩非子·十过》）的传统。周僖王四年（前678），鲁阳脱离韩国，属楚。墨子生活的战国时期，其故里鲁阳属楚国北部边境，而此时，鲁阳属楚已经200来年，颜色崇尚必然已经带有浓重的楚地风格，以鲁山分布广泛的栎树果实橡子及极易得到的污泥等作为原料，染之以黑色；以素有“七山二水一分田”著称的鲁山习见的紫色赭石等为原料，染之以红色，自是再自然不过了。

在服饰上，楚人对色彩的偏爱与追求，表现得淋漓尽致，斑驳浓郁成为楚国服饰的主基调。1982年，战国晚期前叶的江陵马山一号墓出土素纱绵袍、浅黄色绢舞凤飞龙纹绵袍、浅黄色绢绵袍、深黄绢夹衣、紫红绢龙凤像蟠纹绣单衣、浅黄绢对龙对凤纹锦袍、红棕绢凤鸟凫几何文锦裘等大批保存完好的丝织和刺绣品。该墓葬下限为公元前278年秦将白起拔郢以前，大约同墨子生活的时代相吻合，至少相差不远，只有短短的数十年时间。该墓葬所出土十多种不同花纹的锦，依织造的经线配用的颜色，可分为二色锦和三色锦，其经纬丝线的色彩有浅棕、朱红、深红、土黄、深棕、红棕、灰黄、土黄、深红、棕等。墨子传说中的坑染之术还显得较为简单原始，但同蓝草中提取靛蓝染成青色，用栀子果实中含有“藏花酸”的黄色素染成黄色，用赤铁矿粉末或者朱砂（硫化汞）染成赤色等相比，原理都是一样的。古代染黑色的植物主要用栎实、橡实、五倍子、柿叶、冬青叶、栗壳、莲子壳、鼠尾叶、乌桕叶等，更是同鲁山墨子发明坑染术的传说高度契合。从当前学界研究的成果来看，不少染色的技术都是源自周代，比如使用茜草（它的根含有茜素）、明矾可染出红色等。作为科学圣人的墨子，长期生活在最基层，经常接触大量能工巧匠，一生中有着太多发明创造，坑染术即是他所肇始，应该是自然而然的事情，鲁山民间广为流传他发明坑染术，也就理所当然了。

二、墨子坑染术在鲁山的遗存

鲁山中汤民俗文化学者李成才1939年出生，今年（2021年）83岁，仍精神矍铄、口齿清楚。在当地墨子诞辰纪念活动中，李成才多次背诵当地流传至今的一首民谣：

鲁山中汤墨子坊，从古到今美名扬。
山好水好人更好，地灵人杰好家乡。
先说说中汤坑布窑，名叫墨子坑衣裳。
坑坑坑，坑衣裳，黑泥塑个墨子王。
披发头，大脸膛；橡壳眼，高鼻梁。
一身黑衣明晃晃，皂角大刀背腰上。
雉鸡翎，发里藏，肩上挎着万宝囊。
赤巴脚，奔走忙，天下污浊一扫光。
……
温泉黑水能坑布，墨子发明开染坊。
采来橡壳黄栌柴，黄哩黄来藏哩藏。

这里说的“坑衣裳”，是墨子发明的一种染布技术，就是用橡子壳煮成的水和坑塘里的黑泥进行染布的一种方法。相传，因墨子家乡二郎庙一带盛产橡树，墨子发现橡子的壳煮成的水和坑塘里的黑泥，染在衣裳上久洗不褪，于是就发明了坑染技术。这种技术后来就形成了一个市场，中华人民共和国成立初赵村乡中汤街仍有染坊几十家。每当秋末迎冷之时，染市就开始了。染市热闹异常，唱戏说书，鞭炮齐鸣。大家首先用坑塘里的黑泥为墨子塑一尊像，然后献供，焚香叩头。以上提到的那首歌谣，就是祭拜者必须哼唱的祭词。

传说墨子总是一身黑衣打扮。在20世纪80年代之前，河南人特别是老年人冬天习惯穿黑色衣服，正是墨子传下来的染布技术和长期形成的生活习惯造成的。后人把墨子首次染布的黑污泥坑就称为“染布坑”，把他发明的坑染布的技术称作“坑染术”。这一技术一直传延使用到20世纪60年代后期。当年，墨子把染成的湿布晾晒在离澡池几十丈远的山崖上，后人把墨子晒布的山崖称作“晒布崖”。后来，墨子在中汤南河边上挖一块池塘，引来澡池中污水到池塘内，种植莲藕。后人把墨子种植莲藕的池塘称作“墨莲池”。如今，中汤街上点年纪的人还能指点出“染布坑”“墨莲池”的所在。

在鲁山中汤墨子坑染处不远的中汤街西南角儿有一个小山嘴儿，地势高，视野开阔，人称“三官庙嘴儿”。三官庙嘴儿建有墨子坊。上屋三间大殿，东厢房四间，西厢房一间，中间供奉着三官，西边供奉着圣人墨子像。逢年过节，很多善男信女前去烧香供奉，祈福消灾，香火旺盛，经久不衰。1989 年农历十月，中汤村时任村主任魏来发协同中汤村李留定、郝杰等有识之士筹资在原址上重修一座两间新庙，坐南向北。2002 年，又把墨子坊改建为坐北向南三间房，重新雕塑。至今前来参观拜访供奉求愿者络绎不绝。

“墨子坊”外左边立几块石碑，上首一块是“墨子坊”碑。碑文上楷书雕刻着“墨子坊”，碑文曰：

中汤古镇，素号名区。青嶂作屏，玉溪为带。揽山水之胜，育人文英杰。一河之系，中汤温汤两泉相映；群山拱护，墨子老子二祖比美。古迹墨子坊，建于灵凤山之次，为世界科学至圣墨子纪念之所。墨翟兼爱、和平、睦邻、勤劳、好学之精神，扎根民间。坑布谣，传诵两千余年。中汤至今群众文化活跃，富有民间传统，实属非物质文化遗产的保护地。国内外考古界、墨学界学者不断来此探访。墨子研究大家徐希燕博士、郭成智先生，省墨子学会陈章法、李玉凯、郑建沛、张九顺诸君多次造访。文物局局长常俭传先生视察鲁山楚长城墨子里籍，给予高度评价。鲁山县志办公室主任尹崇智先生亲自为墨子坊题匾。今有仁人贤士合力重修旧坊，嘱我作文铭记。作为家乡人及墨学研究者，对墨子敬仰之至，不能推辞。藉此琳珉，总中汤八景以颂之。

灵凤晓钟震鲁川，石人晚照夕阳烟。
墨公染布古坊在，皇女浣纱玉液边。
百里长城踏冬韵，三春古会动管弦。
白沙如雪忘忧处，秋艳霜林颂尧天。

20世纪80年代至90年代，鲁山曾经生产过一种白酒，名为“墨子酒”，后因经营困难而停产。墨子酒产量有限，在社会上一直没有打开太大销路，因而较为稀缺。如今三十来年过去，更是一瓶难求。难得的是，墨子坊中墨子像前，供奉有墨子酒两瓶，相映成趣，实属难得。

三、鲁山墨子传说中墨子的另一大发明“木鸢”是世界上最早的风筝

墨子青少年时期学过木工，在做工过程中，他处处留心，潜心学习前人教给他的技能并不断创新。

《墨子·鲁问》：“公输子削竹木以为鹊，成而飞之，三日不下，公输子以为至巧……”墨子却对鲁班的这一巧技不以为然，他批评鲁班说：“子之为鹊也，不如翟之为车辖，须臾斵三寸之木，而任五十石之重。故所为巧，利于人谓之巧，不利于人谓之拙。”原来，墨子不是说鲁班的木鹊制作得不精巧，而是说鲁班的木鹊既不能拉车，也不能载重，对人没有什么用，因而是“拙”不是“巧”。

墨子创新为实用的思想在《韩非子·外储说上》也有记载：墨子为木鸢，三年而成，蜚一日而败。弟子曰：“先生之巧，至能使木鸢飞。”墨子曰：“吾不如为车輗者巧也。用咫尺之木，不费一朝之事，而引三十石之任。致远力多，久于岁数。”

鲁班是中国历史上最负盛名的能工巧匠。传说，鲁班曾经削竹木以为鹊，成而飞之，三日不下。鲁班因此扬扬自得，自以为至巧。然而，鲁班自认为的“至巧”，在墨子那里却没有得到认可，反而被墨子批评为拙劣无用。墨子为了证明鲁班“削竹木以为鹊”并不是具有实用意义的创新，同颇为不服气的鲁班比巧。墨子制作了一个看上去又笨又重的木鸢，在野外放飞，远胜于鲁班的竹鹊。正当人们为墨子喝彩时，墨子却摇了摇头，他吩咐弟子砍了一根树桩，并很快削成了一根车轴，然后套上一头驴子，装上一车石头，在山下转了三圈。墨子对乡亲们说：巧为輗，拙为鸢。风筝飞得虽高，却不能为人带来利益，车却可以帮人载重。

真正的巧是做车，而不是做风筝。

当地传说墨子曾制成风筝，在风筝山与能工巧匠鲁班比巧。这与典籍记载的墨子“费时三年，以木制木鸢，飞升天空”，“斫木为鹞，三年而成，飞一日而败”是一致的。这只木鹞是最早的风筝，也是世界上最早的风筝。

此外，墨子于战场上的发明也不少。他利用杠杆原理、惯性原理，发明了抛石机、攻城木桩车等许多攻城、守城用的器械，建造城池、城门等。城门上的悬门、城门和城外的一些攻防结构、器械等，对冷兵器时代的战争产生了很深远的影响。他对攻防有着深入的研究思考，这些军事思想主要体现在《墨子·备城门》中。早期的木工实践，为墨子日后制作守城器械，终能智胜鲁班“止楚攻宋”奠定了坚实基础。

鲁山县瀼河乡禽滑厘问学的平高城茅山东侧风筝山，是当年墨子与鲁班比巧的地方。平高城又称三鸦镇。唐《通典》记载:“平皋城。后周（在鲁山县）置三鸦镇，在县城西南十九里，亦名平高城，以御齐。”三鸦路是洛阳南下经鲁山、南召通向南阳的著名古道。不少史料记载，作为宛、洛间最近捷的通道，早在秦汉时，三鸦路即为交通、军事要道。后人为纪念墨子和鲁班比赛风筝这一盛事，曾在山上建了一座放鸢塔。尽管今天塔已被毁，而塔的基址犹在。山上植被丰茂，风景秀丽，鸟语花香，吸引人们前去探访 2000 多年前墨子传说的遗踪。

作为墨子故里，鲁山已经在 2020 年、2021 年连续举办了两届“纸鸢节”。

四、墨子发明烧炭技术的传说在鲁山有一定流传

鲁山民间传说，墨子小时候同小伙伴一同点火玩耍，偶然的机会发现木柴经过不充分燃烧后留下的墨黑色条块依然可以燃烧，并呈现出同木柴不一样的特性，从而发明烧炭技术。传说墨子长大后，曾在尧山村附近的山坡上，修建土窑烧制木炭。墨子烧炭技艺高超，他能烧一种带树皮的木炭，叫“捂炭”，还能烧一种不带树皮的木炭，叫“明炭”，分

给大家过冬取暖。

鲁山南、西、北三面环山，山区面积占全县总面积的70%。境内沙河横贯全境，流域广阔，林木繁多。木炭取暖具有发热效率高、少烟熏的特点，旧时颇受富贵人家青睐。鲁山山区多有烧炭者。至于烧炭起源，已经无考，但当地人们宁愿相信这种方法就是墨子发明的。这种制作木炭的方法沿用至今，在传统的食品烧烤等领域依然颇受人们欢迎。20世纪末，鲁山开始重视环境保护，实行封山育林，禁止伐木烧炭。如今，木炭烧制，在鲁山几近绝迹。2500年过去，鲁山县尧山镇尧山村附近依然有“捂窑”“明炭沟”的地名。老百姓传说，这些地名，就是因当年墨翟在那里烧炭而传流至今。

五、墨子发明“非攻棋”的传说在鲁山流传很广

鲁山县尧山镇相家沟村不少人都会讲述墨子、鲁班下棋的传说。鲁班与墨子在今鲁山县团城乡清水河畔棋盘山上对弈多日，墨子虽屡屡稳操胜机，却总要与鲁班下个和棋，这不是轻蔑地让，而是给鲁班以施展棋术的机会。鲁班虽然没办法取胜，不过怒气已消散不少，无意再做政客，掺和列国打仗的事儿，就回到平民中间，仍然过着自食其力的消停生活。墨子仍然为平民辛劳奔波，游走天下。

棋盘山原名白云山，又名华峙山。位于鲁山县南部团城乡与南召县搭界处。山上有庙，名曰祖师庙。一棵千年椴树笼罩着黄瓦石墙，供奉真武祖师。门前右前方有石碑两通，其一块记载：“鲁山西陲白云山（华峙山），高千仞，阔万里，群峰耸翠，白云缭绕，林涛轰鸣，巨石奇特，山坳有古庙遗址，原名通天观，明朝万历年间重修，而更名为铁瓦庙……”两峰之间的山脊上有个棋盘石，因而此山更名棋盘山。相传墨子鲁班各创一棋局，一攻一守，据说守者稳如泰山，输的概率很低；而攻者，要么和棋，要么越攻越输。墨子、鲁班所创的这个战国石刻棋阵，简称“非攻棋”，其对弈方法变幻无穷，惜已失传，但其中蕴含的数学、逻辑、推理等科学方法，即使在科技非常发达的今天也极具研究价值。

墨子、鲁班对弈的故事是否真实发生过，如今已经无从稽考。《墨子》中记载了墨子“止楚攻宋”的传奇故事：“子墨子解带为城，以牒为械，公输盘九设攻城之机变，子墨子九距之。公输盘之攻械尽，子墨子之守圉有余。”墨子与鲁班对弈，很容易被人们认为是“止楚攻宋”斗智斗勇的一种预演，因而这一传说在鲁山有着广泛的群众基础。

2013 年 9 月 30 日，中央电视台 4 套《走遍中国》栏目播出《奇闻轶事》第 9 集《棋盘谜局》，探秘这一神奇文化遗存，揭开一段鲜为人知的历史真相。

六、墨子的一些重要发明同鲁山民间传说并不完全匹配

2016 年 8 月 16 日 1 时 40 分，我国在酒泉卫星发射中心用长征二号丁运载火箭成功将世界首颗量子科学实验卫星“墨子号”发射升空。8 月 15 日，量子科学实验卫星首席科学家、中国科学院院士潘建伟在酒泉卫星发射中心接受媒体采访时表示，中国自主研制的世界首颗量子卫星被命名为“墨子”，之所以起名“墨子”，是因为墨子最早通过小孔成像实验发现了光是直线传播的，第一次对光直线传播进行了科学解释——这在光学中是非常重要的一条原理，为量子通信的发展打下了一定的基础。墨子还提出了某种意义上的粒子论。光量子学实验卫星以中国科学家先贤墨子来命名，体现了中国的文化自信。“墨子号”成功发射后，鲁山同发射“墨子号”的中国酒泉卫星发射中心等多有互动。墨子故里鲁山县尧山镇建有中国墨子文化传承基地，基地门口竖立有发射“墨子号”的东风火箭模型和“墨子号”量子通信试验卫星模型，每年吸引数十万游客来此驻足观赏。

《墨经》里记载了世界上第一个“小孔成像”实验，该实验解释了小孔成倒像的原因，而这正是现代照相技术原理的起源。墨子对平面镜、凹面镜、凸面镜亦都有很深的研究，从而得出一系列的几何学、光学、物理学的基础原理，在几何学、光学、物理学发展中起到巨大的促进作用和影响，是现代摄影技术的开创者。

对于这些重大发明，鲁山人大都知道，也差不多能够说出来一二，然而没有流传下来生动有趣的传说故事。

与之相对应的，有一些农耕文明时代的发明创造，时至今日已经很难弄清其起源于何时，是何人的发明创造。在鲁山县尧山镇一带，人们传说，是墨子发现人们打粮时用的农具很费力，就发明了连枷和木锨；看到人们加工粮食用碓舂舀，费工费时，墨子就发明了石磨、石碾等。

究其原因，是作为科学圣人的墨子来自底层的人民群众，他一生除了短暂在宋国做过大夫外，穷其一生宣传他的哲学思想，并投入伟大实践。人们将他称为“平民圣人”，并赋予他无所不能的神异力量，包括诸多发明创造。

鲁山县城西40多公里的赵村镇，紧邻墨子故里尧山镇。赵村东十多里的中汤街，以温泉名世。中汤西北角有坡曰“灵凤”，春秋末年有户姓范人家，俗传为墨子外婆家。东北有墨子洞，洞口有联：门前有瀑凭崖泻；洞里无灯趁月明。世传，墨子幼时曾经备束脩就学于中汤，放学之后，常在墨子洞攻读诗书。如今，尧山、赵村两地每逢农历九月初八墨子诞辰，都要举办各种纪念活动，纪念这位伟大的平民圣人。由中宣部、中国文联等发起实施的中国民间文学大系出版工程《中国民间文学大系·传说·河南卷·平顶山分卷》编纂已近尾声，内收墨子传说11篇。活跃在鲁山城乡的墨子文化传承人，在宣传弘扬墨子博大思想精神的同时，也将墨子的传说播散开去。

鲁山墨子传说中涉及的生产生活工具的创造发明部分，是农耕时代墨子创新思想的生动体现，直到今天，依然有着重要的借鉴意义。

中国的发展，需要把创新放在更加重要、更加突出的地位。习近平总书记指出：“科技创新是提高社会生产力和综合国力的战略支撑，必须摆在发展全局的核心位置。”“创新是一个民族进步的灵魂，是一个国家兴旺发达的不竭源泉，也是中华民族最鲜明的民族禀赋。”“实施创新驱动发展战略决定着中华民族前途命运。全党全社会都要充分认识科技创新的巨大作用，敏锐把握世界科技创新发展趋势。”实施创新驱动发展战略决定着中华民族前途命运。当前，我国正面临新一轮科技革命和产业变革。全面建设社会主义现代化强国，要紧紧抓住和用好新一轮科技革命和产业变革的机遇，不能等待、不能观望、不能懈怠，把创新驱动发展作为面向未来的一项重大战略实施好。这，也正是鲁山墨子传说中蕴含的创新思想在当代中国特色社会主义现代化建设中价值之体现。

墨子鲁山人浅论

李　龙[①]

墨子究竟是哪里人氏？笔者认为，墨子实际上是楚国北部人（今河南鲁山人）。理由有三。

一、从墨姓源头上看

墨姓虽然不是中华大姓，但历史悠久。其源流据考证有二。其一出自姜姓为炎帝后裔、夏禹的老师墨如之后，以祖名为氏。据《潜夫论》载："禹师墨如。"传说炎帝神农的后裔墨如见多识广，是他的建议使大禹治水成功，大禹后来拜他为师。大禹的儿子夏启建立了中国第一个奴隶制国家——夏朝之后封墨如的儿子胎初为孤竹国（今辽宁朝阳市）的国君，胎初以父名为姓，人称墨胎初，世代相传姓墨。其二出自商朝墨台氏。据《通志·氏族略》载："本墨台氏，后改为墨氏。"殷商时期，夏代墨胎初的后裔迁建诸侯国孤竹国（今河北省卢龙县南）。

《史记·伯夷列传》注引《索隐》所记："孤竹君是殷汤三月丙寅日所封"，是为孤竹侯国。殷墟甲骨卜辞文中称"竹侯"。商末孤竹国君有两子，分别是伯夷和叔齐。《史记·伯夷列传》："伯夷、叔齐，孤竹君之

① 李龙，河南省社会科学院副研究员。

二子也。父欲立叔齐，及父卒，叔齐让伯夷。伯夷曰：'父命也。'遂逃去。叔齐亦不肯立而逃之。国人立其中子。于是伯夷、叔齐闻西伯昌善养老，盍往归焉。及至，西伯卒，武王载木主，号为文王，东伐纣。伯夷、叔齐叩马而谏曰：'父死不葬，爰及干戈，可谓孝乎？以臣弑君，可谓仁乎？'左右欲兵之。太公曰：'此义人也。'扶而去之。武王已平殷乱，天下宗周，而伯夷、叔齐耻之，义不食周粟，隐于首阳山，采薇而食之。及饿且死，作歌。其辞曰：'登彼西山兮，采其薇矣。以暴易暴兮，不知其非矣。神农、虞、夏忽焉没兮，我安适归矣？于嗟徂兮，命之衰矣！'遂饿死于首阳山。"伯夷、叔齐的"贤"名流传于世，后人就以墨字为姓，称为墨氏。墨姓二源实质根出一处，都为炎帝后裔，都受到了中原文化的影响。

殷商时期，墨氏建立的孤竹国与商关系密切。据《史记·伯夷列传》注引《括地志》所记："孤竹古城在卢龙县南十二里。"从汉代《史记》和后代文献记载的方位来看，孤竹城在今河北省卢龙县境无疑。孤竹国的统治范围也应以今卢龙县为中心的滦河入海处小盆地及其附近区域，包括今卢龙、抚宁、迁安、迁西、滦县连片地区。孤竹国是商在北方重要的方国，是商北方边境稳定的屏障。商朝北部多边患，特别是武丁以前，几代商王频繁对北方用兵。商王在北方分封孤竹等诸侯，是由于当时政治军事形势的需要。孤竹国是沟通东北与华北地区的必经之地。孤竹国在殷商中原先进文化的影响下，社会发展加快。到商朝中晚期进入奴隶制社会，具有国家的规模。孤竹国是一个行文章、加政教、讲礼规、蹈仁义的诸侯国。

由于孤竹国与中原夏商文化的紧密联系，至周代晚期孤竹国亡，其后裔活动于中原地区是比较可信的。清乾嘉年间，陕西巡抚毕沅在其《墨子叙》中明确解释汉代高诱《吕氏春秋注》中的"墨子，鲁人也"为"鲁即鲁阳，春秋时属楚，古人于地名两字，或单举一字，是其例也""鲁国境非鲁卫之鲁，不可不察也"。山东博山知县武亿亦注："鲁即鲁阳（即鲁山县），春秋属楚。"而郭成智、张新河在《墨子姓氏、先祖考略》中认为，河南鲁山是中原文化中心区域，墨子故里在河南鲁山有一定的科学性。

二、从墨子名字上看

众所周知，墨子名翟，翟的含义是长尾雉。长尾雉的尾羽非常漂亮，我国古代乐舞时经常以右手执雉羽，《诗经·邶风·简兮》“右手秉翟”。而“翟”乃凤凰的别名。值得注意的是，《实用汉字字典》（上海辞书出版社）在解释“翟”时称古人有“画翟羽用为装饰的衣服”的习俗，《诗经·鄘风·君子偕老》就记有“玼兮玼兮，其之翟也”，“玼”的意思是色彩鲜明的形貌。据此可知，墨子的名字“墨翟”，其含义是“用墨在衣服上绘画翟羽”，绘画翟羽或为绘制鲜艳的凤凰图案。凤凰与楚文化渊源很深。楚人尊凤是由其远祖拜日、尊凤的原始信仰衍化而来的，楚人的祖先祝融是火神兼雷神。汉代《白虎通》说，祝融“其精为鸟，离为鸾”。《史记·楚世家》载：“重黎为帝喾高辛居火正，甚有功，能光融天下，帝喾命曰祝融。”司马迁称祝融“能昭显天地之光明”“其功大矣”；屈原在《离骚》一开始就自豪地说：“吾令凤鸟飞腾兮，继之以日夜”“朕皇考曰伯庸（祝融）”。《白虎通·五行》载：“祝融者，其精为鸟，离为鸾凤。”张衡《思玄赋》：“前祝融使举麾兮，缅朱鸟以承旗。”李贤等注：“朱鸟，凤也。”《卞鸦·绛鸟》注曰：“凤凰属也。”这种超自然的神鸟，就是被称为百鸟之王的凤凰，也就是祝融的化身。楚人的另一远祖羲和，为重黎的后代。羲和是太阳的车夫，以龙车侍日，而“日中有蹲乌”，蹲乌就是凤鸟。著名学者张正明说：“凤是楚人先民的图腾，战国时期的楚人对此仍有朦胧的印象。因此，他们把一切美好的特性和特征都赋予凤了。”

《楚辞》一书，龙出现了24次，凤也出现了24次。《离骚》：“凤皇翼其承旗兮，高翱翔之翼翼。”“鸷鸟之不群兮，自前世而固然。”《九章·怀沙》：“凤皇在笯兮，鸡鹜翔舞。”《抽思》：“有鸟自南兮，来集汉北。”《九辩》：“凤愈飘翔而高举。”《庄子》：“鹏之徙于南冥也，水击三千里，抟扶摇而上者九万里”，鹏即凤。

楚国的法律名叫《鸡次之典》(《离次之典》),实即《凤典》。鸡次,《战国策》鲍注:“鸡,一作离。”《易》曰:“离为火。”《春秋元命苞》:“火离即凤凰。”楚人以凤巢称南国之地。《楚辞·远游》:“顺凯风以从游兮,至南巢而壹息。”南巢即南方凤鸟之巢。

楚人认为,凤不仅是神鸟,而且还是楚族、楚国尊严的象征。楚人的尊凤意识渗透到社会文化生活的各个领域,在楚国的礼器、兵器、建筑物、文学艺术、生活用品和婚丧嫁娶中无处不飞凤,从而把凤凰信仰推到了顶峰,让凤凰文化成为中国独有的标志性吉祥文化之一。在楚国的出土文物中,诸如器皿、饰物、丝织品、兵器,每一件几乎都有凤的身影,凤的图像、绣像和雕像不胜枚举。楚地年俗舞凤、嫁女戴凤冠霞帔、引魂升天用凤,刻碑刻以凤、魂幡绘以凤。凤的形态千姿百态,无奇不有,无论是丝织品上刺绣,还是漆木器上彩绘,以及各种器物上的雕刻造型,基本上是引颈长鸣,振翅冲天,体现出一种向上升腾的动感和积极进取的价值取向。这是凤凰文化的根源所在,也是其他任何地域文化都无法比拟、无可复制的。

楚国的纹饰、图案多取材于凤。从出土器物来看,在武器上,湖北当阳金家山出土铜戈上饰有错金变形凤鸟纹;湖南桃源出土的铜戈尊铸有对称的凤鸟纹;湖北江陵李家台和湖南长沙五里牌出土漆盾绘饰有龙凤纹。1960 年,湖北荆门车桥出土的铜戚的神人饰有凤凰长羽。

在祭祀礼器上,湖北江陵望山出土的龙凤纹铜尊(银龙 60 条,凤鸟 24 只),尊盖四周雕塑着四个鸟形钮,并将盖分作四片,每区间饰有六龙六凤,腹面又分作六片,每区间又有六龙;湖北随州曾侯乙墓出土铜簋为龙凤饰;楚人祭祀泰山而埋的六件铜缶均有龙凤饰(如蟠凤纹缶)。

在衣食住行上,湖北江陵马山一号楚墓出土的丝织刺绣衣物,多绣有龙凤花纹,其中十八副龙凤纹样中,有凤鸟图案的占十七幅,如舞凤飞龙纹、龙凤相蟠纹、龙凤虎纹、凤鸟蛇纹、凤鸟花卉纹、对龙对凤纹、蟠凤飞龙纹。具体而言,又可分为回首舞凤纹、变形凤鸟纹、凤鸟花卉纹、花卉飞凤纹、花冠舞凤饮露纹、衔花凤鸟纹、凤鸟蛇纹、凤龙虎纹、飞凤蟠龙纹、舞凤舞龙纹、舞凤飞龙纹、一凤二龙纹、一凤三龙纹、龙凤戏珠纹、龙凤共体纹、三首伴花凤鸟纹等。

在饮食器皿上，湖北随州义地岗出土的鼎饰有凤鸟蟠龙纹；湖北江陵马山出土的漆盘绘有八对凤鸟，雨台山出土的漆耳杯饰凤鸟纹；湖南临澧出土的漆盒彩绘龙凤纹，漆耳杯饰凤嘴纹；湖南长麻出土的尊饰有凤纹或变形凤纹；湖北荆门包山二号楚墓出土有三凤双连杯。在车舆上，《楚辞·离骚》:“鸾皇为余先戒兮。”（凤车在前）湖南临澧出土有铜质车马器凤鸟车辕和青铜错金回首凤鸟纹车马器；湖南长沙、河南固始出土有凤形车饰；湖北江陵出土有龙凤纹车马器。在乐器上，楚人喜好以龙凤形象饰于乐器。出土的乐鼓、虎座凤架鼓，钟、瑟、琴都有凤的形象。在工艺品上，湖北江陵望山一号墓出土的彩绘木雕座屏，有凤和鹿各四只。楚国各地出土的玉佩的形制与纹饰多为龙凤。

在随葬器物上，多见虎座立凤、龙凤笭床、龙凤彩棺。湖北荆门包山二号楚墓出土的彩棺的棺盖和侧板均彩绘有龙凤纹，龙凤相配共组成十八组对称图案，橘红色内棺绘以金龙黄凤。河南信阳长台观出土的彩棺绘龙凤纹；湖南长沙烈士公园出土的楚墓，棺壁上饰有刺绣龙凤纹图案。

在书法艺术上，楚人最突出的贡献就是首创了鸟书。鸟书，又名鸟虫书或鸟篆。《说文》段注:“鸟虫书，谓其或像鸟，或像虫，鸟亦称羽虫也。”楚鸟书多见于楚国王公贵族的用器上，如戈、剑、鼎、钟等。楚人出于爱屋及乌的心理，故而对鸟类也格外钟情，鸟书之鸟形与凤之图案、变形凤纹酷似。鸟书中鸟之造型或将之未翔，或昂首振翮。有学者主张，在某种程度上，将鸟书称为凤书更为确切。著名学者郭沫若说:“南方尚华藻，字多秀丽；北方重事实，字多浑厚。”楚国的代表书法竹书，也与鸟书同类，是隶书之源。现存竹简中已现隶书雏形，而并非秦始皇时程邈所创。

凤凰是楚文化的图腾，墨子的名字与凤凰有关，可见其受楚文化影响之深。由此可以推断，墨子故里应该在楚文化的范围之内。

三、从墨子鬼神思想上来看

《墨子》53 篇中，有数篇都表现了墨子的尊天明鬼思想，其中有《天志》上、中、下三篇，《明鬼》下篇，专章进行了论述。墨子的鬼神思想，受到了商代鬼神思想的影响，对鬼神的存在毫不怀疑。尊天明鬼，“则皆以疑惑鬼神之有与无之别，不明乎鬼神之能赏贤而罚暴也。今若使天下之人，偕若信鬼神之能赏贤而罚暴也，则夫天下岂乱哉！”（《墨子·明鬼下》）在墨子看来，鬼神的存在也是保证赏善罚恶。这与儒家鬼神观不同，儒家的“鬼神”观是对已故祖先的代称，所倡导的对“鬼神”的祭祀原只是为了“慎终追远”以使“民德归厚”。祭祀对于儒者来说也并无取悦鬼神之意，孔子所谓“祭如在，祭神如神在”，不过是要告诫人们祭祀时要庄重肃穆，无非在于陶养人的不忘祖上、不忘天地的虔敬之心。“如在”意味着不执着于鬼神的实体存在，对鬼神的祭祀就此最终被归结为祭祀者主体的心灵境界的提升。儒家称“天”亦为有人格意志如“鬼神”，是为了强化内心那份对“天”敬畏的神圣感，并不是要人们去揣摩某种实体化了的“天”的意志及好恶。墨者责难儒家“以天为不明，以鬼为不神，天鬼不说，此足以丧天下”。是以人、鬼混言，因为人有生也有死，有现世也有过世，所以有人谋就有鬼（神）谋。又是以“天”“鬼（神）”混言，因为人死后（鬼神）又凝聚为天之一部分，民俗谓“人算不如天算”，这“天算”就有“鬼谋”的一部分。“天算”“鬼谋”最终都借“真人”灵魂附体。

所以，墨子明鬼，天、人、鬼终为一体，实体化为“天志”——同天下之“义理”、道德法则。也是墨家、墨学对冥冥中超自然力的敬畏，是对自古以来形成了的天、人之明法及作古了的往昔圣贤（鬼神）成型了的效天、人之法——成功经验的敬重，然后“精神再造”。总而言之，天、鬼、人最终在天人相关说的“鬼使神差”下托“天志”而幻化为“真人”——神化了的“真人”，一个拥有宗教裁判权的“真人”。墨子最终把“义”人格化了，这个人格化或者说神化了的“义”就是“真人”。结果，墨子的尊天明鬼，终归是对“法规”“义理”的推崇，及一种人生导引意味的理性归纳。

墨子的鬼神思想，与楚文化的鬼神思想具有相同之处。上海博物馆收藏的楚简《鬼神之明》记叙了类似的鬼神思想，其载：

> 今夫鬼神有所明，有所不明，则以其赏善罚暴也。昔者尧舜禹汤，仁义圣智，天下法之。此以贵为天子，富有天下，长年有誉，后世述之，则鬼神之赏，此明矣。及桀纣幽厉，焚圣人杀谏者，贼百姓乱邦家。此以桀折于鬲山，而纣首于岐社。身不没，为天下笑，则鬼神之罚，此明矣。及伍子胥者，天下之圣人也。鸱夷而死。荣夷公者，天下之乱人也。长年而没。如以此诘之，则善者或不赏，而暴者或不罚。故吾因加鬼神不明，则必有故。其力能至焉而弗为乎。吾弗知也。意者其力固不能至焉乎，吾或弗知也。此两者岐。吾故曰鬼神有所明有所不明。此之谓乎。

该楚简讨论的问题主要是鬼神有所明有所不明的问题，与墨子的鬼神思想“鬼神有所明”有相似之处。该简的整理者曹锦炎甚至认为该简是《墨子》的佚文。丁四新则认为:“楚简《鬼神》很可能是一篇完整讨论‘鬼神’的文章。但由于鬼神有所明有所不明的观点与墨子‘鬼神明知’的观点根本相左，所以将其判定为《墨子》佚文，很难令人信服。”从楚简《鬼神之明》与墨子相关文章的相似之处与差异之处，可见楚文化与墨子思想渊源关系很深，两者应该相互有影响的。而在敬鬼神而远之的儒家思想诞生地齐鲁地区，是不可能诞生这种思想的。齐鲁文化的土壤中，培育不了墨家思想，只有楚文化才是墨子尊天明鬼思想产生的土壤。正如杨晓宇在《墨子尊天明鬼思想源于楚风影响——兼谈墨子里籍问题》一文所云:“尊天明鬼思想是楚国上至国王下至百姓都深信不疑的。有关这一点，读读楚辞就知道了。楚辞中就有《天问》《卜居》《东皇太一》《云中君》《山鬼》《湘君》等，而作为反映屈原学术思想的诗章《天问》，那一连串的发问，明为问天，实在问人……墨子的尊天明鬼思想无疑是与楚文化靠近的。”

综上，墨子先祖深受中原文化特别是夏商影响，河南鲁山为夏商文化中心区域。墨子思想文化深受楚文化影响，与楚文化关系密切。“墨子，鲁人也。”即为河南鲁山人，应该可信。

墨子“止楚攻宋”今考

张新河[①] 张九顺[②]

墨子“止楚攻宋”的故事见于我国古典文献《墨子》《吕氏春秋》《淮南子》等典籍记载。各书记载故事大致相同，文字表述小异，正是这些“小异”，给后来墨学研究者带来颇多争议。“起于齐”“自鲁往”引发了“东鲁鲁国说”“西鲁鲁阳说”，“至于郢”引发了“江陵说”和“宜城说”。这几说又波及墨子里籍“鲁人说”。可见，考证墨子“止楚攻宋”具有重要价值。

几年来，我们查阅了大量古典文献和多处方志，跑遍了湖北、河南、山东等省与墨子“止楚攻宋”有关地区，走访了地名办、方志办、文物所、政协文史委的近百名有关人员，取得了一定实证，有了新收获，取得了新的成果。现把这一成果与墨学研究界各位同人分享，同时，也殷切期望方家多多指正为幸。

一、墨子“止楚攻宋”时楚国的国势与年代

《墨子·公输》篇称：“子墨子见王”，《吕氏春秋·爱类》篇称“（墨

---

① 张新河，曾任河南省石人山风景名胜区管理处主任、平顶山市中国古代哲学研究会副会长、河南省墨子学会副秘书长。

② 张九顺，河南墨子学会常务理事，原鲁山县公安局工作现退休。

子）见荆王”均未称是在什么年代、什么地方见哪位楚王。但高诱注云：“郢，楚都也。”孙诒让注云：“以墨、输二子年代参合校之，墨子之止楚攻宋，约当在宋昭公，楚惠王时。盖是时，楚虽有伐宋之议，而以墨子之言中辍，故史无其事耳。《渚宫旧事》谓公输子南游楚在惠王时，其说盖可信。”由此说，墨子“止楚攻宋”的大致年代，当在楚惠王和宋昭公之时，地点在郢，楚都。

《史记·楚世家》中记述了楚惠王在位时期的基本情况。从记述中可知，楚惠王二年、六年、八年间是白公胜之乱期。这时的楚国楚昭王新故，加之白公胜作乱，楚王庭尚未稳定，自身尚且难保，更无力攻伐别国。故墨子“止楚攻宋”不可能在此期间。之后，内乱刚罢，外患又生，楚王庭正忙于应付外侵，更无力攻伐宋国。惠王十六年至四十二年是楚国经过内乱、外患到稳定、发展、开始强盛，以致达到能够对外扩张，灭掉蔡国，进而于楚惠王四十四年又灭掉杞国。这时，楚国称霸南土进攻中原，攻打宋国的能力已经具备。墨子“止楚攻宋”当发生在此年后，即公元前 445 年以后，此时应为墨子“止楚攻宋”年代的上限。

《墨子·贵义》篇载：“子墨子南游于楚，献书惠王，惠王以老辞，使穆贺见子墨子。”由此可知，墨子献书惠王时墨子和楚惠王会见并非首次，“王使穆贺以老辞”，说明惠王对墨子已经比较了解；惠王在位共五十七年，这次是楚惠王在位五十年时的会见，楚惠王当在六十岁以上，故以老辞。是时，楚国政治上已由鼎盛时期转向稳定时期，军事上也应由进攻转向和平相持的防御阶段，在军事上处于防御阶段的楚国，不可能攻宋。墨子“止楚攻宋”应在楚惠王在位五十年前，即公元前 439 年前，此至为墨子“止楚攻宋”年限的下限。

再从宋昭公在位的时间看，《史记·宋微子世家》载：“（宋景公）三十七年（前 480）楚惠王灭陈。六十四年景公卒……故昭公杀太子而自立（前 453）。昭公四十七年卒（前 405 年）。”宋昭公在位时间为公元前 452 年至公元前 405 年。由此可知，楚惠王四十二年（前 447）至楚惠王五十年（前 439）之间，正是宋昭公（前 452—前 405）在位期间。这时间，正是孙诒让认定的“墨子之止楚攻宋”，当在宋昭公、楚惠王时。

《吕氏春秋·爱类》篇对墨子"止楚攻宋"做了详细记述："公输般为高云梯，欲以攻宋。墨子闻之，自鲁往，裂裳裹足，日夜不休，十日十夜而至于郢。见荆王曰：'臣北方之鄙人也。闻大王将攻宋，信有之乎？'"墨子"止楚攻宋"见楚惠王首先自我介绍，说明墨子和惠王是首次见面，也说明此事应发生在墨子献书惠王之前。由墨子"日夜不休，十日十夜至于郢"可以看出墨子正当年轻力壮之时，应在三十五至四十岁左右，年龄过小或过大，连续"十日十夜，日夜不休"是难以胜任的。

根据现代墨学研究新秀徐希燕在《墨学研究》中对前辈墨学研究的考证，推定墨子生卒年考时，把墨子年龄定论为"生于前 480 年（前后误差不超过三年）卒于前 389 年（前后误差不超过五年）"，并认为楚惠王在位的四十二年（前 447）到五十年（前 439）时，墨子的年龄应当在三十五至四十一岁间，这时的墨子正当精力充沛、气神旺盛之时，墨子"止楚攻宋"的年代，应该定论在公元前 447 年到公元前 439 年间。吴毓江先生在《墨子校注》中把墨子"止楚攻宋"的具体时间推定为周考王元年楚惠王四十九年即公元前 440 年，这和我们考证的时间范围恰相一致。我们认为：墨子"止楚攻宋"年代，应定论为公元前 440 年为宜。

二、墨子"止楚攻宋"时的楚郢考

墨子"止楚攻宋"时，楚惠王会见墨子的"郢"在何地，史无定论。有人称是郢都"江陵"，也有人称是郢都"宜城"。

2004 年 7 月 6 日，我们专程赴湖北省宜城市、荆沙市荆州区，对"宜城说"和"江陵说"进行了实地考察。先后分别考察了江陵"纪南城遗址"和宜城"楚皇城遗址"，走访了当地的文物及地方志部门的有关人员，查阅了各地方志的记载。

1990 年《江陵县志》，在"建都纪南城楚王表"中列举了从公元前 689 年楚文王即位，到公元前 278 年白起拔郢，楚国连续 20 代王在此建都共 400 余年的时间："昭王熊珍前 515—前 489，惠王熊章前 488—前 432"被列其中。该志称："郢都是楚文化的发祥地。当时诸子百家的代表人物老子、庄子、墨子、荀子等都曾出入纪南城。”在《大事记》中记载了“周考王八年·楚惠王五十六年（前433年），曾侯乙卒。楚惠王及令尹，封君皆赙赠礼、乐器等”，但对墨子“止楚攻宋”的重大历史事件却未见只字记载，这使我们很是遗憾。该志只述：“……墨子……曾出入纪南城。”但未见何时，又因何事，是楚惠王时期或是楚惠王之后，我们茫然无知。记述“曾侯乙卒。楚惠王及令尹，封君皆赙赠礼、乐器等”已是楚惠王退位时的前一年。这时的楚惠王已是垂暮之年，如见墨子，更当“以老辞”。关于在“建都纪南城楚王表”中列举的“昭王熊珍前515—前489，惠王熊章前488—前432”似有不确。

2005年3月，由史为乐主编、中国社会科学出版社出版的《中国历史地名大辞典》释郢条曰：“郢，春秋战国时期楚国都城。在今湖北荆沙市荆州区（故江陵县城）西北十里纪南城。楚文王定都于此。昭王十年（前506）吴帅入郢，即此。后昭王曾迁都鄀（今湖北宜城市东南），惠王初，又曾迁都鄢。不久皆迁回。”由此看，楚惠王初，可能继昭王都于鄀（今湖北宜城市东南），后迁都鄢。

鄢在何地？《中国历史地名大辞典》“鄢”条释：“一说鄢郢指鄀（今宜城市东南）。楚昭王时吴伐楚，去郢，北迁都鄀，鄢在其附近。一说是鄢郢指点鄢，以鄢曾为别都。”两说孰是孰非，且勿论，但鄢、鄀均非江陵纪南城遗址。台湾学者柏杨著《中国帝王皇后亲王公主世系录》《历代建都表》称：“十三任王芈轸建都鄀，今湖北宜城前504—前433年，72年；十四任王芈章建都湖北江陵前433—前278，156年。”由是说，楚惠王末年（前433）才建都江陵与《江陵县志》所载“惠王熊章前488—前432”相悖，故楚惠王常居国都似是江陵北的鄢、鄀地域——今湖北宜城市东南，而并非今湖北荆沙市荆州区（故江陵县城）。也即是说，墨子“止楚攻宋”会见楚惠王时的郢都没有确证认定是在今湖北荆沙市荆州区（故江陵县城）纪南城遗址，倒似是今湖北宜城市东南地域。1998年《宜城志·大事记》载：“西周，本境为鄢（今县城南9里）……鄀（今县城东南90里）……诸侯国封地。春秋鄢……鄀为楚兼并，置鄢邑……鄀邑。公元前505年，昭王十一年，郢都迁往江陵。原来郢都

（宜城楚皇城）以旧名'鄢'见称。西汉，公元前192年（汉惠帝三年）改鄢为宜城县，属南郡。"

《宜城志》记载说明，鄢郢在今湖北省宜城县南9里"楚皇城遗址"，自昭王于公元前505年迁往江陵后，到公元前192年的313年间，均以"鄢"见称，并未再称郢都。又说鄀在今县城东南90里，具体没有讲明所处位置。马世之先生《中原楚文化研究》称："关于鄀的地望，《左传·僖公二十五年》杜预注曰：'鄀本在商密，为秦楚界上小国，其后迁于南郡鄀县。'南徙之地在湖北境内汉水西岸，今钟祥县西北乐乡关东北古丽阳驿附近的鄀邑。"石昌国主编的《宜城历史人文风貌》（吴师破郢）中称："吴师破郢，是楚自建国以来，遭到最惨的一次失败，它不仅使楚国在中原的霸业彻底垮台，而且在楚人的心中造成了很深的余悸，以至于两年后（前504）吴国军队在繁阳（今新蔡县北）打败了子期所率的楚军，立即引起了楚国内的一片惊慌，急忙将郢都迁于鄀（今钟祥市乐乡关一带），史称楚昭王迁鄀。"《史记·楚世家》载："……楚恐，去郢，北迁都鄀。"《正义》引《括地志》云："楚昭王故城在襄州乐乡县东北三十二里，在故鄀城东五里，即楚国故昭王徙都鄀城也。"《左传·定公六年》与《史记》记载大同。古今文献记载与地方志印证认为楚昭王迁都的鄀当在今湖北省钟祥市境内，也应是楚惠王继昭王位时的鄀都。楚惠王初，迁都鄢（湖北宜城）时，正是昭王新故，白公作乱，外患又生时，而后来楚惠王在位年间，此地又"以鄢见称"，并未称"郢都"，所以墨子"止楚攻宋"时的"郢"当不在鄢，即不在今湖北宜城的"楚皇城遗址"，故墨子"止楚攻宋"时"郢都"——"宜城说"，不能成立。

《淮南子·修务训》载："昔者楚欲攻宋，墨子闻而悼之，自鲁趋而往，十日十夜，足重茧而不休息，裂衣裳裹足，至于郢，见楚王。"汉高诱注："郢，楚都。今南郡江陵北里郢是也。"这就告诉我们，墨子从鲁出发，十日十夜行千里路，到达的楚都是"南郡江陵北里郢"。汉代，南郡江陵北里郢是哪里？显然，高诱指的不是江陵纪南城楚郢都。"里"，在古时候一般指居民聚集的地方。《汉书·食货志上》称："在野曰庐，在邑曰里。”《汉书·地理志》载：“南郡，莽曰南顺。属荆州。户二十万五千五百七十九，口七十一万八千五百四十。县十八：江陵（故楚郢都，楚文王自丹阳迁此。后九世平王城之。后十世秦拔我郢，徙陈。莽曰江陆）……宜城（故鄢，惠帝三年更名。郢，楚别邑，故郢。莽曰郢亭。）……若，（楚昭王畏吴，自郢迁此，后复还郢）。”由此，应该说《汉书》称的郢，颜师古注为“楚别邑，故郢。莽曰郢亭”的地方就是汉高诱在《淮南子》注中的“郢，楚都。今南郡江陵北里郢是也”。它非“鄢郢”，也非“故都”，而是“楚别邑，故郢”。宋·沈括《梦溪笔谈·郢人善歌》称：世称善歌者，皆曰“郢人”。郢州至今有白雪楼，此乃因宋玉问曰：“客有歌于郢中者，其始曰《下里》《巴人》次为《阳阿》《薤露》……今郢州本谓之北郢，亦非古之楚都。”

可见，郢、郢州、郢中、北郢、北里郢同指一地，非古之楚都。根据2000年上海辞书出版社出版的《中国历史文化名城词典》“钟祥”条称：“钟祥市位于湖北省中部、汉江中游。东与京山县为临，西与荆门市接壤，北同宜城市、随州市毗连，南与天门市交界。……市人民政府驻郢中镇。”又称：“钟祥历史悠久，有文字记载长达2700年。据《读史方舆纪要》考证，钟祥属古荆州领域。春秋战国时期，为楚别邑，称郊郢。秦时属南郡。汉因秦制，仍属南郡。《汉书·地理志》：三国吴置牙门戍，依山累石筑城，名曰石城。西晋惠帝元康（299年），置竟陵郡，治石城（今钟祥）。南朝宋泰始六年（470年），立苌寿县，为竟陵郡治。齐移郡治竟陵县，梁置北新州于苌寿。西魏改苌寿为长寿，北新州为郢州。北周保定二年（562年），设石城郡于长寿，隶郢州，隋开皇四年（584年）废郡。唐、宋设郢州，治长寿。”可见，宋·沈括《梦溪笔谈·郢人善歌》中所称：“今郢州本为之北郢，亦非古之楚都。”就是现今的钟祥市郢中镇。1990年湖北省《钟祥县志·县志沿革》中载：“郢县，西汉初年置，钟祥设县自此始。治所在楚郊郢地。郊郢，三国时为石城，今为郢中镇。王莽篡汉，改郢县为郢亭。”该志在《地理篇·城镇》条中称：“郢中镇历史悠久，春秋战国时，为楚别邑、郊郢。……从西汉初至今先后为郢县、苌寿县、长寿县、钟祥县治所。三国时，吴国孙权设牙门戍石城。从

299 年（西晋元康九年）起，又先后为竟陵郡、郢州、安陆府、安陆州、承天府、安陆府治所。”1936 年称郢中镇。

从以上文献记载和地方志记述印证，今湖北省钟祥的郢中镇，历史上曾经称过郢、郊郢、楚别邑、故郢、江陵北里郢、北郢、郢州。

为了取得确证，2005 年 7 月 6 日我们又赴湖北省钟祥市和随州市对墨子“止楚攻宋”进行实地考察。在湖北钟祥市，我们走访了地方志办公室、市文联及政协文史委的负责同志，进行了认真座谈，听取了宝贵意见，考察了“楚兰台宫”遗址和伍子胥屯兵设帐、点兵布阵的“子胥台”遗址。查阅了 1937 年民国《钟祥县志》、清康熙五年 (1666)《安陆府志》、明嘉靖二十二年 (1543) 编写的《兴都志》等地方志。《兴都志》载，宋隆兴元年 (1163) 郢州教授石才孺先生的《郢州土风考古记》称:“谨按班固汉书地理志，秦置南郡县，十有八，曰江陵，曰宜城，曰都，曰郢，此其尤者也。释之者曰，江陵故楚都，宜城故鄢，若作都。郢，楚别邑，故郢。又按司马迁《史记·楚世家》，芈氏居丹阳，在南郡枝江县，文王始都郢，平王城郢，昭王迁都，襄王徙陈，烈王徙寿春曰郢县，是言之，楚之都邑可想见也。后世不博考，熟究异口，同辞以今郢州为郢都，流俗信之，识者疑焉。”石才孺的《郢州土风考古记》恰恰从反面说明，宋朝之前的“流俗信之，同辞以今郢州为郢都”的真实性，可见，钟祥曾称“楚别邑，故郢”俗称“郢都”，此与高诱注“郢，楚都”恰合。裴照宇、侯书云二位先生在其《钟祥史话》中称:“春秋战国时期钟祥名为郊郢，又称楚别邑。据历代地志家考证，凡楚王居住过的地方都称郢，钟祥地处楚国的北部，紧靠汉水，交通便利，物产丰富，历代楚王视为军事重镇。楚王问鼎中原，每次对外扩张都亲临郊郢坐镇指挥，使之成为陪都。因有别于国都，所以又称为楚别邑。”《左传》载：桓公八年（前 704)，“夏，楚子合诸侯于沈鹿。黄、随不会。使薳章让黄。楚子伐随，军于汉淮之间。”这是指历史上有名的沈鹿会盟。沈鹿即今钟祥城东六十里鹿湖池一带，楚子熊通于军中自立为楚武王；桓公十一年（前 701)“君次于郊郢，以御四邑”即是说，您驻在郊郢，来抵御这四个国家。这次是指屈瑕率楚军在蒲骚（应城）打败郧国军队。郊郢即今钟祥市；庄公四年（前 690）“……王遂行，卒于樠木山之下”。这次是指随侯又不朝楚，楚王再次来到郊郢，准备二次伐随。军队在今钟祥城东郊樠木山集合，楚王突然发病而死；“……遂伐黄，败黄师于踖陵。还，及湫，有疾。”这次是指楚武王死后，其子熊赀继位为楚文王。楚文王伐黄，面部中箭，回师途中，箭疮迸发，死在郊郢以北的湫地——今钟祥城北部。以上几次重大历史事件，均发生在今钟祥市近区内。

这说明，今日的郢中镇是古代楚王的军事基地，更是攻伐中原各国的大本营。他凭借汉水的天然屏障，在这里曾经酝酿过一次次问鼎中原的战争。钟祥清《安陆府志》载：“公输般为高云梯，欲以攻宋，墨子闻之，自鲁往，裂裳裹足，日夜不休，十日十夜而至于郢，见荆王曰：‘臣，北方之鄙人也，闻大王将攻宋，信有之乎？’王曰：‘然。’墨子曰：‘必得宋，乃攻之乎，王其不得宋，且不义犹攻之乎？’王曰：‘必不得宋，且有不义，则曷为攻之。’墨子曰：‘甚善。臣以宋必不可得。’王曰：‘公输般，天下之巧工也，已为攻宋之械矣。’墨子曰：‘请令公输般试攻之，臣请试守之。’于是，公输般设攻宋之械，墨子设守宋之备。公输般九攻之，墨子九却之，不能入，故荆辍不攻宋。”这段文字记载和《吕氏春秋·爱类》篇记载完全相同。可以肯定地说，这是钟祥清《安陆府志》，一字不差地抄载了《吕氏春秋·爱类》篇的这段文字。这是为何？答案只有一个，它是这个历史事件，曾经发生在今钟祥市郢中镇的历史见证。同上述历史实证一样，明明白白地告诉后人，墨子“止楚攻宋”的历史事件的确是发生在这里。据此，我们认为：墨子“止楚攻宋”时的“郢，楚都”不在今湖北江陵，也不在今湖北宜城，而是在古代楚王的军事基地——今湖北钟祥市境内的郢中镇。

三、墨子“止楚攻宋”“过宋”之意蕴考

《墨子·公输》篇称：“子墨子归，过宋，天雨，庇其闾中，守闾者不内也。”多数学者把此译为：“墨子从楚国回来，后来经过宋国，正遇

天下大雨，想到城门下避雨，守门人却不让他进去。”其实，这样译也无可非议。但如果把《墨子·公输》篇中的内容联系起来看，此译法确有不妥之处。本篇上段称：“楚王问其故。”子墨子曰：“公输子之意，不过欲杀臣。杀臣，宋莫能守，可攻也。然臣之弟子禽滑厘等三百人，已持臣守圉之器，在宋城上而待楚寇矣。虽杀臣不能绝也。”从这一段话可以看出，墨子在去楚国说服楚惠王及公输般之前，已将其三百名弟子派往宋国，部署在宋城之上，做好了防御楚国以武力攻宋的准备。当墨子以“谈辩”的奇才说服楚惠王放弃攻宋的部署后，墨子便会赶往宋国都城，一是面见宋昭公，二是探望众弟子，然后撤除御楚的战备部署，这应该是情理之中的事。其实，关于“过”字的解释，并非只能作“经过”一种解释。在 1979 年商务印书馆出版的《古汉语常用字字典》中，对“过”作四种解释：“一、走过，经过。二、胜过，超越。三、错误，过失。四、访，探望。”在 1978 年商务印书馆出版的《现代汉语词典》中解释“过”的第六条，作为书面上的文言词语解释仅为“〈书〉探望”解。1999 年上海辞书出版社出版的《辞海》对“过”的解释：“访；探望。”列为第七条。上述辞书对“过”字的文言词语均有可作“访，探望”的解释。实质上，在我国古典文献中，已有不少文献把“过”作“拜访，探望”解释的例言。如《墨子·贵义》篇称：“子墨子自鲁即齐，过故人，谓子墨子曰：‘今天下莫为义，子独自苦而为义，子不若已。’”意思是，墨子从鲁国去齐国探望一位老友，老友对墨子说：“现在天下没有多少人行义，你却独自苦苦行义，你还是算了吧。”其中的“过故人”则译为“探望一位老友”。又如《墨子·耕柱》称：“子墨子游耕柱子于楚，二三子过之，食之三升，客之不厚。二三子复于子墨子曰：耕柱子处楚无益矣！二三子过之，食之三升，客之不厚。”译为：“墨子推荐耕柱子到楚国做官，有几个同学去探望他，耕柱子按墨家生活标准，只用三升米的饭招待他们。饮食不丰厚，这几个学生回来向墨子报告说：‘耕柱子到楚国做官，没有什么好处啊，我们去探望他，他只让我们吃三升米，招待不丰盛。’”这两处的“过之”都是“拜访”和“探望”之意。《墨子》书中“过故人”“过之”“过宋”的句式、词意的表述同是“拜访”和“探望”的意思。不惟《墨子》《史记》也有同类句式、词意。《史记·魏公子列传》载:“臣有客在市屠中，愿枉车骑过之。”是说，我有个客人在市场的屠宰坊中，希望委屈您的车马，让我去拜访（探望）他。此处“过之”，也是“拜访”“探望”的意思。又如,《史记·管蔡世家》中载:“息夫人将归，过蔡，蔡侯不敬。”其“过蔡”，也为“探望蔡国”之意。《史记·宋微子世家》中载:“晋公子重耳过宋，襄公以伤于楚，欲得晋援，厚礼重耳以马二十乘。”其“过宋”应为“访，探望宋国”之意。该篇又载:“二十五年，孔子过宋，宋司马桓魋恶之，欲杀孔子，孔子微服去。”其“过宋”亦应为“探望、拜访宋国”之意。《史记·郑世家》中载:“孔子尝过郑，与子产如兄弟云。”其“过郑”，意亦为“访、探望郑国”，并非单纯途中“经过郑国”的意思。与上述同理,《墨子·公输》篇中“子墨子归，过宋”之“过宋”应为“拜访、探望宋国”之意，而不能把此段文言误译成“墨子从楚国回来，经过宋国”云云。

鉴于上述实证，墨子“止楚攻宋”中“子墨子归，过宋”译为“子墨子从故郢回来，就去拜访宋国宋昭公，并去探望宋城上正在防御、守城的弟子”，这才是《墨子·公输》篇中此句话要表达的真实意图。

1991年10月《岳麓书社》出版由梅季、林金保校译的《白话墨子》中把“子墨子归，过宋”译为:“墨子回去，路过宋国。”无独有偶，1992年《中国书店》出版吴龙辉译注的《墨子白话今译》也把“子墨子归，过宋”译为“墨子从楚国归来，经过宋国”。二者都把《墨子·公输》篇中“起于齐”译为“从齐国动身”，或“就从齐国起身”。所以，他们得出同一种结论:“从齐国动身”“墨子从楚国归来，经过宋国”“就从齐国起身”“墨子回去，路过宋国”。这似乎顺理成章，有不少学者，由此误译。实事上，墨子“止楚攻宋”根本就不是“起于齐”，而是“起于鲁”。如果译者尚能了解《墨子》一书脱“鲁”字和误“齐”字的历史过程，两部作品决不会如此误译。不是“起于齐”而是“起于鲁”，可以在1993年《中华书局》出版《新编诸子集成》吴毓江撰《墨子校注》中找到答案。吴先生在注“起于齐”时引毕沅云:“《吕氏春秋·爱类》篇云‘自鲁往’，是。”案：“起于下当脱‘鲁’字。……”《尔雅·释注》曰：“齐，疾也。”《史记·五帝纪》集解云：“齐，速也。”齐行即疾行，校书者不达“齐”字之义，误以为齐国之齐，见“起于鲁、齐”词复，遂妄删去“鲁”字耳。毕以后注墨诸家，颇能参旁博引，校订本书，惜皆误读“齐”字绝句，而疑“齐为鲁”字之误，不知此“齐”字实非误字也。宋本，蜀本《御览》三百三十六引作“自齐至郢”则知“鲁”字之脱尚在宋以前。……王云：《世说新语·文学》篇注引此作“墨子闻之，自鲁往，裂裳裹足，日夜不休，十日十夜而至于郢，《文选》注所引从略，然亦有‘自鲁往，裂裳裹足’七字”。《吕氏春秋·爱类》篇曰：“墨子闻之，自鲁往，裂裳裹足，日夜不休，十日十夜而至于郢”，正与《世说新语》注所引同，则其为墨子原文无疑。《淮南子·修务训》曰：“墨子闻而悼之，自鲁趋而往，十日十夜，足重茧而不休息，裂裳裹足至于郢”，文亦小异而大同。今本“自鲁往”作“起于齐”又无“裂裳裹足，日夜不休”八字，盖后人删改之也。……窃谓今本《墨子》除脱一“鲁”字外，并未被人篡改，其文与《吕氏春秋》《淮南子》小异而大同。此作“起于鲁，疾行云云”，与《淮南子》“自鲁趋而往云云，文意正合也”。吴毓江先生的注释诸引，道破了非“起于齐”，实“起于鲁”的玄机。2003 年西安地图出版社出版萧鲁阳在编著《墨子元典校理与方言研究》之《墨子·公输》篇时，把“起于齐”校理为“起于鲁”。萧先生秉笔直书，勇于纠正历史文献之误，旨在提醒墨学研究者，莫要再误入歧途，而贻误后人。

墨子“止楚攻宋”，是墨子“强不执弱，富不侮贫”兼爱非攻思想的具体体现。而有人却依此认为，墨子是宋国人，并著述地方志。清康熙四十四年（1705）著名学者叶沄纂《商丘县志》载：“墨翟，宋人，为宋大夫。外治经典，内修道术，著书十篇，号曰《墨子》。”由于清《商丘县志》记载墨翟是宋人，为宋大夫，所以后人也据此张扬。1995 年，由中国地图出版社编制出版的《中国地图集》介绍河南省情时称：“商丘，墨子故里。”1996 年 7 月我们曾赴河南商丘考察“墨子故里”，未见踪迹。据商丘史志办张睿光主任介绍，“尚未发现”。其实，“子墨子归，过宋”这段记述已经回答了墨子故里不在宋国，也非宋人。这段记述不论译为“子墨子回来时，探望宋城弟子”或误译为“子墨子回来时，经过宋国”，都说明墨子不是宋国人。墨子如是宋国人，此记述应为“子墨子归宋”或“子墨子归，至宋”；另外，墨子如是宋人，“天雨，庇其闾中，守闾者不能不内”，如墨子是宋大夫，也应是墨子“止楚攻宋”以后的事情，不当在此时。由此可知，“墨翟、宋人”，“商丘墨子故里”的说法，尚无确证，不能令人信服。墨子“止楚攻宋”的历史事件，不支持“墨子宋人说”，而是恰恰说明，此前，墨子未到过宋国，也非宋人。

四、墨子“止楚攻宋”的行程路线考

从《吕氏春秋》之《淮南子》等文献记载，及吴毓江、徐希燕、萧鲁阳诸位先生的著述考证到湖北钟祥市清《安陆府志》记述印证，墨子“止楚攻宋”的行程路线，不外乎“自鲁往”“日夜不休，十日十夜而至于郢”“子墨子归，过宋”“跌蹄而趋千里以存楚宋”的我国古典文献记载。它告诉我们，墨子“止楚攻宋”的行程路线是：“自鲁往，至于郢，徒步十日十夜不休，行程千里左右。”也即是说，鲁至郢是千里左右的路程，墨子平均每昼夜行程一百里左右，用十日十夜可达今湖北钟祥市的郢中镇。那么“鲁”是哪里？是“东鲁鲁国”，还是“西鲁鲁阳”？《吕氏春秋·爱类》篇中记述墨子“止楚攻宋”时，墨子自述：“臣，北方之鄙人也。”这就明白告诉我们，墨子属楚国人，并在楚国北方边陲定居。显然，“自鲁往”的“鲁”应符合几个条件：一是鲁属楚国；二是鲁在楚国北部边陲；三是鲁距“郢”（今湖北钟祥市）千里左右。“东鲁鲁国”（今山东曲阜），一是战国时期墨子“止楚攻宋”时的公元前440年属鲁国不属楚国；二是山东曲阜在钟祥市的东方偏北，不在北方；三是山东曲阜距钟祥大约1680里，十日十夜，每昼夜行168里，既难以完成，也非“跌蹄而趋千里”的行程。“西鲁鲁阳”（今河南省鲁山县），一是战国时期墨子“止楚攻宋”前440年时属楚国；二是鲁阳属楚国北部边陲，钟祥市东经地理位置 113°00，-112°07，鲁阳在钟祥北，其东经地理位置是 113°14，-112°14，两地东经地理位置正是南北方向，这也恰恰与墨子自称“臣，北方之鄙人”相合；三是钟祥距鲁山县大约 1020 里，徒步行走，十日十夜，每昼夜行 102 里，是完全可能的，这和“墨子跌蹄而趋千里以存楚宋”，平均每昼夜行百里左右是完全吻合的。所以，墨子“止楚攻宋”“自鲁往”的“鲁”无论从国度、从方位、从行程时间上看，都应是“西鲁鲁阳”——今河南省鲁山县，而并非“东鲁鲁国”——今山东曲阜。墨子“止楚攻宋”的具体行程路线应该是：从“西鲁鲁阳”今河南省鲁山县出发，向南走三鸦路，过鲁阳关楚长城，经南阳盆地达今邓州，穿今构林镇至今湖北省襄樊市，再沿荆襄古道到今宜城市，折向东南过楚鄢郢（今楚皇城遗址），到达楚别邑、故郢——今湖北省钟祥市郢中镇。会见楚惠王，“止楚攻宋”后，当原路返回至南阳盆地，走“夏路”，出方城隘，过叶（今河南叶县西南）经襄城，穿许（今许昌东）至睢阳宋都（今商丘南）。拜会宋昭公，探望宋城上三百弟子，撤除防御楚国工事。

至此，我们可以这样结论：墨子“止楚攻宋”的历史事件，发生在公元前 440 年楚惠王与宋昭公在位时期；墨子起于楚国北部重镇鲁阳（今河南鲁山县），日夜不休，十日十夜，“跌蹄而趋千里”，到达“江陵北里郢”——“楚别邑，故郢”——今湖北省钟祥市郢中镇；说服公输般和楚惠王，放弃攻打宋国的战备行为后，从“故郢”返回鲁阳途中，经“夏路”折许（今许昌东），去宋都睢阳（今商丘南），到达宋国，拜访宋昭公和探望在宋城上守城的三百弟子，撤除防御楚国工事。

墨子“止楚攻宋”的历史告诉我们：墨子并非宋国人，也非鲁国人，而是墨子自述的楚国北方边陲的楚国鲁阳人——今河南鲁山人。墨子的思想应早在鲁阳就已形成。他主张国与国间“强不执弱、富不侮贫”“兼相爱、交相利”，反对霸权主义，反对侵略战争。这与当今我国倡导和平发展，合作双赢，建立和谐世界的思想相契合。两千多年前，墨子的“和谐思想”就发源于鲁山，发源于我国中原地域，这是历代中国人民热爱和平，反对侵略战争，坚持稳定发展优良传统的真实写照，这是我们中华民族优良传统的历史渊源。今天，我们研究墨子，弘扬墨子科学思想，对建设社会主义和谐社会有着积极的现实意义和深远的历史意义。

邓州战国墨城考

肖华辊[①]

河南省邓州市构林镇西北有一座古城遗址，名为“墨城”。《邓州市地名志》载：

> 墨城遗址，在市区南19公里，构林镇李洼与岗程营之间。《明嘉靖邓州志》载：“墨城，州南40里。始筑无考，俗呼黑土城，盖墨字之误。”城址平面呈巨形，东西长200米，南北宽100米，地势较高，文化层厚度1米左右。内有战国时期水井两眼，发现有战国铜壶及残片。遗址北侧小河上现存明嘉靖二十六年十一月立石碑一通，上刻《邓州墨城重修两庙碑记》，为县级文物保护单位。

墨城到底为何时何人所筑，是何性质的城？笔者经考证研究认为：墨城是战国早期墨子与鲁班所筑的演兵城，城名叫“圉城”，百姓叫墨城。刘宋和北魏时因圉城名而设“圉县”，属荆州（治穰，今邓州市）弘（北魏为恒）农郡（郡治今邓州市彭桥镇五垄岗）属县之一。现就墨子是鲁阳今河南鲁山县人做一考释，考证如下。

---

① 肖华辊，邓州市地方史志办公室。

一、墨子是楚国鲁阳今鲁山县人

墨子大约生活在公元前480年至前393年。史书中称墨子是鲁人，因而有鲁国人和楚鲁阳（今河南鲁山县）人之争议，当然还有其他里籍说。持墨子为鲁山县（鲁阳）人的有：毕沅《墨子注叙》、山东社会科学院院长刘蔚华等。鲁山今有墨子庙、墨王庙、墨子洞、墨子故里碑等遗迹。鲁阳文君是县公，《渚宫旧事》载，鲁阳文君对楚王曰："墨子北方贤圣人。"鲁山在楚正北方，为墨子是楚鲁阳今鲁山县人提供了可靠证据。

笔者考证认为，墨子是鲁山县人，依据是《墨子·公输》中的"墨子闻之，起于鲁。行十日十夜而至于郢"。墨子是宋国大夫，听说鲁班为楚国造好了云梯要去攻打宋国，便从鲁出发，走了十天十夜到楚都郢，这个鲁就是今天的鲁山县。试想，墨子是宋国大夫，为制止楚攻宋战争，形势紧迫，为什么要绕道鲁国曲阜（或滕州）再返回去楚呢？说这个鲁是山东的鲁不符合常理。可见，这个鲁只能在宋国正南或西南，且是离楚较近的地方，这个鲁只有一个，就是鲁阳，今鲁山县，是墨子的故里。可能是墨子从宋都（今商丘）出发，顺便到家乡鲁阳做一番准备，才正式去楚都。再一论据是"十天十夜到楚郢"。首先要确定楚都郢在哪里。传统说法是在湖北江陵，但湖北资深考古学家、教授石泉、王光镐考证认为，楚都在宜城县，荆州江陵的郢城是陪都，也叫郢。再考"十天十夜而至于郢"，若从鲁山县正南到湖北宜城约280公里，每天走28公里，十天正好走到；若从鲁国曲阜到宜城约1100公里，鲁山至江陵约800公里，曲阜至江陵约1400公里（滕州至江陵和宜城分别在1300～1000公里），十天十夜均不能到达，故"起于鲁"就是起于鲁山县，也可互相印证楚郢在宜城县。还有一个证据就是，河南邓州市有墨子从鲁山到楚都宜城和鲁班理论后所筑的演兵城，这个历史遗迹证明了墨子起于鲁，实际就是起于他的故里鲁阳今鲁山县。以上三点形成了一个证据链，证明墨子是河南省鲁山县人。

二、墨城是墨子与鲁班所筑的演兵城

1. 墨城是墨子去楚都的必经之地

墨子去楚都制止攻宋，从故里鲁山出发，邓州墨城正处在鲁山至宜城的路上，墨城是墨子去郢的必经之地。他看到这里地广人稀，岗洼起伏，是演练兵的好地方。墨城地下并无黑土，是黄土，百姓俗呼黑土城，黑土正是“墨”字。如果没有黑土为什么叫墨城呢？哪儿都有可能是战国时墨子去楚时筑的演兵城，但墨城在自鲁去郢的路上，且是战国时代，又叫墨城，当然与墨子不无关系。另外，鲁班也曾到过邓州和南阳一带活动。据 1987 年 1 期《南阳史志通讯》报道，1987 年 7 月 22 日，在南阳市建设东路路北，县医院西侧的鲁班庙旧地，发现鲁班庙石碑两通。这说明鲁班活动于此，才有以后的鲁班庙及碑。鲁班庙及碑与邓州墨城是紧密联系的，说明鲁班和墨子都曾在这一带活动，为考证墨城提供了佐证。

2. 墨城是墨子与鲁班理论后筑的演兵城

墨子到了楚国，见到了主战并造云梯的鲁班。墨子善守城，反对不义战争，提倡“兼爱”“非攻”，他的学生有三百，形成了墨子学说，在春秋战国之时声誉很高。他一次又一次说服了鲁班，《墨子·公输》中说:“子墨子解带为城，以牒为械。公输般九设攻城之机变，子墨子九拒之。公输般之攻械尽，子墨子之守圉有余。”后墨子又见到了楚王，说服了楚王，又与鲁班理论起来。无论是鲁班还是楚王，都只是理屈词穷，并非心悦诚服。墨子为证实他的守城战术是成功的，鲁班要证实他的云梯攻城术是可行的，光靠理论不行，有可能进行一次或几次军事演习。《公输》中提及豫章，鲁班当时可能在豫章（今湖北枣阳市一带）造云梯。墨子选中了自己来楚时的一个地方，也就是在今邓州市构林镇西北的柳凤岗筑城，该城长 200 米，宽 100 米，从形制上看是纯军事性的城，不是行政性城，一般县城在长 500 米、宽 400 米的形制上。鲁班和墨子理论后，在墨子的主张下筑起了演兵城，进行了几次实地演习，墨子获胜。在墨城遗址内，先后发现出土了铜方壶、铜镜、一大一小铜箭头、盔甲等文物，发现24眼古井，可能是为防火攻而专门凿的用水井。《墨子》中虽没有墨子筑城的记载，我们认为《墨子》是墨子学生所编，不可能详尽。但从墨城名，以及出土战国文物、地理位置在鲁山入楚道上和城池大小作用来看，墨城就是墨子所筑的演兵城，此城是为了验证他的守城论正确和彻底说服楚攻宋而构筑的。

3. 墨城就是圉城

墨子筑起演兵城，后人称之为墨城是顺理成章的，但当时墨城并不叫墨城，按照墨子理论应叫“圉城”，“圉”就是阻止、守卫的意思。何以证之？《墨子·公输》中多次出现“守圉”二字，如“公输盘之攻械尽，子墨子守圉有余”“已持臣守与圉之器……”因而墨子所筑的城有可能叫“圉城”，这是一证。其证二，墨城在刘宋朝和北魏时曾设圉县。据《魏书》载，北魏太和年间，孝文帝在穰（今邓州市）设八郡四十一县，其中有恒农郡，领国、恒农、南郦、邯郸。钱大昕《二十四史考异》卷三〇云：“国，当作圉之讹也。《宋书》卷三七载，雍州之弘农郡寄治五垄，领邯郸、圉、卢氏三县。按南齐书卷一五州郡志雍州弘农郡同。‘国’当是‘圉’之讹。”因《魏书》是北齐时魏收所撰，不是当代人写当代事，故有错讹。另据《南阳嘉靖府志校注》载：“墨城，在州西四十四里，始筑无考。宋书州郡志弘农太守寄治五垄，领三县，邯郸、圉、卢氏。案五垄山在今邓县（民国时称谓）西，侨县当在五垄附近，或其中三县之一也。”今邓州彭桥镇有村叫五聋（垄）岗，宋和北魏弘农郡、恒农郡就在这一带，圉县当在这一带不远。弘农郡、邯郸原在灵宝市、河北邯郸，因南北朝分割，宋在此侨置弘农郡和县，北魏占领后因之。可见，刘宋朝和北魏都在此设圉县。为何叫圉县？笔者认为，有可能是战国时墨子为验证他的“守圉”理论而筑城，当然应叫“圉城”，“圉城”是正名，“墨城”是别名，正如现在开封是正名，汴京和东京是别名。到南北朝时，这个地方还叫圉城，故刘宋和北魏设县仍叫“圉县”，此推理顺理成章，严丝合缝，故可定论：墨城就是圉城。

有人说，圉是养马的意思，这城可能是北魏时的马圈城。本人认为，非也，“圉”在《古汉语常用字字典》中有三个解释：（1）养马；（2）

边境；（3）阻止。《庄子·缮性》中“其来不可圉”，圉就是阻止、防守的意思。马圈城在涅阳县东北，即现邓州市穰东镇（汉涅阳县城）东北的青华镇（相邻的镇平县侯集乡也有与青华一样规模的城），当时叫马圈，属涅阳县，现遗址南北长92米，东西宽37米，酷似马槽或马圈。另外值得说明的是，南北朝双方割据，辖地有限，故有侨治县，有的郡甚至只辖一县，县城面积也不大，北魏乃刘宋时圉城也是原战国墨城形制，因未发现扩建遗址。

4. 墨城与墨子思想是一致的

墨子何以在别国土地上能筑城？筑城时间在何时？据《渚宫旧事》，墨子会见的是楚惠王，此事当发生在楚惠王灭蔡之后，因楚不会越蔡攻宋，此城当筑于楚惠王四十三年间，距今2460年。当鲁班、楚王从理论上失败后，作为泱泱大国，方圆五千里，有军队百万，而宋只有方圆五百里，国小势弱，楚怎肯凭墨子一张口舌之说而放弃攻宋？但墨子是著名的政治家、军事家，孤身一人来说服楚，当也有一定实力和准备，同时，伐宋时机也不一定成熟。另外，楚王和鲁班也想从中学习墨子的守城秘密，故同意墨子筑城，以便军事演练。从演练中学习名师大家的战略战术，故帮助墨子筑成了演兵城，并举行了几次演习，结果墨子取胜，故而楚王彻底放弃了攻宋计划。

《中国筑城史》中《墨子的筑城学说》指出，墨子以“非攻”哲学思想为基础，主张加强战备，制止兼并战争的发生。墨子提出了中国最早的筑城学说，对国家的设防部署、筑城体系、筑城手段、守城原则和战术等，进行了系统论述。《墨子》有备城门、备梯、备水、备突、备穴、备蛾傅、备高临、迎敌词、号令、杂守等系统概述，对当时的临、钩、冲、梯、堙、水、穴、突、空洞、蛾傅、轩车等12种攻械方法均提出了防御对策。其中说到对付云梯时云：当敌军攻破冯垣时，通过障碍，开始用云梯和密集队形登城时，城上守军由女墙、木楼和各个沿墙上下的“悬脾”中，以弩、弓、藉车、滚木、檑石以及长矛等兵器，从正面和两翼袭击爬城之敌，同时点燃烟草，撒布细沙等物，熏呛、迷盲敌人。此外，还可以向城下倾倒沸水和投放燃烧的“累答”等，以有效杀伤敌群。可见，当时的墨城有城壕、女墙、木楼等一系列完备的守城设施，是值得发掘研究的具有很高价值的古城池。据悉，这也是全国发现的唯一的实践墨子的“非攻”和“守圉”思想的城池。虽然在现代墨子的守城战术已失去了作用，但其“兼爱”“非攻”、积极防御、周密准备以及筑城必须充分利用和改造地形的思想，至今仍具有借鉴意义。

墨子或为周王城百工之后裔

张怀发[1]

墨子出生于鲁阳即今鲁山县之西部山区。他能成为世界人文及自然科学巨匠、至圣，应该是与其幼年就受到了良好的文化教育不无关系。也就是说，墨子读的书是当时中国最高文化水准的书，他的老师应该是当时中国最优秀的老师。非此两个硬性条件，不能成为一流大师。

那么，墨子是怎么有幸得到最好的“书籍”和“老师”的呢？查阅当时周王室王城内乱史，并实地考察鲁山与周王室洛阳的地缘关系，即周王朝与楚国北部鲁阳的地理环境，就不难发现，墨子的老师极有可能是周王城逃往鲁阳的百工之士，甚至是周王之大臣，即周王子姬朝争夺王位失败而逃往楚地鲁阳的一班人马或后裔；所读之书，就是王子朝一行携带进入鲁阳的周室典籍。

墨子出生于公元前480年，在他出世的40年前，即公元前519年，周景王驾崩，出现了几位公子争夺王位的局面。

我们看历史所称的“周王子朝之乱”。公元前520年，即周景王二十五年四月，景王病逝。然而，他生前尚未立定太子，虽然他想立王子姬朝。周大夫单旗、刘狄立另一王子姬猛为王，史称悼王。王子朝率百工之士及爷爷周灵王、父亲周景王族人及亲臣与悼王争位，击败王

① 张怀发，鲁山县文化局退休干部。

师。悼王出奔，告急于晋国。十月，晋大夫籍谈、荀跞率军护送悼王返归洛阳王城。十一月，悼王卒，其弟姬匄立，为敬王。晋军与周军攻王子朝，王子朝受挫，退于京都王城西南。局势稍缓，晋军撤兵。次年六月，王子朝之势复振，占据周都王城。周敬王居王城东 20 里处的成周，人称东王。王子朝为西王。二年六月，郑定公出使晋国，请再救周。三年夏，晋、鲁、宋、卫、郑、曹、邾、滕、薛、小邾（注意：小邾国即今山东滕州，不属于鲁国，并且从来没有归入过鲁国）等国会盟于黄父（山西沁水西北），商定筹备兵马粮草，次年勤王。周敬王四年七月，荀跞等率军入周，攻王子朝。十一月，王子朝兵败。王子朝与其族党逃奔楚之北境。

王子朝奔楚，带有周都典籍。史载：周都，典籍如海，贤士如云，天下之圣地也，非入其内而难成大器。当时奉典籍奔楚的重要大臣有毛伯得、尹氏固、南宫嚚等。也因此造成了周王室管理典籍的史官老子李耳辞职，离宫归隐，骑青牛向昆仑西游。老子李耳也是入周都求学才成为大师的。

正是周王宫这次内乱，为墨家学派的诞生，为墨子、鲁班这样的奇人准备了老师、书籍这两个硬件。也因为周室礼乐制度崩坏的亲身体验，与鲁阳地域仍保留夏禹、夏朝、夏人之居纯朴、务实风尚的熏陶与洗礼，使墨家学派闪耀着夏文化的光芒。墨子是崇尚夏礼的。

当时，王子朝一行逃往楚之北境，楚之北境只能是鲁阳。这个问题不难理解，只要查查历史，到洛阳至伏牛山一带的地域走一走就明白了。

鲁阳即今鲁山，其全境都处于牛槽形的山盆之内，东西长 200 里，南北宽 80 里。地势西高东低，西端为伏牛山主峰尧山即俗称的石人山，海拔 2153 米，尧山主峰是南召、鲁山、嵩县，即今南阳、平顶山、洛阳三市的界山，尧山向东有两道山脉，呈钳形，环抱鲁山全境，南边的一道即伏牛山向东延伸的主脉，是长江与淮河的分界岭，史称“方城”，是华夏天险“九塞”之一，中国长城之父楚长城之前沿主体、中国长城百关之首的鲁阳关即在这道山脉上，这道山脉的南面是长江汉水流域，山岭之南有南召、方城，再东有叶县、唐河等；北边的一道山脉，从主峰尧山向北延伸20里，经木札岭山口起北峰为外方山，再向东折，横贯鲁山北沿，这道山脉又称外方山系。木札岭山口西面是洛阳嵩县，外方山北侧自西而东与鲁山相邻的是汝阳、汝州、宝丰，自木札岭山口经外方山山脊，也有楚长城石磊建筑。鲁山素称伏牛山区，从山势来看，外方山也不过是伏牛山的一道支脉，即鲁山南北夹峙的是伏牛山主峰向东延伸的两道主脉，南面的一道是江淮分水岭，也叫方城山，是公元前688年楚王占领长江汉水流域即南阳盆地后，在此山系修筑了长城防线；鲁阳本来为周朝京畿之地，公元前678年，楚文王又占领鲁阳，鲁阳归楚，楚王自然要在鲁阳北沿这道山地屏障构筑另一道外围防御工事，以御周、郑、晋、齐之军向南进攻。这样，作为楚长城的始作俑者楚国而言，鲁阳南沿的江淮分水岭长城，就是内方城，这道山系应称作内方山、内方山系；鲁阳北沿的滍水与汝水分水岭长城，自然就是外方城了，这条山脉也就顺乎其然地呼作外方城山、外方山、外方山系了。外方山的南北两侧是淮河发源的两大主要支流，一条是横贯鲁阳全境的滍水，俗称沙河；另一条是发源于嵩县，流过汝阳、汝州、宝丰的汝水，俗称汝河。滍水发源于鲁山县最西端木札岭山口，向东流过鲁山全境；汝水也发源于此，但源头方向相反，在嵩县先发源于木札岭山口，再向西流30里，再向北折，再东折还，与滍水形成平行之势，经过汝阳、汝州、宝丰，向东与滍水会合，形成淮河主干。木札岭关隘山口路面的最低海拔是910米，山口的南面都是2000米上下的尧山峰岭峭崖，北面是1600米上下的外方山崇岭，木札岭关是鲁山西部古代唯一可勉强通过车马的山口，历来是守卫鲁山的西大门。

鲁山所处的位置，正是中原西南地区之东西、南北交通的咽喉要道，今有311国道东西向贯穿全境通过，南北则有焦枝铁路、207国道、231省道、二广高速公路纵穿而过。其地理位置的特殊性可以想见。

古代进出鲁山的路口，除了县境最东端连通叶县、滍阳，临沙河岸漂移不定的季节性车马古道外，还有四个关隘可以通行，它们是鲁阳关、分水岭关、木札岭关、歇马岭关。鲁阳关、分水岭关，是鲁山南沿江淮分水岭的两个山口。鲁阳关是个天堑，呈南北走向，把东西走向的江淮分水岭截断。这个关隘峡谷，从南召云阳镇到鲁山三鸦镇，一路80里长，需涉鲁阳关水而行，俗语有“云阳到鲁山，七十二道脚不干”之说。然而，该谷底路面最高海拔仅有190米，比鲁山县城只高出60米，除了大雨涨水季节，300里长的江淮分水岭，也只有此山谷即鲁阳关水可通车马，这条古道又称“三鸦路”“川陕驿道”，晋代张协诗“朝登鲁阳关，狭路峭且深”，李白“胡风依代马，雪拥鲁阳关”即此。今存鲁阳古关楼石刻匾额中间有三个大字“古鸦路”，因乌鸦为刘秀引路而名，边沿有“北通晋秦，南连楚蜀”的记述。关隘两侧岭峰海拔在700米上下，若带部队车马跨过此岭，必过此关。鲁阳关今有焦枝铁路、231省级公路从谷底通过，这是个难得的天然纵断路口，古代牵涉鲁阳的重大军事事件，多发生在鲁阳关。分水岭关在鲁阳关西侧40里处，又称小鲁阳关，实际上是鲁阳关的陈仓小道。这两个关隘的古代关楼山门，都是朝向北开，由南召人管理。鲁阳关楼紧挨在狭窄的溪水西岸建筑，溪水东侧的公路是削剥掉岩体通过，关楼西面的铁路是钻山洞而过，公路、铁路修成后，鲁阳关楼闲置，直至1972年才被群众拆毁。这两个关楼的历史沿用，正符合楚国长城守南攻北的性质。鲁阳北侧的外方山一脉，也有两个山口，一个是鲁阳西端木札岭山口，即尧山主峰向外方山分岔的垭脖处，称木札岭。鲁山古县志还有一说，即王莽撵刘秀，刘秀望尧山大岭而逃，不知不觉逃出了鲁山，进入鲁嵩界岭木札岭，已近洛阳境地，刘秀甚喜，叹喟“没大岭”也。然而，群众口语一直称木札岭，说原来曾扎插木料做边墙。今311国道口，即原木札岭关楼，俗称“过风楼”，楼下山门可通牛车，双扇大门可以关闭，门闩在鲁山一侧，由鲁山人管理。该处边墙、狼烟洞遗迹犹存，是楚国占领鲁阳后设置的屏障，也符合楚国守南攻北的性质。外方山岭的另一个关隘在与汝州交界的歇马岭关，这里是重要的春秋战国关城遗址，其关楼北门至今仍在使用，双扇木门，门闩一侧朝南，由鲁山人管理，也符合楚国守南攻北的特点。

楚长城主体，围绕长江汉水流域即南阳盆地周边“冂”框状方形山池而建，这也是“方城”名字的一个来源，该方城山系及楚长城建筑涉及湖北、河南两省17个县市，而鲁阳处于楚长城的最北部前沿，自然成了楚国的北疆前哨，事实上鲁阳周边借牛槽形山体而形成的环形防御体系，使鲁阳形成了真正意义上的“楚长城的前哨卫城”。即便如此，鲁阳还是远离楚国中心，楚王在方城山系的防卫重心还是在长江汉水流域，鲁阳只不过是外围附属国的角色，其控制意识应相对比较薄弱。

话题仍回到王子朝退出周王城后的走向，即“楚之北境”。这个楚之北境，只能是鲁阳。王子姬朝带有亲属家眷、王宫旧臣、王城百工之士，必有车马辎重随行，而依地理状况，也只有走嵩县，经车村古镇，从木札岭进入鲁阳境内较为合适。王子朝若在外方山以北停留，则要受到周敬王姬匄的直接攻击；若越过江淮分水岭进入长江流域，干扰到楚国中心区域，势必要遭到楚王的排挤甚至追杀。因此，可以断定，王子朝一行逃到了鲁阳即今鲁山的西部山林地带隐居起来，至少随其入楚的一大部分人得滞留于此。

历史记载，公元前 505 年，周敬王姬匄派人入楚，击杀王子朝。

王子朝是不是被杀掉了，尚不清楚。但此时，王子朝所属人马已在楚境生存了 15 年，他们主要靠什么生存了下来？靠自食其力，自食其艺的劳动。鲁山自古就有一种劳动团体，叫“堂匠班”，是以工匠为基础的合作性劳动团体，以开垦山地垒石堰、土木建筑等为职业，是自发形成的劳务团体。这种团体一直延续到中华人民共和国成立初期。堂匠班敬奉的祖师爷就是墨子和鲁班。堂匠班的生活遗迹遍布鲁山西部，这里仅做简述。

鲁山西部山地，不乏崇山峻岭，坡坡岭岭、大沟小岔，即使是近 2000 米高的原始森林内，也都有垒砌石堰，填土石造地的遗存，说明曾依靠山地生存的人群甚众。而这种建造石堰的劳动团体，恰恰是堂匠班。堂匠班这种形式一直存在到 20 世纪中期。尧山镇墨庙处存在至今的二月十九会，就是个“镢头班会”，也是个“光棍儿会”，即有当地绅士拿钱请戏，招徕劳务人员看戏，会期组织劳动班子团体，安排干活事宜。如以鲁班传说居多的木札岭板房、碾盘、铁匠炉等村，以墨子纪念活动遗迹居多的西竹园、相家沟、中汤、棋盘山、风筝山等处，有关墨子、鲁班比巧，墨子传授技艺的传说就很多。

木札岭庙和赵村西岈小庙内所敬奉的主神是毛成义、毛成林，是真实的人，堂匠班头头儿，一个守关把口子，给群众治病传艺，一个惩治赌博，降服野兽匪患，都是墨家侠义之士。

下坪、上坪与西竹园村之间的两河口处，有春秋战国时期的鸟虫书岩画，上面有鸟、虎、牛组合图即先秦“王”字，反映了这里先民狩猎、蓄养，聚会交易的生活。

鲁阳关楚长城所在的山岭上，战国花岗石刻棋盘，传为墨子鲁班对弈处，是“非攻”文化理念与实践的杰作。楚长城所蕴含的守御文化，正好为墨家提供了施展空间。

堂匠班虽然组织结合比较松散，但也有约定俗成的许多戒律、言子（类似黑话），其师徒、团体之间都有规矩，也有竞争和抗争。如“大磨晒”“吃打锅饭”等，但都是技能、利益、人格方面的和平抗争，与土匪、流寇性质的“蹚将”“刀客”迥然不同。当然，出现在清末时期的赵村“胡豹子造反”，虽属堂匠班聚众起义，也属个例。

本人认为，鲁山存在的堂匠班，应是周代王子朝所属以百工之士为主要人群，寄留鲁阳并隐逸下来的墨家文化团体的延续形式。当初的百工之士，并不是全凭血缘关系，甚至大多连姓氏也没有，而是以劳动生存为纽带，以“绳墨”之类生活准则、生产工具为标志，而形成的劳动团体，这个团体就是“墨家”的前身，是墨家诞生的基础来源。随着朝代更替及社会的发展变化，墨家团体形式逐渐衍生为堂匠班。

因此，墨子出生、成长于鲁阳即今鲁山，其思想也形成于鲁山。

“子”“公”之辨及墨子文化有形化

马新发[①]

墨子（约前480—前389），姓墨名翟，生于春秋战国之际的鲁阳（今河南省鲁山县），其学习与部分盛年活动在鲁国，晚年返故里定居。墨子是中国古代伟大的思想家、教育家、科学家、哲学家、军事家、外交家、经济学家、逻辑学家，墨家学派的创始人和主要代表人物，是世界文明史上的巨人。[②]墨子是中国历史上唯一一个农民出身的哲学家，创立了墨家学说。墨家在先秦时期影响很大，与儒家并称“显学”，提出了“兼爱”“非攻”“尚贤”“尚同”“天志”“明鬼”“非命”“非乐”“节葬”“节用”等观点，以“兼爱”为核心，以“节用”“尚贤”为支点，创立了以几何学、物理学、光学为突出成就的一整套科学理论，被称为“平民圣人”。

一、“子”“公”之辨

为传承和弘扬墨子精神和墨子文化，使墨子文化有形化，作为墨子故里的鲁山县发掘修复了大量的墨子遗迹遗址等，开发修建了墨子岭、墨子古街等旅游景区。鲁山县将1993年5月建成的大型商城命名为“墨

---

① 马新发，河南省鲁山县第二高级中学教师。

② 徐希燕：《墨学研究》，北京：商务印书馆，2008年。

子商城”，商城内建有“墨子像”，开国中将、解放军总政治部原副主任刘志坚题写了“墨子商城”四个大字，并为“墨子像”题词“放踵走天涯，摩顶归故里”。[①] 同时，将墨子商城东邻南北路命名为“墨公路”。当时“墨公路”规划线内顺城路至鲁平大道路段为城壕小路，坑洼不平、曲曲弯弯、沼泽散臭、污水横流，道路两旁危房林立、破旧不堪，给县城居民生产生活带来了诸多不便。鲁山县委、县政府克服重重困难于2003—2004年实施“墨公路”贯通工程，北起顺城路，南至望城路，并于2004年12月31日举行了通车典礼，“墨公路”成为当时鲁山县城第一条贯通南北的主干道。如今的“墨公路”自北向南贯穿鲁山县城直达新建成的鲁山县滨河公园，不仅成为鲁山县城的交通要道，更是一条景观大道，成为墨子文化有形化的重要载体。

“墨公路”的名字也沿用至今，“墨公路”的命名是为了纪念墨子，但是笔者认为命名为“墨公路”委实不当。

中国是世界文明的发源地之一，五千多年来中华民族在中国大地上创造出了博大精深的中华文化，形成了无比灿烂、独一无二的中华文明，中华文明也是人类历史上唯一没有中断的文明。礼仪文明是中华文明的重要组成部分之一，人际交往中对人的称呼的谦敬之风更是这种礼仪的体现，说自己时用谦恭之词，称呼对方时用尊敬之语。

中国古代对人的尊称常见的有“子、公、君、足下、夫子、先生、大人”等，所以在古代“子”与“公”都能表示对人的尊称。我们首先从“文字”的角度来看一下“子”“公”这两个字。

“子”在《古汉语常用字字典》[②] 的注释有以下几种。

1. 婴儿。《荀子•劝学》:“干、越、夷、貉之～，生而同声，长而异俗。”(干、越、夷、貉：都是古代民族名。)又儿子或女儿。《汉书•文帝纪》:“孝文皇帝，高祖中～也。”《韩非子•说林上》:“卫人嫁其～。”

---

① 中国人民政治协商会议鲁山县委员会文史资料委员会:《鲁山文史资料·第三十七辑纪念改革开放四十年专辑》(上卷)，平顶山龙发印刷有限公司，2018年。

② 王力、岑麒祥、林焘等:《古汉语常用字字典》，北京：商务印书馆，2017年。

引植物的籽实。杜甫《少年行》:“江花结～已无多。”

2. 对人的尊称，多指男子，相当于现代汉语中的“您”。《论语•子路》:“卫君待～而为政，～将奚先？”（奚：什么。）又写在姓氏后面，作为对人的尊称。如“荀子”“庄子”。

3. 古代五等爵位的第四等。《礼记•王制》:“王者之制禄爵：公、侯、伯、～、男，凡五等。”

4. 利息。《新唐书•柳宗元传》:“～本均。”

5. 地支的第一位。又十二时辰之一，等于现在深夜的十一时至一时。

我们再来看“公”字。

“公”在《古汉语常用字字典》的注释有以下几种。

1. 公正，无私。《论语•尧曰》:“宽则得众，信则民任焉，敏则有功，～则说。”

2. 公家。与“私”相对。《论语•雍也》:“非～事，未尝至于偃之室也。”《孟子•滕文公上》:“方里而井，井九百亩，其中为～田。”

3. 共同的。《韩非子•孤愤》:“此人主所～患也。”（患：祸患。）

4. 公然，公开地。贾谊《论积贮疏》:“残贼～行。”

5. 古代五等爵位的第一等。《公羊传•隐公五年》:“王者之后称公，其余大国称侯，小国称伯、子、男。”又先秦时诸侯的通称。如齐桓公、晋文公、秦穆公。

6. 古代以太师、太傅、太保为三公，是最高级的官。[公卿] 三公九卿。泛指朝廷中的高级官员。李白《行路难》诗:“汉朝～～忌贾生。”（忌：嫉妒。）

7. 对人的尊称。《史记•留侯世家》:“吾求～数岁，～辟逃我。”（求：找。辟：逃避。）又称祖父或父亲。《吕氏春秋•异用》:“子之～不有恙乎？”（公指祖父）《战国策•魏策一》:“其子陈应止其～之行。”又丈夫的父亲。《古诗为焦仲卿妻作》:“便可白～姥，及时相遣归。”

由上可知，在中国古代“子”与“公”都可以表示对人的尊称，如“吾不能早用子，今急而求子，是寡人之过也。”(《烛之武退秦师》)，“吾与徐公孰美？”（《邹忌讽齐王纳谏》），“公为我献之”（《鸿门宴》）。事实上，在表示对人的尊称时，除了“子”与“公”之外，常用的还有“君、足下、夫子、先生、大人”，但是一般来说在表示对人的尊称时它们没有大的差别，只是场合或语境不同而选择不同的字词。但是有没有例外呢？当然有，那就是——“子”这个字，它除了用于对一般人的尊称之外，还有一个最特殊的用法——就是用于对“诸子”的尊称。

“诸子百家”，是对先秦时期各学术派别的总称。西汉司马迁在《史记》中引述了司马谈（司马迁之父）对学术流派的见解，司马谈把先秦以来的学派总归纳为六家，即阴阳家、儒家、墨家、法家、名家、道家。东汉班固在《汉书》中则把先秦以来的学派归纳为十家，即儒家、道家、阴阳家、法家、名家、墨家、纵横家、杂家、农家、小说家。吕思勉认为“术数”“方技”“兵书”三略，亦可称为先秦诸子，可算为十二家。据《汉书·艺文志》的记载，数得上名字的一共有 189 家，4324 篇著作。其后的《隋书·经籍志》《四库全书总目》等书则记载“诸子百家”实有上千家。但流传较广、影响较大、最为著名的不过几十家而已。归纳而言只有 12 家被发展成学派。

现在一般来说，“诸子百家”中的“百家”一般指流传最为广泛的儒家、道家、墨家、法家、阴阳家、名家、杂家、农家、小说家、纵横家、兵家、医家等。“诸子”指的是上面各家思想的代表人物老子、孔子、墨子、庄子、孟子、荀子、管子等。在春秋战国时期，以孔子、老子、墨子三大哲学体系为代表的各种思想学术流派的成就，与同时代的古希腊文明、古印度文明交相辉映共同开创了人类文明发展史上的轴心时代，为人类文明的发展做出了不可磨灭的贡献。

而对“诸子”的称呼都是尊称为“子”，如老子即老聃或李耳、孔子即孔丘、墨子即墨翟、孟子即孟轲、荀子即荀况、庄子即庄周、孙子即孙武、列子即列寇等。

那么后世为什么称最厉害的“大家”为“子”呢？这个原因众说纷纭，笔者认为主要有以下几个方面。

第一个原因也是根本原因，是中国人追求“子”所代表的精气充沛、身心和谐、见素抱朴、少私寡欲、合于自然的“婴儿”状态。为什么呢？我们来看看“子”的字形演变过程。

甲骨文　　金文　　小篆　　隶书　　楷书

“求木之长者，必固其根本；欲流之远者，必浚其泉源。”文化和文明内涵广泛，但是承载文化和文明的根本是文言和文字。当一个民族看不懂祖先的典籍和文字的时候，就是这个民族的文明难以传承、可能中断的时候。而文言也是由文字组成的，所以可以说承载文化和文明最根本的载体是文字。中华文明之所以能够绵延至今并且没有中断归根结底是以独一无二的文字——汉字作为载体的。习近平总书记在致甲骨文发现和研究120周年的贺信中指出，甲骨文是迄今为止中国发现的年代最早的成熟文字系统，是汉字的源头和中华优秀传统文化的根脉，值得倍加珍视、更好传承发展。我们看，甲骨文的“子”就像是“襁褓婴儿”，所以“子”的本义是“婴儿”。①

《说文解字》【卷十四】注：子，十一月，昜（阳）气动，万物滋。

段玉裁注：《律书》：“子者，滋也。言万物滋于下也。”《律历志》曰：“孳萌于子。”②

通过以上“子”的演变过程，可以确认“子”的本义是“婴儿”。人们对“婴儿”状态的追求在老子的《道德经》中更是体现得淋漓尽致。在《道德经》中，“婴儿”一词共出现了三次，它们分别是第十章中的“载营魄抱一，能无离乎？专气致柔，能婴儿乎？”，第二十章中的“我独泊兮其未兆，如婴儿之未孩”，第二十八章中的“知其雄，守其雌，为天下溪。为天下溪，常德不离，复归于婴儿”。此外，《道德经》还出现

① 谷衍奎编：《汉字源流字典》，北京：语文出版社，2008年，第52—53页。

② 鲁仁编：《中国古代工具书丛编》(1)，天津：天津古籍出版社，1999年，第746页。

过一个在现代汉语意义上与“婴儿”含义相近的词：“赤子”，第五十五章：含德之厚，比于赤子。《道德经》主题思想是“道法自然”，老子认为婴儿是生命的初期，婴儿身心和谐、精力充沛、无私无欲、至柔至真，最为接近“自然”，而这种“自然”的状态随着人的逐渐长大而逐渐减损，所以“子”最接近于《道德经》所说的“道”的状态。老子是“先秦诸子”第一“子”，其他“诸子”均受其影响，而后世中国人不论是帝王将相还是黎民百姓身上都有深深的《道德经》的烙印。这也许是人们将最接近于“婴儿”状态、心中最至高无上的人尊称为“子”的最重要的原因。

第二，“子”为天干地支中十二地支的第一位，“子”有第一的意思。据文献记载，太古时代就已经有天干地支，其中十二地支分别代表着每年十二个不同的月令、节令，素有第一之称，如六十甲子为一轮回，第一个年叫甲子年，每年的第一个月为子月，每天的第一个时辰为子时。所以对于开创一个流派或者一个流派的杰出代表者当然可以称为“第一”。

第三，“子”代表着学问极大或道德修养极高的人。“子”为周朝时期五等爵位“公、侯、伯、子、男”之一，是有一定地位和身份的人，但是这种爵位不是人人都能享受的。春秋战国时期，群雄割据、战乱频繁，有一定学问的人游历各诸侯国，投靠贵族，贡献自己的才能，这便是“士大夫”，而有些“士”在实践中逐渐完善自己的学说，成为其中最优秀的，他们虽然没有爵位，却有极大的学问和极高的道德，甚至开创了一个学派，所以用爵位中的“子”称呼。

所以就对人的尊称而言，“公”以及“君、足下、夫子、先生、大人”等没有大的差别，但是“子”这个称呼，就不是每个人都能“配得上”的，因为“诸子”都开创了一个思想流派，或者是一个思想流派的杰出代表，称“诸子百家”中“诸子”为“子”也成为两千多年来一种约定俗成的习惯，而没有称“老子”为“李公”，或者称“孔子”为“孔公”的。

墨子为“先秦诸子”之一，作为墨家学派的创始人，一直被称为

"墨子"，若称其"墨公"显然大大降低了其地位。在其他任何场合，不管是官方文件还是民间交流所称也均为"墨子"而非"墨公"。

二、墨子文化有形化

习近平总书记指出，要加强对中华优秀传统文化的挖掘和阐发，使中华民族最基本的文化基因与当代文化相适应、与现代社会相协调，把跨越时空、超越国界、富有永恒魅力、具有当代价值的文化精神弘扬起来。要推动中华文明创造性转化、创新性发展，激活其生命力，让中华文明同各国人民创造的多彩文明一道，为人类提供正确精神指引。① 怎么将文明与文化"创造性转化、创新性发展"呢？途径有很多，而使文化"有形化"是一个重要途径之一。有形化即物质化，就是将无形的文化转化为"看得见"或者"摸得着"或者"听得到"的某种形式。

墨子文化有形化可以彰显鲁山县厚重文化底蕴，促进鲁山县文化和旅游业快速发展，提高鲁山县旅游知名度，促进地方经济发展，提升鲁山县文明程度等，墨子文化有形化对鲁山县的重要性不言而喻，而鲁山县城还几乎处于空白状态，为此可以先从以下两个方面实施。

第一，建议主管部门将现在"墨公路"的名字改为"墨子路"，一并将现在的"府前路""府后路"等改为"仓颉路""玉诺路""屈原路"等，并于各条路的合适路段设立铭牌碑亭或者小游园等，用于反映墨子思想、仓颉造字传说、徐玉诺事迹、屈原文化等。路名具有长效性和永久性，这样既能提高城市建设的文化品位，提升城市旅游知名度，又能传承中华优秀传统文化，实现"以文化人"的目的。

其次，建议整合鲁山县城已经规划或者规划中的有关墨子文化的有形化资源，在县城适当位置规划建设中国墨子纪念馆。据了解，鲁山县

① 习近平：《在哲学社会科学工作座谈会上的讲话》（2016 年 5 月 17 日），中共中央宣传部编：《习近平论党的宣传思想工作》，北京：人民出版社，2019 年，第 88 页。

城已经规划的有关墨子文化的有形化的资源主要有三处，一是鲁山之窗文旅商复合体中的墨子文化馆，二是沙河生态修复与提升工程中文旅区的墨子园，三是鲁山花瓷小镇中的墨子学院。这充分说明鲁山县已经高度重视墨子文化的有形化和中华优秀传统文化的传承与弘扬，此鲁山之幸、中华文化之幸。上面三个规划的具体设计方案笔者不得而知，但是将同一主题的墨子文化分置三处显然不如集中于一处，集中力量建设中国墨子纪念馆，让世人到此一处就能完全了解墨子及其伟大思想，假以时日使人只要想了解墨子就能想到鲁山，只要一想到鲁山就想到墨子，就想到墨子纪念馆。墨子纪念馆规划设计可以包括但不限于以下展示馆。墨子生平馆，包括墨子简介、主要活动路线、历史地位以及名人对墨子的评价。墨子思想馆，包括墨子的思想渊源、政治思想、经济思想、哲学思想、军事思想、管理思想、教育思想等。墨子科技馆，主要包括体现墨子力学思想的杠杆原理等，体现墨子运动学思想的守恒定律等，体现墨子光学思想的影的本质、重影、光的直线传播、光的反射、光源和物距与成像大小的关系、两平面镜成像、凹面镜成像、凸面镜成像等，体现墨子数学思想的长度体积测量、进位制等。墨子事迹馆，如体现墨子“兼爱”“非攻”的止楚攻宋等的主要事迹。墨子故事馆，如墨子降生的故事、与墨子有关的地名故事等。墨子与“诸子百家”馆，墨子与鲁班馆等。

“天下无人，子墨子之言犹在。”在人类世界面临百年未有之大变局的特殊时期，让我们以时不我待的紧迫感和责无旁贷的使命感，继续传承和弘扬墨子思想，坚定文化自信，从中华优秀传统文化和中华文明中寻找应对大变局的智慧和方案，为实现中华民族伟大复兴的中国梦贡献力量。这本身就是对墨子思想的最好的传承。

鲁山墨子文化民风民俗

袁占才

鲁山墨子文化民风民俗丰厚，现概其要者述之。

一、鲁山人传承墨家遗风

墨子法夏，墨出周，与儒家相对立。《淮南子·要略训》云："墨子背周道而用夏政。"孙星衍《墨子后叙》云："墨子与孔子异者，其学出于夏礼。"墨子崇尚舜禹，思想学说出于夏，是因为墨子为夏人之后，墨如是其先祖。鲁山北濒河洛，紧邻夏都阳城（今河南登封境）、阳翟（今禹州市），为夏人居住地，这也为墨子创立墨学提供了必要条件。墨子倡"兼爱""平等"，以"天志""明鬼"压王公大人为天下行义，认为"天志"是不可违抗的法则，人人应该遵守。世上鬼神到处都有，时刻在监视着我们，谁做了坏事也逃不掉鬼神的眼睛。虽是迷信之说，但这是典型的楚文化特征。楚国人尚鬼、崇巫、喜卜、好祀，有"巫文化"之说，战国末年屈原的《离骚》是对鬼神的绝唱。

同样，在科学昌明的今天，鲁山人仍具有"崇巫"的特征，婚丧嫁娶，上梁动土，出门从事，必请人占卜问好。

鲁山人相信，人死后是会变作鬼神的。逢了亲人的忌日或节日，就烧香拜佛，以祈鬼神护佑。这些风俗皆由对于墨子的崇拜而来。

二、“堂匠班”

堂匠班是山区具有普遍性和群众性的一种组织，是墨家为了“兼爱”和行义而组织起来的济世救人的组织。参加人员多为男性劳动力，富户或缺乏劳动力者不参加。堂匠班领导与成员同样参加劳动，其分配制度合理，实行劳动记工，按劳付酬，并按季节安排农活，环环相扣，不违农时。“堂匠班”实际上是个“施工队”，它由各种工匠组成，专门帮助贫穷人家修房盖屋，挖渠垒堰，不计报酬。这一组织存至20世纪50年代。

三、“成义堂”

成义堂是墨家的另一种组织形式。它既不敬神，又不立庙，只尊墨祖（墨子）。他们设有专门的集会活动场所，也不讲修仙成道，只劝善惩恶，济世救人，并主动设堂讲道，登门传经，赶会劝善。每逢哪里有古会，他们就搭起帐篷，让人们坐在帐篷里听他们诵读经书。“成义堂”的成员，多为知书达理的乡土文人，在“成义堂”内他们对主持人称“善巨”，对外称先生。群众则称他们为“善人”或先生，有时也称他们是“念善书的”。据鲁山县文化局郑建沛同志调查，中华人民共和国成立后仍在世的“善人”，有鲁山马楼乡黄仕郎沟村的王实、张良镇杨庄村的张五、滚子营乡肖河村的王思宾、瀼河乡瀼河街的赵喜先生和瀼河乡畲沟村的李小旦、赵村镇十亩地湾村的辛加功等。

四、“福善居”与“劝善居”

“福善居”与“劝善居”也是墨子在鲁山文化传承习俗之一，主要活动区域在尧山镇，传为墨子创办。地点设在街东头李文运（现在李留营之祖父）家，经常有10多人攻读善书，常通宵达旦。他们除平常念善书，劝善事外，每遇庙会，则设坛劝善，特别是每年农历十月初一，搞大型劝善活动，设祭坛，扎彩船，锣鼓竹笛，善乐相伴。组织者常有 50 多人，受善及观看者达数千人之多，影响甚大。这一习俗活动一直延续到 20 世纪 40 年代。

五、鲁山有很多与墨子有关的地名，表现对墨子的崇拜

例如部分遗址遗存相家沟、板房、土掉沟、黑隐寺、风筝山、盆窑等，前边已有介绍。再如尧山镇有墨子童年时代接受长者教育的“教子沟”“拢子沟”“乖子沟”；有墨子童年时代砍柴、玩耍的“竹园沟”“三里坡”；有墨子青少年时代朋友聚会言讲的“言庄”和“小言庄”；有墨子搞科学创造发明时期研究坑染的“后坑”，研究食品的“粉坊沟”，研究烧木炭的“捂窑”，研究提炼金属的“金沙岭”“银洞沟”，有墨子晚年隐居的“黑隐沟”“灯盏洼”“隐杰沟”；还有后人为怀念祭奠墨子的“师庙沟”和“墨庙”等。

六、鲁山有墨子后裔

墨子原为夏后氏，是夏禹之师墨如的后裔（参见《潜夫论·赞学》）。墨子青少年时，学习成长于故乡鲁阳，中年后为实现墨家的政治主张，周游各地，又为了与儒家抗争，多出入于儒学发源地之鲁国。到晚年又回到故乡鲁阳，在土掉沟和黑隐寺改姓黑而隐居，并卒于此地。至今墨隐寺一带仍居住着几户黑姓人家，他们无不称自己是墨子后裔。黑姓本是罕见姓，但唯独鲁山熊背乡一带多黑姓，县境内其他乡镇虽有个别户散居，但都是从黑隐寺一带迁出的。鲁山县人民武装部原部长黑丙午同志自述他们祖上就姓墨，墨子是其先祖。

七、鲁山有祭祀墨子的习俗

鲁山全县现存十余处墨子祠庙。辛集乡还有穷爷庙，祭祀的也是墨

子。中汤街有墨子坊，这些祠、庙、坊都是附近百姓祭祀墨子的场所。祭祀时间一般为月初，不少也在农历诸多节日进行。或者是家里有什么红白大事，祈求墨子护佑。中汤街另有农历三月初三古刹大会和农历九月初八古刹大会，也是因墨子而起。因为墨子生日为九月初八。

八、尧山镇每年农历九月初八举办墨子诞辰纪念展览

原墨子故里碑处，为尧山镇退休教师孙德润的居住处，与墨子弟子相里氏派的相同寅同住一个院内，相同寅为墨子文化传承人。1997 年孙德润退休后，组织成立尧山镇墨子思想研究小组。孙德润收集墨子各方面资料，例如墨子画页、发明的生产工具、墨子名言、宣传标语等，在家中搞墨子文化展览。逢节日、古会到街上宣传展览，接待各方人士，宣传墨子文化，尤其是这十几年来，每逢农历九月初八墨子诞辰日，在家中举办墨子诞辰祭拜纪念活动。

九、鲁山柞木种植

《史记·自序》转司马谈论“六家要旨”曰:“墨者也尚尧舜道，言其德行，曰：堂高三尺，土阶三等，茅茨不剪，采椽不刮。”《汉书·艺文志》:“墨家者流，盖出于清庙之守，茅屋采椽，是以贵俭。”颜师古注曰:“采，柞木也。字作采，本以木。以茅覆屋，以采为椽，言其质素也。采音千在反。”从颜师古的注，可以看出，墨子茅屋所用之椽木（俗称椽子，即支撑屋顶的细木）乃“柞木也”。

柞木是鲁山西部山区的主要林木，尤以墨子遗址遗存周围几个乡镇最多，满山遍野郁郁葱葱。柞木叶可养蚕，枝干细者可做椽木，粗者可以做梁檩。墨子的茅屋用“采椽”正是为了节用而就地取材。现今尧山风景名胜区东入口处的尧山凤岭一带，正是当年墨子采柞伐木的地方。

十、鲁山坑染习俗

《墨子·所染》云:“墨子见染丝者叹曰：染于苍则苍，染于黄则黄，所入者变，其色也变，五入必（毕），而已则为五色矣。故染不可不慎也。”墨子见染丝者的地方就在今鲁山县赵村乡的中汤村。

墨子少年时，曾住于中汤村灵凤山下。传说这天墨子在墨莲池边，不慎掉进池水里，衣服被池中的黑泥染得斑斑点点。于是墨子经过反复实验，发明了用橡壳煮成的水和池塘中的黑泥来染色。这样经过五六次反复，染品便由浅黄、赭黄、棕色而变成黑色。因这种染法，必在坑塘旁进行，所以鲁山人便叫它为“坑染”。鲁山盛产柞树，从夏商始，便是柞蚕丝的产地，丝织的绸称“鲁山绸”。1915 年，在美国旧金山万国博览会上,“鲁山绸”获得很高声誉，从此蜚声中外。至今中汤村附近还有墨莲池遗址和墨子晒丝、晒布的“晒布崖”。但有人却说墨子叹染丝的地方在滕州，所用染料是蓼蓝。可是谁都知道，蓼蓝的靛染布只能染“苍”，不能染“黄”。另外众所周知,《墨子》一书中和其他典籍中记载，墨子穿的都是黑衣，有什么地方说过墨子穿的是蓝色衣服呢？

十一、墨子“节葬”传之于今

《墨子·节葬》曰:“禹东教乎九夷，道死，葬会稽之山。衣衾三领，桐棺三寸。”这里说的“衣衾三领”“桐棺三寸”既涉及鲁山所产，又为鲁山习俗。墨子家乡盛产桐树，又用桐木做棺木。过去除极少富豪人家用稀有柏木做棺木外，一般人家皆用桐木。棺木板材厚薄因贫富不同，有三寸、四寸、五寸、六寸之分。三寸者底厚一寸，帮厚二寸，顶厚三寸，俗称“一二三”，也叫三寸头。六寸者，底四寸，帮五寸，顶六寸，俗称“四五六”或者“六寸头”。其他依此类推。六寸头为上乘，三寸头为最下等。故墨子倡用“桐棺三寸”。这种习俗延至今日，仍是如此。

关于“衾三领”，是指死者穿三件衣服。鲁山习俗，死者衣服有三件、五件、七件、九件之分。三件为最少。

历史、逻辑与现实：墨子公正观当代诠释

雷洪鸣[①]

墨子是继老子、孔子以后，春秋战国时期又一位伟大思想文化巨人，其学派与儒家并称为“天下显学”。他的学说直接面对春秋战国时期礼崩乐坏、战乱纷飞、民不聊生的现实问题。他提出了“兴天下之利，除天下之害”的理想，其中最能集中反映这一理想的便是公正观。自古以来，公正便是中国古代仁人志士的理想和追求，中国历史上为公正而进行的探讨、追求和斗争从未停止：从诸子百家提出的各种公正理念，到汉末黄巾起义的斗争；从陶渊明对桃花源的美好祥和景象的描绘，到建立地上太平天国的努力；从辛亥革命对民主共和的奋斗，到“五四”为求平等的运动，再到中国共产党建立后为反帝反封建进行的革命；从中华人民共和国成立到中国特色社会主义新时代，这一切探索、追求、运动以及斗争都有着一个共同的价值内核：人应当被公正地对待。

在当代，公正的一般内涵包括：公正是一种人类社会中不断生成的价值追求；实现公正的社会基础是高度发达的生产力；公正的社会中不存在一个人或者一群人对其他人的压迫奴役；社会贫富差距不断缩小等。[②]墨

---

① 雷洪鸣，重庆大学马克思主义学院研究生。

② 黄黎黎：《马克思社会公正思想指导下的我国社会公正问题研究》，电子科技大学，2010年。

子的公正观在一定程度上具备这些基本要素，他理论上主张在社会经济领域发展和保护生产力、各行业平等；政治上主张举贤任能、建立统一的政治秩序；实践上主张反战和平、坚持科学理性精神。墨子的公正观与社会主义的公正观在本质上具有一致性，都反映劳动群众的根本利益。正是由于墨子对劳动群众利益的关怀，他的公正观在两千年后仍然闪耀着光辉，对当代中国公正社会建设有深刻借鉴意义。

一、墨子公正观理论渊源与实践动因

任何一种思想理论都是在观念上反映出一定时代的内容和基本矛盾。要把握墨子公正观的本质内核，必须先回归到春秋战国时期，探究墨家思想诞生的理论渊源和发展的实践动因。

（一）理论渊源：对早期儒家和三代文明的反思总结

墨子公正观的萌芽，诞生于对儒家的反叛。春秋战国时期在思想文化界出现了一次空前的思想解放运动，各大学派登上历史舞台，彼此间交流、碰撞、融合。许多学派开办了私学，招收弟子，并通过这种方式扩大理论影响力，由孔子所建立的儒家学派私学最为发达。墨子最早也投身于儒家学派，学习礼乐诗书，但墨子认为儒家的理论与自己的“贱人”身份格格不入，并非自己所追求的道，故而叛离儒学，另谋高师。墨子不支持儒家贵族式的礼乐论，也不支持其宗法血缘论，此时墨子的公正观已初现锋芒，走“平民道路”是墨子公正观的显著特征。

墨子对夏、商、周三代文明的反思，促进了墨子公正观的发展。夏、商、周三代是华夏文明的奠基时期，经历一千余年的演变，中国的文明已经较为成熟。其中周文化对诸子百家的影响最为深刻，邢兆良《墨子评传》中指出：“孔、墨对立，其缘由之一就是如何对待周文化。”[①] 周文化可以概括为：经济上实行井田制；政治上实行宗法制；地方行政上实行分封制；文化上实行礼乐制。儒家对待周文化的态度是继承与改

① 邢兆良：《墨子评传》，南京：南京大学出版社，1995年，第2页。

造，故孔子讲“郁郁乎文哉，吾从周”，他主张“克己复礼”，恢复周原有的秩序。而墨子对周文化的态度是截然不同的，他反对周朝“厚财伤民”的繁文缛节，选择“背周道而用夏政”。《吕氏春秋·当染》记载：墨子十二岁背离儒学后，便从师史角，学习清庙之礼，从简重实，讲述禹道。①

若说孔子“从周”在于继承文王的礼乐制度，那么墨子“法夏”主要继承的是大禹的理想人格。墨子高度赞颂大禹为了黎民百姓，不辞辛劳、身先士卒的精神，这一精神反映出墨家学派为造福人民，勇于奋斗的宗旨。作为墨家学派理想人格的大禹，表现为爱民而积极入世、利民而奋发拼搏、为民而死不旋踵的精神。“法夏”不仅是观念选择，更是实践课题。《淮南子》载:“墨子无暖席”，描绘的是墨子为了理想，连席子都没有睡暖和就已经起身四处奔波的形象。鲁迅在《故事新编》中，以《非攻篇》表现墨子为止战而奔走，体现了他对墨子和墨家精神的尊敬与推崇。他在《中国人失掉自信力了吗》中讲:“我们从古以来，就有埋头苦干的人，有拼命硬干的人……这就是中国脊梁。”② 墨子“苦行救世”“埋头苦干”激起了鲁迅的共鸣，墨子和墨家精神是当之无愧的中国脊梁。

（二）实践动因：士阶层崛起与诸侯兼并战争

墨子公正观的深化与他自身的阶层密切相关，他代表着小生产者的利益诉求。春秋战国时期，社会发生了空前的大变革，周朝的基本制度逐渐崩溃。在经济领域，“废井田，开阡陌”，原来被束缚在井田上的奴隶获得了一定的自主权和财产权；在政治领域，各个诸侯势力扩大，周天子权威被削弱，“士”崛起，希望获得更大的政治权力；在文化领域，私学兴起，各个学派希望通过培养人才，扩大自身影响力。恩格斯指出，国家是作为一种新的统治工具，“在各阶级的无法调节的冲突导致以血亲

---

① 吕不韦:《吕氏春秋》，张双棣译注，北京：北京大学出版社，2011 年，第 42 页。

② 鲁迅:《朝花夕拾》，天津：天津人民出版社，2018 年，第 227 页。

家族为基础的旧社会被炸毁后，作为一种替代品产生的。”[①] 春秋战国时期的中国，以血缘为纽带的宗法制正在瓦解，各个学派都在探究如何建立新的政治秩序。正是由于春秋战国时期的大变革，出身于“贱人”的墨子获得了登上历史舞台的机遇。墨子思想的发展体现为两个阶段，一是与儒者游，墨子通过学习儒家知识文化，实现了由“贱人”到士的转变；二是与儒者辩，墨子“离周法夏”，自立门户，完成了由儒士到墨者的转变。从此，墨子旗帜鲜明地通过理论论证来支持小生产者的利益，提出自身阶层的利益诉求。

墨子公正观敢于直面战乱的现实挑战，在实践磨砺中逐渐成熟。春秋战国时期，劳动群众往往朝不保夕，在生死线上挣扎。各个诸侯国为了发动兼并战争，往往横征暴敛。战乱、饥荒、天灾导致大量底层劳动者家破人亡。据《中国历代战争年表》记载，春秋战国时期爆发的战争总数高达 625 场，在战国 254 年的历史中，爆发战争 230 场。[②]

孟子讲：“争地以战，杀人盈野。争城以战，杀人盈城。”屈原在《九歌·国殇》中描述秦楚战争的惨状：“天时怼兮威灵怒，严杀尽兮弃原野。”诸子看到了诸侯争霸战争的非正义性、残酷性。墨子更进一步，敢于当面批判发动战争的诸侯，多次奔走活动以制止战争。这些活动使得他的公正观与底层群众利益相契合，成为极具影响力的学说。

墨子结合自身所从事的专业，强调科学技术的重要性。他认为在对抗侵略战争的时候，先进的武器、工具可以起到保全国民性命的作用。墨子还深刻指出科学技术必须具备价值性、伦理性要素，即运用先进的武器、工具必须遵守“保卫人民安全、促进生产、造福人民”的宗旨。墨子公正观在实践中被锻炼，形成了反战和平思想和科学伦理思想两个时代精华，在两千年后的当代依然光辉万丈。

---

① 马克思、恩格斯：《马克思恩格斯选集：第四卷》，北京：人民出版社，1995 年，第 3029 页。

② 中国军事史编写组：《中国历代战争年表》，北京：中国人民解放军出版社，2003 年。

综上所述，墨子的公正观是对三代文明思想的继承发展，是对实践课题的回应，也是劳动群众对社会经济政治公正化的诉求。从发展脉络上看，墨子的公正观萌发于对儒家思想的反叛，发展于对三代文明的反思继承和“法夏”，深化于对小生产者阶层的经济政治利益诉求的理论化，成熟于反战实践中的历练。

二、墨子公正观之主要内涵

墨子在理论构想上提出了以“互利”为核心的经济公正思想和以“尚贤”为核心的政治公正思想，在社会实践中坚持了科学伦理思想，并且根据时代需要提出了反战和平思想。

（一）经济互利思想

公正一词正是墨子经济思想中不可或缺的概念，墨子的经济公正思想主要体现为发展保护生产力、尊重劳动价值、主张各行业平等三个方面。

发展和保护生产力是墨子经济思想中的核心，这是一根贯穿始终的“红线”。由于墨子代表着小生产者的利益，因此十分重视基层劳动者生活生产状况。墨子将战国时期劳动群众的遭遇描述为“饥者不得食、寒者不得衣、劳者不得息”，劳动人民基本物质资料难以满足，生命权无所保障，在生死线上挣扎。墨子认为导致百姓如此遭遇的原因是自然灾害与人为破坏的共同作用，人对生产力的破坏是导致人民悲惨遭遇的主要原因，诸侯大肆搜刮民脂民膏，发动兼并战争。百姓不但不能积累财富改善生活，还会因为自然灾害而陷入绝境。因此，墨子提出了“尽人之力”和利用科学技术发展生产力的“开源”思想和节葬、节用、非攻、非乐的“节流”思想。

墨子对劳动群众生产力的关注体现为对劳动群众基本权利的关怀重视，表现为对劳动价值的尊重和认可，具有“朴素的人本主义思想”。墨子对劳动价值的尊重具有浓厚的人文主义关怀。“人与动物的本质区别在于劳动”，他看到了人类与其他动物的区别，“禽兽、麋鹿、蜚鸟、贞虫”[①]，这些动物可以把自身所携带的皮毛作为衣服来抵御严寒、酷暑，用“蹄蚤”使自己不被地面磨伤，以“水草”为粮食，而人无法拥有这些能力和器官，只能通过改造自然创造财富满足需要。墨子认为劳动成为人生活必需的同时，也成为人的本质属性。这一点与马克思主义经典作家的观点基本一致，恩格斯在《劳动在从猿猴到人的转变过程中的作用》中谈道：“（劳动）是整个人类社会生活的第一个基本条件……某种意义上，劳动创造了人本身。”[②]

基于对发展保障生产力的认识和对劳动是人本质属性的探讨，墨子进一步提出了各行业平等的思想。在墨子看来，社会经济结构中农业、手工业、商业分别扮演不同的角色，都发挥着增加社会物质财富的作用。

墨子的经济思想极具现实意义，很好地契合了当时劳苦大众的现实需要，是难得的站在人民的角度提出改良社会方略的学派。总的而言，墨子“义利相通”的经济伦理观、“节流开源”的经济理念、劳动本质思想、行业平等思想，以人民之利为中心的学说在当代也极富生命力。

（二）政治公正思想

墨子的政治思想呈现一种内在的矛盾，表现为在理论上激进而在实践上保守。有学者从尚贤的角度认为墨子在政治上有原始民主制度的色彩，但也有学者认为墨子是中国专制主义思想的始作俑者。有的学者认为墨子在政治上是反对迷信、崇尚理性的先锋，而有的学者认为墨子的思想充满宗教色彩。

学界整体对墨子的政治思想评价较为积极。恢复国家统一，重建政治秩序是战国时期的时代任务，墨子的尚同、尚贤思想也是基于此提出的。刘学斌谈到墨子学说进步之处在于：认识到了合理政治秩序的重要

① 墨子：《墨子》，方勇译，北京：中华书局，2011 年，第 279 页。

② 马克思、恩格斯：《马克思恩格斯选集 · 第四卷》，北京：人民出版社，1995 年，第 3437 页。

性，将政治的基础归于经济基础的需要，重视建立统一的社会价值观。[①] 墨子设计的政治秩序是：社会的思想由分散走向集中、由下至上渐渐上升，最终上升到国家层面，但是这并非结束，墨子将真正的“义”上升到天。墨子学说还有唯才是举的思想，孙中原指出：“来自民间，出身农民、手工业者和商人，只要有能力都可以选拔出来参与国家管理。”[②] 这在当时是一种非常大胆、富有创造性的主张。

墨子身为小生产者的代表，理想却是与法家思想相似的极权社会是有现实原因的，由于小生产者的脆弱性，天灾人祸会导致其家破人亡，亟需一个强大的组织提供支持和保护。有学者认为，墨子的学说仅仅是为了保障基本的生命需要而大加批判，这是脱离时代的。按照当时的社会生产力水平，保障人民的基本生活需要已经到达极限。墨子以人民的利益出发建立了一套政治秩序，虽然有明显的专制统治色彩，但这是较为符合当时需要的，这也就是墨家学派会吸引大量来自劳动人民的知识分子参与的原因。

（三）科学伦理思想

墨子的科学伦理精神是墨子公正观中最宝贵的精华，墨子的科学伦理观主要体现在科学真理观、科学应用观、科学教育观三个方面。

墨子的科学真理观是针对儒家“生死有命，富贵在天”的命定论提出的。墨子主张“非命”，十分强调人的主观能动性，讲要“强力而为”。为此，他专门提出了衡量言行的“三表”法，即“本圣王之事”“察百姓耳目之实”“观百姓之利”，此三者是政令、言行是否具有真理性的依据，从经验科学角度为决策者提供了判断依据。墨子十分重视对自然科学的研究总结，在物理学、声学、光学、机械力学等学科上都有卓著的成就。梁启超认为，《墨子》是“我国的古籍中能寻找到唯一具有科学精神的典

① 刘学斌：《选立正长、尚同一义：墨子政治秩序观论析》，《西部学刊》，2015年第6期。

② 孙中原：《墨学通论》，辽宁：辽宁教育出版社，1997年，第26页。

籍”[①]。墨子反对以权威强力代表真理，他认为天下的父母很多但好父母不多，天下的老师很多而好老师不多，天下的君王很多而好君王却很少。因此真理的标准并不由身居高位的父母、老师、君王决定，而要将真理统一到“天志”。

除了进行理论研究外，墨子最为重视的还是进行科学实践和应用，用科学来造福百姓。墨子指出：“利于人谓之巧，不利于人谓之拙。”在《鲁问》篇中，鲁班向墨子展示了能在天上飞三天而未落下的木鸢，世人无不说巧，而墨子认为这东西不能造福于民，其意义不高于大车轮。由此可见墨子的科学思想是有其伦理道德——“爱”和“利”作为基础的。

墨子重视科学和科学伦理的教育，是与孔子并称的教育家。墨子重视生产劳动和科学技术教育，贵实行而不重文采，主张“分科发展个性”[②]。墨家不单讲授文科知识，还大量教授自然科学知识，因此有学者称其为“百科大学堂”。墨子分科教学中主要有谈辩、说书、从事三个专业以及具体的专门职业如农、工、商等，体现了人尽其才的观点。

（四）反战和平思想

墨子的反战和平思想的基础是“交相利”的主张。傅永军指出，墨子的和平思想是基于“人性本善、倾向和谐”的假设[③]，这一假设与墨子所代表的小生产者的价值诉求一致。日本学者桥元纯认为，墨子具有以“博爱”为核心的和平思想。[④]墨子关注到了现实中残忍的争霸兼并战争对民众造成的痛苦，从理论和实践两个方面建立了自己的反战和平思想。

墨子和平思想是围绕“利”而展开的，具有一个自下到上的逻辑过程。墨子从朴素的劳动者价值观出发，提出了“世人皆知窃夺邻居是非正义的，却认为窃夺邻国是正义的；世人知道杀一人应该被惩罚，却认

---

① 梁启超：《墨子学案》，上海：上海书店，1992 年，第 5 页。

② 方授楚：《墨学源流》，山东：山东文艺出版社，2018 年，第 145 页。

③ 傅永军：《人性与和平——墨子和平思想的当代价值》，《东岳论丛》，2015 年第 3 期。

④ ［日］桥元纯也：《日本的〈墨子〉研究概观》，《人文论丛》，2010 年第 10 期。

为发动战争杀害万人应该受嘉奖”这一悖论。墨子提出了互利的思想，要求国君也应该按照这一利益观行事。这种思想实际上是中国小生产者自发结社，形成互助集团思想的深化。墨子批判战争的四个论点分别为：耽误农时，掠夺人民财富，残害无辜，奴役人民。这些论点都是根据战争对人民、社会经济造成的灾难而提出的。

墨子的和平思想是“非攻不非战”，提出了非攻和救守两个基本战略。墨子对战争的性质进行了讨论，认为战争有除暴安良的正义战争和掠夺财物的非正义战争。墨子支持除暴安良的正义战争，反对非正义战争。《吕氏春秋》中深刻探讨了义兵的思想内涵，将“节用”“节葬”的观点与“非攻”统一了起来，“节用”和“节葬”正是为了给“非攻”提供物质基础。墨子进而提出了积极防御学说，主张弱国团结盟友、取信于民、开展战备训练对抗强权。墨子也积极开展了军事学科的教育，重视先进武器设备的应用，同时在战争的过程中遵循发动一切积极因素投入战争中的原则、严格纪律原则、保护人民原则。墨子的反战和平思想是建立在经济互利思想和政治公正思想上的，归根结底其理论内核是“利”。

三、墨子公正观之特征

如果将墨子公正观比喻为一条河流，那么他的具体主张和实践便是河流里面的水流，河床则是由私利与公利、理论与实践、科学理性与神秘主义三对矛盾组成的。墨子对三对矛盾的取舍，构成了墨子公正观的本质特征。

（一）天下之利：以公利为中心

墨子公正观中第一组关系便是“私利”与“公利”的取舍问题，其本质是墨子公正的价值取向问题。所谓“私利”是指保障某一集团或者家族的利益；所谓“公利”是指维护广大劳动者的利益。在这一问题上，墨子果断选择“公利”而非“私利”。墨子公正观的基本主张是“兴天下之利，除天下之害”，以天下民众的需要作为公正的出发点。

墨家十论中，节用、节葬、非乐是从经济层面上探讨“公利”。墨子主张改革社会风气，重实用、轻形式，反对上层统治者铺张浪费，强调民众财富积累，从现实层面分析了重人民之利的价值。尚贤、尚同、天志则是从政治上论述君主权力的来源。美国学者史华兹指出："在建构人类社会的理想样式时，圣贤君王是天的积极合作者。"① 这里的天具有伦理学意义，是一种善的意志。在墨子的理论中，这种善的意志本质是群众的意志。在方法论层面墨子提出了"三表法"，以判断人的言论、认识，政府的法令的是非。这三条原则体现出了人民百姓的利益对于君主、官员的决策具有重要的参考价值。

墨子的思想内核虽然是为了劳动群众，但他主要向君主传播自己的学说，并未直接在基层实践。这一方面是由于君主具有权力，有着直接引导社会的能力，向君主传授学说的效率更高；另一方面是由于小生产者阶层天然的局限性，缺乏组织、实力，只有改革的诉求，却无改革的勇气，因此墨子的学术理论十分强调君主集权的作用。理论诉求上的激进，却在政治行动上消极，这是墨子公正观当中无法逾越的"二律背反"。

（二）轻文重质：直面现实问题

墨子的公正观在政治活动上存在着"二律背反"，但这并非意味着墨子仅仅是一位理论家，相反他更是一位实干家。墨子公正观在理论与实践二者的取舍上，墨子更重视实践的作用，十分关注社会现实的需要。

春秋战国时期的社会需要是：结束兼并战争，重建社会秩序，恢复和发展生产力。基于对这三个社会需要的认识，墨子在教育、外交、军事等领域进行了具体实践。在教育领域上，墨子开办私学传授墨家哲学理论、外交、军事、科学技术等方面的知识，并根据学术特长，培养学者、官员、外交家、工匠、农民、教师等多种人才，为解决社会问题储备了大量的人才。墨家教学不问出身，《吕氏春秋·尊师》篇中，讲到了墨子教化高何、县子石两个乖张残暴之人，使他们成为一代贤人的例子。

---

① ［美］史华兹：《古代中国的思想世界》，程钢译，江苏：江苏人民出版社，2004 年，第 146 页。

在外交领域，墨子及其弟子积极在各大诸侯国之间活动，宣传墨家理念，希望实现诸国间的和平。据现存资料记载，墨子至少十次游说诸国[①]，以制止兼并战争，最后一次游说时墨子已经 84 岁高龄。为了保护弱小国家，墨子十分重视军事人才、军事技术、战术战略的研究。现存的《墨子》一书最后 11 章皆是关于防守战的方法策略，墨子的“救守之法”与《孙子兵法》堪称中华军事史上的双璧。墨子的这些具体的实践努力客观上对改造社会有一定的积极意义。墨家入秦后，这些人才储备、节用尚简的观念以及各项科学技术被秦国吸收，为统一六国打下了物质基础。

鲁迅高度赞扬墨子关注现实问题，重视实践问题的态度，但同时也在《故事新编·非攻》中侧面指出墨子理论匮乏的短板。墨子理论中有自相矛盾之处，而他无法用理论解释这些矛盾，只能将其诉诸上古先王。这个短板导致墨子的公正观根基不稳，在以兼并为主题的战国时代，墨子的学说难以被各个君主接受。

（三）科学理性与神秘主义并存

墨子的公正观具有重实践、轻理论的特点，这也导致其学说内部具有矛盾性：科学理性和神秘主义并存。墨家十大基本主张当中存在“天志”“明鬼”与“非命”的矛盾。墨子反对儒家的命定论，强调人的主观能动性，在科学领域大有建树，却把鬼神当作论点，这一矛盾看似仅涉及信仰领域，但实际上影响君主的产生、权力合法性、政策法令正当性等重大问题。墨子《尚同》提出了一种类似社会契约的理论。墨子假设一种原始状态：在这种状态下没有政治法律，“盖其语，人异义”，每个人都有不同的说法，人与人间相互伤害，故而需要选拔最为贤能的人为天子，然后再由天子选拔其他的行政官员协助管理，由此产生国家机关。国家机关建立以后，要明白是非曲直、管理好国家，还要让百姓同于里长，里长同于乡长，乡长同于国君，最终国君还需要“同于天”。

这样的理论显然缺乏说服力，因此墨子在《天志》《明鬼》两篇文章中对其进行了阐述。墨子理论中的“天”是一个有情感的、有意志的

① 陈为人：《兼爱者·墨子传》，北京：作家出版社，2013 年，第 313—319 页。

人格存在。“天”具备的“喜”和“恶”两种情感，喜义而恶不义。国君行义国家则会受到上天奖励，风调雨顺；行不义，则国家会遭受天灾。在《明鬼》里面，墨子用上古先王的例子来证明鬼的存在，有义的君主会获得鬼的奖励。在这里可以看到，墨子所讲的“天志”和“明鬼”是为公利提供理论基础的，其本质是墨子的意志以及墨子所代表的小生产阶层的利益，墨子希望通过“天”和“鬼”警告君主、限制君主权力。梁启超指出：“墨子讲天志，纯是用来做兼爱主义的后援罢了。”[①] 这种手段效果不明显，仅仅靠经验主义的事物来进行论证，而逻辑环节十分薄弱，君主并不会畏惧。

建立在二元论世界观基础上的公正观是不牢固的，如同将高楼建在了沙滩之上。后期墨家则做出了超越，继承了墨子的科学理性思想，摒弃了墨子的唯心主义世界观。《墨经》一书中无一字涉及怪力乱神，全文以逻辑探究了时间、空间、物质、生死等哲学范畴，进一步研究了力学、数学、几何学等学科。墨子原本的二元论立场，在后世墨者的完善下实现了飞跃，在科学理性和神秘主义的天平上，墨家选择了理性之路。墨子的公正观有了科学的、唯物的世界观作为基础，获得了科学理性的保障，有利于引导民众破除迷信，认清事物的本质。

墨子的公正观具有“公利性”“现实性”的基本特征，同时也存在理论性不足、神秘主义色彩的缺陷。虽然在后世墨家学者的努力下，墨子的公正观回到了科学理性的道路，但是由于不适应战国末期兼并战争的需要，墨家思想渐渐凋零。

四、墨子公正观的当代价值

墨家精神已经成为当代中国文明的底色之一，深入中华民族的集体潜意识当中。墨子公正观的理论、实践以及墨子本身的人格都对现代中国的社会建设具有诸多借鉴意义和参考价值，以下从当代中国社会的现

① 梁启超：《墨子学案》，上海：上海书店，1992 年，第 54 页。

实需要，探究墨子公正观的当代价值与启示。

（一）以人民的根本利益为出发点

墨子的公正观具备现实性、公利性、人民性的品质。这与中国共产党成立以来，在任何时候都把人民的利益放在第一位的宗旨是一致的。由于时代限制，墨子只能将劳动群众的利益诉诸诸侯、大臣、王公贵族等上流统治者的施舍，墨子主张上的激进与行动上的保守形成了冲突，无法看到统治阶级与劳动群众的根本矛盾。不过墨子追求公正的思想价值内核却被继承了下来。

在当代公正社会的建设过程中，必须继承和发扬墨子公正观的现实性、公利性、人民性的精神实质。这种继承与发展有三层含义：一是要根据中国经济社会现实发展情况实现公正；二是根据人民现实需要实现公平正义；三是需要将公正落实到具体的工作和行动当中。

首先，实现公平正义必须根据中国社会经济发展实际情况。墨子根据战国时期社会生产力的现实水平，提出了节用、节葬的经济思想，这是符合当时社会经济的实际水平的。当代中国应当在现实的经济基础上发展公平正义，不能超越历史发展阶段。一方面不能把对公正的热情和向往当成行动的前提，反对绝对平均主义；另一方面也不能将现实的公正作为理想本身，应当推动社会公正的稳步发展。中国当代对于公正的追求应当脚踏实地，反对冒进；也要志存高远，反对躺在功劳册上。

其次，要以人民现实需要作为公正的起点。墨子公正观的着力点，正是群众关注的生产力发展问题、生存问题、和平问题。

最后，实现人民的利益需要立足于现实的行动。《墨子·修身》："慧者心辨而不繁说，多力而不伐功，此以名誉扬天下。"这句话的含义是聪明人心如明镜却不过多言语，能干实事却不邀功争赏，这就是他们名扬天下的原因。这就要求党员干部深入基层，了解实情、多做实事、不务虚名，真正地把人民的责任放到肩上。

（二）建立和完善公正的社会制度

墨子在政治领域提出了尚贤、尚同的主张，并希望以此建立一定的公正制度，这一思想在一定程度上影响古代中国选拔人才的标准和方式，不过距离完善的社会公正制度差距甚远。当代中国，建设完善的社会公正制度的现实条件已经具备，而且社会经济发展和人民幸福生活亟需公正的社会制度保障。当代中国的社会公正制度既要超越墨子公正观的局限性，也要继承其中的合理因素。

维护公平正义的制度建设包括三个层次：一是宏观制度建设，二是体制设计，三是微观机制设置。首先，宏观上要坚持社会主义制度，这是经得起时代检验的根本制度，是实现公平正义最重要的保障。

其次，体制上要不断推进社会主义法治建设。公正制度建设最为关键的就是公民对法律的内化：公民一方面可以自觉遵循法律的要求，另一方面可以对法律执行者进行监督，促进法治制度的发展。同时注重对政府行政人员的选拔，“尚贤者，政之本也”，必须认识到高素质人才队伍建设对实现民族复兴的重大意义。

最后，在微观层次上要建立矛盾化解机制。墨子在“三表法”中提出了“察百姓耳目之实”的基本要求。这就要求社会治理需要重视社区、村委会等基层群众自治组织，给予人民群众反映和化解矛盾的途径，以温和方式将不公平正义的现象消灭在萌芽，让社会既充满活力又和谐有序。

（三）构建公平正义的国际新秩序

墨子公正观的另一重大价值表现为反战和平思想，他一生为理想奋斗直至80多岁高龄，但由于反战和平并不符合战国时代实现国家统一的主题，最终未能实现。然而他追求国与国之间的平等交往、反对大国欺压小国、主张正义的国际秩序的公正思想的内核仍然闪耀着光辉，对现代世界的和平与发展具有积极意义。

2015年11月7日，习近平总书记在新加坡国立大学的演讲中引用《墨子》“强不执弱，富不侮贫”，指出和平发展思想是中华文化的内在基因。这反映了墨子的和平思想早已深入中国人民的血液，成为中华民族的崇高价值追求，成为中国传统公正观的代表。

当代中国为建立新的国际秩序进行了许多有利的尝试，建立了上海经合组织、亚洲投资发展银行等一系列组织，同时也在积极推进“一带一路”倡议。中国和广大的发展中国家团结一致才能改变旧的不合理国际秩序，建立平等公正的国际新秩序。

中国人与全世界爱好和平的人所追求的其根本上是一致的。在面对2020年新冠疫情的挑战时，中国积极与世界各国人民合作，主动承担国际责任，正是墨子公正思想的现实体现。墨子所崇尚的兼爱主义、和平主义应当为中国人在建设人类命运共同体，为全人类提供交往新范式的伟大实践提供精神养料。

（四）重视科学技术的伦理价值

墨子不仅仅是一位思想家、哲学家，更是中国古代历史上少有的科学家。他和他的学派研究对象覆盖了数学、逻辑学、力学、光学、工程学、军事学等领域，在中国科学史乃至人类科学史上写下了浓墨重彩的一笔。汉学家李约瑟盛赞墨子:“墨家学派的科学水平，超过了整个古希腊。”① 他对自然世界的观察、规律的总结来自自身工匠职业的需要，但是他又远远超出了自身职业局限性，为科学技术灌注了鲜明的伦理性。

墨子科学伦理思想对当代社会公正的启示：一是有助于确立当代科学技术发展和应用的原则；二是为社会摆脱科技异化提供了新方向。

墨子看到了人类将科学技术用于侵略战争带来恐怖的灾难，他坚决反对将自己的发明创造投入侵略战争，也反对自己的弟子成为侵略战争的帮凶。2016年8月16日，世界首颗量子科学实验卫星进入太空，中国人将其命名为“墨子号”，这既是对墨子这位伟大科学家的纪念，更是中华民族对人类文明发展的祝愿。唯有“天涯静处无征战，兵气销为日月光”，合理使用科学技术，人类社会方可在文明、公正的道路上前进。

墨子的科学观是人文主义与科学主义的统一。他认为，人类在科学的应用探索上必须学会权衡利弊，对科学技术的选择需要慎之又慎，“害之中取小也，非取害也，取利也”。

① [英] 李约瑟:《中国科学技术史》，江晓原等译，上海：上海人民出版社，2010年，第20页。

五、余论

墨子公正观立足于对三代以来历史和理论的反思，植根于春秋战国底层劳动者的现实需要，深化于教育、外交、军事、劳动等实践活动，因而既具备理论的深刻性又具备实践的现实性。墨子从经济和政治两个角度对公正社会进行了理论建构，从反战和平活动和科学伦理两个方面探寻建设公正社会的方法和途径。

墨子公正观为当代中国公正社会建设提供了宝贵养料，启示当今世界：以人民根本利益为出发点，推动合理国际新秩序的建立，重视社会公正制度建设，建立完善维护社会公正的制度，重视科学技术的伦理性。墨子的公正观不仅是中华文明的宝贵财富，也是人类文明的精华，其对全人类文明的启发意义和价值依然值得进一步深入挖掘。

墨子“南游使卫”略考

郝二旭[①]

墨子及其创立的墨家学说，是战国时期的一个重要学派，其所提倡的“兼爱”“非攻”“节用”“非乐”等思想为世人所推崇，对中华传统文化产生了深远的影响。《韩非子·显学》载：“世之显学，儒墨也。儒之所至，孔丘也。墨之所至，墨翟也。”以此可知，在那个百家争鸣的辉煌时代，墨子所创立的墨家学派声势之浩大，已经超越了道、法而直接与儒家相抗衡。然而，对于墨子，我们直到现在依然知之甚少。不仅如此，其里籍、生卒年代和行迹所至也都是学术界莫衷一是的问题。之所以会出现这样的状况，最主要的原因是相关典籍中关于墨子的记载少之又少，根本无法为围绕墨子所产生的一个个谜团提供令人信服的答案。因此，《墨子》一书中有关墨子事迹的零星记载就成为学术界窥探墨子生平事迹的主要依据。许多学者利用这些记载从不同角度进行释读，取得了丰硕的成果。在这当中，《墨子·贵义》中的一条记载：“子墨子南游使卫关中载书甚多”，成为部分学者推测墨子主要活动区域甚至里籍所在的重要依据。诚然，这条内容对研究墨子的行迹至关重要。但是，就其含义，笔者认为前人的研究存在值得商榷的地方，故不避浅陋，在此进行粗浅的探讨，敬请方家指正。

---

① 郝二旭，平顶山学院副教授、博士。

就此前的研究来看，绝大多数研究者将“南游使卫”视为同一件事，即墨子向南出使到卫国去。如李渔叔注译的《墨子今译今注》，将其译作“墨子南游出使卫国”；方授楚在《墨学源流》中对其解释道，“‘墨子南游使卫’，若自鲁阳往卫，当云北游”；钱穆在论证墨子为鲁人时说：“贵义篇有墨子‘北之齐’‘南游使于卫’诸语，同样是极好的证据。”水渭松在《墨子导读》一书中说：“他的足迹曾到达过北邻之齐，也曾南游至卫、楚等国”；徐希燕在《墨子姓名里籍年代考》一文中说：“又如《墨子·贵义》篇曰：‘墨子南游使卫’，若自鲁阳往，当曰北游。以上各点完全否定了墨子出生鲁阳这一说法”；李小龙在所注《墨子》中将其翻译为：“墨子向南方游历到了卫国”，并注曰：“使，疑当为‘于’字”；冯成荣在《墨子行教事迹考》中将“南游使卫”理解为“墨子南游到卫国”；孙卓彩在《墨学概要》一书中也持同样的观点。此外，何长久在译注的《墨子》中、吴龙辉在译注的《墨子白话今译》中都将其翻译为“墨子南游到卫国去”，等等。前人的这种解释乍一看来并无不妥，但细加分析就会发现其中有明显违背常理之处。

首先，“南游使卫”存在方位上的疑问。就学术界目前的研究成果来看，墨子的主要活动区域在鲁阳、宋国、鲁国等地，其中鲁国的位置最靠北。然而，即使我们假定墨子长期生活在鲁国，将“南游使卫”解释为“墨子南游到卫国去”也同样于理不通。因为在墨子生活的年代，卫国与鲁国的位置关系是卫位于鲁的西部略偏北方向。这一时期卫国的都城在帝丘（今濮阳），鲁国的都城在曲阜，它们的位置关系同样是前者在后者的西偏北方向。如果墨子是从鲁国出使卫国，应该说“西游使卫”，而不是“南游使卫”。清代学者孙诒让在所著《墨子传略》中就说：“（墨子）盖生于鲁而仕宋，其生平足迹所及，则尝北之齐，西使卫，又屡游楚。”可见他已经认识到了“南游使卫”在方位上所存在的问题。如果墨子是从鲁阳、宋国出发，则应该是“北游”。因此，无论墨子从鲁国还是鲁阳、宋国出发，“南游使卫”均存在方位上的错误。

其次，“南游使卫”还存在字义上的冲突。因为“游”的意思是“游学”“游历”等，属于私人活动，在春秋战国时期比较常见，很多当时的文化名人如孔子等都曾周游列国，目的是向诸侯国君推行自己的政治主张。而“使”的意思是“出使”，是接受派遣的官方活动，通常是代表某个诸侯出使。如果把“南游”和“使卫”视为同一件事，就会在字义上产生冲突，无法分辨这件事到底是私人活动还是官方派遣。

对于“南游使卫”中所存在的方位问题，此前已经有学者进行过推理。如孙以楷先生在《墨子生平考述》中推定墨子的主要活动区域在离泰山很近的齐鲁交界地区，并以此认为墨子从该处“南游使卫”成立。孙以楷先生在推测墨子讲学的中心在齐鲁交界地区时，其主要推理内容如下。

墨子可能出于便于讲学的考虑，离开儒学中心到齐鲁交界处授徒。《墨子·备梯》:“禽滑厘子事子墨子，三年，子墨子甚哀之，乃管酒槐脯，寄于大山……”这一记载表明墨子讲学授徒的地方离泰山很近。又据《墨子·耕柱》:“子墨子使管黔敖游高石子于卫。……高石子……去而之齐。”这一史料，亦可证明墨子讲学地点在齐鲁交界处。墨子在这里结交了一些齐国朋友，收了不少齐人弟子。但墨子并非住在齐国，或者不是长期住在齐国，他还是长期住在鲁国。《墨子·鲁问》:“越王为公尚过束车五十乘以迎子墨子于鲁。”可见墨子确实住在鲁国。这里不仅是墨子讲学之所，也是墨家学派的活动中心。

从中不难看出，孙先生虽然列出了《墨子》中的三条记载进行推论，但他所依据的这三条内容都不具有足够的说服力，因此无法令人信服。此外，张永义先生认为“卫在鲁之西南”，并以此认为“南游使卫”的说法符合当时的实际。遗憾的是，张先生在文中并未提供任何明确的解释，令人无从得知他的依据。从鲁、卫两国的实际位置来看，认为“卫在鲁之西南”明显与事实不符。

不管此前的学者如何寻找证据进行尽可能合理的解释，“南游使卫”始终存在方位和字义这两个无法回避的问题。实际上，前人早就已经注意到“南游使卫”中所存在的问题。

对于“南游使卫”，清代以来不断有学者进行质疑和解释。从前人的诸多解释中不难看出，他们都对“南游使卫”这一说法存在疑问，认为其中存在矛盾。

那么，“南游使卫”究竟应该如何解释呢？笔者认为，这句话本身没有问题，是后人在断句时出现了理解错误而导致句读出现了问题。该句正确的句读应该是：“子墨子南游、使卫，关中载书甚多。”如果按照这种断句方法，方位和字义都不存在任何争议。这种句读并非笔者一人之见，如程千帆先生就认为“南游”和“使卫”不是同一件事。当然，笔者的这种看法是否合理，还需要进一步地分析。

我们首先来分析“南游”，就《墨子》一书的记载来看，墨子南游主要有两次，第一次是《公输》中所载的“止楚攻宋”；第二次是《贵义》中所载的“南游于楚”。其中，第一次的“止楚攻宋”，对于墨子的这次南行，其他史籍也多有记载。如《战国策·宋卫策》：“墨子闻之，百舍重茧，往见公输般”；《吕氏春秋·爱类》载：“公输般为高云梯，欲以攻宋，墨子闻之，自鲁往，裂裳裹足，日夜不休，十日十夜而至于郢。”由此观之，墨子的第一次游楚是步行前往，没有乘车，而且时间紧急，不可能随身携带大量书籍。墨子第二次“南游于楚”的情况就大为不同了。此时的墨子“弟子弥丰”，已经是当时重要学派的代表人物了，所以他能够“献书惠王”。对于这件事，《渚宫旧事》载：“墨子至郢，献书于惠王。王受而读之，曰：‘良书也。寡人虽不得天下，而乐养贤人，请过。’进曰：‘百种以待官，命人不足，须天下之贤君。’墨辞曰：‘翟闻贤人进，道不行不受其赏，义不听不处其朝。今书未用，请遂行矣。’将辞王而归。王使穆贺以老辞。”从这些记载中可以看出，墨子的这次南游，是随身带了书籍前往，而且此时墨子已经拥有了一定的经济实力，所以乘车游楚也符合他的身份。由此，笔者认为这次楚国之行应该就是“南游、使卫”中的这次南行。不过，此时的墨子虽然已经有了一定的社会地位，但他仍是一介平民。这从《贵义》中“子墨子说穆贺，穆贺大说，谓子墨子曰：子之言，则成善矣，而君王，天下之大王也，毋乃曰贱人之所为而不用乎？”一句就可以看出。因此，此时墨子所进行的还是私人性质的游学，没有代表国君出使的意思。

相对于南游来说，“使卫”已经带有明显的官方性质。在《贵义》

中有一段墨子与卫大夫公良桓子的谈话，可以视为这次出使的证据之一。就目前已知的记载来看，《史记·孟子荀卿列传》中有："盖墨翟，宋之大夫，善守御"；《汉书·艺文志》中有"《墨子》七十一篇"，班固注曰："名翟，为宋大夫"。二者俱载：墨子曾仕宋为大夫。孙诒让据此在所著《墨子传略》中对"南游使于卫"一事进行了简单解释："此不详何年，据云'使于卫'，或仕宋时奉宋君之命而使卫也。"郑杰文在所著《墨子游鲁齐越宋卫楚考》中说，齐、越、宋之外，墨子曾"南游使卫"。《墨子·贵义》："'子墨子南游使卫，关中载书甚多。'既言'使卫'，当受派遣，此或在仕宋之时？"从上述记载和论述来看，墨子很可能在宋国做过大夫，并在此期间代表宋国出使到过卫国，与卫国大夫公良桓子进行过会晤。

另外，出土文书中的有关记载也可以为"南游"和"使卫"不是同一件事提供有力的证据。在敦煌莫高窟藏经洞出土的写本文书P·2607号《勤读书钞示頵等》载："墨子使卫载书多，唐子怪而问之曰：'今子使卫载书多，何也？'答曰：'昔周公旦日读书百篇，夕见七十士，以相天下而犹若此，况吾无事，何敢废耶！'"这条记载与《贵义》中的内容基本一致，其最主要的区别就是没有提到"南游"而只是将"使卫"单独列出。该文书中"基"字缺笔，应该为中唐人所书，很可能是当时人的读书札记。其中虽未注明该条内容出自何处，不过文中提到"使卫"时未与"南游"并列，足见作者未将二者理解为同一件事。

最后，从时间顺序方面考虑，"南游"和"使卫"的排列次序也完全符合当时的实际情况。"南游"时，墨子的身份还是"贱人"，尚未做官，他只是想向楚惠王推销自己的政治主张，由于此时楚惠王年事已高，不再接受他的思想，所以墨子只能无功而返。而墨子仕宋当在此之后，"使卫"因此要晚于"南游"。如此看来，二者的时间顺序完全正确。

综上所述，墨子"南游"时载书有据可查，"使卫"时载书于史有载。所以，"子墨子南游使卫关中载书甚多"一句的正确句读应该是"子墨子南游、使卫，关中载书甚多"。因此，不能将"南游"和"使卫"视为同一件事。

墨子、鲁君、吴虑同是鲁山先民

郑建丕[①]

随着对墨子是鲁阳人研究的不断深入，笔者在调查和研究中发现，墨子和鲁阳文君、吴虑这两位同时代人物交往频繁，关系密切。

一、鲁阳文君其人

鲁阳文君，姓公孙，名宽，楚平王孙，司马子期的儿子。《外传·楚语》“惠王以梁与鲁阳文子”，说的是到楚惠王时，才封地给公孙宽，他才来到鲁山做了古鲁国的国君。史料中所记述的文子、鲁君、文君、鲁阳公、鲁阳文子、鲁阳文君乃是同一人，即公孙宽。他终老在鲁山，墓地在县城西北二里许。他大约在公元前 458 年—前 380 年为西鲁国的国君，当时国都所在地是现在的昭平湖中的邱公城。距坐落在金山环岛上的墨子著经阁约五里。史学界称之为西鲁，有别于山东的简称和曲阜的东鲁国名。鲁君和墨子交往甚多，并经常向墨子问政和讨论事理。

二、吴虑其人

吴虑大约生活在公元前 460 年—前 380 年，是陶艺技术较高的工

① 郑建丕，鲁山县文化局退休干部。

匠，居住在古鲁国南边鲁阳关一带（现在的鲁山县瀼河乡黑石头建制村盆窑自然村）。吴虑不光陶艺技术高超，而且有较高的道德修养。至今该村烧窑的老陶匠还敬奉着吴虑牌位。《墨子·鲁问》记述："鲁之南鄙人有吴虑者，冬陶夏耕，自比于舜。墨子闻而见之。"以此可以看出，墨子当时是居住在现在瀼河乡尹村东的墨子书院。两地大约有2公里路程，是传说中墨子在书院主持办学的一段时间的事情。所以，他们两人经常有交流。

我们把一个历史的特定人物放在一个特定的环境中去研究，唯有在他最接近的资料中寻找答案，那就是《墨子》原著。在《墨子·鲁问》篇中，有多处是墨子与鲁阳文君和吴虑的对话，引证如下。

1. 鲁国国君问墨子说："我担心齐国进攻我国，可以解救吗？"墨子回答说："可以的。以前三代圣王禹、汤、文王、武王，都是领地只有百里的诸侯，他们爱忠臣、行仁义，取得了天下；三代的暴王桀、纣、幽王、厉王，他们恨怨自己的人，行暴政，失掉了天下。我希望君主对上尊崇天，敬事鬼神；对下爱护和造福百姓。预备丰厚的毛皮缯帛做礼物，用谦卑的外交辞令，赶快对四邻的诸侯国普遍施礼结交，并驱使全国人民来对付齐国，那么灾患是可以解救的。"这次鲁阳文君问政墨子，墨子主要对文君讲述了对内、对外应制定的政策和策略。

2. 鲁阳文君将要进攻郑国，墨子听说后就去阻止这件事。他对鲁阳文君说："现在假使鲁阳四境之内大城攻打小城，大家族攻打小家族。杀害郡里的人民，掠夺人家的牛马、狗猪、布帛、米粮、货物、钱财，那么会怎样？"鲁阳文君回答说："鲁阳四境之内都是我的臣民……那么，我必定要重重地处罚他们。"墨子说："上天兼有整个天下，也如同你拥有鲁阳四境之内的一切一样。现在你起兵将要攻打郑国，上天对你的惩罚不会降临吗？"鲁阳文君说："先生为什么要阻止我进攻郑国呢？我进攻郑国，是顺从上天的意志。郑国人三代都把自己的国君杀了，上天对郑国人加以惩罚，使他们三年五谷收成不全。我要助天惩罚郑国。"墨子说："现在你起兵将要进攻郑国，还说进攻郑国是顺从上天的意志。打个比方，这里有个人，他的儿子凶暴强横，不成器，所以做父亲的就鞭打他；邻居家的一位老头，举起木棍也来打他，说：‘我打他是顺从他父亲的意志。’那么难道不是很荒谬吗？”这是墨子用打比方的方法，讲明处事道理，阻止不义战争，免除百姓的战争灾难。

3. 墨子进一步向鲁阳文君阐明不要发动战争的深刻道理。墨子对鲁阳文君说道：“诸侯攻打邻国，杀害邻国的人民，掠夺邻国的牛马、米粮、货物、钱财，就书写在竹简绢帛上，刻在金石上，铸铭文在钟鼎上，用来留给后世子孙，说：‘没有人比我多。’现在如果那些下贱的人，也去攻打邻家，杀害百姓，掠夺邻家的狗猪、粮食、衣物，也书写在竹简、绢帛上，刻铭在竹席、器皿上，用来留给后世子孙，说：‘没有人比我多了。’这样做难道可以吗？”鲁阳文君回答道：“说得对。我用你的话去观察，那么天下所谓可行的事，未必就是对的。”这次交谈，鲁阳文君在墨子的启发下，明白了可行之事不一定正确的道理。

4. 鲁阳文君又来到墨子的住处，两人进行讨论。墨子对鲁阳文君说道：“世俗所谓的君子，都是只懂得小道理，却不懂得大道理。假如这里有一个人，他偷了一只狗，一头猪，那么说他是不仁；他窃得一个国家，一个都城，却认为他符合义。这好比看见一小点白说是白的，看见一大片白却说是黑的。所以世俗所谓的君子，只懂得小道理，却不懂得大道理，就是这句话所要说的。”这次交谈，鲁阳文君和墨子讨论了“仁义”的标准。讲明了真君子都应该是仁义的人。

5. 有一次鲁阳文君和墨子讨论己正与正他人的命题。鲁阳文君告诉墨子说：“在楚国南面，有个有吃人风俗的国家叫‘桥’，在这个国度里，长子一出生就被杀吃掉，称为‘宜弟’，如果味道鲜美，就送给国君吃，国君高兴了就奖赏孩子的父亲。难道不是极恶劣的风俗吗？”

墨子回答说：“即便是中原各国的风俗，也是这样啊！杀死孩子的父亲而后奖赏孩子，这与吃人家的孩子而后奖赏孩子父亲有什么不同呢？假如自己不行仁义，凭什么去非难夷人吃自己孩子的恶劣风俗呢？”

这次讨论，鲁阳文君通过和墨子的争辩，明白了仁义言行，必须从自身做起，再用仁义行为去感化教育那些不仁义的人，不再做不仁义的事。

6. 前去吊唁，他发现有人写了一篇哀悼的诔文，鲁阳文君看后很高兴，就想采用。墨子知道了，极力反对。他说:“诔文，是用来称道死者心志的，现在只凭喜欢就采用，这如同用狸来驾车一样，不管用呀。”这次墨子和鲁阳文君的接触，纯属正常私人交往，以此可以看出墨子对鲁君的赤诚之心和情感不一般。

7. 有一次文君召见墨子，与他讨论忠臣的标准。鲁阳文君对墨子说道:“有人对我讲起忠臣，说叫他低头就低头，叫他抬头就抬头。住下来静悄悄的，喊他就立即答应。可算是忠吧！”墨子说:“叫他低头就低头，叫他抬头就抬头，这就像影子一样；住下来静悄悄的，一喊就立即答应，这就像回声一样。您将从影子和回声里得到什么呢？若以我看，所谓忠臣就是：国君有了过错，就找机会劝谏；自己有了好的见解，就与国君谋划，而不告诉外人；匡正国君的过错，把他纳入正道，与国君保持一致而不在下面结私党。因此，美善归于国君，而怨仇归于臣下，安乐归于国君，而忧患归于臣下。这就是我所说的忠臣了。”

这次讨论了忠臣的不同标准，墨子不但阐述了忠臣应该做到的事情，并且进一步讲明了处事方法，及怎样处理好君臣关系。

8. 鲁君想立太子，在选拔标准上犯了难，就请教墨子。他找到墨子后，就问墨子说:“我有两个儿子，一个好学，一个喜欢拿钱财分给人。谁可以立为太子呢？”墨子回答说:“还不能知道。也许他们是为了得到奖赏和好名声才这样做的。钓鱼的人毕恭毕敬，不是为恩赐鱼；拿虫做诱饵来喂老鼠，不是爱老鼠。我希望君主把两个儿子的动机和效果结合起来观察。”

这一次讨论是墨子用辩证法论述了看人察事，要把因果关系统一起来，联系在一起考察，才能把人看准。

9. 墨子和吴虑的交谈。在古鲁国的南边（现在鲁山县瀼河乡黑石头村的盆窑遗址）有个叫吴虑的人，他冬天制作陶器，夏天耕种庄稼，并把自己比作舜。墨子听说后就去见他。他们两人讨论了很长时间。经多次讨论，可归纳为以下三个问题。

（1）义有大“义”、小“义”之分。墨子表扬吴虑讲义气，做好事。

吴虑说:“义罢了，义罢了，哪里用得着说它呢？”墨子又转过来说:“你所说的义，也就是有力气帮人操劳，有钱财分给别人吧？”吴虑回答有这种事。墨子听后，认为这是小“义”，应讲大“义”。那就是去诵习先王之道，探求其学说、通晓、考察圣人的言辞，上游说王公大人，其次游说平民百姓。王公大人采纳我的意见，国家必定治理好，平民百姓采纳我的意见，行为必定讲究修养。

(2) 又一次讨论，吴虑听后，对墨子说:“是的，应该这样。”墨子接着说:“所以我认为虽不耕种织布，功绩胜过耕种织布。”这实际上是在讲一个有道之君，用仁义思想统一人们的思想，国家才能得到治理，人民就会安居乐业。

(3) 墨子向吴虑讲述“义教天下”。墨子问吴虑:“假使天下人懂得教人耕种与不教人而独自耕种，谁的功绩大？”吴虑回答:“教人耕种的人功绩大。”墨子说道:“天下平民百姓，义懂得很少，那么用义来教天下的人，功绩多，为什么不讲义呢？如果能鼓动天下人达到义，那么我的‘义’岂不就更加发扬光大了吗？”

这一次墨子和吴虑的交谈，主要是讲清了如果通过宣传，能用“义”来统一众人的思想，世界上的事情就好办多了。

综上所述，仅在《鲁问》篇中就记载了墨子与鲁阳文君、吴虑交往对话十多次，可以看出墨子同鲁阳文君和吴虑居住的地方不远，他们三人之间有着一种较密切的关系。笔者认为他们三人同住古鲁国，这就是现在河南省鲁山县，从三人居住过的遗址看只有 20 华里距离。古鲁国国都——邱公城遗址在昭平湖，位置靠西，距墨子书院遗址和吴虑居住的遗址——瀼河乡黑石头村盆窑遗址也只有 3 华里，方向朝南。

由于鲁阳文君、墨子、吴虑他们居住较近，就有相互交往的条件。查古代先民的户籍，主要是看地方志或县志的记载，清嘉庆志都有专集记载墨子、鲁君、吴虑的章节。所以说，墨子、鲁阳文君、吴虑同是鲁山县的先民。